DIETER NOTHNAGEL

VEB FACHBUCHVERLAG LEIPZIG

Kulinarisches aus Geflügel, Kaninchen und Wild

Mit 19 farbigen Bildern und über 850 Rezepten

Nothnagel, Dieter:
Kulinarisches aus Geflügel, Kaninchen und Wild /
von Dieter Nothnagel. – 1. Aufl. – Leipzig:
Fachbuchverl., 1989. – 224 S.: mit 19 farb.
Bildern u. über 850 Rezepten

ISBN 3–343–00432–4

© VEB Fachbuchverlag Leipzig 1989
1. Auflage
Lizenznummer: 114–210/108/89
LSV: 4813
Verlagslektor: Erich Kuhnert
Gesamtgestaltung: Egon Hunger, Leipzig
Printed in GDR
Farbfotos: Grit Hentschel, Berlin
Satz und Druck: Graph. Betrieb Jütte, Leipzig
Bindearbeiten: Buchbinderei Südwest, Leipzig
Redaktionsschluß: 30. 06. 1988
Bestellnummer: 547 423 4

Inhaltsverzeichnis

Vorwort

Nachdem die Herausgabe von Standardwerken für das thematische Gebiet Gastronomie/Gemeinschaftsverpflegung im wesentlichen abgeschlossen werden konnte, gilt das besondere Augenmerk des Verlages nunmehr der Entwicklung spezieller Fachliteratur für diese beiden Bereiche der gesellschaftlichen Speisenwirtschaft.

Mit dem vorliegenden Buch werden diese Bemühungen fortgesetzt. Darüber hinaus wird auch ein Beitrag zur gesunden Ernährung als Bestandteil einer gesundheitserhaltenden Lebensweise geleistet. Denn Geflügel, Kaninchen und Wild zählen zu den Fleischkomponenten, die aus ernährungsphysiologischen Gründen vorrangig Aufnahme in die Speisenplangestaltung sowohl der gesellschaftlichen als auch der individuellen Sphäre finden sollen. Anliegen des Buches ist es, die Variationsbreite der Zubereitungsmöglichkeiten von Geflügel, Kaninchen und Wild aufzuzeigen und darauf aufbauend entsprechende Hinweise zu geben. Im Mittelpunkt der Darlegungen stehen nicht die größtenteils bereits bekannten Rezepte, sondern Speisen und Gerichte, die neu zusammengestellt und in der Praxis erprobt wurden. Bewußt werden dabei auch die heimischen Kräuter und Wildfrüchte in Erinnerung gebracht sowie die Vielfalt der eingesetzten Beilagen und Soßen verdeutlicht.

Die Rezepturangaben sind als Richtwerte zu verstehen. So werden Eier nicht nach Güteklassen unterschieden, und es ist zu beachten, daß die Bindefähigkeit von Mehl verschieden ist sowie Sahne oder Margarine unterschiedlichen Fettgehalt haben. Wenn die eine oder andere Zutat momentan nicht verfügbar ist, sollte sie durch eine andere ersetzt oder auch weggelassen werden. Maronen sind beispielsweise durch andere frische Pilze zu ersetzen. Anstelle von Pistazien können Mandeln verwendet werden. Birnen eignen sich als Surrogat für Avocados, Rosinen können getrocknete Datteln ausgleichen. Soßen oder Füllungen werden anstelle von Trüffeln mit Champignons verfeinert; allerdings erzielt man damit nicht den besonderen Farbeffekt. Zum Garnieren für kalte Speisen kann man Gänsemagen in Rotwein garen und erkalten lassen; durch die Dunkelfärbung des Fleisches erhält man einen Farbersatz für schwarze Trüffeln.

Wenn nicht besonders darauf verwiesen, sind die Mengeneinsätze bei den Rezepten für 4 Personen berechnet.

Spezielle Fachbegriffe werden in einem Anhang am Schluß des Buches erläutert.

Dank gilt den Gutachtern *Kurt Drummer* und *Joachim Scheller*, die durch ihre Hinweise und Anregungen die Manuskripterarbeitung positiv beeinflußt haben.

Vorschläge zur weiteren Verbesserung des Buches werden gern entgegengenommen und sind der Einfachheit halber direkt an den Verlag zu richten.

Autor und Verlag

1.

Kulinarisches aus Geflügel

1.1. Über Geflügelspeisen im allgemeinen

Das beliebte Federvieh nimmt einen bedeutenden Platz in der menschlichen Ernährung ein. Aufgrund moderner Zuchtverfahren unterliegt Geflügel keiner Saison und kann deshalb ständig angeboten werden.

Vor der Verarbeitung muß zuerst geprüft werden, ob das Geflügel sauber ausgenommen und gerupft ist. Befinden sich an Bauch und Flügeln noch kleine Federn, sind diese sorgfältig zu entfernen; verbliebene Härchen lassen sich leicht über einer Flamme absengen und anschließend abbürsten. Hals- und Bauchöffnung sind ebenfalls zu kontrollieren, da manchmal die Nieren oder das Lungengewebe nicht entfernt wurden. Beides muß entnommen werden.

Frisches Geflügel ist innerhalb von zwei Tagen zu verarbeiten. Meist wird tiefgekühltes Geflügel verwendet, dessen Lagerung und Lagerdauer kontrolliert werden müssen. Die Kühlkette darf nicht unterbrochen werden, das Auftauen soll in der Originalverpackung im Kühlraum oder Kühlschrank erfolgen. Das Aroma bleibt dadurch besser erhalten.

Bei der Auswahl der Zubereitungsarten spielt das Alter eine entscheidende Rolle. *Junges Geflügel* ist zart und fein im Geschmack; es eignet sich zum Grillen, Braten und Kurzbraten in der Pfanne. Da man Broiler und Enten meist tranchiert serviert, ist es zweckmäßig, sie auf den Seiten zu braten, damit sie schön braun und knusprig werden. Bei den genannten Zubereitungsarten wird die Oberfläche sofort versiegelt, wobei das Übergießen mit etwas heißem Fett wahre Wunder bewirkt. Die Fleischporen schließen sich sofort, Fleischsaft und Aroma bleiben erhalten. Das *Fleisch von älteren Tieren* ist meist zäh, besonders die Keulen wegen der dicken Beinmuskeln. Dafür entwickelt sich andererseits beim Garen ein Aroma, das man bei jungem Geflügel selten findet. Älteres Geflügel langsam bei gleichmäßiger Temperatur schmoren oder garziehen. Zusammen mit Gemüse und Würzmitteln angesetzt, behält es sein Aroma und seinen arteigenen Geschmack. Bei der Verarbeitung von Geflügel sind die besonderen Hygienevorschriften zu beachten.

Das Gelingen schmackhafter und hochwertiger Geflügelspeisen wird vom richtig dosierten Würzen, der exakten Einhaltung der Garzeit, der Gartemperatur sowie der zugegebenen Flüssigkeitsmenge bestimmt. Die Zubereitung setzt also Sorgfalt und Exaktheit voraus.

Der richtige *Garpunkt* ist erreicht, wenn beim Einstich in die Keule wasserheller Fleischsaft austritt. Grundsätzlich nur den erforderlichen Fond bzw. die benötigte Soße bereiten. Die Soße muß gehaltvoll sein; sie ist nicht nur ein Gütezeichen der Küche, sondern auch des Bratgutes. Da gerade beim Geflügel der spezifische Geschmack erhalten bleiben soll, wird oft auf die Zugabe von Kräutern verzichtet. Aber speziell durch die dosierte Verwendung von frischen Kräutern gewinnt Geflügel an Geschmack. Besonders eignen sich zum Beispiel Basilikum für Hähnchen, neben Beifuß und Majoran vor allem Salbei für Bratenten und Gänse, Estragon, Kerbel und Fenchel für Füllungen und Ysop für Geflügelmarinaden.

1.2. Kalte und warme Vorspeisen

Artischockenboden mit Zuchtwachtel
4 Artischockenböden, in Zitronenbutter angeschwenkt
4 Zuchtwachteln, bridiert, bardiert
Pilzduxelles
Die Zuchtwachteln gut waschen und in heißer Butter in der Bratröhre etwa 12 min auf den Punkt braten.
Die Artischockenböden mit Pilzduxelles füllen, die Wachteln darauf anrichten, garnieren und sofort servieren.

Avocado mit geräucherter Gänsebrust
2 Baby-Avocados
200 g Salat von Gänsefleisch- und Pflaumenwürfelchen
200 g geräucherte Gänsebrust

Die Avocados halbieren, mit pikantem Gänsefleischsalat füllen und mit dünnen Tranchen von geräucherter Gänsebrust dekorativ belegen.
Hinweis: Den pikanten Gänsefleischsalat nach Belieben mit Salz, Pfeffer, Essig und etwas Öl anmachen. Neben Würfelchen von Pflaumen ebenso Apfelwürfelchen oder Tomatenfleischwürfelchen verwenden.

Broilerbrust mit Curryfrüchten auf Toast
Gebratene Broilerbrust in dünne Tranchen schneiden, in Butter anbraten und auf Toast anrichten. In der Pfanne Früchte anschwenken, mit reichlich Curry würzen und über dem Fleisch verteilen. Dazu eignen sich Apfelspalten, Mandarinen, Orangen, Pfirsiche, Weinbeeren, Ananas usw. Zuletzt mit einem Strich Ketchup überziehen.

Broilergalantine mit Krebsschwänzen
Broilergalantine
(siehe 1.10. Kalte Geflügelspeisen)
Eigelbkrem
Weißweinaspik
Krebsschwänze
Aus der Broilergalantine gleichgroße Medaillons schneiden, nappieren und kaltstellen. Bei Bedarf mit Eigelbkremrosette, Krebsschwänzen und Dillzweig garnieren.

Broilermedaillons
gebratene, erkaltete Broilerbrust
Weißweinaspik
Schinkenmus
Aus der Broilerbrust gefällige Medaillons schneiden, nappieren und kaltstellen. Schinkenmusrosetten mittels Sterntülle aufdressieren. Mit Früchten, mariniertem Gemüse, Pilzen oder Nüssen attraktiv garnieren.
Broilermedaillons rationell nach folgender Methode zubereiten: Broilerbrüste häuten, auslösen, würzen, auf gebutterte Alufolie hintereinander exakt auflegen und fest einrollen. Die Rollen in der Bratröhre oder im Konvectomat garen. Nach dem völligen Erkalten aus der Alufolie nehmen, in gleichdicke Stücke schneiden, nappieren und garnieren.

Broilertoast mit Ananas
Broilermedaillons in Butter saftig braten, auf Toast anrichten, mit in Butter angeschwenkten Ananasscheiben belegen. Die ausgestochene Mitte der Ananasscheibe mit Ketchup füllen und mit Kressesträußchen garnieren.

Canapés mit Geflügel
Unter dem Begriff Canapés versteht man dünne, kleine, mit Butter bestrichene Brotschnitten, die belegt und attraktiv garniert werden. Ob viereckig, rund, rechteckig, oval oder sternförmig, der Durchmesser oder die Seitenlänge soll bei etwa 5 cm liegen. Egal ob Weißbrot, Schwarzbrot oder Pumpernickel, nicht dicker als 4 mm schneiden. Nachfolgend einige Canapébeläge für Geflügel:

Aufstrich
Kerbelbutter,
Estragonbutter,
Paprikabutter,
Schalottenbutter,
Schinkenbutter,
Rotweinbutter,
Meerrettichbutter,
Gänseleberpüree

Belag
Entenbrustscheiben,
geräucherte Gänselebertranchen,
gebratene Taubenbrust,
gebratene Perlhuhnbrust,
feine Putenfleischscheiben,
dünne Scheiben Gänseleberpastete,
Kaßlerbroilertranchen,
gebratene Entenbrust

Garnierung
Orangenfilets,
Kirsche und Mandarinen,
Olivenscheiben,
Kerbelblättchen,
halbes Wachtelei,
Dillzweig, Tomatenkeil,
Gänseleberrosette,
Trüffelpunkt,
Trüffelscheibe,
Eigelbkremrosette,
Kerbelblättchen,
Tomatenkeil,
Cocktailkirsche

Croûté mit feinem Putensalpikon
150 g Putenbrust, gekocht
50 g Champignons, in feine Würfel geschnitten
holländische Soße
50 g Tomatenconcassé
4 frische Croûtes

Die Putenbrust in feine Würfel schneiden, mit Salz, Pfeffer und Zitronensaft würzen, mit Champignons vermengen, mit etwas Weißwein erhitzen und mit holländischer Soße anmachen. Das feine Ragout sofort in die frischen Croûtés einfüllen, mit etwas Tomatenconcassé behäufeln, mit Zitronenecke und grünem Salat garnieren und schnell servieren.

Entenfleisch-Bouchée

4 Bouchées
120 g gebratenes Entenfleisch
40 g Apfelwürfel
40 g Selleriewürfel
Geflügelpfeffersoße
4 Orangenfilets, Ananassegmente
Das Entenfleisch feinwürfelig schneiden und zusammen mit Apfel- und Selleriewürfeln in Pfeffersoße etwa 8 min köcheln lassen. Das Ragout muß schön dicklich reduzieren. Abschmecken, in die heißen Pastetchen füllen und mit Orangenfilet und Ananassegment garnieren.

Entenlebertörtchen

300 g Entenleber
100 g frischer Speck
100 g Sahne
2 bis 3 Eier
15 g Reibesemmel
15 g Zwiebelwürfel, glasig angeschwitzt
15 g gehackte Kräuter
Salz, Pfeffer, etwas Majoran
Zuerst den Speck und dann die Leber in einem Mixer pürieren. Dann alle Zutaten dazugeben, pürieren und pikant abschmecken. Die feine Masse in gebutterte Förmchen füllen und im Wasserbad in der Bratröhre bei 180 °C etwa 20 min garen. Förmchen stürzen und Törtchen als kalte oder warme Vorspeise servieren.

Entenschaumbrot

500 g Entenfleisch, gegart, püriert
2/10 l Geflügelvelouté
1/8 l Geflügelaspik
200 g Schlagsahne
Salz, weißer Pfeffer
Das Entenfleischpüree mit der Velouté mischen, kräftig mit Salz und Pfeffer abschmecken, die Sahne und den Aspik unterheben. Das Schaumbrot in Portionsförmchen oder in eine Kristallschüssel füllen und kaltstellen. Entenschaumbrot mit Madeiraaspik überziehen oder mit Madeira-

aspikwürfelchen anrichten. Mit Butter und Toast servieren.
Hinweis: Die Rezepturangaben ergeben etwa 10 Portionen.

Fasanenbrust in Madeiragelee auf geeisten Melonenwürfeln

200 g gebratene Fasanenbrust
400 g geeiste Melonenfleischwürfel
Madeiragelee
Das Fleisch in dünne Tranchen schneiden, in Aufeinanderfolge auf ein Ablaufgitter legen, mehrmals mit Madeiragelee etwa 2...3 mm dick überziehen. Inzwischen die Melonenwürfel tiefkühlen, bis sich an den Außenseiten Eiskristalle bilden. Melonenwürfel auf gekühlten Kristalltellerchen anrichten, mit Fasanenbrusttranchen belegen, sofort mit gut gekühlter Butter und ofenwarmen Gewürzhörnchen servieren.
Hinweis: Auf gleiche Weise geräucherte Gänsebrust, Kaßlerbroilertranchen oder zarten Wildschinken anrichten.

Gänseleber auf Apfelringen

3 Tranchen Gänseleber
4 marinierte Apfelringe
Die Apfelringe mit Zitronensaft sowie etwas Zimt marinieren und in Butter dünsten. Die Gänseleber wie »Gänseleber, im Topf gedünstet« zubereiten und jeweils eine Tranche auf einem Apfelring anrichten. Diese kulinarische Köstlichkeit sofort servieren.

Gänseleber-Cannelons

Cannelons sind gefüllte Blätterteigröllchen. Kleine Blechröllchen mit ausgerollten Blätterteigstreifen umwickeln, mit Ei bestreichen und in der Backröhre backen. Die Blätterteigröllchen abstreifen und mit Gänseleberwürfelchen in Madeirasoße füllen. Cannelons ebenfalls mit feinem Geflügel- oder Wildhaschee anrichten.

Gänseleber in Brioche

4 Scheiben Gänseleber
Salz, Pfeffer, Weinbrand
Briocheteig
Die Gänseleber in dicke Scheiben oder besser in gleichgroße Stücke schneiden, in einer heißen Stielpfanne auf allen Seiten kurz anbraten, würzen, mit etwas Weinbrand beträufeln, in Briocheteig einhüllen und in der vorgeheizten

Backröhre backen. Mit marinierten Feigen anrichten.

Hinweis: Brioches wie üblich aus dem speziellen Hefeteig in Tortelettförmchen backen, aufschneiden und mit Gänseleberpastete füllen. Diese Zubereitungsart ist besonders rationell.

Gänseleber-Eier

Halbe Eierförmchen mit Madeiragelee chemisieren, mit Schaumbrot von Gänseleber ausstreichen, mit einem Stück in Madeira gedünsteter Gänseleber, das mit einer dünnen Trüffelscheibe belegt wurde, füllen, mit Schaumbrot von Gänseleber glattstreichen und kaltstellen. Nach dem Erstarren Förmchen stürzen, je 2 zu einem Ei zusammendrücken und gut durchkühlen lassen. Dann nochmals mit Madeiragelee überziehen. Nach dem Erstarren auf frischen, in Butter gerösteten Weißbrotcroûtons anrichten.

Gänseleber mit Sherrygelee

In Sherry gedünstete Gänseleber oder Gänseleberkrem mit Champignon- oder Trüffelscheiben in geeigneten Förmchen in Sherrygelee einlegen. Auf Buttertoast anrichten.

Gänseleber im Teigmantel

Gänseleber von den Sehnen befreien, mit Salz und Pfeffer einreiben, mit dünnen Champignon- oder Trüffelscheiben belegen, in Bauchspeckscheiben einrollen und kaltstellen. Die Leber dann in der heißen Backröhre etwa 10 min braten, erkalten lassen, in ausgerollten Hefeteig einhüllen und auf ein Backblech legen. Teig mehrmals mit der Gabel einstechen, nochmals etwa 20 min gehen lassen und in der vorgeheizten Backröhre backen. Mit Trüffelsoße servieren.

Gänseleber-Schaumbrötchen

Kleine Förmchen mit Geflügel- oder Madeiraaspik chemisieren, mit Champignon- oder Trüffelscheiben garnieren, Gänselebermedaillon einlegen, mit Gänseleberschaumbrot vollstreichen und mit Aspik bedecken. Nach dem Erstarren stürzen und mit Toast und Butter oder Cumberlandsoße servieren.

Gänseleberschaumbrot-Soufflée

Zuerst Souffléeförmchen mit Madeiraaspikboden ausgießen. Dann am inneren Förmchenrand Streifen von Alufolie einlegen und Gänseleberschaumbrot bis etwa 2 cm über den Förmchenrand einfüllen. Nach dem Erstarren mit einem dünnen Madeiraaspikspiegel übergießen und kaltstellen. Unmittelbar vor dem Servieren die Alufolie sorgfältig entfernen. Diese Anrichteform entspricht einem Auflauf oder Soufflée. Mit gut gekühlter Butter und frischem Toast servieren.

Gänseleberschnitte mit Avocadoscheiben

4 Leberschnitten je 60 g
1 Avocado
Salz, Pfeffer, Zitronensaft

Die Avocado längs halbieren, den Kern entfernen und die Hälften schälen. Das Fruchtfleisch in dünne Scheiben schneiden, ziegelförmig auf Vorspeisentellern anrichten und mit Zitronensaft, Salz und Pfeffer würzen.

Die Leberschnitten in einer trockenen und heißen Stielpfanne auf jeder Seite etwa 1 min braten, würzen und auf den Avocadoscheiben anrichten. Mit Kopfsalat oder Feldsalat garnieren.

Gänseleberschnitte mit mariniertem Spinat

4 Leberschnitten je 60 g
150 g zarter Blattspinat, verlesen, gewaschen, gut abgetropft, zerpflückt

Marinade:
Öl, Sherryessig, Salz, Pfeffer
Zucker, etwas geriebene Muskatnuß

Den Spinat marinieren und auf Vorspeisenteller verteilen. Die Leberschnitten in einer trockenen und sehr heißen Stielpfanne auf beiden Seiten etwa 1 min braten, würzen, auf dem Spinatsalat anrichten und mit frischen marinierten Champignonscheiben garnieren.

Hinweis: Anstelle von Spinat ebenso Blattsalat einsetzen.

Nach Belieben Spinat oder Salat in etwas Butter kurz anschwenken.

Geflügel-Bouchée

Bouchées sind kleine Blätterteigpastetchen oder Mundbissen. Ihr Durchmesser sollte 5 cm nicht überschreiten. Bouchées können wie allgemein üblich rund, aber auch oval, viereckig oder rechteckig hergestellt werden.

Füllung: gekochtes Hühnerfleisch und Champignons in feine Würfel schneiden, mit Velouté anmachen, pikant abschmecken, legieren und in

den vorgewärmten Bouchées anrichten. Mit Salatherzen, Zitronenecke, Tomatenfleischkeil sowie Dillzweig und Trüffelstift attraktiv garnieren.
Die Füllungen für Bouchées können vielfältig zusammengestellt werden. Grundsatz: Hochwertige Rohstoffe fein und gleichmäßig schneiden und mit pikanten Soßen anmachen.

Geflügel-Crêpes

8 sehr dünne Eierkuchen, 10 cm Durchmesser
200 g gekochtes Geflügelfleisch
Velouté
Das Geflügelfleisch fein pürieren, mit Velouté anmachen, pikant mit Salz, weißem Pfeffer und Zitronensaft abschmecken und mit Eigelb und Sahne legieren.
Die feine Masse auf die Crêpes streichen, Crêpes zusammenrollen, anrichten, gefällig garnieren und heiß reichen.

Geflügelcocktail (Grundrezeptur)

200 g gekochtes Geflügelfleisch von Huhn, Pute, Poularde usw.
150 g Mayonnaise
1 Zitrone, Saft ausgepreßt
100 g feingewürfelte Früchte, Gemüse, Pilze
Ketchup, Curry, Chilliesoße, Senfpulver, Weinbrand, Sherry
Cocktails können in unbegrenzter Vielfalt zusammengestellt werden.
Grundsatz: Der angerichtete Cocktail muß attraktiv sein, das heißt sowohl geschmacklicher Gaumenknüller als auch optisch-ästhetisch eine Augenweide. Zum Anrichten mit Chiffonade ausgelegte Sektschalen verwenden. Die Glasöffnungen müssen sich in jedem Fall nach oben verbreitern, damit das Essen nicht zur Belastung wird.
Ein weiterer Grundsatz: Alle Zutaten sorgfältig marinieren. Nachfolgend einige farbige Variationen:

- Currymayonnaise und tomatierter Joghurt
- Tomatenmayonnaise und Kräutersahne
- Safranrahm und Kräutermayonnaise
- Johannisbeergelee mit Meerrettich und Currymayonnaise
- Joghurtmayonnaise und Ketchup
- Kognakrahm und Tomatenmayonnaise
- Tomatenfleischpüree und Currymayonnaise

Geflügelcocktail mit Curry

200 g gekochtes Geflügelfleisch
(Huhn oder Pute)
1 großer Apfel, geschält, Kerngehäuse ausgestochen
1 Orange
1 Banane
Zitronensaft, 4 Zitronenecken
Weißwein, Worcestersoße
120 g Mayonnaise oder Schlagsahne
Curry, Salz, weißer Pfeffer, gemahlener Ingwer
Kopfsalatblätter
Geflügelfleisch und Apfel in feine Streifen schneiden. Banane schälen, längs halbieren und in Scheiben schneiden. Orange filetieren. Alles mit Zitronensaft, Weißwein und Worcestersoße marinieren. Mayonnaise oder Sahne mit den Ingredienzien kräftig würzen. Als Geschmacksträger reichlich Curry verwenden. Cocktailschalen mit Chiffonade auslegen, das marinierte Geflügelfleisch darauf verteilen, die Currysoße darübergeben und mit Mandarinen- oder Orangenfilet und Cocktailkirschen garnieren. Zuletzt Zitronenecke aufstecken. Die Geschmacksnuancen sind mit Kokosflocken, abgeriebener Orangenschale oder Ketchup zu erweitern.

Geflügelkroketten

Kroketten aller Art sind als kleine Vorspeise, Hauptgericht oder Imbiß sehr beliebt. Als Vorgericht genügen zwei Kroketten je 50 g. Als Hauptgericht entsprechend größer portionieren. Pikante Soßen und feine Gemüsebeilagen sind als Ergänzung zu reichen.
Das folgende *Grundrezept für Kroketten* hat sich in der Praxis bewährt:
400 g gekochtes oder gebratenes Geflügelfleisch
200 g Champignons, blanchiert
2 bis 3 Eigelb, mit Sahne verquirlt
0,3 l dick eingekochte Velouté
Salz, weißer Pfeffer, Zitronensaft
Worcestershiresoße
Wiener Panade
Das Geflügelfleisch und die Champignons in feine Würfel schneiden, mit Velouté aufkochen, pikant würzen, mit Eigelb verrühren und abrühren. Das heißt, so lange auf der Kochplatte belassen, bis sich die Masse vom Kasserollenrand löst. Zuletzt nachschmecken, ggf. nachwürzen, auf ein gebuttertes Randblech streichen und erkalten lassen.

Die Masse auf einer gemehlten Arbeitsplatte ausrollen und in Stücke von etwa 50 g teilen. Die Portionen zu Korken, Kugeln, kleinen Birnen oder Aprikosen formen, sorgfältig panieren und fritieren. Mit gebackener Petersilie und Zitronenecken anrichten.

Hinweis: Die Grundrezeptur läßt sich mannigfaltig variieren. So kann das Geflügelfleisch anteilmäßig durch Pökelzunge, Schinken, Kalbsbries, gekochte Eier oder Reis ersetzt werden. Anstelle von Champignons sind andere Pilze oder auch Früchte oder Gemüse einzusetzen. Geschmacksveränderungen lassen sich durch das Würzen mit Curry, Paprika, Ketchup, Ingwer oder gehackten Kräutern erreichen.

Die angegebenen Einsatzmengen ergeben etwa 10 Portionen.

Geflügelleber-Crostini

200 g Geflügelleber
Mehl
40 g Butter oder Margarine
1 Zwiebel, geschält
1 Tomate, gehäutet, entkernt
Salz, Pfeffer, Zitronensaft
40 g Sahne
4 Scheiben Toast

Als Crostini werden frisch geröstete Toastbrotscheiben bezeichnet. Der Belag kann vielfältig sein, zum Beispiel Geflügelleber. Die Geflügelleber sorgfältig von Haut und Sehnen befreien, mit Küchenkrepp trocken tupfen, in Mehl wenden und in heißem Fett saftig braten. Inzwischen Zwiebel und Tomatenfleisch in feine Streifen schneiden. Die Leber würzen und auf den Crostinis verteilen. Zwiebel- und Tomatenstreifen in das Bratfett geben. Ebenso die Sahne, alles kurz durchschwenken, pikant würzen und sofort über den Geflügellebercrostinis verteilen. Zuletzt mit Petersilie und Tomatenecken garnieren, sofort servieren.

Hinweis: Anstelle von Geflügelleber z. B. auch Hasenleber verwenden. Statt Tomate dann Apfelscheiben einsetzen.

Geflügellebertoast

200 g Geflügelleber
50 g Zwiebelwürfel, in Butter angeschwitzt
50 g Schinkenspeck
2 bis 3 Eigelb
Salz, Pfeffer aus der Mühle
sehr feine Reibesemmel

Die Leber, Zwiebel- und Schinkenspeckwürfel fein wolfen, kräftig würzen und mit Eigelb und Reibesemmel zu einer feinen Paste verarbeiten. Die Paste auf gebuttertem Toast trapezförmig aufstreichen, gratinieren und mit in Calvados sautierten Apfelspältchen garnieren. Sofort servieren.

Hinweis: Zum Überbacken eignet sich besonders entsprechend geschnittenes Baguette.

Geflügelsalat mit Gervaiskrem

2 mittelgroße Orangen
200 g gekochtes Hühnerfleisch
1 Apfel, geschält, Kerngehäuse ausgestochen
1 roter Gemüsepaprika, gehäutet
125 g Gervais
Salz, weißer Pfeffer, etwas Ingwerpulver
1 EL Ketchup, gestiftete Pistazien
Trüffelstifte

Die Orangen sorgfältig in der Mitte rundherum einzacken, halbieren und aushöhlen. Das Fruchtfleisch auspressen. Hühnerfleisch, Äpfel und Gemüsepaprika in Streifen schneiden und marinieren.

Inzwischen Gervais mit dem Orangensaft und Ketchup verrühren und mit Ingwer abschmecken. Den Salat mit der wenigen Soße anmachen, in die Orangenschalen füllen und gefällig garnieren.

Hinweis: Dieser pikante Salat schmeckt gut gekühlt am besten.

Geflügelsandwich

Sandwiches werden allgemein als Imbiß oder Lunch bevorzugt. Grundsätzlich sollten sie quantitativ nicht als Mahlzeit zusammengestellt werden. Eigentlich sind Sandwiches pikant belegte Brote, die mit einer Brotscheibe abgedeckt werden. Meist werden sie mit Weißbrot zusammengestellt. Doch sollte das nicht als Dogma gelten. Entsprechend den modernen Verzehrgewohnheiten ist durchaus auch Roggenbrot zu verwenden.

Die »Füllung« für Sandwiches ist in größter Vielfalt zu variieren. Nachfolgend einige Beispiele:

● Fenchelbutter, gebratenes Geflügelfleisch, Tomatenscheiben, Kopfsalatstreifen
● Hühnerfleischstreifen, Ingwersahne, Orangenscheiben, Garnitur: Kressesträußchen
● Gänsebrusttranchen, Artischockenherzen mit Walnüssen in Sauerrahm, Kopfsalatstreifen oder marinierte Kresse

- Taubenbrustscheiben, Kopfsalatstreifen, Chantillysoße
- Schalottenbutter, Kopfsalatstreifen, Geflügelsalat, Tomatenscheiben

Geflügel-Rissolen

Rissolen sind kleine, gefüllte Blätterteigtaschen. Meist werden sie mit einem feinen Ragout, Salpikon oder Püree gefüllt und nicht in der Bratröhre, sondern in der Fritüre gebacken. Dazu wird der Blätterteig etwa 3 mm dünn ausgerollt und etwa 8...10 cm rund ausgestochen. Die Füllung wird auf eine Seite gegeben. Dabei muß der Rand freibleiben. Der Teigrand wird mit Ei bestrichen, die Teighälften werden zusammengeschlagen, der Rand wird fest angedrückt.

Geflügelschaumbrot

Aus 500 g gebratenem oder gekochtem Geflügelfleisch, $^2/_{10}$ l Geflügelvelouté, $^1/_8$ l Geflügelaspik und $^1/_{10}$ l geschlagener Sahne sehr feines Schaumbrot bereiten. Mittels Spritzbeutels mit Lochtülle in kleine Porzellanförmchen oder chemisierte Timbale- oder Darioleförmchen füllen, gut gekühlt stürzen, attraktiv garnieren und servieren.
Geflügelschaumbrot nach der Grundrezeptur zubereitet kann weiterhin in Tartelets, auf Schnittchen, in Artischockenböden oder auf pochierten Apfelscheiben angerichtet werden. Als Vorspeise oder kleinen Imbiß dekorativ garnieren und gut gekühlt servieren.
Die Einsatzmenge ergibt etwa 12 Portionen.

Geflügelschaumbrötchen

Förmchen mit Geflügelaspik chemisieren und ein Dekor von rotem und grünem Paprika sowie halben Wachteleiern auf den Boden einlegen. Dann ein Geflügelmedaillon einlegen und das Förmchen mit Geflügelschaumbrot füllen, mit Geflügelaspik zugießen und kaltstellen. Bei Abruf stürzen und mit Toast und Butter servieren.

Geflügelspießchen

200 g gebratener Broiler
2 Ananasscheiben (Konserve)
8 Bananenscheiben
8 Apfelscheiben in Größe der Bananen
Broiler auslösen, in etwa 2 cm große Würfel schneiden. Die Früchte in gleichgroße Stücke oder Scheiben schneiden. Broiler- und Fruchtstücke im Wechsel auf Spießchen stecken, rundherum mit Salz, Pfeffer und Curry bestreuen, in Mehl wenden und in heißem Öl goldgelb braten. Sofort mit Toastecken anrichten, mit Kopfsalat, Zitronenecken und Cocktailkirsche garnieren.
Geflügelspießchen sind ebenfalls als Zwischengericht mit Risotto und Curry-Hollandaise anzubieten. Statt Früchten ebenso Tomatenscheiben, Gurkenscheiben oder Stücke von Gemüsepaprika sowie dünne Bauchspeckscheiben verwenden.
Hinweis: Geflügelspießchen weiterhin durch Bierteig oder Weinteig ziehen und fritieren.
Diese Spießchen bleiben innen besonders saftig und werden außen sehr knusprig.

Geflügel-Tartlette

120 g Geflügelfleisch, gekocht und gebraten
60 g Äpfel, feinwürfelig geschnitten
60 g Tomatenfleischwürfel
Das Geflügelfleisch enthäuten, in feine Würfel schneiden, mit den Apfel- und Tomatenfleischwürfeln vermengen und pikant mit Weinessig, Öl, Salz, Pfeffer, feingehackter Petersilie abschmecken und durchziehen lassen. Nach etwa einer Stunde nachschmecken, im blindgebackenen Tartlette anrichten, mit halbem Wachtelei und Dillzweig garnieren.

Gefüllte Avocados mit Geflügelsalat

2 mittelgroße Avocados
200 g gekochtes Geflügelfleisch
je 50 g feine Würfel von rotem und grünem Gemüsepaprika und schwarzen Oliven
80 g Mayonnaise
Die Avocados halbieren, den Kern herauslösen und das Fleisch bis auf einen dünnen Rand entnehmen. Das Fruchtfleisch fein pürieren. Das Geflügelfleisch in Würfel schneiden, mit den Gemüsewürfeln vermengen, mit Mayonnaise und Avocadopüree anmachen und pikant mit Zitronensaft, Worcestershiresoße, Weinbrand, Salz, Pfeffer und etwas Ingwerpulver abschmecken. Den Salat in die gekühlten Avocadoschalen füllen und gefällig garnieren.
Hinweis: Zum Füllen mit pikantem Geflügel- oder Wildsalat eignen sich weiterhin Orangen, Bananen, große halbe Dunstbirnen, halbe frische oder konservierte Pfirsische, Ananasscheiben oder auch Sellerieböden. Zum Garnieren u. a.

Wachteleier, Cocktailkirschen, Kiwischeiben, Oliven, Johannisbeeren mit Rispen, frische Erdbeeren und Mandarinen verwenden.

Geräucherte Gänsebrust mit Rotweinaspik

250 g geräucherte Gänsebrust
120 g Rotweinaspik
4 Butterkugeln je 10 g
Pfeffer aus der Mühle
4 Scheiben Toast

Die Gänsebrust in sehr dünne Scheiben schneiden, auf Vorspeisentellern gefällig anrichten und mit frisch gemahlenem Pfeffer überstreuen.
Rotweinaspik in Würfel schneiden oder grob hacken. Gänsebrust mit dem Aspik garnieren. Die Butter auf Salatblatt anlegen. Mit frischem Toast servieren.

Hühnermedaillon in Mandelmilchsulz

4 Hühnermedaillons je 60 g
80 g feingemahlene Mandeln, Milch, Gelatine

Die Medaillons gut würzen, in wenig Fond dünsten und erkalten lassen. Den Fond mit Milch und gemahlenen Mandeln kurz verkochen, pikant abschmecken und geweichte Gelatine dazugeben. Entsprechende Förmchen mit etwas Mandelmilchsulz ausgießen und erstarren lassen. Die Medaillons einlegen, Förmchen mit Sulz vollgießen und kaltstellen. Medaillons bei Abruf stürzen, auf Kopfsalatblatt anrichten, mit Rosette von Schinkenmus und Cocktailkirsche garnieren. Mit frischem Toast servieren.

Hühnermedaillon mit Gänseleberkrem

4 Hühnermedaillons je 60 g
60 g Gänseleberkrem
4 Cocktailkirschen mit Stiel
Weißweingelee

Die Medaillons mit würzigem Weißweingelee nappieren, mit Gänseleberkremrosette versehen und mit Cocktailkirsche garnieren. Auf Toastoval anrichten.
Zum Garnieren eignen sich weiterhin Mandarinen, Pfirsichfächer, Ananassegmente, Kiwiwendel, Wachteleier, tournierte Champignonköpfe, Maiskölbchen, Spargelköpfe, Oliven, Tomatenröschen, Dillzweig usw.

Hühnersalat, pikant

150 g gekochte Hühnerbrust
75 g Pökelzunge, gekocht, abgezogen

3 bis 4 Artischockenböden (Konserve)
einige Scheiben rote Bete
(Konserve, ohne Fond, trockengetupft)

Marinade:
40 g Mayonnaise
40 g saure Sahne
Salz, Senf, weißer Pfeffer, Zucker
Worcestershiresoße, gehackter Dill

Das Hühnerfleisch sowie die Pökelzunge, rote Bete und Artischockenböden in etwa 2 cm lange Streifen schneiden und alles vermengen. Anschließend Mayonnaise, saure Sahne, Senf und die Ingredienzien vermengen, pikant mit etwas Zitronensaft abschmecken und unter die geschnittenen Zutaten mengen. Salat etwa 30 min stehenlassen. Dann nachschmecken, auf Glasteller verteilen und mit Tomatenecken, Petersilie und Eiachteln garnieren. Dazu schmeckt frischer Toast.

Hühnertoast mit Ananas

400 g Hühnerbrust, ohne Haut, entbeint
4 Scheiben Toast
Kopfsalat

Soße:
80 g Mayonnaise
1 EL Sahne
1 TL Meerettich
1 TL Ketchup
2 cl Weinbrand
1 EL Orangensaft
4 Scheiben Ananas
4 Cocktailkirschen mit Stiel

Die Hühnerbrust mit Butter in wenig gut gewürzter Geflügelbrühe dünsten und kaltstellen. Inzwischen Kopfsalatblätter in sauberes Geschirrtuch geben. Die Ingredienzien für die Soße verrühren und pikant abschmecken. Den Salat in Streifen schneiden und auf frischem Toast verteilen. Die Hühnerbrust schräg tranchieren, auf dem Salat anrichten und mit der pikanten Soße überziehen. Die Ananasscheiben in etwas Butter anschwitzen, abkühlen lassen, gefällig auf den Hühnertoast legen und jeweils in der Mitte mit einer Cocktailkirsche garnieren. Eine weitere Garnierung erübrigt sich.

Hühnertoast mit Hummermedaillon

200 g gekochte Hühnerbrust
Salz, weißer Pfeffer, Zitronensaft
holländische Soße zum Überbacken

4 Hummermedaillons je 10 g
4 dünne Trüffelscheiben
4 Scheiben Toast
Die Hühnerbrust in dünne Tranchen schneiden, gut würzen und in etwas Geflügelbrühe erhitzen. Abtropfen lassen, auf frischem Toast verteilen, mit holländischer Soße überziehen und goldgelb gratinieren. Dann jeweils mit einem in Butter angeschwenkten Hummermedaillon und einer Trüffelscheibe belegen. Salatblatt, Zitronenkeil und Tomatenröschen anlegen. Toast sofort servieren.
Hinweis: Anstelle von Hummern kann der feine Hühnertoast ebenso mit Garnelen, Krebsschwänzchen, gebackenen Austern oder Langustenmedaillons variiert werden.
Kalte Vorspeisen von Geflügel sind in großer Vielfalt zusammenzustellen:
Nachfolgend einige Empfehlungen:
● Halbe gefüllte Tomate mit Waldorfsalat, belegt mit Tranchen von Kaßlerbroilerbrust und Trüffelstiften
● Tranchen von Geflügelgalantine mit Geflügelschaumbrotrosette und Cocktailkirsche, Ananassegment oder Kiwiwendel
● Pochierte Apfelscheibe mit Gänseleberparfait und gehackten Nüssen
● Gänseleberparfait mit Mandelsulz

Koriander-Apfel mit Geflügelleber
2 große säuerliche Äpfel
gemahlener Koriander, Butter
200 g Geflügelleber
Salz, Pfeffer
40 g Zwiebelwürfel
Die Äpfel schälen, das Kerngehäuse ausstechen, halbieren, mit gemahlenem Koriander bestreuen und in Butter mit Koriander goldgelb braten. In einer anderen Pfanne die Geflügelleber braten und auf den halben Äpfeln anrichten. Die Zwiebelwürfel im Bratfett blanchieren und auf der Leber verteilen.

Masthuhnschnittchen mit grünem Spargel und Tomatenrose
Masthuhnschnittchen wie für »Masthuhnschnittchen mit Walnüssen« vorbereiten. Zuletzt ein Bukett von grünen Spargelköpfen auflegen und mit Tomatenrosen und Dillzweigen garnieren.

Masthuhnschnittchen mit Walnüssen
1 Masthuhnbrust, gebraten
Madeiragelee

Gänseleberkrem
halbe Walnußkerne
Die Brusthälften sorgfältig entbeinen, in etwa 1 cm dicke, schräge Tranchen schneiden und in Reihenfolge auf ein Ablaufgitter legen. Dann mit Madeiragelee nappieren, mit Gänseleberkremraute und Walnußkernen garnieren. Zur Verfeinerung und Farbgebung feine Trüffelstifte, gestiftelte Pistazien und Cocktailkirschenachtel dazugeben.

Masthuhntartelette mit Steinpilzen
4 blindgebackene Tartelettes
8 gleichmäßige Tranchen von gebratener Masthuhnbrust
200 g Steinpilze, gewürfelt
gehackte Schalotten
2 EL Ketchup
Salz, Pfeffer
40 g Butter
Die Steinpilze mit den Schalotten in Butter anschwitzen, kräftig würzen, mit Ketchup binden und in die vorgewärmten Tartelettes füllen. Die in Butter angeschwenkten Fleischtranchen darauf legen, mit etwas brauner Butter beträufeln und mit Petersilie und Tomatenröschen garnieren. Sofort servieren.

Melone mit würzigem Putenfleisch
2 kleine Netzmelonen
200 g gekochte Putenbrust
je 60 g feine Streifen von rotem und grünem Gemüsepaprika
100 g Mayonnaise
Chiffonade von Kopfsalat
Die Melonen sorgfältig in der Mitte einzacken, halbieren, entkernen und aushöhlen. Das Fruchtfleisch fein pürieren. Die Putenbrust in 2 cm lange und $1/2$ cm breite Streifen schneiden und pikant mit Salz, weißem Pfeffer, Zitronensaft sowie Worcestershiresoße würzen und kaltstellen. Die Mayonnaise mit dem Melonenpüree vermengen, die Gemüsepaprikastreifen dazugeben und pikant mit Salz, Zitronensaft und Chilliesoße abschmecken. Die Melonenhälften mit Chiffonade auslegen, die Fleischstreifen darauf verteilen und mit der bunten Mayonnaisesoße überziehen. Mit Dillzweig und halben tomatengefüllten Oliven garnieren. Gut gekühlt oder auf gestoßenem Eis servieren.

Mignon mit Gänseleberpastete

Als Mignon werden sehr kleine und niedliche Schnittchen oder Mundbissen mit auserlesenem Belag und einem Durchmesser von etwa 3 cm bezeichnet.

Frischen Toast ausstechen, mit Rotweinbutter bestreichen, attraktiv mit ausgestochenen Gänseleberpastetenscheibchen oder -kugeln belegen und mit gehacktem Madeiragelee und Pistazien garnieren.

Puten-Bouchée mit Hummermedaillon

Wie »Geflügel-Bouchée« zubereiten. Die Velouté mit Hummerbutter anschwitzen. Die angerichteten Bouchées mit einem in Butter sautierten Hummerschwanzmedaillon belegen.

Die Kombination von feinem Geflügelfleisch mit Krebs- und Schalentieren ist keine Kreation der Nouvelle Cuisine (der Neuen Küche), sondern eine Schöpfung der klassischen Kochkunst.

Hinweis: Puten-Bouchée ebenso mit gebackenen Austern verfeinern.

Putenleber mit Madeiragelee

In würzigem Madeirafond gedünstete und erkaltete Putenleber in Scheiben schneiden, auf Glastellern auf zarten Kopfsalatblättern anrichten, mit Würfelchen von Madeiragelee umlegen und mit frischem Toast und Butter komplettieren.

Rissolen mit Gänseleberpüree

200 g Blätterteig
240 g Gänseleberpüree

Den Blätterteig dünn ausrollen und etwa 8 cm rund ausstechen. Das Gänseleberpüree auf dem Boden jeweils auf einer Seite verteilen. Dabei muß der Rand frei bleiben; dieser wird mit Eigelb bestrichen. Den Teig zusammenschlagen und den Rand fest andrücken. Die Rissolen in der heißen Fritüre goldbraun und knusprig backen. Gut abtrocknen lassen, auf Serviette anrichten, sehr heiß servieren.

Taubenbrüstchen im Tartlette

4 gebratene Taubenbrüstchen
4 Tartelettes

Die saftig gebratenen Brüstchen gleichmäßig parieren. Die Abschnitte unter Waldorfsalat mischen und die Tartlettes damit füllen. Die Taubenbrüstchen auf dem Salat anrichten, mit

Gänseleberkremrosette sowie Cocktailkirsche oder halbem Wachtelei garnieren.

Taubenbrust im Wirsingblatt auf Toast

4 Taubenbrüste, ausgelöst
4 Wirsingblätter, blanchiert
Salz, Pfeffer, etwas geriebene Muskatnuß
Butter
4 Scheiben frischer Toast

Die Taubenbrüste würzen und in Butter goldbraun anbraten. Inzwischen von einem Wirsingkohl den Strunk konisch herausschneiden, die Blätter einzeln abtrennen und etwa 5 min in Salzwasser blanchieren. Die Taubenbrüste in Wirsingblätter einhüllen, in eine gebutterte Sauteuse nebeneinander einlegen, mit der Bratbutter und etwas Geflügelbrühe übergießen, würzen und etwa 8 min in die heiße Bratröhre schieben. Das Fleisch soll innen noch rosa bleiben. Sofort auf Toast anrichten und mit etwas Fond nappieren.

Truthahn-Kassoletts

Kassoletts sind Ragout-fin-Näpfchen aus feuerfestem Porzellan in verschiedenen Formen und Farben. Als Portionsnäpfchen haben sie meist ein Fassungsvermögen von 100 g.

Die Füllung besteht aus feinen Ragouts, die sich aus den unterschiedlichsten Komponenten zusammensetzen.

Rezeptur:
250 g gebratenes Truthahnfleisch
75 g Ananas
Geflügelpfeffersoße

Fleisch und Ananas in Würfel schneiden, mit Pfeffersoße anmachen, pikant abschmecken und in Kassoletts anrichten. Obenauf eine halbe Scheibe Ananas und eine Cocktailkirsche legen.

Hinweis: Kassoletts werden häufig mit holländischer Soße oder Brandteigmasse sowie sehr dünn ausgerolltem Blätterteig überbacken. Gerade die Blätterteighaube wirkt sehr dekorativ.

Weinapfel mit pikantem Hühnersalat

4 mittelgroße Äpfel
Weißwein zum Pochieren
200 g gekochte Hühnerbrust
1 roter Gemüsepaprika
Zitronensaft
80 g Mayonnaise

Die Äpfel abdeckeln, aushöhlen, gefällig ziselieren, in Weißwein kurz pochieren und erkalten lassen. Das Fruchtfleisch, Hühnerbrust und den Gemüsepaprika in feine Würfel schneiden, mit Zitronensaft, Chilliesoße und 2 cl Weinbrand marinieren, mit Mayonnaise anmachen und zum Durchziehen kaltstellen. Den pikanten Salat abschmecken, mit etwas Sahne verfeinern und in den Äpfeln kuppelförmig anrichten. Zuletzt mit Dillzweig und Tomatenröschen oder Scheiben von gefüllten Oliven oder Zitronenwedel garnieren.

Hinweis: Die Äpfel sind natürlich auch frisch zu verwenden. Um einer Verfärbung entgegenzuwirken, Äpfel mit Zitronensaft marinieren. Der Hühnersalat ist mannigfaltig zu variieren. Nachfolgend einige Beispiele:

● junge Schoten, roter Gemüsepaprika, Senf
● Sellerie, Ananas, Nüsse
● schwarze Oliven, Sellerie

Windbeutel – einmal anders
Windbeutel aus ungezuckertem Brandteig backen.

Füllung (für etwa 10 Portionen):
300 g gekochtes Hühnerfleisch
100 g Mayonnaise
100 g geschlagene Sahne

Das Hühnerfleisch sehr fein pürieren, mit der Mayonnaise vermengen und kräftig mit Salz, weißem Pfeffer und etwas Sherry abschmecken. Dann Sahne darunterheben. Die feine Masse mittels Spritzbeutels mit Sterntülle in die Windbeutel dressieren. Je nach Belieben mit Trüffelstiften oder gewürfeltem Madeiragelee garnieren.

Würzige Geflügelmayonnaise mit Pfirsich
200 g gekochtes Hühnerfleisch
250 g Mayonnaise
1 Zitrone, Saft ausgepreßt
50 g sehr feine Selleriewürfel
Ingwerpulver, Senfmehl, Salz, weißer Pfeffer
4 große halbe Pfirsiche, geschält
feine Streifen von rotem Gemüsepaprika
Das Hühnerfleisch in Streifen schneiden und marinieren. Die Mayonnaise mit den Gewürzen sehr scharf abschmecken. Alle Zutaten vorsichtig vermengen. Zum Durchziehen kaltstellen, ebenso die Pfirsiche. Die Geflügelmayonnaise auf den Pfirsichen anrichten, richtig häufeln. Zuletzt mit Streifen von rotem Gemüse-

paprika überstreuen. Mit frischem Toast oder Gewürzhörnchen servieren.

Hinweis: Geflügelmayonnaisen sind mit vielerlei Obst und Gemüse, aber auch mit Eiern, Krabben, Sardellen oder Schinken zu kombinieren.

1.3. Suppen und Eintöpfe

»Die Suppe ist für ein Menü dasselbe, wie ein schönes Vestibül für ein Haus«.

Basilikumsuppe
Entfettete Hühnerkraftbrühe mit Basilikumsträußchen etwa 30 min simmern lassen. Dann mit Eigelb und Sahne legieren und mit frischem, gehacktem Basilikum servieren.
Einlage: Geflügelklößchen

Braune Gänsesuppe
Gänseklein sowie Karkassen und die gleiche Menge Kalbsknochen hacken und mit mageren Speckstückchen und Mirepoix rösten. Dann mit Rotwein ablöschen und mit kalter, klarer Geflügelbrühe oder kaltem Wasser auffüllen, salzen und zum Kochen bringen. Die Temperatur sofort herunterschalten. Die Suppe darf nur simmern, muß dabei öfters abgeschäumt und entfettet werden. Nach etwa 2 h Zubereitungszeit Kräutersträußchen aus Thymianblättern, Petersilie, Kerbel und Basilikum dazugeben. Weitere 2 h simmern lassen. Suppe passieren, mit Tapioka oder Sago binden, kräftig abschmecken. Sehr heiß servieren.

Entenelixier
(für etwa $1/2$ l)
500 g ausgelöstes, gehäutetes Entenfleisch (Keulen)
250 g Klärfleisch
2 Eiklar
Salz, Lauch, Möhren, Wasser
Entenknochen und Karkassen
2 l Geflügelbrühe, kalt, entfettet
Das Enten- und Klärfleisch grob wolfen, mit geschnittenem Lauch, Möhren, Salz, Eiklar und etwas kaltem Wasser in einem Topf vermischen. Die kalte Geflügelbrühe darübergießen und alles zum Kochen bringen. Dann die Entenknochen und Karkassen anrösten, dazugeben und simmern lassen. Nach etwa 60 min abschmecken, durch ein Tuch passieren und in heißen Tassen

anrichten. Als Einlage Entenklößchen und feine Selleriestreifen verwenden.

Extrakt von Perlhuhn mit Brandteigkrapfen

Perlhuhnkarkassen, Flügel, Hälse usw. und Mirepoix in etwas Öl anrösten, mit Wasser auffüllen und aufkochen lassen. Die Temperatur herunterschalten, Salz, Pfefferkörner, gespickte Zwiebel und Kräutersträußchen dazugeben. Die Brühe darf nur simmern, keinesfalls kochen. Öfters Schaum mit einem Schaumlöffel entfernen. Brühe zur Hälfte reduzieren. Nach etwa 3 h passieren und erkalten lassen. Dann entfetten und kalt mit Perlhuhnbrust erneut zum Kochen ansetzen. Das Fleisch langsam in der Brühe garen, dabei Brühe nochmals zur Hälfte reduzieren. Das Perlhuhnfleisch für Suppeneinlage oder Salate verarbeiten. Perlhuhnessenz sehr heiß mit frischen Brandteigkrapfen anrichten.
Hinweis: Die Brühe mit sehr wenig Salz ansetzen, damit der Extrakt durch das Reduzieren nicht versalzen wird.

Geeiste Geflügelbrühe

Geflügelkraftbrühe entfetten, geeist mit Pistazien-Schaumklößchen sowie Zuckerschoten und Möhrenstreifen servieren.

Geflügelsuppe mit Gemüse und Glasnudeln

100 g feingeschnetzelte Hühnerbrust
20 g Öl
60 g Möhrenjulienne
60 g frische Champignons, in Scheiben geschnitten
40 g frische Spinatblätter, in Streifen geschnitten
20 g Glasnudeln
3/4 l Geflügelbrühe
Salz, weißer Pfeffer, eine Prise Ingwerpulver
1 EL Sojasoße
Die Fleischstreifen in Öl goldgelb anbraten, kräftig würzen und mit Geflügelbrühe auffüllen. Sofort die Möhren, Champignons und Glasnudeln dazugeben und etwa 10 min bei mittlerer Hitze garen. Die Suppe pikant abschmecken und heiß servieren.

Geflügelsuppe Großmütterchen (Eintopf)

1 Suppenhuhn
Salz, Zwiebeln, Petersilienwurzeln
Gewürzkörner, Lorbeerblatt

je 300 g Möhren, Steckrüben, Teltower Rübchen und Kartoffeln
gehackte Petersilie
Das Huhn in kochendem Salzwasser mit Zwiebeln, Petersilienwurzeln und Gewürzen etwa 50 min garen. Dabei öfters den sich bildenden Schaum abschöpfen.
Die Möhren in Scheiben, die Steckrüben in Streifen, die Kartoffeln in Würfel schneiden und die Teltower Rübchen mit dem Pariser Löffel ausbohren. Alles zum Huhn geben und garen. Das Huhn herausnehmen, entbeinen, in mundgerechte Stücke zerpflücken, wieder zur Suppe geben. Zwiebeln und Gewürze entnehmen, den Eintopf anrichten und mit frischer, gehackter Petersilie bestreuen.

Hühner-Bouillabaisse

1 Huhn, etwa 1,6 kg, in 8 Stücke zerteilt
die Leber, extra gebraten
Marinade aus Olivenöl, Salz, Pfeffer, Safranpulver und Anisbranntwein
2 Zwiebeln, gehackt
4 Knoblauchzehen, mit Salz zerrieben
200 g Tomatenfleischwürfel
2 Bund gehackte Petersilie
1 Stengel frischer Fenchel, geschnitten
300 g Kartoffeln, geschält, in dicke Scheiben geschnitten
4 Scheiben trockenes Roggenmischbrot, mit Olivenöl beträufelt

Soße:
2 EL Olivenöl
1 Knoblauchzehe
4 kleine Chillieschoten
die Hühnerleber
einige gekochte Kartoffelscheiben aus der fertigen Suppe
etwas Bouillabaisse-Brühe

Zuerst die Hühnerstücke marinieren und mindestens 2 h einziehen lassen. Dann Olivenöl in einem Schmortopf erhitzen, die Zwiebeln darin leicht bräunen, die Tomatenfleischwürfel und den Knoblauch dazugeben und alles gut vermischen. Sodann Fenchel, Petersilie und die Hühnerstücke mit der Marinade hinzufügen, alles mit heißem Wasser übergießen, so daß alle Zutaten bedeckt sind. Mit Salz würzen, Topf abdecken, etwa 15 min simmern lassen, Kartoffelscheiben dazugeben und weiter simmern lassen, bis alles gar ist. Deckel abnehmen und Bouillabaisse einige Minuten einkochen lassen. Die Brotscheiben in tiefe Teller oder in eine Terrine legen, die Brühe darübergießen und sofort als Suppe servieren. Die Hühnerstücke, die Kartoffelscheiben und die Gemüse auf einer Platte anrichten und heißstellen, bis die Suppe verzehrt ist.

Für die Soße, die zu den Hühnerstückchen gereicht wird, alle Zutaten fein pürieren, pikant würzen, kurz erhitzen und zu der heißgestellten Bouillabaisse servieren.

Hühner-Curry-Apfel-Suppe

Hühnerkraftbrühe mit reichlich Curry würzen, rohe Apfelwürfelchen dazugeben und etwa 5 min köcheln lassen. Die Suppe dann mit in Sahne verquirltem Eigelb legieren und mit Curry-Croutons servieren.

Curry-Croutons: Weißbrot etwa 3 . . . 4 cm rund ausstechen, mit sehr dick gehaltener Curry Hollandaise bestreichen und sofort gratinieren.

Hühnerbrühe

(Grundzubereitung für etwa 2 l)
2 kg Karkasse, Flügel, Hälse usw.
3 . . . 4 l Wasser
Salz
2 Zwiebeln, mit 2 Gewürznelken
und 1 Lorbeerblatt gespickt
1 bis 2 Möhren
$1/2$ Porreestange
1 Stengel Bleichsellerie oder ein Stück Sellerie
1 Kräutersträußchen
Die Hühnerteile waschen, in einen Topf geben, mit Wasser bedecken und zum Kochen bringen. Den sich an der Oberfläche bildenden Schaum öfters abschöpfen, ggf. kaltes Wasser nachgießen. Dann Salz, Gemüse und Kräutersträußchen dazugeben und etwa 2 h simmern lassen. Die Brühe passieren, erkalten lassen und völlig entfetten. Brühe von Ente, Pute oder anderem Geflügel ebenso zubereiten.
Grundsatz: Die Brühe muß goldklar und völlig fettfrei sein. Sie bildet die Basis für Kraftbrühe, die durch die Zugabe von den jeweiligen Fleischteilen zubereitet wird.
Aus Hühnerbrühe, z. B. aus Hühnerbrüstchen oder auch ganzen Hühnern, Hühnerkraftbrühe bereiten. Ebenso können angeröstete Hühnerteile dazu verwendet werden. Die Brühe darf nicht kochen; es soll auch nicht umgerührt

werden, da die Brühe sonst trübe wird und mit hohem Aufwand geklärt werden müßte.
Hühnerkraftbrühe kann mit einem breiten Spektrum von Einlagen variiert werden.
Nachfolgend einige Beispiele:
- Artischocken und Tomatenfleisch
- Tapioka und Geflügelfleischstreifen
- ausgestochener Möhren-, Haselnuß- und Spinateierstich
  (auch als Konfetti bezeichnet)
- Profiteroles und Kräuterklößchen
- grüner Pfeffer und Gemüsejulienne
- Pomeranzenklößchen und Orangenfilets
- Mandeleierstich und Fadennudeln
- Chiffonade von Sauerampfer und Eierstich
- gekochte oder verlorene Wachteleier und Dillreis
- Glasnudeln, Ingwer, Spinatjulienne
- Champignons, Zuckerschoten, Tomateneierstich

Hinweis: Statt Kräutersträußchen Porreepäckchen verwenden: Gewürze und Kräuter in Porreeblättchen einpacken.

Hühnerkraftbrühe mit Mundtäschchen, gefüllt mit Gänseleberpüree

Hühnerkraftbrühe zubereiten.
Kleine Mundtäschen mit Gänseleberpüree füllen und in Salzwasser kochen. Für jede Portion zwei Stück vorbereiten.

Hühnerbrühe mit Zitronenmelisse und Backerbsen

Hühnerbrühe wie beschrieben zubereiten.
Einlage: in Würfel geschnittenes Hühnerfleisch, gehackte Zitronenmelisse, Backerbsen.
Das Hühnerfleisch mit Zitronensaft marinieren. Die Brühe kräftig abschmecken. Hühnerfleisch und gehackte Zitronenmelisse in die Tassen verteilen, mit sehr heißer Brühe übergießen, Backerbsen dazugeben und schnell servieren.

Hühnersuppe – nicht alltäglich

800 g Huhn
1 Zwiebel, Salz, weißer Pfeffer, Curry
40 g Öl
Sherry, Sojasoße
2 hartgekochte Eier
100 g Sojabohnenkeimlinge (Konserve)
grüner Pfeffer
Das Huhn in Stücke schneiden und mit Zwiebelwürfelchen in heißem Öl goldgelb anbraten.

Dann mit Curry, Salz und weißem Pfeffer würzen. Die Gewürze kurz anschwitzen, alles mit etwa 1 l klarer, kalter Geflügelbrühe auffüllen und zum Kochen bringen. Sofort die Temperatur herunterschalten und abschäumen. Das Huhn darf nur simmern. Das Fleisch auslösen und in Würfel schneiden, ebenso die Eier. Eier, Fleisch und Sojabohnenkeimlinge in Tassen verteilen. Die Tassen warmstellen. Die Brühe, inzwischen zur Hälfte reduziert, mit Sojasoße und Sherry abschmecken und sehr heiß in die Tassen füllen. Durch die kompakte Einlage wird etwa die Hälfte Suppe benötigt. Zuletzt jeweils einen halben Teelöffel grünen Pfeffer in die Tasse geben. Sehr heiß servieren.

Hinweis: Die außergewöhnliche Zubereitung läßt sich mit Ingwerpulver und etwas Safran anstelle von Curry geschmacklich verändern. Als Einlage weiterhin geschnittene Artischockenböden, in Butter angeschwitzte Streifen von Bambussprossen oder Lotoswurzeln verwenden.

Hühnerrahmsuppe

Hühnerbrühe aus Hühnerklein, entbeinten Karkassen und Mirepoix bereiten und passieren. In der Brühe Suppenhuhn kochen. Salz und Petersilienwurzel dazugeben. Das Fleisch ausbrechen, von der Haut befreien, das Brustfleisch in feine Streifen schneiden, das Keulenfleisch im Mixer pürieren.

Butter oder Margarine zerlassen, Würfel von Sellerie und Möhren sowie Lauchstücke darin anschwitzen, alles mit Mehl bestäuben, nochmals anschwitzen lassen und mit abgekühlter Hühnerbrühe auffüllen.

Unter ständigem Rühren kurz aufkochen lassen und langsam weiterkochen. Nach etwa 20 min ist das Gemüse ausgewertet. Der Mehlgeschmack ist durch das Anschwitzen und Kochen ebenfalls abgebaut. Die Suppe jetzt durch ein feines Spitzsieb oder ein Tuch passieren und mit Eigelb und Sahne legieren. Eigelb und Sahne verquirlen und zuerst mit einem Teil der Suppe verrühren. Die Mischung dann unter Rühren in die Gesamtmenge geben. Die Suppe darf nicht mehr kochen, das Eigelb wird sonst flockig, und die Suppe verliert ihre Weichheit bzw. Samtigkeit. Zuletzt die Suppe mit dem pürierten Hühnerfleisch sowie Butter vollenden und nachschmecken. Hühnerrahmsuppe mit den geschnittenen Brustfleischstreifen sowie Pistazien- oder Mandelsplittern anrichten.

Hinweis: Zum Legieren sind für 1 l Rahmsuppe 100 g Sahne und 1 Eigelb vorzusehen, zum Verfeinern etwa 10...20 g Butter. Statt Weizenmehl ist Reismehl gut geeignet, das schneller geschmacksneutral wird. Hühner- oder Geflügelrahmsuppe lassen sich mannigfaltig variieren.

Nachfolgend einige Beispiele:
- mit Kokosmilch und Kokosflocken
- mit angeschwitzten Schinkenstreifchen
- mit Röstbrotwürfeln
- mit Currysahne
- mit gerösteten Pistazien oder Mandeln
- mit Krebsbutter
- mit Tomatenconcassé
- mit Püree von Zuckerschoten

Hühnerrahmsuppe mit Hummer

Hühnerrahmsuppe mit Einlage von Hummerfleischwürfelchen und Geflügelklößchen anrichten, mit reichlich Hummerbutter beträufeln und sehr heiß servieren.

Legierte Hühnersuppe

Hühnerkraftbrühe scharf würzen und mit in Sahne verquirltem Eigelb legieren.

Einlage: Hühnerfleischstreifen, Hühnerfleischklößchen, pochierte Gemüsestreifen, junge Erbsen, Champignonscheiben, Kräuterklößchen, Tomatenfleischwürfel usw.

Legiertes Taubensüppchen

(für etwa 10 Portionen)
2 bis 3 Tauben
Öl zum Anrösten
2 1/2 l Geflügelbrühe
Salz, Pfefferkörner
Mirepoix
5 Eigelb
200 g Sahne

Die Tauben vierteln, mit Mirepoix in etwas heißem Öl goldbraun anbraten. Sofort mit kalter, klarer Geflügelkraftbrühe auffüllen, würzen und zum Kochen bringen. Dann etwa 60 min simmern lassen (die Brühe soll nicht kochen), währenddem mehrmals abschäumen. Die Taubenstücke ausstechen, das Fleisch ablösen und in feine Würfel schneiden. Die Brühe passieren, mit Sahne in verquirltem Eigelb legieren und abschmecken. Die Brühe darf nicht kochen, sondern nur bis zur sogenannten Rose erhitzt werden. Das Taubenfleisch als Einlage in die

vorgeheizten Tassen geben. Des weiteren sind gekochte oder pochierte Wachteleier, Champignonscheiben, feine Geflügelklößchen, Kräuterklößchen, aber auch Glasnudeln oder Gemüsejulienne als Einlage zu verwenden.
Hinweis: Auf gleicher Weise legierte Suppen von anderem Wildgeflügel oder Geflügel zubereiten, z. B. von Rebhuhn, Fasan, Wachteln und Birkhuhn.

Paprizierte Hühnerkraftbrühe
Hühnerkraftbrühe nach Grundrezept zubereiten, mit Gewürzpaprika edelsüß und Paprikamark kräftig paprizieren und mit Einlage von körnig gekochtem Reis, Tomatenfleischwürfelchen und feinen Streifen von pochiertem grünem Gemüsepaprika servieren.

Sagosuppe mit Hühnerklößchen
Hühnerkraftbrühe mit Sago binden, mit Salz und weißem Pfeffer abschmecken. Suppe mit feinen Hühnerfleischklößchen anrichten. Mit gehackten Kräutern überstreuen.
Hinweis: Sagosuppe läßt sich sehr einfach mit Curry, Paprikamark, Ketchup oder frischen Kräutern geschmacklich variieren.

Tomatierte Hühnerbrühe mit Reis
Hühner in Geflügelfond garen. Die Brühe mit gekochtem Reis und Tomatenmark verkochen. Kräftig würzen und mit angebratenen Schinkenwürfelchen sowie dem ausgelösten Hühnerfleisch anrichten.

1.4. Entenspeisen

Enten werden meist mit einer Masse von etwa 2 kg angeboten und sollten nicht älter als ein Jahr sein. Danach kann das Fleisch einen tranigen Beigeschmack bekommen. Eine Ente ergibt meist vier Portionen, gefüllte Ente etwa sechs bis acht Portionen. Soßen für spezielle Entenspezialitäten sind grundsätzlich entsprechend zu entfetten. Die Zubereitung von Enten soll stets frisch und für den Tagesbedarf erfolgen. Längere Aufbewahrung und erneute thermische Bearbeitung beeinträchtigen den Geschmack. Auf Grund des relativ hohen Fettgehaltes sind Beilagen mit geringem Fettanteil vorzusehen.

Bratente mit Pilzsoße
1 Ente, etwa 2,2 kg, küchenfertig
Salz, Pfeffer
2 Zwiebeln, in Scheiben geschnitten
50 g Trockenpilze
Zuerst die Pilze mit etwa $1/2$ l Wasser zugedeckt weichköcheln. Die Ente wie üblich innen und außen gut würzen und mit Zwiebelscheiben zum Braten ansetzen, öfters mit Brat- und Pilzfond übergießen und fertigbraten. Die Ente portionieren, von innen entbeinen und heißstellen. Den Bratensatz mit in Sahne eingerührtem Mehl binden, passieren, die Pilze fein hacken, dazugeben und abschmecken. Die Entenstücke mit der Pilzsoße übergießen und etwa 10 min köcheln lassen. Ente anrichten, mit Soße überziehen und mit Majorankartoffeln und Selleriesalat servieren.
Hinweis: Enten oder Gänsen zum Braten einen Zweig frischen Salbei in die Bauchhöhle geben. Der typische Geschmack wird damit unterstrichen.

Enten-Ballotines
4 Entenkeulen
250 g feine Farce
Entenfett, Mirepoix, Salz, Pfeffer, Majoran, Beifuß
Geflügeljus
Die Entenkeulen entbeinen, mit feiner Farce aus Entenfleisch, Entenleber, Zwiebel, Apfel, Nüssen und Ei füllen, sorgfältig zunähen, würzen, mit Mirepoix und etwas Entenfett saftig braten. Nach etwa 30 min Geflügeljus angießen und unter öfterem Begießen fertigbraten. Den Fond passieren und gesondert reichen. Mit Grünen Klößen und Rotkohl mit glasierten Maronen servieren.
Hinweis: Die Füllung für Ballotinen vielseitig mit Maronen, Nüssen, Reis usw. variieren. Bei Reis-Apfel-Nuß-Füllung Ballotine mit flambierten Orangen oder gegrillten Ananasscheiben und frischen, gehackten Pfefferminzblättern anrichten.

Entenbrust in Mangosoße
Wie »Entenbrust mit Ingwer« zubereiten. Den Fond mit feingehacktem Mango-Chutney, etwas Curry und Ketchup verkochen. Pikant und kräftig würzen. Mit Rosinen-, Mandel- oder Pistazienreis sowie Kopfsalatherzen in Ingwersahne anrichten.

Entenbrust in Rotweinsoße

2 Entenbrüste, ausgelöst
Salz, Pfeffer
40 g Butter
1 Zwiebel, feinwürfelig geschnitten
Ketchup, Rotwein

Die Entenbrüste portionieren, mit Salz und Pfeffer einreiben und in heißer Butter in einer Sauteuse in der Röhre braten. Dann herausnehmen, Zwiebelwürfel in Bratfett glasieren, etwas Ketchup dazugeben, mit Rotwein ablöschen, reduzieren, nochmals ablöschen und mit etwas Entenjus verkochen. Dann abschmecken, passieren, die rosa gebratenen Entenbrüste in dünne Tranchen schneiden, fächerförmig anrichten, die Soße untergießen, mit grünen Nudeln und Champignons in Dillrahm komplettieren.

Entenbrust in Wirsingblättern

4 Entenbruststücke je 200 g, entbeint
in Salzwasser blanchierte Wirsingblätter
Salz, Pfeffer, ein Hauch Knoblauchpulver

Die Karkassen fein hacken, mit Mirepoix anrösten, mit Geflügeljus auffüllen, würzen und etwa 45 min simmern lassen. Inzwischen die Bruststücke salzen, pfeffern und in heißer Butter rundum anbraten. Dann in Wirsingblätter einwickeln, wieder in den Bräter legen, mit etwas zerlassener Butter übergießen und in die vorgeheizte Bratröhre geben. Bei 220 °C etwa 15 min braten. Die Entenbrüste warmstellen. Den Bratensatz mit der Entenjus verkochen, entfetten, abschmecken und gesondert reichen.
Beilagen: Salzkartoffeln und Rotweinquitten.

Entenbrust mit Ingwer

800 g Entenbrust
Salz, gemahlener Ingwer
40 g Gänseschmalz
60 g kandierter, gewürfelter Ingwer
Salz, Pfeffer, Speisestärke

Die Entenbrust mit Salz und Pfeffer einreiben, in heißem Gänseschmalz rundherum anbraten, mit etwas Wasser ablöschen und in der Bratröhre fertig braten. Den Fond mit Stärke binden, kandierten Ingwer dazugeben, alles gut verkochen, kräftig würzen. Die Entenbrust tranchieren, anrichten, mit der Soße überziehen.
Beilagen: Kartoffelkroketten oder Reiskroketten und Kopfsalat mit Orangenspalten und Ananas-

würfelchen oder geeiste macerierte Würfel von Melonen bzw. Honigmelonen.

Entenbruststreifen mit Perlzwiebeln und Apfelspalten

Die Entenbrust wie »Flambierte Entenbrust mit Apfelspalten« zubereiten. Die Entenbrüste in feine Streifen schneiden, mit Apfelspalten und in Butter gedünsteten Perlzwiebeln anrichten.
Das Flambieren ist durch die Zugabe von Perlzwiebeln nicht effektiv. Der feine Calvadosgeschmack wird übertönt.

Entenklein mit weißen Bohnen

1 kg Entenklein (Hals, Flügel, Magen, Herz)
40 g Öl
Salz, Majoran, Thymian
250 g weiße Bohnen, über Nacht in Wasser eingeweicht
200 g Lauch
2 Zwiebeln, feinwürfelig geschnitten
30 g Mehlbutter
30 g Tomatenmark
Gewürzpaprika, edelsüß
0,1 l Rotwein
gehackte Petersilie

Das Entenklein in Öl rundherum anbraten. Die Bohnen mit dem Einweichwasser dazugeben, mit Salz, Thymian und Majoran würzen und etwa 60 min bei mittlerer Hitze langsam kochen. Das Entenklein herausnehmen und warmstellen. Den Lauch in Ringe schneiden, mit den Zwiebeln würzen, in etwas Butter dünsten, zu den Bohnen geben und daruntermischen.
Die Bohnen mit Gewürzpaprika edelsüß, Zucker und Tomatenmark würzen, den Rotwein und das ausgelöste, in Streifen geschnittene Entenklein dazugeben, alles mit Mehlbutter binden und etwa 5 min simmern lassen. Zuletzt pikant abschmecken, anrichten und mit gehackter Petersilie bestreuen.
Beilage: frische Salzkartoffeln.

Entenkeulen in Weinbeersahne

4 Entenkeulen
Salz, Pfeffer
Weißwein, Entenbrühe
Mehlbutter
Sahne
250 g weiße Weinbeeren, abgezogen, halbiert und entkernt

Die Entenkeulen würzen und in Entenbrühe blanchieren. Dann herausnehmen. Den Fond mit Weißwein und Sahne auffüllen, aufkochen, binden und abschmecken. Die Entenkeulen darin etwa 30 min langsam weitergaren. Die Weinbeeren dazugeben und alles weitere 5 min garziehen lassen. Entenkeulen mit Haselnuß- oder Mandelkroketten anrichten.

Entenleber mit Weinbeeren

8 Entenlebern
60 g geklärte Butter
Salz, Pfeffer
Rotweinsoße
300 g Weinbeeren, je zur Hälfte weiße und rote
Die Entenlebern in Mehl wenden, würzen, in heißer Butter anbraten und zugedeckt etwa 5 min fertigbraten. Die Leber anrichten, den Bratsatz mit Rotweinsoße verkochen. Die Leber damit überziehen. Nebenbei die Weinbeeren in Butter anschwenken und über der Leber verteilen.
Beilagen: Kartoffelschnee oder Kartoffelpüree.
Hinweis: Die Weinbeeren mittels Nadel entkernen, kurz in kochendes Wasser tauchen und schälen.

Entenragout mit buntem Gemüse

1 kg Entenfleisch

Marinade:
Salz, weißer Pfeffer
Sojasoße
Ingwerpulver
Reiswein oder Sherry
30 g Mehl
Öl
150 g Gefriererbsen
150 g frische, kleine Champignonköpfe
150 g tournierte, rohe Möhren
Salz, Pfeffer
2 EL Fleischextrakt
Das Entenfleisch in größere Würfel schneiden und marinieren. Dazu das Mehl im Reiswein glatt-rühren, die anderen Zutaten dazugeben, alles ver-mengen, über das Fleisch geben und in 2 h durch-ziehen lassen. Das Fleisch dann abtropfen lassen, in heißem Öl unter Rühren anbraten. Mit etwas Geflügelbrühe und der Marinade auffüllen, noch-mals würzen, Gemüse und Fleischextrakt dazu-geben und zugedeckt fertiggaren. Das bunte Entenragout in Assietten anrichten. Mit Risotto, Kartoffelkroketten oder Kartoffelpüree servieren.

Hinweis: Die Gemüsepalette kann beliebig er-weitert werden. Zum Entenragout passen weiter-hin tournierte Gurken, Fenchel, Sellerie, Oliven, Frühlingszwiebeln und Kohlrabistifte. Ge-schmackliche Nuancierungen sind u. a. mit Curry, Majoran oder Ketchup möglich.

Entensalmi

1 Ente, etwa 1,5 kg, Entenklein
50 g Butter
200 g Mirepoix
0,1 l Rotwein
0,2 l Geflügeljus
200 g kleine Champignonköpfe, in Butter gedünstet
50 g Perlzwiebeln
4 Croutons, oval oder herzförmig, in Butter geröstet
Die Ente blutig bzw. gerade soweit braten, daß man sie entbeinen kann. Die Karkasse hacken, mit Entenklein und Mirepoix im Bratfond kräftig rösten, mit Rotwein und Geflügeljus auffüllen und etwa 45 min köcheln lassen. Das Entenfleisch in größere Stücke schneiden und mit Champignons sowie Perlzwiebeln in eine Servicekasserolle geben. Die Soße kräftig ab-schmecken und über die Entenstücke passieren. Alles etwa 5 min simmern, aber nicht kochen lassen. Dann mit den Croutons garnieren und sofort mit Kartoffelkroketten oder frischen Weinkartoffeln und Hopfensprossensalat ser-vieren.
Hinweis: Auf gleiche Weise wird Salmi von Wildgeflügel zubereitet. Wichtig ist, das Geflügel leicht rosa zu braten. Das Fleisch soll saftig bleiben, es darf also nicht mehr kochen.

Ente im Silbermantel mit Mandelfüllung

1 Ente, bratfertig
Salz, weißer Pfeffer
Mandelfüllung: 600 g Weißbrotfüllsel mit reich-lich gerösteten Mandelblättchen, sehr feinen Schinkenwürfelchen, in Butter angeschwitzten Zwiebelwürfelchen und gehackter Petersilie pikant abschmecken.
Die Ente damit füllen, würzen und fest in Alu-folie einrollen. Die Ente auf dem Rost oder in der heißen Backröhre etwa 60 min garen. Dann die Folie öffnen und die Ente unter öfterem Begießen knusprig bräunen. Den Fond aus der Folie mit Geflügeljus verkochen und gesondert reichen. Ente am Tisch tranchieren.

Beilage: je Person eine Williamskartoffel und Rosenkohl in Rahm, in Weißwein gedünstete Champignonköpfe oder Champignonpüree im Weinblatt.

Ente mit Ananassoße

1 Ente, küchenfertig, geviertelt
Ananassaft, Weißwein
Salz, weißer Pfeffer, Zitronensaft
4 Ananasringe
Speisestärke

Die Entenstücke in einen gebutterten Bräter einlegen, kräftig würzen und mit Ananassaft und Weißwein übergießen. Den Bräter in die vorgeheizte Backröhre geben. Entenviertel unter öfterem Begießen etwa 40 min garen. Das Fett abschöpfen. Den Fond mit etwas Speisestärke binden und pikant abschmecken. Entenviertel anrichten, soßieren, mit in Zimtbutter angebratenen Ananasscheiben belegen und mit Herzkirsche garnieren. Sofort mit Mandelkroketten oder Kartoffel-Haselnuß-Gratin servieren.

Ente mit Brotfüllsel

1 Ente, bratfertig
Salz, Pfeffer, Majoran
800 g Brotfüllsel mit gehackten Kräutern,
Perlzwiebeln und Schinkenwürfelchen

Die Ente kräftig würzen, mit dem Bratfüllsel aus Weißbrot, Sahne und Eiern füllen, zustecken und wie üblich mit Wasser zum Braten ansetzen. Unter öfterem Begießen schön braun und knusprig braten. Die Bratzeit beträgt etwa 80 min. Zur Garprobe mit einer Nadel in eine Keule einstechen. Tritt wasserheller Fleischsaft heraus, ist der richtige Garpunkt erreicht. Den Bratsatz mit etwas Geflügeljus verkochen, passieren und gesondert reichen. Vorher das überschüssige Fett abschöpfen.
Beilagen: Rosenkohl, Apfelrotkohl oder Grünkohl. Da die pikante Füllung mit verzehrt werden soll, sind keine weiteren Sättigungsbeilagen erforderlich.
Zur Garnitur Tartelettes mit Kohlrabiwürfeln, Schmorgurken oder Möhrenkugeln anlegen.

Ente mit Kirschsoße und grünem Pfeffer

1 Ente, 1,6 bis 1,8 kg, bratfertig
Salz, weißer Pfeffer, Rosmarin
Dessertwein
200 g entsteinte Sauerkirschen

Zucker, Nelkenpulver, Zitronensaft
Kirschgelee, grüner Pfeffer

Die Ente innen und außen kräftig würzen, mit Dessertwein ansetzen und schön braun und knusprig braten. Dabei öfters von einer Seite auf die andere wenden und mit dem sich bildenden Fond begießen. Die fertige Ente herausnehmen, das Fett abgießen und den Fond mit Sauerkirschen verkochen. Wenn erforderlich etwas Geflügeljus angießen. Mit Zucker, etwas Nelkenpulver, Zitronensaft, Kirschgelee und grünem Pfeffer abschmecken. Kirschsoße gesondert reichen.
Beilagen: Salzkartoffeln oder Schloßkartoffeln und frische Salate.
Hinweise: Ente wie vorstehend analog mit Zitronensoße, Stachelbeersoße, Soße mit Grand-Marnier und Orangen, Calvadossoße mit Apfelspalten und Weinbeeren- oder Rosinensoße zubereiten.

Ente mit Orange

1 Ente, gewaschen, trockengetupft
Salz, Pfeffer, frisch gemahlen
1 Orange, geschält, Schale aufbewahrt,
Saft ausgedrückt
1 Orange, sorgfältig geschält und in Spalten
geteilt
Zucker, Weinessig, Zitronensaft, Orangenlikör
braune Geflügelsoße

Ente gründlich säubern, innen mit Salz und Pfeffer einreiben, dressieren, außen leicht salzen und in der vorgeheizten Bratröhre mit etwas Wasser zum Braten mit der Brustseite nach oben ansetzen. Jeweils nach etwa 20 min Bratzeit Ente auf beiden Seiten schön braun braten. Dabei öfters mit dem inzwischen ausgetretenen Fett und dem Bratsatz begießen. Mittels Einstichs in einen Schenkel Garpunkt prüfen. Ist der heraustretende Fleischsaft völlig klar, Ente mittels Holzlöffels aus der Pfanne nehmen. Holzlöffel in die hintere Öffnung stecken, schräg halten und den Saft in die Pfanne ablaufen lassen. Dann Pfanne schräg halten und 2/3 des Entenfettes abschöpfen. Den Bratsatz mit Geflügelsoße verkochen. Inzwischen Zucker in einer Kasserolle leicht karamelisieren, mit Essig verkochen und zusammen mit Orangensaft, Orangenschale und etwas Zitronensaft zum Bratfond geben. Soße einige Minuten köcheln lassen. Zuletzt abschmecken, mit etwas Orangenlikör oder Grand-Marnier verfeinern und passieren. Eine Orange schälen, dabei die Schale in langen und möglichst breiten Streifen abschneiden. Die bittere weiße Haut darf nicht berührt werden. Schalen in lange, dünne Streifen schneiden, kurz blanchieren und abtropfen lassen. Ente portionieren oder im ganzen anrichten, mit den Streifen garnieren und etwas soßieren. Halbe Orangenschalen mit den in Butter angeschwenkten Orangenspalten sowie Mandelkroketten dazu servieren.

Hinweis: Für diese Zubereitungsart sind grundsätzlich ungespritzte Orangen erforderlich.

Ente mit Weinbeeren

1 bratfertige Ente
Salz, Pfeffer
Rotwein, Pilzfond
Geflügeljus
Streifen von Orangenschale
200 g Weinbeeren, halbiert, entkernt und möglichst abgezogen

Die Ente innen und außen würzen, anstatt mit Wasser mit Rotwein sowie etwas Pilzfond ansetzen und schön braun braten. Etwa 15 min vor dem Garpunkt einige Streifen von ungespritzten Orangenschalen dazugeben. Die Ente herausnehmen, den Fond passieren, abschmecken und mit Weinbeeren kurz verkochen. Je nach Belieben mit Stärke binden.

Beilagen: Mandelbällchen und kleine halbe Avocados mit Preiselbeeren.

Hinweis: Auf gleiche Weise Ente mit Melonenfleischwürfeln zubereiten. Dazu eignen sich besonders Netz- und Honigmelonen. Den Fond mit Apfelmus binden und mit etwas Sherry abschmecken.

Entenbrust mit Schneckensoße

1 kg Entenbrust, ausgelöst
Salz, Pfeffer aus der Mühle, Gin
Butter, Geflügelessenz
Weinbergschnecken mit Fond (Konserve)

Die Entenbrust enthäuten und in Streifen schneiden. Das Fleisch in 8 Stücke schneiden, leicht plattieren und mit Gin etwa 2 h zum Durchziehen kaltstellen. Dann würzen und auf jeder Seite schön braun und saftig braten. Das dauert jeweils 5 min. Nebenbei die Hautstreifen in etwas Butter knusprig braten.
Fleisch und Haut heißstellen. Das Bratfett bis auf einen leichten Film abgießen. In der Pfanne feine Zwiebelwürfelchen anbraten, Schnecken mit

Fond, Geflügelessenz und den Gin vom Einlegen dazugeben und alles kurz verkochen. Dann mit etwas Butter montieren und nachschmecken. Auf heißen Tellern Spiegel gießen. Zuerst das Fleisch auflegen. Die Hautstreifen und die Schnecken darübergeben. Die pikante Entenbrust rasch mit Anna-Kartoffeln oder Kartoffel-Apfel-Auflauf und Frühlingszwiebeln im Lauchnest servieren.

Hinweis: Die Soße schmeckt besonders gut mit einem Hauch frischem Knoblauchsaft aus der Presse.

Flambierte Entenbrust mit Apfelspalten

2 Entenbrüste
400 g Apfelspalten, in Butter gebraten
Sahne
Calvados

Die Entenbrüste mit Salz, Pfeffer und Majoran einreiben, mit wenig zerlassener Butter übergießen und mit etwas Wasser in der Bratröhre zum Braten ansetzen. Während des Bratprozesses mehrmals mit dem Bratfond begießen. Nach etwa 45 min müßte das Fleisch gar sein. Die inzwischen schön braunen und knusprigen Entenbrüste mit Calvados übergießen und ganz kurz flambieren. Die Entenbrüste tranchieren und mit den Apfelspalten anrichten. Den Bratsatz mit etwas Apfelwein ablöschen und mit einem Holzlöffel völlig vom Boden lösen. Den Fond von den Apfelspalten sowie etwas Sahne dazugeben, alles kurz verkochen und abschmecken. Diese pikante Soße gesondert reichen.

Beilagen: Kartoffelkroketten, Kartoffelnocken oder Dauphine-Kartoffeln.

Hinweis: Zur Verarbeitung sind leicht säuerliche Äpfel besonders geeignet. Zum Beispiel die Sorten Boskoop und Renette.

Gebratene Ente mit Holundersoße

1 Ente, etwa 2 kg
Salz, Pfeffer, Rosmarin
1 Zwiebel, 1 Apfel
100 g Holunderbeermark
1 EL Apfelessig
Geflügelbrühe

Die Ente innen und außen gut würzen, mit Zwiebel und Apfel füllen, wie üblich mit Wasser zum Braten ansetzen und unter öfterem Begießen mit dem Bratsatz etwa 1 1/2 h braten. Die Ente dann herausnehmen und heißstellen. Apfel und Zwiebel in den Bratsatz geben. Das überschüs-

sige Fett abgießen, den Bratsatz mit Geflügel-
brühe auffüllen und mittels Holzlöffels vom
Boden ablösen. Den Fond passieren, mit
Holunderpüree verkochen, abschmecken und
gesondert servieren.
Beilagen: Brandteigkartoffeln oder Kartoffel-
kroketten.
Diese Grundzubereitungsart ist weiterhin mit
Brombeeren, Ingwer, Stachelbeeren, Ebereschen,
Preiselbeeren, Walnuß, Mandeln, Zitronen,
Pomeranzen, Morcheln o. a. zu variieren.

Gebratene Jasminente mit Bambussprossen
1 Ente, bratfertig
Orangenschale, Salz
grüner Tee
Reiswein, Sojasoße
Jasminblüten
400 g Bambussprossen
Reismehl
Die Ente salzen, mit abgeriebener Orangenschale
von innen einreiben und in Schweineschmalz
kräftig anbraten, starken grünen Tee angießen,
abdecken und schmoren. Kurz vor dem Garpunkt Sojasoße und Reiswein hinzugeben und
mit reichlich Jasminblüten aromatisieren.
Die Ente dann entnehmen, entbeinen und in
mundgerechte Stücke schneiden. Entenstücke
zusammen mit in Scheiben geschnittenen
Bambussprossen in abgeschöpftem Fett knusprig
braten und auf einer geeigneten Serviceplatte anrichten. Den Bratfond pikant würzen, mit etwas
Reismehl binden und über das Entenfleisch/
Bambusgericht passieren. Sofort mit körnig gekochtem Reis servieren.

Gebratene Ente mit Krautfüllung (Bild 1)
1 Ente
Salz, Pfeffer

Füllung:
Weißkohl, in Streifchen geschnitten
Kochschinken, in Julienne geschnitten
Salz, Pfeffer, Kümmel, Majoran
Ei und Sahne

Die Ente von der Rückseite bis auf die Keulen-
unterknochen auslösen, mit der Krautfüllung
füllen und sorgfältig zunähen. Die Ente muß
dabei ihre ursprüngliche Form wiedererhalten.
Die gefüllte Ente mit Salz und Pfeffer einreiben,
mit etwas Wasser zum Braten ansetzen und unter
öfterem Begießen bei mittlerer Temperatur langsam braten. Während des Bratprozesses von der
Karkasse und den Knochen eine kräftige Entenjus bereiten. Die fertige Ente von den Fäden
befreien, auf einer Holzplatte anrichten und anschneiden. Mit Zierspießchen und in Rotwein
gedämpften Backpflaumen auf Apfelringen garnieren. Den Bratsatz mit der Jus verkochen, abschmecken, ggf. entfetten, passieren und gesondert servieren.
Beilagen: Kartoffelklöße, Salzkartoffeln oder
böhmische Knödel.
Hinweis: Füllungen für Ente sind sehr vielfältig
und pikant zusammenzustellen. Nachfolgend
einige Empfehlungen:
● Geflügelleber mit Apfelspalten, Rosinen und
  Reibesemmel, mit Salz, Pfeffer und Majoran
  würzen
● Bratwurstfüllsel mit geweichten, entkernten
  Backpflaumen
● Reibesemmel, in Butter gebräunt, mit Apfelspältchen verrührt und mit Zimt, Salz, Pfeffer
  und geriebener Zitronenschale gewürzt. Mit
  Apfelmost ansetzen
Hinweis: Soße von gebratenen Enten und Hähn-
chen mit etwas Basilikum würzen, Geschmacks-
und Duftstoffe werden damit ausgeprägter.

Gefüllte Ente
(für 6 bis 8 Personen)
1 Ente, bratfertig
Salz, Pfeffer
600 g Schweinegehacktes oder Bratwurstfüllsel
Das Schweinegehackte mit einem Ei, etwas
Reibesemmel, Salz, Pfeffer, zerriebenem Majoran
und Beifuß sowie in Butter angeschwitzten Zwiebelwürfelchen pikant anmachen. Damit die Ente
füllen, zunähen, würzen und mit Wasser zum
Braten ansetzen. Das Entenfett abgießen, den
Fond mit Geflügeljus verkochen, abschmecken,
passieren und gesondert reichen. Die Ente tranchieren, die Füllung in Scheiben schneiden und
an jeder Portion anlegen.
Beilagen: Würfelkartoffeln oder Zwiebelkartoffeln und Rosenkohl, Grünkohl, Bayrisch-Kraut,
Rotkohl oder gedünsteter Chicorée sowie einige
glacierte Apfelspalten mit Rosinen und Korinthen.

Gegrillte Entenbrust
2 Entenbrüste

Marinade:
Öl, Rotweinessig, weißer Pfeffer
Salz, etwas Majoran, sehr fein zerrieben

Die Entenbrüste einen Tag bei Zimmertemperatur marinieren. Dabei öfters wenden. Zum Grillen das Fleisch aus der Marinade nehmen und mit der Hautseite nach unten auf den Grillrost legen, salzen und bei mittlerer Hitze etwa 30 min unter öfterem Bepinseln mit der Marinade grillen. Dann umdrehen, salzen und fertiggrillen. Dabei alle 5 min mit Marinade bepinseln. Die Entenbrüste auslösen, anrichten, den Fond aus der Grillpfanne untersoßieren. Sofort servieren.
Beilagen: Berry-Kartoffeln, Berner Rösti oder Brandteignocken mit Pistazien. Aber auch Strohkartoffeln oder Spiralkartoffeln eignen sich als Beilage.
Zum Garnieren Champignonspießchen einstechen.
Schwarzwurzelsalat mit Streifen von rotem Gemüsepaprika dazu reichen.

Geschmorte Ente mit Rhabarber
Wie »Schmorente mit Tomaten« zubereiten. Statt Tomatenfleischwürfel geschälte Rhabarberstücke zugeben und mit Zucker und etwas Zimt würzen. Mit Kartoffelkroketten oder Dauphine-Kartoffeln anrichten.

Geschmorte Entenkeulen, mariniert
4 Entenkeulen

Marinade:
Rotwein
1 geriebene Zwiebel
1 Knoblauchzehe, mit Salz zerdrückt
2 Sardellen, fein gehackt
Basilikum, Oregano

Die Zutaten verrühren, die Entenkeulen damit etwa 6 h marinieren. Dabei öfters wenden. Dann abtropfen lassen, mit Salz und Pfeffer einreiben und in heißem Fett goldgelb braten. Sofort die Marinade angießen und zugedeckt fertigschmoren. Bei Bedarf noch Rotwein angießen. Die Entenkeulen anrichten und heißstellen. Die Soße passieren, mit Eigelb binden, abschmecken und gesondert reichen.
Beilagen: Butterspätzle, Spaghetti oder Makkaroni Mailänder Art, aber auch Salzkartoffeln,

Grilltomaten oder gefüllter Sellerie mit Gurkenkugeln in Dillrahm oder Möhren in Zitronensoße.

Gepökelte Entenbrust
2 Entenbrüste
Pökelsalz, 1 Prise Zucker, Pfeffer,
zerdrückte Wacholderbeeren
50 g Butter
Die Entenbrüste auslösen und etwa 3 bis 4 Tage pökeln. Dabei täglich wenden. Dann abtropfen, in heißer Butter scharf anbraten, mit Geflügeljus angießen und etwa 15 min in der heißen Backröhre unter öfterem Begießen braten. Das Fleisch in Tranchen schneiden und anrichten. Die Soße passieren und gesondert reichen.
Beilagen: Kartoffelklöße oder Salzkartoffeln und glacierte Frühlingszwiebeln sowie Pfefferkirschen oder Kohlrabi mit Kerbel-Hollandaise.
Hinweis: Zur gepökelten Entenbrust schmeckt ebenfalls Pflaumensoße. Den Fond zuletzt mit etwas Pflaumenmus verkochen. Anstelle der Frühlingszwiebeln mit etws Gin flambierte Zwiebeln dazugeben.

Honigente (Bild 2)
1 Ente, bratfertig
Salz, Knoblauchzehe, zerdrückt
Honig, Sojasoße
Zucker, Pfeffer
Die Ingredienzien im Wasserbad glattrühren. Die gut abgetrocknete Ente von allen Seiten mit dieser Honigmischung einstreichen und aufhängen oder auf ein Ablaufgitter zum Antrocknen legen. Diesen Vorgang muß man mindestens zweimal wiederholen. Bis sich eine feste Glasur bildet, werden etwa zwei Tage benötigt. Die Zubereitung ist zwar einfach, aber zeitaufwendig.
Die Ente dann wie üblich innen salzen und mit etwas warmem Wasser ansetzen. Während des Bratprozesses weiterhin mit Honigmischung überstreichen. Die Ente mit der dickflüssigen Soße anrichten.
Beilagen: Safran oder Curryreis, Sojakeime, in Butter angeschwenkt, und Bambussprossen.
Diese Zubereitung wird in vielerlei Variationen praktiziert. Bestimmt sind sie alle Ableitungen von der berühmten *Peking-Ente*, obwohl diese mit Malzzucker und Sojasoße eingerieben wird. Das Besondere ist weiterhin, daß die Peking-Ente auf bestimmte Weise serviert wird. Die

Haut wird in Rechtecke geschnitten und teilweise vorweg serviert. Das Entenfleisch wird in pommes-frites-ähnliche Streifen oder Scheiben geschnitten und mit einer speziellen Soße aus Sesamöl in sehr kleine Pfannkuchen eingerollt und serviert. Dazu werden Pflaumensoße, Bohnenpaste, Frühlingszwiebeln, Gurkenstreifen usw. angerichtet. Ob Honig- oder Peking-Ente, die Zubereitung muß mit größter Akribie erfolgen. Fehlen Zeit und Erfahrung, schmeckt Ente traditionell zubereitet am besten.

Orangenente mit grünem Pfeffer

Wie »Ente mit Orange« zubereiten. Den Fond zuletzt mit grünem Pfeffer verfeinern.
Beilagen: Dauphine-Kartoffeln und gedünsteter Chicorée.

Pfefferente

1 Ente, etwa 2 kg
1 Zwiebel, in Scheiben geschnitten
1 Möhre, in Scheiben geschnitten
Bauchspeckscheiben
1 Kräutersträußchen
Salz und Pfeffer
0,2 l trockener Weißwein, Geflügelbrühe
1 roter Gemüsepaprika, in Würfelchen geschnitten
1 EL grüne Pfefferkörner
Den Boden eines Bräters mit Speckscheiben auslegen, die Möhren- und Zwiebelscheiben darauf verteilen und das Kräutersträußchen dazugeben. Die Ente innen und außen mit reichlich Pfeffer aus der Mühle und Salz einreiben und in den Bräter legen. Etwas Wasser dazugeben und zugedeckt etwa 30 min in der vorgeheizten Bratröhre braten, bis die Ente gut angebräunt ist. Den Deckel dann abnehmen, Weißwein und Geflügelbrühe dazugeben und die Ente unter öfterem Begießen fertig braten. Ente dann herausnehmen und heißstellen. Die Bratflüssigkeit in einen kleinen Schmortopf passieren, die Paprikawürfel und den grünen Pfeffer dazugeben, alles 5 min verkochen, mit Salz und Pfeffer würzen, die Ente tranchieren und nochmals 5 min in der Pfeffersoße simmern lassen. Ente anrichten, mit der Soße nappieren.
Beilagen: Kartoffeln Bauernart, Risotto und Gurkengemüse oder gedünsteter Fenchel in Dillrahm

Pfeffergespickte Entenbrust mit kandierten Walnüssen

2 Entenbrüste
2 Zwiebeln, grüner Pfeffer, Salz
Öl
100 g kandierte schwarze Walnüsse
Entenjus
Die Entenbrüste auf der Hautseite mit einem spitzen Messer in gleichmäßigen Abständen einstechen. In die Öffnung grüne Pfefferkörner drücken. Die Haut anschließend verreiben, damit der Pfeffer beim Bratvorgang nicht austritt. Die Brüste mit Salz einreiben, mit Zwiebelwürfelchen und etwas Wasser zum Braten ansetzen. Zuvor mit etwas heißem Öl übergießen. Wenn die Entenbrüste Farbe genommen haben und die Zwiebelwürfelchen gebräunt sind, Entenjus angießen, die Walnußkerne dazugeben und alles fertiggaren. Die Entenbrüste auslösen, die Soße pikant abschmecken und übersoßieren.
Beilagen: Safranreis oder Dauphine-Kartoffeln und Feigensalat.

Pfirsichente

1 Ente, küchenfertig
Salz, weißer Pfeffer
Weißwein
30 g Honig
600 g frische oder konservierte Pfirsiche, gehäutet, in größere Spalten geschnitten
Speisestärke
Die Ente innen und außen gut würzen, in einen Bräter legen, mit heißem Weißwein übergießen und zum Braten in die Backröhre schieben. Honig mit etwas warmem Wasser glattrühren. Die Ente mehrmals damit bestreichen und mit dem sich bildenden Bratfond übergießen. Etwa 10 min vor Ende der Bratzeit die Pfirsichspalten dazugeben, wenn erforderlich etwas Entenjus angießen. Nach Garprobe Ente sofort anrichten, die Pfirsiche dazugeben und heißstellen. Den Fond mit Speisestärke binden, etwas Sherry dazugeben, kurz kochen, abschmecken, passieren und gesondert reichen.
Beilagen: Mandelkroketten.
Hinweis: Werden konservierte Pfirsiche eingesetzt, Pfirsichsaft zur Soße geben und mit etwas Zitronensaft abschmecken. Zum Garnieren 4 halbe Pfirsiche zurücklassen, backen oder überbacken und mit Johannisbeer- oder

Preiselbeergelee füllen. Platte mit Garten- oder Brunnenkresse garnieren.

Pökelente mit Meerrettichsoße
1 Ente, küchenfertig, gepökelt
Pökelsalz
Mehlbutter
geriebener Meerrettich
Sahne

Die Ente vierteln und mit einer Prise Zucker, Lorbeerblatt und Pfefferkörnern etwa 3 Tage pökeln. Dann (gerade mit Wasser bedeckt) langsam kochen. Nach etwa 30 min Wurzelgemüse dazugeben. Fond abschäumen. Die fertigen Entenstücke ausstechen und heißstellen. Den Fond mit Mehlbutter binden, passieren, mit reichlich Meerrettich aromatisieren, mit Sahne verfeinern und abschmecken. Die inzwischen etwas abgekühlten Entenstücke von der Innenseite her auslösen, anrichten und mit der Soße überziehen.
Beilagen: Salzkartoffeln, böhmische Kartoffelklößchen, Kartoffelnocken oder Brühkartoffeln und pikante frische Salate.

Reisente in Bratfolie
1 Ente, bratfertig
Salz, weißer Pfeffer

Reisfüllung:
500 g körnig gekochter Reis
geweichte Rosinen, Orangenwürfel
Salz, Ingwerpulver, etwas Safran

Die Reisfüllung zubereiten, damit die gewürzte Ente füllen, zustechen oder zunähen, in eine Bratfolie einschieben, gut verschließen und in der vorgeheizten Bratröhre bei etwa 200 °C 90 min braten. Die Bratfolie vorher mit einer Nadel einstechen, damit der sich bildende Dampf entweichen kann. Die Folie dann aufschneiden, aus dem Fond die Soße mit etwas Geflügeljus bereiten. Die Ente mit der Geflügelschere zerteilen und mit der Reisfüllung anrichten. Dazu Chicorée-Orangen-Salat in Zitronenrahm reichen.

Schmorente mit Tomaten
1 Ente, geviertelt
Salz, Pfeffer
Öl zum Anbraten
60 g Zwiebelwürfelchen
200 g Tomatenfleischwürfel

Knoblauch, Basilikum
1/8 l Weißwein, Geflügeljus
Die Entenstücke würzen und mit den Zwiebelwürfelchen in heißem Öl anbraten. Dann das Öl abgießen, mit Weißwein und Geflügeljus auffüllen und zugedeckt schmoren. Etwa 10 min vor dem Garpunkt Tomatenfleischwürfel sowie etwas Knoblauch und Basilikum dazugeben. Fond pikant abschmecken. Ente anrichten, mit dem Tomatenfond überziehen und mit Schinkenrisotto und frischem grünem Salat, Kresse oder Feldsalat servieren.

Weinente
1 Ente, bratfertig
Salz, weißer Pfeffer
Weißwein
je 50 g Schinken-, Sellerie- und Möhrenstifte
50 g frische Champignons, in Scheiben geschnitten
Die Ente von innen und außen mit Salz und Pfeffer einreiben, anstelle von Wasser mit herbem Weißwein ansetzen und bei mittlerer Hitze schön braun braten. Etwa 10 min vor dem Garpunkt die anderen Zutaten dazugeben, würzen und in dem sich inzwischen gebildeten Bratsatz dünsten. Wenn erforderlich nochmals Wein angießen. Ente tranchieren, anrichten und mit dem Fond von Gemüsen und Schinken überziehen.
Beilagen: Kartoffelkroketten und Zuckerschoten in römischen Pastetchen. Aber auch Apfel-Ananas-Salat mit frischen Feigen schmeckt zu dieser Köstlichkeit.

1.5. Spezialitäten von Gans

Die Gans soll schon um 1500 v. u. Z. als Hausgeflügel gehalten worden sein. Noch heute stellt sie bei uns den traditionellen und typischen Weihnachtsbraten dar. Wegen ihres hohen Fettgehaltes wird sie meist nur in den Wintermonaten angeboten. Die gebräuchlichste Zubereitungsmethode ist das Braten in der Bratröhre.
Dazu haben sowohl der Fachmann als auch die Hausfrau ihre eigenen Kniffe, und sie schwören darauf. Die Weihnachtsgans wird deshalb auch weiterhin nach dem althergebrachten Hausrezept gebraten werden. Den beliebten Vogel aber »einmal anders« zubereiten, kann zu einer echten Überraschung werden.

Brillat-Savarin sagte einst über das Geflügel:
» Was die Leinwand für den Maler, das ist Geflügel für den Koch. Es wird gekocht oder gebraten serviert, heiß oder kalt, ganz oder in Stücken, mit oder ohne Sauce, entbeint, enthäutet oder gefüllt und jedesmal mit großem Erfolg.«

Gänsebrustschnitzel

4 Schnitzel je 125 g
Salz, Pfeffer
Wiener Panade
Öl

Die Schnitzel quer zur Fleischfaser schneiden, gut plattieren, würzen, panieren und in heißem Öl bei mittlerer Hitze goldgelb braten.
Beilagen: Salzkartoffeln und Johannisbeer- oder Burgunderrotkohl.

Gänseklein mit Petersiliensoße

Zum Gänseklein gehören Kopf, Hals, Flügel, Herz und Magen. Für eine Portion sollten die einzelnen Teile (zerteilt) mittels einer Dressiernadel und Küchengarn zusammengebunden werden. So vorbereitet das Gänseklein mit Wasser bedecken, aufkochen und abschäumen. Dann Salz, Pfefferkörner, Lorbeerblatt und halbe Zwiebel dazugeben. Nach etwa einer Stunde mit Suppengemüse ergänzen und fertiggaren. Aus dem Fond sofort Petersiliensoße bereiten. Das Gänseklein und die Soße getrennt anrichten.
Beilagen: Salzkartoffeln oder Risotto und Buttermöhren oder frischer grüner Salat.
Als weitere Variante ist es möglich, das Fleisch zu entbeinen und in der Soße anzurichten. Gänsekleinliebhaber bevorzugen die erste Zubereitungsart.

Gänseleber im Topf, gedünstet

Leber, etwa 600 g

Die Leber mit Salz und Pfeffer würzen und in einem passenden Geschirr in Butter anbraten. Sofort etwas Geflügeljus angießen, einige gehackte Morcheln oder Champignons dazugeben, das Geschirr mit Wasser-Mehl-Teig versiegeln und in die vorgeheizte Bratröhre geben. Die Garzeit ist genau zu kontrollieren. Für eine 500-g-Leber werden 20 min benötigt. Die Leber sofort aus dem Geschirr nehmen. Den Fond mit etwas Weinbrand und Sahne verkochen. Die Leber tranchieren und mit der Soße sowie Teig-

warenbeilagen, Spätzle oder auch Strohkartoffeln servieren.
Hinweis: Gibt es Zweifel am Garpunkt, Nadelprobe durchführen und in die Leber eine Dressiernadel einstechen. Ist die Nadel in der eingestoßenen Länge gleichmäßig warm, ist die Leber gar. Dieser hochwertige Rohstoff darf keinesfalls zu lange gegart werden. Im Kern muß die Leber rosafarben sein.

Gänsepfeffer

1 kg Gänsefleisch
60 g Öl
Salz, reichlich Pfeffer
2 Zwiebeln, feingewürfelt
200 g Champignons, in Scheiben geschnitten
0,2 l Rotwein
Geflügeljus

Das Gänsefleisch in mundgerechte Stücke schneiden, in Öl kräftig anbraten, Zwiebelwürfel und Champignons dazugeben, salzen, stark pfeffern und zugedeckt schmoren. Das Fleisch und die Pilze herausnehmen. Den Fond mit Rotwein ablöschen, mit Geflügeljus reduzieren, mit Mehlbutter binden, kräftig abschmecken und über den »Pfeffer« gießen.
Hinweis: Diese pikante Speise wird besonders in Mecklenburg gern mit Backpflaumen zubereitet. Beliebte *Beilagen* sind Kartoffelklöße, Kartoffelplätzchen sowie Dunstbirnen und Apfelspältchen in Calvadosrahm.

Gänsepörkölt

2 kg Gänsefleisch, ausgelöst, in größere Stücke zerteilt (aus den Karkassen und Knochen kräftige Brühe bereiten)
0,2 l Tokajer
Salz, weißer Pfeffer
Gewürzpaprika, edelsüß

Die Gänsestücke salzen, in einem Bräter mit Tokajer ansetzen und in die vorgeheizte Bratröhre schieben. Wenn der Wein verdunstet ist und das Fleisch Farbe nimmt, öfters wenden, mit Gewürzpaprika bestäuben, Gänsebrühe angießen, Bratsatz ablösen, Bräter abdecken und Fleisch fertiggaren. Pörkölt mit Risotto oder Nocken sowie frischem Salat anrichten.
Hinweis: Der Fond muß nicht gebunden werden. Der reichlich dazugegebene Gewürzpaprika, edelsüß ergibt die erforderliche Bindung.

Gänseragout im Tontopf

1 kg Gänsefleisch, gepökelt
60 g Gänseschmalz
2 Zwiebeln, in feine Scheiben geschnitten
400 g Kartoffeln, geschält, in größere Würfel geschnitten
je 150 g Möhren und Sellerie, in kleine Würfel geschnitten
Salz, Majoran, Beifuß
gehackte Petersilie

Das Fleisch in grobe Würfel schneiden und mit den Zwiebeln in heißem Gänseschmalz goldgelb braten. Das Fleisch zusammen mit den Kartoffeln und Gemüsen in eine gewässerte Tonform geben, mit Salz, Pfeffer, reichlich Majoran und Beifuß würzen, etwa 1/8 l Geflügelbrühe darübergeben, ebenso die gehackte Petersilie. Den Topf mit einem Teigrand verschließen und etwa 90 min in die auf 200 °C vorgeheizte Bratröhre schieben. Topf erst am Tisch öffnen.

Gänseragout mit Äpfeln

1,2 kg Gänsefleisch, in Stücke geschnitten
2 Zwiebeln, feinwürfelig geschnitten
1 kg Äpfel, geschält, entkernt, in Achtel geschnitten
Beifuß, Gewürzpaprika, edelsüß

Zuerst von den Gänsekarkassen Jus ansetzen, mit Roux binden. Die Gänsefleischstücke mit Salz und Pfeffer würzen und mit etwas Wasser ansetzen. Nach kurzer Zeit ist das Wasser verdunstet, und es bildet sich Fett. Die Gänsestücke im eigenen Fett kräftig anbraten, dann die Zwiebelwürfel dazugeben, gut bräunen lassen, alles mit Gänsejus auffüllen und etwa 45 min schmoren. Dann die Apfelspalten, Beifuß und Gewürzpaprika dazugeben und fertiggaren. Gänseragout in Assietten anrichten.
Beilagen: Salzkartoffeln, Kartoffelklöße oder Speckknödel.

Gänseragout mit Beifuß

1 kg Gänsefleisch
2 Zwiebeln, feinwürfelig geschnitten
Salz, Pfeffer, Beifuß (zerrieben)
Mehl, Geflügeljus

Das Gänsefleisch in grobe Würfel schneiden, in einen Bräter mit den Zwiebelwürfeln geben, mit Geflügeljus bedecken und etwa 60 min schmoren. Dann Deckel abnehmen. Wenn die Flüssigkeit verdunstet ist, Ragout mit reichlich Beifuß würzen, mit Geflügeljus auffüllen und auf-

kochen. Zuletzt kräftig abschmecken und in Assietten servieren.
Beilagen: Semmel-, Kräuter- oder Kümmelknödel und gebratene Apfelspalten mit Rosinen.

Gänseschwarzsauer

Voraussetzung für dieses Gericht ist frisches Gänseblut. Gänse oder Gänseklein mit Suppengemüse, Nelken, Gewürzkörnern, Lorbeerblatt, Salz und Pfeffer kochen. Das Fleisch dann herausnehmen, den Fond passieren, mit geriebenem Soßenkuchen verkochen und mit Gänseblut verrühren. Die Soße über das entbeinte Gänsefleisch oder Gänseklein geben. Dazu reicht man Kartoffelklöße und frischen Salat.

Gebratene Gans

(für 6 bis 8 Personen)
1 Gans, etwa 4 kg
Salz, Pfeffer, Beifußzweig
Äpfel
Zwiebeln

Die Gans innen und außen mit Salz einreiben, mit einigen säuerlichen Äpfeln sowie einem Beifußzweig füllen und in einem Bräter mit warmem Wasser zum Braten ansetzen. Unter häufigem Begießen und Wenden knusprig braten.
Gerade das Braten von Gänsen bedarf größter Sorgfalt. Verdunstet das Wasser beim Braten, immer wieder warmes Wasser nachgießen. Bildet sich während des Bratprozesses zu viel Fett, schöpft man es ab. Das Fett muß hellblond bleiben. Je nach Belieben einige Zwiebelscheiben mitbraten. Den Bratsatz mit dem Holzlöffel vom Boden lösen, den Fond mit etwas Stärke binden, passieren und abschmecken.
Die beliebtesten *Beilagen* sind Thüringer Klöße und Rotkohl mit Apfelstreifen oder mit Bratapfel. Gänse werden auch gern mit Fleisch- oder Semmelfarce sowie mit Rosinen, Backpflaumen oder Maronen gefüllt.
Hinweis: Der traditionelle Rotkohl ist mit Maronen oder Tokajer aufzuwerten. Anstelle von Klößen schmecken ebenfalls Majorankartoffeln zu dem knusprigen Braten. Gänse und auch Enten sind bei etwa 220 °C anzusetzen. Die hohe Anfangstemperatur ist wichtig, um fettem Geflügel das überschüssige Fett zu entziehen. Die Temperatur sollte dann auf 180 °C heruntergeschaltet werden. Eine 4-kg-Gans benötigt eine Garzeit von etwa 75 min bei 220 °C. Bei etwa

180 °C verlängert sich die Garzeit. Die Gänse bräunen gleichmäßiger, wenn sie während des Bratens mehrmals gewendet werden. Gänse und Enten sollten für je ein Drittel Bratzeit auf jede Seite gelegt werden; das letzte Drittel mit der Brust nach oben. Damit das Fleisch nicht austrocknet, muß Geflügel regelmäßig alle 10 min mit dem Bratensaft begossen werden. Dadurch bräunt auch die Haut schneller.

Hinweis: Rotkohl anstelle von Johannisbeergelee entsprechend mit Brombeeren, Preiselbeeren, Himbeeren, Heidelbeeren, Pflaumen oder Reneklolden geschmacklich variieren.

Gebratene Gans mit Backpflaumen

1 kleine junge Gans
200 g geweichte Backpflaumen
200 g Apfelspalten
30 g Butter

Die vorbereitete Gans mit entsteinten Backpflaumen und in Butter angeschwitzten Apfelspalten füllen und knusprig braten. Sodann entsprechend tranchieren und mit dem Backpflaumen-Apfel-Gemisch anrichten. Den Bratsatz entfetten, mit etwas Wasser verkochen und gesondert dazugeben.

Als *Beilage* eignen sich besonders Kartoffelkroketten, aber auch Kartoffelklöße, Rotkohl oder Grünkohl.

Gebratene Gans mit Birnen

Die Gans wie üblich würzen und braten. Vom Bratsatz das überschüssige Fett abgießen. Dann Birnenspalten dazugeben und etwa 3 min anbraten. Den Bratsatz mit Geflügeljus abkochen. Die Gans portionieren, mit den Birnenspalten anrichten und mit der Soße übergießen.

Beilagen: Kartoffelklöße, halb und halb oder frische Weinkartoffeln.

Gebratene Gänsebrust auf Erdnußsoße

1,5 kg Gänsebrust von besonders jungen Tieren
geklärte Butter
Geflügeljus
Honig, Sherry, Essig
100 g Erdnußkerne

Die Gänsebrust gut würzen, rundherum scharf anbraten, Geflügeljus angießen und reduzieren lassen. Dann etwas Honig dazugeben, karamelisieren lassen und mit Sherry, Essig und Geflügeljus ablöschen. Das Fleisch muß innen leicht rosa bleiben. Erdnüsse in Butter rösten, den Fond entfetten, darüber passieren und mit etwas Butter montieren. Das Fleisch schräg tranchieren und auf die Soße, die auf heißen Tellern verteilt wurde, legen. Mit Kartoffelgratin und Brokkolimousse servieren.

Gebratene Gänsekeulen mit Sauerkirschsoße

4 Gänsekeulen
40 g Bauchspeck, in feine Würfel geschnitten
Salz, Pfeffer
200 g entsteinte Sauerkirschen
0,1 l Rotwein
Zucker, 1 EL Johannisbeergelee
Zimt, 1 Prise gemahlene Gewürznelken

Die Speckwürfel in einen Bräter geben. Die gewürzten Gänsekeulen dazugeben, etwas Wasser angießen. Den Bräter in die vorgeheizte Bratröhre schieben. Die Gänsekeulen etwa 1 h unter häufigem Begießen braun braten, herausnehmen und warmstellen. Den Bratsatz mit Rotwein ablöschen, die Kirschen und Gewürze dazugeben, alles gut verkochen, abschmecken, nach Belieben mit etwas Stärkemehl binden. Die Soße gesondert anrichten.

Beilagen: Salzkartoffeln, Kartoffelklöße oder Risotto.

Gebratene Gänseleber

500 g Leber
geklärte Butter

Die Leber in etwa 1 cm dicke Tranchen schneiden, mehlieren und in heißem Fett rasch auf beiden Seiten braten. Dann salzen, anrichten, mit dem Bratfett übergießen und mit Röstzwiebeln, gebratenen Apfelscheiben und Kartoffelpüree oder Kartoffelschnee anrichten.

Hinweis: Gebratene Gänseleber ist in vielerlei Varianten anzurichten, z. B.:
- mit Rotweinsoße und Artischockengemüse
- mit Madeirasoße und Champignons

Gedämpfte Gans

1 Gans, Salz, Pfeffer
je 250 g Scheiben von Möhren, Sellerie, Zwiebeln und Petersilienwurzeln
Bauchspeckscheiben
Lorbeerblatt, Majoran
Fleischbrühe

Die Gemüse in eine ovale Bratpfanne geben. Die Gans innen und außen mit Salz und Pfeffer einreiben, mit Bauchspeckscheiben belegen, gewürzte Fleischbrühe angießen, abdecken und in der Bratröhre dämpfen. Nach etwa einer halben Stunde Lorbeerblatt und Majoran dazugeben. Gans tranchieren und mit dem Gemüse im entfetteten Fond und Salzkartoffeln servieren.

Gefüllte Gänsebrust

1 Gänsebrust, ausgelöst
200 g feine Kalbsfleischfarce mit Gänseleber
Salz, Pfeffer
Die Gänsebrust mit der Hautseite auf eine Arbeitsfläche legen, die Farce auf der Innenseite verteilen, die Brusthälften zusammenschlagen und fest mit Küchengarn einrollen. Dann würzen, in einen Bräter legen, mit etwas zerlassener Butter übergießen und in der Bratröhre braten. Den Bratensatz mit Geflügeljus verköcheln, mit Maisstärke binden, abschmecken und passieren. Die Gänsebrust tranchieren, anrichten und untersoßieren.
Beilagen: Kartoffelklöße oder Petersilienkartoffeln und Rosenkohl oder Johannisbeerrotkohl.

Gefüllter Gänsehals

2 Gänsehalshäute
200 g Kalbsfleisch
1 Brötchen, in Sahne geweicht
2 Eier, Salz, Pfeffer
1 feingehackte Zwiebel
100 g Bauchspeckwürfel
100 g Gänseleberwürfel
Kalbfleisch und Brötchen fein wolfen, mit den Zutaten vermengen und eine herzhafte Farce bereiten. Die Gänsehalshäute an einem Ende zunähen, mit der Farce füllen und die andere Seite ebenfalls zunähen. Die gefüllten Gänsehälse mit etwas Gänsefett und Wasser etwa 40 min dünsten. Zuletzt etwas Farbe nehmen lassen. Gefüllte Gänsehälse kalt oder warm servieren. Als kalte Speise mit Gänse-Zwiebel-Apfel-Fett und frischem Landbrot reichen. Zum warmen Gänsehals passen Zwiebelkartoffeln und Grünkohl.

Gefüllte Gans mit Leberfarce

1 kleine Gans
Salz, Pfeffer, Beifuß
300 g Geflügelleber, angebraten
1 Zwiebel, feinwürfelig geschnitten
200 g Weißbrot, in Milch geweicht
2 bis 3 Eier
Salz, Pfeffer
Mirepoix
Die Geflügelleber mit dem Weißbrot grob wolfen, mit Zwiebeln und Eiern zu einer Masse

verarbeiten und kräftig würzen. Die Gans innen und außen mit Salz und Gewürzen einreiben, mit der Leberfarce füllen, zustecken und mit Mirepoix und etwas Wasser zum Braten ansetzen. Die Gans unter öfterem Begießen mit dem Bratfond saftig braten, mit der Geflügelschere halbieren, die Füllung herausnehmen und tranchieren. Den Bratensatz mit Geflügeljus verkochen, abschmecken und passieren, das überschüssige Fett abgießen. Die Gans portionieren, mit der Leberfüllung anrichten und mit Soße überziehen.
Beilagen: Kartoffelklöße oder Salzkartoffeln und Heidelbeerrotkohl oder Rosenkohl in Muskatbutter.
Weitere Füllungen:

- Kartoffeln mit Leberstücken und Kräutern
- geweichtes Weißbrot, Zwiebeln, frischer Salbei, Eier
- Äpfel und Bataten
- Äpfel, Zitronenmelisse, Kartoffeln
- Mais, Kartoffeln, Äpfel
- Bratwurstfüllsel mit Majoran
- Hackmasse mit Zwiebeln und Beifuß
- Apfelstücke, Backpflaumen
- Birnen, Rosinen, Korinthen
- Äpfel, Mandeln, geweichtes Weißbrot
- Schweinefleisch, Backpflaumen, Zwiebeln
- Schweinefleisch, Leber, Herz, Zwiebeln, gehackte Kräuter
- Backpflaumen, Äpfel, Weißbrot, gehackte rohe Leber – mit Salz und Pfeffer, Majoran und Thymian würzen

Geschmorte Gänsekeulen

4 Gänsekeulen
Zwiebeln, Äpfel
Salz, Pfeffer, Majoran, Beifuß
Die Gänsekeulen würzen, mit warmem Wasser, Zwiebeln und Apfelstückchen zum Schmoren ansetzen. Den Fond leicht binden, passieren und gesondert reichen.
Beilagen: Kartoffelklöße, halb und halb und Grünkohl.

Geschmorte Gans in Mandelsoße

1 Gans, in Portionsstücke zerteilt,
das sichtbare Fett entfernt
50 g Schmalz
1 Zwiebel, in Ringe geschnitten, gebräunt
und püriert
1 Knoblauchzehe, mit Salz zerrieben

80 g geriebene, geröstete Mandeln
0,1 l Sherry
50 g Tomatenmark

Die Gänsestücke würzen, mehlieren und in heißem Schmalz schön braun anbraten. Dann mit Wasser oder Geflügelbrühe auffüllen, die pürierte Zwiebel, Knoblauch, Tomatenmark, Mandeln und Sherry dazugeben und die Gänsestücke fertigschmoren. Die Soße entfetten, pikant abschmecken, die Gänsestücke damit soßieren.

Beilagen: Kartoffelkroketten, Dauphine-Kartoffeln oder Pariser Kartoffeln und Fenchelsalat.

Hinweis: Anstelle von Mandeln sind weiterhin Walnüsse oder auch Pomeranzenschale zum Aromatisieren zu verwenden.

Gepökelte Gänsebrust in Majoransoße

Gänsebrust 5 Tage pökeln. Dann in etwas Butter anbraten, mit Majoran und Beifuß würzen, mit Gänsejus auffüllen und fertiggaren. Die Soße mit viel Majoran würzen. Die Gänsebrust tranchieren, anrichten und mit der passierten Soße nappieren.

Beilagen: Salzkartoffeln oder Kartoffelklöße. Johannisbeer- oder Apfelrotkohl, Grünkohl, Rosenkohl mit Muskatbutter oder frische, knackige Salate.

Gepökelte Gänsekeule in Rotweinsoße

4 Gänsekeulen
50 g Margarine
Mirepoix
0,2 l Rotwein
Geflügeljus

Die Gänsekeulen in Pökellake mit einer Prise Zucker 4 Tage pökeln. Die Keulen trockentupfen und in heißem Fett mit Mirepoix braun anbraten. Mit Rotwein ablöschen, Geflügeljus angießen, mit etwas Oregano würzen und etwa 60 min langsam garen. Den Fond wenn erforderlich abfetten, passieren und abschmecken. Die Keulen damit soßieren. Mit Holsteiner Kartoffelklößen und Apfelspalten in Zimtbutter vervollständigen.

Gepökelte Gänsekeule mit Sauerkraut

4 Gänsekeulen, gepökelt
80 g magere Speckscheiben
2 Zwiebeln, feinwürfelig geschnitten
weißer Pfeffer, Salz, Gewürzpaprika, edelsüß
600 g Sauerkraut

Wacholderbeeren
1/2 l Geflügelbrühe

Eine Servicekasserolle mit einigen Speckscheiben auslegen, die Gänsekeulen daraufgeben, die Zwiebelwürfel darüberstreuen und gut würzen. Das Sauerkraut in die Zwischenräume verteilen. Wacholderbeeren zugeben, ebenso die restlichen Speckscheiben. Zuletzt die Fleischbrühe eingießen. Den Bräter in die vorgeheizte Bratröhre schieben. Garzeit etwa 2 h bei 200 °C. Gänsekeulen im Geschirr servieren.

Beilagen: Kartoffelpüree, Speckknödel oder Spätzle.

Ingwer-Gans

(für 6 bis 8 Personen)
1 Mastgans, bratfertig
Salz, weißer Pfeffer, Ingwerpulver
150 g Ingwerpflaumen in Sirup
1 bis 2 Knoblauchzehen

Die Gans mit einem Gemisch aus Salz, weißem Pfeffer und Ingwerpulver innen und außen einreiben. Die Ingwerpflaumen feinhacken, ebenso die Knoblauchzehen. Die Gans mit heißem Wasser zum Braten ansetzen. Nach etwa 30 min mit zerlassener Butter übergießen und fertigbraten. Zwischendurch öfters mit dem Bratsatz begießen. Die goldgelbe Gans herausnehmen und heißstellen. Den Bratsatz mit Geflügeljus und den Ingredienzien verkochen und extra reichen. Die Gans am Tisch tranchieren.

Beilagen: Rosinenreis und Orangen-KirschSalat.

Pfeffergans mit weißen Bohnen

200 g weiße Bohnen, über Nacht geweicht
2 kg Gans
50 g Öl
Salz, Cayennepfeffer, 1 Knoblauchzehe
2 Zwiebeln, feingehackt
200 g Tomatenfleischkeile
50 g mit Paprika gefüllte Oliven

Die Gans in 8 gleichgroße Stücke teilen, kräftig würzen mit Salz und Cayennepfeffer und in heißem Öl mit den Zwiebelwürfeln kräftig anbraten. Mit Weißwein und Geflügeljus auffüllen und etwa 60 min schmoren. Dann Knoblauchzehe, Tomatenfleischkeile, Oliven und die im Einweichwasser gegarten weißen Bohnen dazugeben. Alles pikant mit Salz und Cayennepfeffer würzen und fertig simmern lassen. In Assietten anrichten und sehr heiß servieren.

Beilagen: frischer Knoblauchtoast oder Stangenweißbrot und grüner Salat in Kräuteressig.

Pochierte Gänsebrust in Knoblauchkrem
1 Gänsebrust
Mirepoix
Kräutersträußchen
Pfefferkörner
Salz
8 Knoblauchzehen, püriert
Milch
4 Eigelb, mit Sahne verquirlt
Die Gänsebrust mit Mirepoix, Kräutersträußchen und Salz in Geflügelfond pochieren, auslösen, tranchieren, anrichten und heißstellen.
Die pürierten Knoblauchzehen inzwischen in
Milch erhitzen, etwas Gänsefett dazugeben,
salzen, kurz verkochen, mit Eigelb binden und
abschmecken. Die Gänsebrust mit der Knoblauchkrem überziehen.
Beilagen: frische Salzkartoffeln oder Semmel-
knödel.

Süßsaures Gänsefleisch
1 kg Gänsebrust von sehr jungen Tieren

Marinade:
1 Eiklar
20 g Speisestärke
4 EL Reiswein oder Sherry

150 g Lauch, in 2 cm lange und 1/2 cm breite
Streifen geschnitten
100 g Öl
200 g Sojakeimlinge
40 g Tomatenketchup
60 g Sojasoße
Zucker, Essig, Ingwerpulver, weißer Pfeffer
Tabascosoße
4 Scheiben Ananas, in Butter angebraten
Die Gänsebrust in 1/2 cm dicke und etwa 3 cm
lange Streifen schneiden. Die Zutaten für die
Marinade vermengen, das Gänsefleisch dazugeben und 1 h durchziehen lassen. Etwa 50 g Öl
in einer Pfanne erhitzen, den Lauch darin 3 min
unter Rühren anbraten, Sojakeimlinge dazugeben, ebenso die Sojasoße, Ketchup, Zucker,
Essig und Ingwerpulver. Alles gut vermengen,
aufkochen lassen und mit Salz und Pfeffer
würzen. Das restliche Öl in einer großen Pfanne
erhitzen, das Gänsefleisch darin 10 min unter
öfterem Schwenken der Pfanne rundherum goldbraun braten. Gemüse und Fleisch zusammen-
geben und mit Tabascosoße würzen. Zuletzt
pikant abschmecken, alles auf eine vorgewärmte
tiefe Platte geben, mit Ananasscheiben belegen
und mit körnig gekochtem Reis servieren.
Hinweis: Diese Zubereitungsart eignet sich ebenfalls für zartes Enten- und Hühnerfleisch.

1.6. Kulinarisches von Huhn

Wegen ihres zarten weißen Fleisches werden
Hühner in zahlreichen Rassen gezüchtet. Nach
Alter und Qualität unterscheidet man heute vorrangig Stubenküken, Brathähnchen oder Broiler
(auch als Poulets bezeichnet), Masthühner
(Poularden) und Suppenhühner. Am populär-
sten sind die vom »laufenden Band«, die Broiler.
Hühnergerichte sind in großer Vielfalt zu bereiten. Auf Grund ihrer Bekömmlichkeit werden
sie auch für Vorspeisen, Suppen und in der
Kalten Küche verarbeitet. Hühnerfleisch, das
nicht älter als 6 Monate ist, schmeckt am besten
gegrillt oder gebraten. Grillen ist die günstigste
Methode für junges Geflügel. Man erreicht ein
vorzügliches Aroma mit einer Marinade aus Öl
und Kräutern. Die Hähnchen etwa 2 h marinieren und dann bei starker Hitze grillen.
Knusprig und goldbraun gebratene Hähnchen
gehören mit zu dem Besten, was die Küche zu
bieten hat. Alle Arbeitsgänge, wie Dressieren,
Würzen, Begießen und Tranchieren, sind mit
Sorgfalt und Sachkenntnis auszuführen. Da die
Hähnchen »vom Band« meist mit einem Ein-
heitsfutter gemästet werden, haben sie weniger
Aroma und müssen mit mehr Marinade, Füllungen und Gewürzen behandelt werden als ihre
Artgenossen vom Bauernhof.

Brathähnchen (gebratener Broiler)
2 Brathähnchen, bratfertig
Salz, weißer Pfeffer
80 g Fett
2 Zwiebeln, in Würfel geschnitten
1/4 l Geflügeljus
Stärkemehl
Die Hähnchen innen und außen würzen, in
einem Bräter auf die Seite legen und mit heißem
Fett übergießen. Bräter in die vorgeheizte Bratröhre schieben. Hähnchen unter öfterem
Wenden auf beiden Seiten schön braun braten.
Etwa 10 min vor Ende der Garzeit Zwiebelwürfel dazugeben und mitbräunen. Zum Fest-

stellen des Garpunktes in die Keulen einstechen. Ist der austretende Fleischsaft völlig klar, ist der richtige Garpunkt erreicht. Geflügel erreicht erst seinen vollen Geschmackswert, wenn es saftig und völlig gargebraten ist. Die Hähnchen herausnehmen, die Zwiebelwürfel wenn erforderlich noch nachbraten. Das Fett abgießen, Bratsatz mit Jus verkochen, mit angerührtem Stärkemehl binden, abschmecken, aufkochen und passieren. Die etwas abgekühlten Hähnchen längs am Rückgrat halbieren, Rückgratknochen abschlagen, die Knochen von Keule und Brust von innen entfernen.

Zur Geschmacksverbesserung nachwürzen und in Butter nachbraten. Brathähnchen anrichten. Die Soße gesondert reichen.

Beilagen: Gebackene, gebratene und gekochte Kartoffelzubereitungen. Sehr gern werden pommes frites, pommes chips, Nußkartoffeln, Kartoffelkroketten und Petersilienkartoffeln gereicht.

Alle zarten Gemüsearten und frische Salate können zu Brathähnchen, gebratenem Broiler oder gebratenen Poularden gegeben werden. Weitere Empfehlungen: gebackene Auberginen, Artischockenherzen, Fenchelgemüse, geschmorte Zucchini in Dillrahm usw.

Hinweis: Geflügel soll leicht abgekühlt tranchiert werden. Der Druck des Fleischsaftes nimmt bei Abkühlung ab. Der Saftverlust wird damit gemindert. Brathähnchen lassen sich weiterhin mit Perlzwiebeln, Oliven, Magerspeckwürfelchen, Tomatenfleischwürfeln usw. pikant variieren. Aber auch in Butter angeschwenkte Früchte, gebackene Bananen oder heiße Sauerkirschen mit grünem Pfeffer sind empfehlenswerte Ergänzungen.

Backhähnchen in Mandelpanade (Bild 3)
2 Hähnchen
Salz, weißer Pfeffer
Mehl
Ei, zerschlagen
Gemisch aus Reibesemmel und geriebenen Mandeln
Öl

Die Hähnchen in gutgewürzter Geflügelbrühe etwa 10 min kochen, herausnehmen und erkalten lassen. Dann halbieren, von innen vorsichtig entbeinen, würzen, exakt panieren und goldgelb backen. Abtropfen lassen, auf Papiermanschette anrichten, mit gebackener Petersilie, Zitronensternen, Tomatenecken und Kopfsalat garnieren.

Beilagen: Waffelkartoffeln, pommes frites oder pommes pont-neuf, Nußbutter und frischer Salat.

Hinweis: Die zarten Hähnchen schmecken ebenfalls sehr gut in Walnuß- oder Haselnußkruste.

Brathähnchen mit Essigsoße
2 Brathähnchen, bratfertig
100 g Butter
Salz, Pfeffer
1/4 l Weinessig, Geflügeljus
30 g Mehlbutter

Die Hähnchen innen und außen gut würzen, in einen Bräter legen, mit heißer Butter übergießen, in die vorgeheizte Bratröhre schieben und unter öfterem Begießen etwa 30 min braten. Mittels Nadel Garprobe vornehmen. Tritt an den Keulen völlig klarer Fleischsaft aus, sind die Hähnchen gerade richtig gebraten. Hähnchen herausnehmen, zerteilen und von der Innenseite entbeinen. Den Bratsatz mit Essig und Geflügeljus abkochen, mit Mehlbutter binden, mit Salz und Pfeffer abschmecken und über die ausgelösten Hähnchen passieren.

Beilagen: Butterkartoffeln oder pommes frites und frische Salate, junges Gemüse oder Rote-Bete-Gemüse.

Hinweis: Einen Zweig frischen Estragon in das Brathähnchen geben. Damit entwickelt sich ein köstliches Aroma.

Brathähnchen, orientalisch
4 halbe Brathähnchen
80 g geklärte Butter

Aus Salz, weißem Pfeffer, Zimt, Safran, Kardamom, Ingwerpulver und gemahlenen Gewürznelken mit 20 g Butter eine Paste bereiten. Die Hähnchenhälften auf eine Arbeitsplatte legen, die Haut an Brust und Keulen nach oben ziehen und Einschnitte anbringen. Die Gewürzpaste einschieben, unter die Haut verteilen, die Haut in die ursprüngliche Lage zurückstreichen. Zum Einfüllen der Gewürzpaste möglichst eine Pipette verwenden. Die so präparierten Hähnchen mindestens 6 h durchziehen lassen. Dann in einen Bräter mit heißer Butter mit der Hautseite nach unten einlegen, nochmals leicht salzen, zudecken, in die Bratröhre schieben und etwa 30 min bei mittlerer Hitze garen. Dann den Deckel abnehmen, die Hähnchen umdrehen und

fertigbraten. Die Hähnchen anrichten, den Bratansatz mit der restlichen Paste und etwas Sherry verkochen und gesondert servieren.
Beilagen: Risotto oder Curryreiskroketten und Bambussprossensalat in Sesamölmarinade.

Broiler-Ballotines
4 Broilerkeulen
Unter dem Begriff Ballotines verstand man ursprünglich gefüllte Geflügelkeulen, die in der Kalten und Warmen Küche angeboten wurden. In der neuzeitlichen Küche werden Ballotines aus vielerlei Rohstoffen zubereitet.
Aus gleichen Teilen Kalb- und Schweinefleisch, Eiern, Salz, Pfeffer, gehackter Petersilie, Geflügelleber, Champignons und in Milch geweichtem Weißbrot eine würzige Farce bereiten. Die Broilerkeulen auslösen, würzen, mit der Farce füllen, in ihre ursprüngliche Gestalt formen und zunähen. Dann würzen, in Butter braten, Geflügeljus angießen und fertiggaren. Die Broiler-Ballotines heißstellen. Den Fond mit Speisestärke binden, pikant abschmecken, gesondert reichen.
Beilagen: Kartoffelkroketten, Petersilienkartoffeln oder Spritzkartoffeln und zarte Gemüse oder frische, würzige Salate.

Broiler in Brotteig
4 halbe Broiler
8 dünne Bauchspeckscheiben
Salz, Pfeffer, gehackte Petersilie
je 200 g Tomatenwürfel
und Champignonscheiben
1,5 kg Brotteig
Brotteig in vier Teile teilen und etwa 1 1/2 cm dick ausrollen. Die Broilerhälften von innen und außen gut würzen und mit der Hautseite auf die vordere Hälfte des Brotteiges legen. Broiler zuerst mit den Speckscheiben belegen und dann mit den gewürzten Tomatenfleischwürfeln und Champignonscheiben füllen. Den Teig zusammenschlagen und die Nahtstellen vollständig ausglätten. Aus Brotteig nach Belieben Dekor auflegen, in der Mitte eine sogenannte Krude zum Dampfabzug einbringen. Die Broiler im Brotteig auf ein mit Wasser benetztes Backblech geben und in die heiße Bratröhre schieben. Die Backzeit beträgt etwa 1 h. Zwischendurch mit Wasser bestreichen, damit die Teigoberfläche einen schönen Glanz erhält. Die Temperatur ist nach dem Anbacken herunterzuschalten. Die

fertigen »Brote« servieren. Erst am Tisch einen flachen Deckel abschneiden. Das Brot dient als schmackhafte Beilage. Dazu schmecken weiterhin Madeirasoße und frische Salate mit würzigen Dressings.

Broiler im Gemüsebett
2 Broiler
100 g Butter oder Margarine
4 Zwiebeln, in Ringe geschnitten
je 2 rote und grüne Gemüsepaprika, entkernt und in Ringe geschnitten
100 g Tomatenfleischwürfel
1 kleine grüne Gurke oder Zucchini, geschält und in Streifen geschnitten
1 kleine Aubergine, geschält und in Streifen geschnitten
Salz, weißer Pfeffer, etwas Knoblauch und Gewürzpaprika, edelsüß
Die Zwiebelringe in zerlassener Butter anschwitzen, die Broiler bridieren, würzen, zu den Zwiebeln geben und auf allen Seiten anbraten. Sind die Zwiebelringe goldgelb, sofort etwas Geflügeljus oder Wasser angießen und die Gemüse um die Broiler herum in den Topf geben, alles würzen, abdecken und in der vorgeheizten Bratröhre etwa 30 min garen. Broiler halbieren, anrichten, mit dem Gemüse umkränzen und mit pommes frites servieren.

Broiler in Salzkruste
(für 2 Personen)
1 Broiler, etwa 1 kg
Pfeffer aus der Mühle

Salzkruste:
2 kg Salz
2 bis 3 Eiklar
Wasser

Den Broiler so dressieren, daß Keulenknochen und Flügel eng anliegen. Dann innen und außen mit Pfeffer würzen und einen Zweig frischen Rosmarin, Salbei oder Zitronenmelisse in den Broiler geben. Für die Salzkruste grobes Salz mit Eiklar und etwas Wasser in einer Schüssel vermischen. Den Boden eines Bräters mit einer 2 cm dicken Salzschicht bedecken, den Broiler darauf legen, mit dem restlichen Salzbrei bedecken und glattstreichen. Broiler im vorgeheizten Backofen bei 200 °C etwa 75 min garen. Broiler in der Salzkruste servieren und am Tisch mittels Hammerschlags aus der Kruste nehmen und tranchieren.

Beilagen: Nußbutter, pommes frites und Edelgemüse.

Hinweis: Für Salzkruste eignet sich besonders grobes Meersalz. Bei der Zubereitung von Broiler in Salzkruste ist es rationell, ein Gargefäß in der Größe des Bratgutes zu verwenden. Die Zubereitung in atmungsaktiven Hüllen ist eine seit Jahrhunderten erprobte Methode, um feinste Rohstoffe schonend zu garen. Den Rohstoffen bleibt ihr arteigener Geschmack dann am optimalsten erhalten. Die Salzkrustentechnik ist einfacher als sie aussieht. Eiklar und Wasser sind sparsam zu verwenden. Bei zuviel Eiklar wird die Kruste zu fest und braun. Während des Garprozesses hilft dagegen das öftere Bepinseln mit Wasser. Wird zuviel Wasser verwendet, besteht die Gefahr des Abrutschens. Der Versuch lohnt sich. Doch gilt auch hier der Grundsatz »Übung macht den Meister«.

Broilerbrust exzellent

4 Broilerbrüste
gedünstete Spinatblätter
150 g feine Krebsfarce
Salz, weißer Pfeffer
100 g geklärte Butter
0,2 l frischer Orangensaft

Die Broilerbrüste bis auf die Flügelknochen entbeinen, enthäuten und zum Füllen leicht plattieren. Dann würzen, zuerst mit Spinatblättern und dann mit Krebsfarcerollen belegen. Das Fleisch zusammenschlagen, in gut gebutterte Alufolie einrollen und zur ursprünglichen Form gestalten. Die Broilerbrüste auf das Gitter über eine Fettpfanne legen und etwa 20 min in die vorgeheizte Bratröhre schieben. Dann herausnehmen, abkühlen lassen, die Alufolie entfernen, nochmals würzen und in geklärter Butter goldgelb braten. Die fertigen Brüstchen schräg tranchieren, anrichten und heißstellen. Den Bratsatz mit Orangensaft kurz verkochen und darüber passieren.

Beilagen: Tomaten- oder Safranrisotto, bunte Nudeln und Brokkolimousse oder Karotten-Zucchini-Gemüse.

Hinweis: Broilerbrüste anstelle der Krebsfarce ebenso mit Schinken- oder Leberfarce füllen. Dann mit Portweinsoße oder Rieslingschaum vervollständigen.

Broilerbrust in Rahmsoße

4 Broilerbrüste, nicht enthäutet
100 g Butter oder Margarine
Salz, weißer Pfeffer
30 g Mehl, etwas Hühnerbrühe
100 ... 150 g Sahne

Die Broilerbrüste mit Salz und Pfeffer einreiben und in heißem Fett goldgelb braten, das Fleisch dabei öfters umdrehen und mit dem Fett begießen. Die Bratzeit beträgt etwa 30 ... 40 min. Broilerbrüste dann aus der Pfanne nehmen und warmstellen. Im Bratsatz das Mehl goldgelb anschwitzen und mit Hühnerbrühe verkochen. Die Soße mit Salz würzen und mit Sahne verfeinern, 2 min simmern lassen. Broilerbrüste entbeinen, anrichten. Die Rahmsoße gesondert reichen. Mit Risotto oder Petersilienkartoffeln sowie jungem Gemüse, wie Spargel, Karotten, Buttererbsen usw., servieren. Eine besonders attraktive Beigabe sind Steinpilznocken aus Brandteig mit gehackten Steinpilzen, in der Fritüre gebacken.

Broilerbrust, mit Champignonpüree überbacken

Wie »Broilerbrust in Rahmsoße« zubereiten, anrichten, mit Champignonpüree bestreichen und mit holländischer Soße gratinieren. Mit Bandnudeln oder Dauphine-Kartoffeln sowie Möhrenstreifen, tourniertem Sellerie und Zuckerschoten servieren.

Broilerbruststeaks, in Senfpanade gebacken

1 kg Broilerbrust, entbeint und enthäutet
Salz, Pfeffer, Mehl
3 bis 4 EL Senf
2 Eigelb, mit Sahne verquirlt
200 g Reibesemmel
Öl zum Backen

Die Broilerbrust in 8 Tranchen schneiden, leicht plattieren und würzen. Senf mit Eigelb vermengen. Die Broilersteaks mehlieren, völlig mit dem Senfgemisch einstreichen und mindestens 4 h zum Durchziehen kühlstellen. Die Broilersteaks bei Abruf in Reibesemmel wälzen, die Brösel rundherum fest andrücken. Die Steaks in heißem Öl bei mittlerer Temperatur goldbraun ausbacken. Die fertigen Steaks abtropfen lassen, auf Papierserviette anrichten.

Beilagen: Olivenkartoffeln, Kräuterbutter und Kopfsalat mit Orangenfilets.

Broilerkeule in Curryrahm mit gebackenen Bananen und Gemüsepaprikastreifen

4 Broilerkeulen, der untere Gelenkknochen abgesägt, der Schloßknochen ausgelöst

60 g Butter
Salz, Pfeffer, Curry
Mehl
Geflügeljus
0,1 l Sahne
200 g Bananenscheiben, in Bierteig gebacken
je 200 g Streifen von grünem und rotem
Gemüsepaprika, in Butter angeschwitzt

Die Broilerkeulen salzen, mehlieren und in heißer Butter goldbraun braten. Dann mit reichlich Curry würzen, pfeffern, mit Mehl bestäuben, alles zusammen anschwitzen, mit Geflügeljus auffüllen und fertiggaren. Die Broilerkeulen anrichten und heißstellen. Die Soße mit Sahne verfeinern, kräftig abschmecken. Die Keulen damit soßieren und mit gebackenen Bananenscheiben und den Gemüsepaprikastreifen gefällig garnieren.
Beilagen: Kokos- oder Safranreis.

Broilerkeule mit Palmenmark
4 Broilerkeulen
Salz, Pfeffer aus der Mühle
60 g Öl, Zitronensaft, Knoblauch,
Gemüsepaprika, edelsüß
100 g Zwiebelwürfelchen
100 g Tomatenfleischwürfel
50 g Tomatenmark
200 g Palmenmark

Von den Keulen die Kniegelenkknochen abtrennen und die Schlußknochen auslösen. Dann mit Salz, Pfeffer, Zitronensaft, Knoblauch und Gewürzpaprika marinieren. Inzwischen die Zwiebelwürfelchen in Öl dünsten, die Tomatenfleischwürfel dazugeben und ebenfalls kurz dünsten. Dann Tomatenmark und die Broilerkeulen dazugeben, alles etwa 20 min abgedeckt garen lassen, das Palmenmark dazugeben und alles weitere 15 min fertiggaren. Die Broilerkeulen ausstechen und anrichten. Das Palmenmark Tomaten Gemisch mit Salz und Pfeffer abschmecken und extra reichen.
Beilage: Zitronenreis.

Broilerkeule mit pikantem Gemüse
Wie »Geschmorte Broilerkeule Försterinart« zubereiten. Anstelle der Pilze kleingeschnittenes Essiggemüse, wie Gurken, Möhren, Blumenkohl, Zwiebeln usw., dazugeben. Broilerkeulen mit der Gemüsesoße anrichten. Mit Zwiebelkartoffeln und Bohnensalat mit Kresse servieren.

Broilerkeule mit Sesamkruste
4 Broilerkeulen
frische, feingehackte Kräuter, wie Rosmarin, Salbei, Estragon
Salz, Pfeffer aus der Mühle
1/2 l Buttermilch
2 Eigelb, mit etwas Milch verrührt
Reibesemmel
geschälte Sesamkörner
geklärte Butter

Von den Broilerkeulen zuerst die Knochen ausstoßen, mit Kräutern, Salz und Pfeffer einreiben, in ein geeignetes Gefäß legen, mit Buttermilch übergießen und mindestens 5 h zum Durchziehen kaltstellen. Die Keulen bei Bedarf abtropfen lassen und mit Küchenkrepp trockentupfen. Nochmals salzen, durch Eigelb ziehen und in einem Gemisch aus Reibesemmel und gerösteten Sesamkörnern wälzen. Die so vorbereiteten Keulen in einen flachen Bräter legen, mit Butter beträufeln und etwa 30 min in der heißen Bratröhre bei 220 °C goldbraun backen.
Beilagen: Butterkartoffeln oder Zitronenrisotto sowie frische Salate, überbackener Zucchini oder Schmorgurken in Kräuterrahm.
Hinweis: Diese pikanten Broilerkeulen können ebenso bei mittlerer Hitze langsam fritiert werden.

Broilermedaillons, in Eihülle gebraten
12 Broilerbrustmedaillons je 50 g

Marinade:
Zitronensaft
Sonnenblumen- oder Olivenöl
Salz, Pfeffer
gehackte Petersilie

Eihülle:
3 Eier, zerschlagen
Mehl
geklärte Butter

Die Broilermedaillons leicht plattieren und mindestens 3 h in die Marinade einlegen. Bei Abruf mit Küchenkrepp trockentupfen, mehlieren, durch zerschlagenes Ei ziehen und in heißer Butter goldgelb saftig braten. Broilermedaillons mit Nußkartoffeln, Teufelssoße oder Béarner Soße und Zuckerschoten oder grünem Spargel anrichten.

Broilerragout mit Walnußsoße

2 Broiler
80 g Öl
2 Zwiebeln, feinwürfelig geschnitten
Salz, Gewürzpaprika, edelsüß
Mehl
50 g Tomatenmark
Geflügelbrühe
100 g gehackte Walnußkerne

Die Broiler jeweils in acht Stücke teilen und in heißem Öl scharf anbraten. Dann die Zwiebelwürfel dazugeben, alles gut würzen und goldgelb rösten. Sofort mit Mehl bestäuben, nochmals kurz rösten und mit Geflügelbrühe auffüllen. Tomatenmark und Walnußkerne dazugeben. Ragout etwa 60 min langsam garen. Das Fleisch von den Knochen lösen, in Assiette anrichten, die Soße abschmecken und darübergeben.
Beilagen: Mohnkroketten und Palmherzen in Safranrahm.

Broilerschenkel, in Kräuterdampf gegart

4 Broilerschenkel
reichlich frische Kräuter, wie Estragon, Petersilie, Basilikum, Zitronenmelisse
Ysop, Rosmarin
1 Zwiebel, in Scheiben geschnitten
Salz, Weißwein, Wasser

Die Broilerschenkel mit Salz und Pfeffer einreiben, mit zerlassener Butter einstreichen und in einen Dämpfeinsatz legen. Die Kräuter, Zwiebel, Weißwein, Wasser und Salz in den Dämpfer geben, den Dämpfeinsatz einfügen und gut verschließen. Wenn erforderlich Kocher, Dämpfeinsatz und Deckel mit Teigstreifen abdichten. Die Broilerschenkel etwa 30 min dämpfen, anrichten, mit etwas passiertem Fond übergießen und sofort mit Risotto, Béarner Soße und zarten jungen Gemüsen servieren.
Hinweis: Diese Zubereitungsart ist besonders delikat und ebenso für Puten- oder Kaninchenfleisch anzuwenden. Neben frischen Kräutern den Dampf u. a. mit Wildfrüchten, getrockneten Pilzen, Curry, Wacholderbeeren oder grünem Pfeffer würzen.
Die *Beilagen* sind im breiten Spektrum auszuwählen. Für gedämpftes Fleisch eignen sich besonders:

● Schmorgurken mit Knoblauch und Dill
● Paprikagurken
● Pfifferlinge in Dillsahne
● gedünsteter Lauch usw.

Neben Béarner Soße weiterhin Limetten-Hollandaise, Joghurtketchup, Lauchsoße und grüne Pfeffersoße reichen. Feinschmecker bevorzugen Curry-Mandel-Reis.

Chilliehuhn

2 kg Huhn, zerteilt
1 Zwiebel, mit Lorbeerblatt und zwei Nelken besteckt bzw. gespickt
2 Stengel Petersilie
2 getrocknete Chillieschoten
100 g gemahlene Mandeln
100 g grüne Chillieschoten, fein gehackt
Chilliepulver nach Belieben
100 g Sahne

Die Hühnerstücke mit der Zwiebel, Petersilie und den Chillieschoten in einen Topf geben, mit Wasser bedecken und zum Kochen bringen. Die Temperatur dann herunterschalten, Topf abschäumen und zudecken. Die Hühnerstücke simmern lassen, bis sie weich sind und sich gerade vom Knochen lösen lassen. Die Stücke herausnehmen und beiseitestellen. Die Brühe in einen anderen Topf passieren, die restlichen Zutaten dazugeben, salzen und langsam köcheln lassen. Inzwischen das Fleisch ablösen, in Assiette geben, die Soße darüber gießen und sofort mit Risotto oder Safranreiskroketten und Salat von Palmenherzen und Sojakeimen servieren.
Hinweis: Diese scharf-würzige Spezialität kann ebenso von Pute und Gans zubereitet werden.

Curry-Grillhähnchen

2 Hähnchen je 800 g
Salz-Curry-Gemisch
100 g Butter, zerlassen
Reibesemmel

Die Hähnchen halbieren und trockentupfen. Flügelknochen und Keulenknochen wie üblich dressieren. Die Hähnchen mit dem Salz-Curry-Gemisch einreiben, in zerlassener Butter wenden und mit Reibesemmel einbröseln. Dann auf dem Grillrost über eine Fettpfanne legen und bei mittlerer Temperatur grillen. Dabei mehrmals behutsam wenden und mit der restlichen Butter begießen.
Beilagen: Risotto, Mango-Chutney und gebackene Bananen oder gebackene Walnußkerne.

Farcierte Geflügelmedaillons

400 g entbeintes Geflügelfleisch
50 g Weißbrot, ohne Rinde
50 g Sahne
2 Eier
Salz, weißer Pfeffer

Geflügelfleisch, dazu eignen sich Hühnerkeulen, mit dem in der Sahne geweichten Weißbrot fein wolfen, würzen und mit den Eiern zu einer geschmeidigen Farce verarbeiten. Die Masse in 8 Teile portionieren und mit in Wasser angefeuchteten oder geölten Händen gleichmäßige, flache, ovale Medaillons formen. Die Medaillons in Reibesemmel wenden und in geklärter Butter unter mehrmaligem Wenden goldbraun braten. Medaillons sofort anrichten und mit gekochten oder gebackenen Kartoffelbeilagen und jungem Gemüse komplettieren. Die Geflügelfarce weiterhin mit Kräutern, Gemüsepaprika oder feingehacktem Gemüse geschmacklich variieren.

Hinweis: Diese Geflügelmedaillons können auch als Vorspeise auf Toast mit pikantem Überzug oder ebenfalls sehr vielseitig in der Kalten Küche eingesetzt werden.

Fritierter Broiler

Brillat-Savarin hat in seinem Buch »Die Physiologie des Geschmacks« über die Theorie des Fritierens folgendes geschrieben:
»Die Vorzüge des Fritierens sind auf die Überraschung zurückzuführen.«
Damit meinte er das sofortige Versiegeln des Fritiergutes beim Eintauchen in das heiße Öl oder Fett.
»Durch diese Überraschung«, erklärte *Brillat-Savarin*, »bildet sich eine Art Schale um das Fritiergut, die das Eindringen des Fettes verhindert und die Säfte versiegelt.«
Er wies auch darauf hin, daß der Erfolg beim Fritieren vor allem von der Temperatur abhängt. Die richtigen Temperaturen liegen bei 180 bis 195 °C.
Die Broiler in annähernd gleichgroße Stücke teilen. Die günstigste Variante ist: Broiler in zwei Keulenstücke, zwei Flügelstücke, jeweils mit einem Teil der Brust, und in das Bruststück zerteilen. Die Stücke mit Salz und Pfeffer einreiben und mit gehackter Petersilie, Zitronensaft und Weißwein mindestens 2 h marinieren. Die Broilerstücke dann in Mehl wenden oder durch Backteig ziehen und etwa 15 min goldbraun und knusprig fritieren. Dabei müssen sie mehrmals gewendet werden, damit sie gleichmäßig garen. Die Broilerstücke auf Küchenkrepp abtropfen lassen, auf Papiermanschette anrichten und sofort mit Petersilienkartoffeln, Schloßkartoffeln oder Berny-Kartoffeln, Choronsoße und frischen Salaten servieren.

Gebackenes, mariniertes Hähnchen

2 Hähnchen je 800 g, geviertelt
Salz, Pfeffer, Curry, Gewürzpaprika

Marinade:
Öl
Sahne
Zitronensaft
gemahlener Koriander, etwas Kardamom
eine Prise Zimt

Die Hähnchen mit Salz einreiben, kräftig würzen und etwa 2 h marinieren. Dabei mehrmals wenden. Hähnchen bei Abruf abtupfen und in heißem Öl etwa 15 min ausbacken. Die Hähnchen abtropfen lassen und auf Papiermanschetten mit gebackener Petersilie und Zitronenstern anrichten.
Beilagen: Waffelkartoffeln, Malteser Soße und mit Zimtbutter gegrillte Ananasscheiben.
Hinweis: Geflügelgerichte mit etwas Ysop marinieren. Das Geflügel erhält dadurch einen besonders würzigen Geschmack.

Gebratenes Curryhähnchen

2 Brathähnchen
Salz, Curry, Pfeffer, Mehl
Milch
100 g geklärte Butter

Die Hähnchen vierteln, mit Küchenkrepp trockentupfen und in Milch legen. Inzwischen eine Mischung aus Mehl, Salz, Pfeffer und reichlich Curry bereiten. Die Hähnchenstücke darin wälzen, in heißer Butter goldbraun anbraten und etwa 20 min zugedeckt weitergaren. Dann den Deckel abnehmen, die Temperatur höher schalten und die Hähnchenstücke knusprig braten. Sofort servieren.
Beilagen: Schinken- oder Zitronenreis oder gebackene Kartoffeln und frische Salate im würzigen Dressing oder Sellerieflan.

Gebratene Broilerkeule mit Champignonsoße

4 Broilerkeulen
Butter oder Margarine

Salz, weißer Pfeffer, etwas Gewürzpaprika, edelsüß
200 g frische Champignons, in Scheiben geschnitten
1 Zwiebel, sehr fein gehackt
Hühnerbrühe, Sahne
30 g Mehlbutter

Broilerkeulen würzen und in heißem Fett schön braun und knusprig braten. Bratsatz wenn erforderlich mit etwas Hühnerbrühe ablösen. Die fertigen Keulen herausnehmen und heißstellen. Zwiebelwürfelchen im Bratsatz blondieren, die Champignons dazugeben und kurz anschwitzen. Dann mit Hühnerbrühe und Sahne auffüllen, den Bratsatz mittels Holzlöffels vom Boden rühren. Die Champignons 5 min langsam köcheln lassen. Mit Mehlbutter binden und pikant abschmecken. Champignonsoße in Soßiere anrichten. Broilerkeulen mit pommes frites oder Petersilienkartoffeln und der pikanten Soße servieren.

Gebratene Geflügelleber

600 g Geflügelleber, sorgfältig geputzt
Gewürzpaprika, edelsüß
Mehl, Salz
geklärte Butter
50 g Speck, feinwürfelig geschnitten
150 g frische Champignonscheiben
150 g Tomatenfleischwürfel
100 g Sahne
Salz, Pfeffer

Die Geflügelleber mit Gewürzpaprika und Mehl bestäuben und rasch in sehr heißer Butter braten, so daß sie innen noch rosa ist. Leber auf eine Serviceplatte geben und salzen. In gleicher Pfanne Speck- und Zwiebelwürfel goldgelb braten. Champignons und Tomatenfleischwürfel dazugeben, mit Salz, Paprika und Pfeffer würzen und kurz durchschwitzen. Dann die Sahne dazugeben und alles einige Minuten simmern lassen. Zuletzt mit etwas Zucker abschmecken und das pikante Ragout über die Leber geben.

Beilagen: Handgeschabte Spätzle oder Kartoffelpüree.

Hinweis: Da Salz hygroskopisch wirkt, sollte Leber erst nach dem Braten gesalzen werden. Dadurch wird das unangenehme Fettspritzen vermindert.

Gebratene Hähnchenschenkel in Lindenblütensoße

4 Hähnchenschenkel
80 g Butter
Salz, Pfeffer
getrocknete Lindenblüten
Weißwein
Geflügeljus
Sahne
Lindenblütenauszug

Die Hähnchenschenkel gut würzen, in heißer Butter in einem Bräter anbraten, zudecken und bei schwacher Hitze fertigbraten. Kurz vor dem Garpunkt getrocknete Lindenblüten dazugeben. Keulen herausnehmen und warmstellen. Den Bratsatz mit Weißwein und Geflügelsoße loskochen und reduzieren. Dann Lindenblütenauszug dazugeben, alles gut verkochen, würzen, passieren und mit Sahne verfeinern. Die Schenkel mit der Soße nappieren und sofort mit Risotto servieren.

Hinweis: Lindenblüten verleihen Geflügel- und Wildgerichten einen besonders delikaten Geschmack. Der Versuch lohnt sich! Ebenso zum Aromatisieren einen Auszug von Fliederblüten verwenden.

Gebratenes Huhn mit Sojasoße

1 Masthuhn, etwa 1,5 kg

Marinade:
Sojasoße
Sherry oder Reiswein
2 TL Speisestärke
1 Eiklar, verquirlt

Das Huhn enthäuten, das Fett parieren, das Fleisch auslösen und in dünne, etwa 3 cm große Stücke schneiden. Die Speisestärke mit Sojasoße und Sherry glattrühren. Das Eiklar dazugeben. Das Hühnerfleisch damit marinieren.

Soße:
100 g Lauch
100 g Sojakeimlinge
Sojasoße
Ingwerpulver, Pfeffer

Lauch in sehr dünne Streifen schneiden und in heißem Öl leicht bräunen. Dann Sojakeime dazugeben, alles nochmals kurz anbraten. Mit Sojasoße sowie Reiswein auffüllen, mit Ingwer und Pfeffer würzen, kurz verkochen. Die dickliche Soße heißstellen, dann die Fleischstücke in heißem Öl rundherum goldbraun braten und sofort anrichten. Die Soße extra reichen.

Beilagen: Körnig gekochter Reis und Brokkoli in Haselnußbutter sowie fertige Sojasoße zum individuellen Würzen.

Hinweis: Bei der Zubereitung mit Sojasoße nur wenig salzen, die fertige Soße enthält ausreichend Salz.

Diese würzige Zubereitungsart weiterhin mit Curry oder Ingwer variieren. Anstelle von Sojasoße Curry oder Ingwer verwenden. Das Fleisch wird durch das Marinieren mit Speisestärke und Eiklar besonders knusprig.

Gebratenes Hähnchen mit pikanter Tomatensoße

2 Hähnchen
Olivenöl oder Öl
Salz, weißer Pfeffer
0,2 l Weißwein
1 Zwiebel, in sehr feine Würfel geschnitten
400 g Tomatenfleischwürfel
1 Knoblauchzehe, mit Salz zerrieben
gehackte Petersilie, Estragon

Die Hähnchen vierteln, bridieren, in Öl rasch anbraten, würzen und in der Bratröhre fertigbraten. Die fertigen Stücke heißstellen. Den Bratsatz mit Weißwein loskochen, Zwiebel, Tomaten, Knoblauch und Kräuter hinzugeben. Die Mischung 5 min simmern lassen. Die Hähnchenviertel nochmals in der Soße erhitzen, anrichten. Soße und Risotto gesondert reichen. Weiterhin passen dazu pommes frites oder Schinkenknödel und frische Salate.

Gebratenes Huhn mit Wasserkastanien und grünen Nudeln

1 Masthuhn, etwa 1,6 kg
80 g Olivenöl
Salz, weißer Pfeffer, Sojasoße
100 g Wasserkastanien (Konserve)
100 g Champignons
Fleischglace, Reiswein

Das Huhn vierteln, mit Salz, Pfeffer und Sojasoße etwa 2 h marinieren. Dann in heißem Öl kräftig anbraten, mit Reiswein ablösen und mit Fleischglace und den geschnittenen Champignons garen. Etwa 15 min vor Ende der Garzeit in Stifte geschnittene Wasserkastanien dazugeben und zugedeckt fertiggaren. Huhn entbeinen, anrichten und mit der Soße überziehen.

Beilagen: grüne Nudeln, Glasnudeln oder Kräuterreis und Palmenherzen, Lotoswurzeln in Safranrahm.

Gedämpftes Hähnchen – einmal anders

2 Hähnchen
Salz, Curry, Safran, Butter

Die Gewürze mit zerlassener Butter vermengen, die Hähnchen damit einstreichen und einziehen lassen. Den Vorgang 2- bis 3mal wiederholen. Die Hähnchen dann in einem Dämpfer auf den Dämpfeinsatz legen und über kochendem Salzwasser dämpfen. Mittels Nadelprobe Garpunkt feststellen. Ist der austretende Fleischsaft völlig klar, ist der Garpunkt erreicht. Bei dieser Garmethode wird die Haut der Hähnchen seidig, und das Fleisch erhält einen delikaten Geschmack. Die Hähnchen halbieren, anrichten und mit Risotto, Béarner Soße und frischen Salaten servieren.

Hinweis: Die Hähnchen können mit vielerlei Gewürzmischungen eingestrichen, aber auch mit frischen Gemüsen, wie Tomaten, Zwiebeln, Oliven, frischen Kräutern oder auch mit Reis und Kartoffeln gefüllt werden. Die Füllung erreicht den Garpunkt zur gleichen Zeit. Diese Zubereitungsart ist weiterhin für Schonkostgerichte geeignet. Dann sind jedoch die Gewürze wegzulassen. Gedämpfte Hähnchen nicht aufwärmen. Sie verlieren dadurch zu viel Aroma.

Gedämpftes Hähnchen mit Kräuterfüllung

2 Hähnchen
Salz, weißer Pfeffer, zerlassene Butter

Kräuterfüllung:
200 g Weißbrot, ohne Rinde, in Milch geweicht
reichlich feingehackte Kräuter,
vorwiegend Petersilie, etwas Dill,
etwas Estragon

2 bis 3 Eier
Salz, weißer Pfeffer

Die Zutaten für die Füllung vermengen, in die gewürzten Hähnchen füllen, zustecken, mit Salz und Pfeffer würzen und mit zerlassener Butter übergießen. Die so vorbereiteten Hähnchen in den Dämpfeinsatz eines Dampfkochtopfs legen und im Wasserdampf garen. Wichtig ist, der Dämpfer muß völlig dicht sein. Wenn erforderlich Deckel und Rille zwischen Dämpfer und Kocher mit einer Teigrolle abdichten. Die fertigen Hähnchen mit der Geflügelschere hal-

bieren, die Füllung in Scheiben schneiden und zusammen mit den Hähnchen anrichten.
Beilagen: Risotto oder Specknocken, holländische Soße und Sellerie-Gurken-Gemüse oder Apfelsalat mit Streifen von rotem Gemüsepaprika.

Gedünstetes Hähnchen in Paprikarahm
2 Hähnchen, geviertelt
Salz, reichlich Gewürzpaprika, edelsüß
Pritamin
1 Zwiebel, geschabt
Geflügelbrühe
Butterflocken
100 g Sahne, mit 2 Eigelb verquirlt
Die Hähnchen mit Geflügelbrühe, Butterflocken, Zwiebeln und Gewürzen dünsten. Zuletzt die Sahne dazugeben und abschmecken. Nicht kochen lassen. Mit Risotto, im Reisrand oder mit Nocken und frischen Salaten reichen.

Gedünstetes Huhn mit Hopfensprossen
1 Masthuhn, etwa 1,6 kg
Salz, Kräutersträußchen, Pfefferkörner
60 g Butter
40 g Mehl
400 g gedünstete Hopfensprossen
Das Huhn waschen, zerteilen und in gut gewürztem Fond mit einem Kräutersträußchen dünsten. Das Fleisch ausbrechen, anrichten und warmstellen. Aus dem Fond Velouté bereiten, pikant würzen, passieren und mit Sahne verfeinern. Das Hühnerfleisch damit überziehen, mit Hopfensprossen und Zitronenreis oder Nußkartoffeln servieren.

Gedünstete Hühnerbrust mit Krebssoße
4 Hühnerbrüste
Salz, weißer Pfeffer, Weißwein, Zitronensaft, Butter
$1/4$ l Geflügelrahmsoße
Krebsbutter
Die Hühnerbrüste mit Salz und weißem Pfeffer würzen und in Weißwein mit Zitronensaft und Butter dünsten. Dann entbeinen, tranchieren und anrichten. Aus dem Fond Geflügelrahmsoße bereiten und mit Krebsbutter aufschlagen. Die Hühnerbrüste damit soßieren und mit Krebsnasen, Spargelköpfen und Champignons garnieren. Mit Risotto oder Safranreiskroketten und Schmorgurken oder geschmortem Kopfsalat reichen.

Gedünstetes Huhn mit Papaya
2 Hähnchen, je 1 kg
600 g Papaya
50 g Zwiebelwürfel
80 g Kokosfett
Salz, weißer Pfeffer, Sahne
Die Hähnchen entbeinen, das Fleisch in größere Stücke schneiden. Die Karkassen hacken, in etwas Fett anschwitzen, mit etwa $1 1/2$ l Geflügelbrühe auffüllen und 1 h kochen lassen. Die Hühnerfleischstücke mit den Zwiebeln anschwitzen, mit dem Fond von den Karkassen auffüllen, würzen und zugedeckt garen. Etwa 10 min vor Ende der Garzeit die kleingeschnittene Papaya dazugeben und fertiggaren. Zuletzt mit etwas Sahne verfeinern und pikant abschmecken. Das exotische Hühnergericht mit Curryreis anrichten.
Hinweis: Papaya ist eine tropische Melonenart. Nur Früchte mit weißgrünem Fleisch sind zu verarbeiten.

Geflügelbitki
300 g schieres Geflügelfleisch
200 g Schweinefleisch
2 bis 3 Eier
100 g Sahne
Salz, weißer Pfeffer
Das Geflügel- und Schweinefleisch wolfen, mit Eiern und Sahne vermengen und gut würzen. Aus der Masse kleine Fleischklößchen formen, in Butter saftig braten, anrichten und mit der Butter begießen. Für eine Portion 2 bis 3 Bitki vorbereiten.
Beilagen: Fondantkartoffeln oder Butterreis, frische Salate oder junges Gemüse. Geflügelsoße extra reichen.
Hinweis: Die Verwendung von reinem Geflügelfleisch ist natürlich auch möglich. Bitki schmecken mit Schweinefleisch herzhafter und pikanter. Der Zusatz von Mehl oder Reibesemmel mindert die Qualität. Je nach Belieben ist gehackte Petersilie zu verwenden.

Geflügel-Dialog
4 Hühnerkoteletts je 100 g
4 Entenbruststeaks je 75 g
Die Hühnerkoteletts wie für Kiewer Art zubereiten und saftig fritieren. Entenbruststeaks plattieren, leicht rosa braten und zusammen mit den Koteletts anrichten. Jeweils zur Hälfte mit bunten Nudeln und Waffelkartoffeln, Geflügel-

pfeffersoße und Rosenkohl in Mohnbutter servieren.

Geflügel-Pizza

Teig:
250 g Mehl
20 g Hefe
1/8 l lauwarme Milch
je 1 Prise Salz und Zucker
40 g Margarine

Belag:
200 g Hühnerbrust, geschnetzelt
100 g Kochschinken, in Streifen geschnitten
100 g Tomatenfleischwürfel
100 g Streifen von grünem Gemüsepaprika
Öl
Salz, Pfeffer, Gewürzpaprika, edelsüß
100 g Reibekäse

Für den Teig Mehl in eine Schüssel geben, in die Mitte eine Mulde drücken, die Hefe einbröckeln, mit 4 EL Milch, eine Prise Zucker und etwas Mehl zum Vorteig verrühren und 15 min zugedeckt gehenlassen. Dann die restliche Milch, Salz und flüssige Margarine dazugeben, alles zu einem geschmeidigen Teig kneten und weitere 20 min zugedeckt gehenlassen. Während der Ruhezeit Belag bereiten. Die Hühnerfleischstreifen in heißem Öl anbraten, die Schinkenstreifen und Paprikastreifen dazugeben, alles anschwenken und kräftig würzen. Zuletzt die Tomatenfleischwürfel unterschwenken und nochmals leicht würzen. Dann den Teig 1/2 cm dick ausrollen, auf eine geölte Pizzaform (rundes Backblech, etwa 26 cm Durchmesser) geben und einen 1 cm hohen Rand andrücken. Pizzabelag auf dem Teig verteilen, mit Reibekäse überstreuen und in der Backröhre langsam backen. Pizza sofort servieren. Am Tisch portionieren.

Geflügeltopf mit Gemüse

4 Broilerschenkel
4 Entenbruststeaks je 75 g
4 Hühnerfilets je 75 g, mariniert
Salz, Pfeffer
80 g geklärte Butter, Bierteig
4 Portionen Zwiebelkartoffeln
Gemüse, wie glacierte Möhren- und Selleriekugeln, Champignonköpfe, grüne Erbsen, Schwarzwurzel, Spargel, Rosenkohl, Kohlrabi usw.

Die Broilerschenkel würzen, in Butter anbraten, mit Geflügeljus auffüllen und fertiggaren. Die Entenbruststeaks plattieren und à la minute braten. Die Hühnerfilets in Bierteig backen. Alle Komponenten in geeigneter Servicekasserolle auf Zwiebelkartoffeln anrichten, mit kräftiger Geflügeljus soßieren und mit buntem Gemüse umlegen. Zuletzt mit Petersilie garnieren.
Hinweis: Die Zusammenstellung ist vielseitig zu variieren, z. B. mit gebratener Geflügelleber, Bauchspeckscheiben, Putenbrusttranchen, Gänsebraten, Tranchen von gefüllter Ente usw. Gemüse sind unbegrenzt einsetzbar.

Gefüllte Broilerkeule

4 Broilerkeulen
200 g Kalbfleisch-Spinat-Farce
4 dünne Scheiben von frischem Speck
80 g Butter oder Margarine
Salz, weißer Pfeffer
Geflügeljus
Sahne nach Belieben
Broilerkeulen von der Innenseite entbeinen. Das Fleisch so parieren und verteilen, daß eine gleichmäßige Umhüllung entsteht. Die Parüren mit zur Farce verwenden. Die würzige Farce keilförmig in die Speckscheiben einschlagen und auf die ausgelösten Broilerkeulen legen. Den Broilerkeulen dann ihre ursprüngliche Form geben, gut würzen und in gefettete Alufolie fest einrollen. Die so vorbereiteten Keulen in eine gefettete Pfanne legen, in der heißen Bratröhre etwa 30 min garen, herausnehmen und abkühlen lassen. Dann Alufolie entfernen. Broilerkeulen in geklärter Butter schön bräunen, mit einem Schrägschnitt teilen und mit der Schnittfläche nach vorn anrichten. Den Fond mit Gefügeljus sowie Sahne verkochen und gesondert reichen.
Beilagen: Berny-Kartoffeln und gebackener Brokkoli oder Paprika-Oliven-Tomaten-Gemüse.

Gefüllte Broilerkeule in Kognaksoße

4 Broilerkeulen
200 g feine Kalbfleischfarce mit Gänseleberwürfelchen
80 g Butter
Salz, Pfeffer
8 cl Kognak
100 g Sahne
Speisestärke
2 Eigelb

Die Keulen mit einem Schnitt aufschneiden und die Knochen auslösen. Den entstandenen Hohlraum mit der Farce füllen und nicht zu fest zunähen. Dann würzen, in heißer Butter anbraten und zugedeckt etwa 30 min schmoren. Dann das Fett abgießen, mit Kognak flambieren, etwas Weißwein und Sahne dazugießen, alles kurz verkochen, mit Stärke binden und pikant abschmecken. Zuletzt mit Eigelb legieren. Bindfaden entfernen. Broilerkeulen anrichten, mit der Soße überziehen und mit feinen Trüffelstiften bestreuen. Sofort mit Risotto oder Pistazienkroketten servieren. Chicorée-Apfel-Orange-Salat oder Kopfsalat mit Grapefruit-Segmenten extra reichen.

Gefüllte Hühnerbrüstchen

8 ausgelöste Brusthälften, plattiert,
Filet entnehmen
Salz, Pfeffer
300 g feine Kalbfleischfarce
mit Trüffelwürfelchen und Gänseleberstückchen
Butter
Geflügeljus, Zitrone, Sahne
Die Brusthälften mit der Hautseite auf eine Arbeitsfläche legen, salzen, pfeffern und mit der Farce bestreichen. Dann mit dem Filet belegen und seitlich zusammenrollen. Die Brüste in Alufolie oder Butterbrotpapier einrollen, in einen flachen Bräter einlegen, mit geklärter Butter übergießen und etwa 15 min in der vorgeheizten Bratröhre bei etwa 160 °C garen. Anstelle von Alufolie Brüste mit Bindfaden umwickeln. Die Brüste nehmen beim Garprozeß Farbe an. Die in Alufolie gegarten Brüste sind auszuwickeln und nachzubraten. Den Bratsatz mit Geflügeljus und Sahne verkochen, passieren und pikant mit Zitronensaft abschmecken. Die Füllung läßt sich mannigfaltig variieren. So zum Beispiel mit Rosinen, Mandeln, Pistazien, Zungen- und Schinkenwürfelchen, aber auch mit geweichtem Weißbrot, Ei und Kräutern.
Eine zweite Variante: Gefüllte Brüste sehr sorgfältig mit Wiener Panade panieren und in geklärter Butter langsam goldbraun braten.
Beilagen: Steinpilznocken, Nußkartoffeln. Dazu feine Salate, wie Spargelsalat, Kopfsalatherzen in Kräutersahne oder römischer Salat mit Grapefruitfilets.

Gefülltes Grillhähnchen im Schweinsnetz

2 Hähnchen, je 1 kg
Salz, Pfeffer, Öl

Füllung:
50 g Butter
400 g Champignonscheiben
je 100 g Schinken- und Pökelzungenwürfelchen
50 g Zwiebelwürfelchen
Fleischglace
2 Schweinsnetze

Die Hähnchen vom Rücken aufspalten, aber nicht trennen. Die Rückgratknochen abschlagen. Die Hähnchen auseinanderbreiten und mit einem Schlagmesser plattieren. Dann kräftig würzen, durch Öl ziehen und etwa 10 min mit der Hautseite nach oben in den Grillsalamander legen. Inzwischen die Zutaten für die Füllung in Butter anschwitzen, kräftig würzen und mit Fleischglace binden. Ebenfalls die vorbereiteten Schweinsnetze ausbreiten. Die Hähnchen etwas abkühlen lassen und von der Innenseite entbeinen. Dann die Füllung daraufgeben, die Hähnchenhälften zusammenfügen und sorgfältig in Schweinsnetz einhüllen. Die so vorbereiteten Hähnchen mit Butter beträufeln und jede Seite etwa 12 min grillen. Die Hähnchen am Tisch tranchieren. Mit Strohkartoffeln oder Waffelkartoffeln, Teufelssoße oder Pfefferbutter komplettieren.

Gefülltes Masthähnchen mit Kräuterrahmsoße

1 Masthähnchen
Salz, Pfeffer, geklärte Butter
600 g Kalbfleischfarce mit Kräutern
1/6 l Geflügeljus, Sahne, gehackte Kräuter
Die Rippen- und Brustbeinknochen von innen aus dem Hähnchen ziehen. Sodann innen und außen mit Salz und Pfeffer einreiben, mit Kräuterfarce füllen, zur Formgebung binden, die Öffnung zustecken oder zunähen. Die Hähnchen in geklärter Butter auf allen Seiten anbraten. Dann in der vorgeheizten Bratröhre bei etwa 180 °C fertiggaren. Dabei öfters mit dem Bratfett begießen. Die fertigen Hähnchen herausnehmen, später zerteilen und anrichten. Den Bratsatz mit Geflügeljus und Sahne verkochen, passieren, frisch gehackte Kräuter dazugeben, abschmecken und gesondert reichen.
Beilagen: Nußkartoffeln und glacierte Karotten oder gedünsteter Fenchel.

Die Kalbfleischfarce kann weiterhin mit angeschwitzten Zwiebelwürfelchen, gehackten Trüffeln oder Champignons, jungen Schoten, Zungen- oder Kochschinkenwürfelchen sowie Würfelchen von rotem und grünem Gemüsepaprika garniert werden. Auch Pistazien und Gänseleberstücke dienen zur Verfeinerung. Zur Garnierung von Brathähnchen eignen sich u. a. besonders Grilltomaten, glacierte Perlzwiebeln, Artischockenherzen und fritierte Auberginenscheiben.

Hinweis: Fleischfüllungen für Geflügel allgemein mit frischen Kräutern würzen. Zum Beispiel mit Fenchel, Estragon, Kerbel und Petersilie. Die Farce gewinnt an Geschmack.

Geflügelhaschee

Gekochtes oder gebratenes Geflügelfleisch fein wolfen und mit feinen Streifen von rotem Gemüsepaprika und Champignonscheibchen in Butter leicht anbraten und mit Geflügelrahmsoße verkochen. Das Haschee entsprechend der weiteren Verarbeitung mit Sahne und Eigelb zusätzlich binden und mit etwas Sherry aromatisieren. Haschee in Reis- oder Püreering anrichten oder als feine Füllung für Blätterteigpasteten oder Eierkuchen verwenden. Pikante Salate, feine Gemüse oder gratinierte Früchte dazugeben.

Geflügelspieße

Gebratenes oder gekochtes Geflügelfleisch in gleichgroße Stücke schneiden und mit Fruchtstücken von Bananen, Äpfeln, Ananas oder Orangen bzw. Scheiben von Tomaten, Gurken und rotem Gemüsepaprika sowie magerem Speck auf Spieße stecken. Die so vorbereiteten Spieße salzen, mit Curry oder Gewürzpaprika würzen, mehlieren, in heißem Fett braten und auf Risotto anrichten. Mit Curry-, Paprika-, Tomaten-, Pilz- oder Kräutersoße sowie zartem Gemüse bzw. frischen knackigen Salaten servieren.

Geflügelzephirs

Geflügelschaumbrot mit Schlagsahne auflockern, in ausgebutterte Becherförmchen füllen und etwa 10 min im Wasserbad garziehen lassen. Zephirs mit Paprikarahmsoße, Edelgemüsen und Butterreis oder kalt mit Madeiragelee, Butter und Toast servieren.

Hinweis: Der Zephir ist ein lauer, sanfter Südwestwind. Ebenso leicht und deliziös ist die auf der Zunge zergehende Zephirmasse.

Gegrillter Broiler mit Mandelkruste

2 Broiler, je 800 g
Salz, weißer Pfeffer
60 g Öl
1 TL englischer Senf, in Buttermilch angerührt

Kruste:
50 g Butter
100 g Mandeln, blättrig geschnitten
40 g Reibesemmel

Die Broiler halbieren, mit Salz und Pfeffer einreiben, mit Öl bestreichen, in den vorgeheizten Grill legen, die Fettpfanne darunterschieben und auf jeder Seite 15 min grillen. Dabei mehrmals mit dem Senf-Buttermilch-Gemisch bestreichen und weitere 10 min grillen. Inzwischen die Butter zerlassen, die Mandeln und Reibesemmel darin anschwitzen, die Mischung auf dem Broiler verteilen und nochmals 3 min in den Grill schieben. Sofort servieren.

Beilagen: Waffelkartoffeln oder pommes frites und Kressesalat oder Senffrüchte.

Hinweis: Gegrilltes Geflügel mit etwas frischem oder getrocknetem Bohnenkraut würzen, es gewinnt an Geschmack.

Geschmorte Broilerkeule Försterinart

4 Broilerkeulen je 250 ... 300 g
100 g Bauchspeck, in Würfel geschnitten
1 Zwiebel, feingehackt
Salz, Pfeffer
200 g frische Pilze, in Würfel geschnitten
0,1 l Weißwein
Hühnerbrühe, Fleischglace
gehackte Kräuter

Speckwürfel in einem Bräter auslassen, Zwiebelwürfel dazugeben und alles leicht blondieren. Die Broilerkeulen mit Salz und Pfeffer einreiben und dazugeben. Unter öfterem Wenden schön braun braten. Nach etwa 15 min Pilze dazugeben, alles kurz durchschwitzen, würzen, Weißwein und Hühnerbrühe angießen. Fleischglace dazugeben. Bräter abdecken und Broilerkeulen fertigschmoren. Dann anrichten, mit dem Fond überziehen, mit frisch gehackten Kräutern bestreuen und mit Schwenkkartoffeln oder Würfelkartoffeln servieren.

Geschmortes Hähnchen in Biersoße

2 Hähnchen, je 1 kg
100 g magerer Speck, feinwürfelig geschnitten
0,2 l Pilsner Bier
100 g frische Champignons, in Scheiben geschnitten
1 EL Tomatenmark
Salz, Pfeffer, Majoran, Speisestärke
Den Speck auslassen, die Zwiebeln hinzugeben und anschwitzen. Inzwischen die Hähnchen vierteln, dazugeben, kräftig anbraten, mit Pilsner auffüllen, würzen, mit Tomatenmark vermischen und etwa 25 min zugedeckt garen. Dann die Champignons daruntermengen und alles etwa 5 min fertigschmoren. Den Fond zuletzt leicht binden und abschmecken. Hähnchen mit Specksalat, Zwiebelkartoffeln oder Majorankartoffeln sowie frischem Salat in würzigem Kräuter- oder Roquefortdressing anrichten.

Geschmortes Huhn mit Champignons

2 Hühner, mittelgroß, küchenfertig
1 Zwiebel, feingehackt
60 g Butter
4 cl Weinbrand, Geflügelfond
400 g frische Champignons
40 g Mehlbutter, Zitronensaft
Hühner vierteln, mit Salz und Pfeffer würzen, mit Zwiebelwürfelchen in Butter anbraten, mit Weinbrand ablöschen, mit etwas Geflügelfond auffüllen und fast gar schmoren. Sodann frische, in Scheiben geschnittene Champignons dazugeben. Gargefäß abdecken und fertigschmoren. Fond mit etwas Mehlbutter binden und mit Zitronensaft pikant abschmecken. Geschmortes Huhn mit Risotto, Kartoffelkroketten oder Maronenkroketten servieren.

Geschnetzelte Broilerbrust in Würzbutter

600 g Broilerbrust, ausgelöst, gehäutet, fein geschnetzelt
geklärte Butter
Salz, weißer Pfeffer, Mehl
1 Zwiebel, feinwürfelig geschnitten, in Butter blondiert
150 g feingehackte Champignons, blanchiert
Fleischextrakt
Zitronensaft
gehackte Kräuter, wie Petersilie, Estragon, Dill, Liebstöckel
Die Broilerfleischstreifen fein würzen, mit etwas Mehl bestäuben und in heißer Butter in einer

sehr großen Stielpfanne bei starker Hitze braten. Die Fleischstreifen sollen nicht zusammen liegen. Mittels Schwenkens der Pfanne Fleisch mehrmals wenden. Broilerfleisch dann aus der Pfanne nehmen, Zwiebelwürfel und Champignons sowie die anderen Ingredienzien dazugeben, alles kurz durchschwenken, pikant würzen und über das Fleisch geben.

Diese pikante Zubereitungsart kann weiterhin mit Tomatenfleischwürfelchen oder Streifchen von rotem Gemüsepaprika variiert werden. Als Geschmacksträger ist an Stelle der Kräuter z. B. Ketchup oder Curry einzusetzen.
Beilagen: Risotto oder Kartoffelschnee und zartes junges Gemüse, frische Salate, aber auch Spinat oder gebackener Chicorée.

Geschnetzelte Broilerbrüste mit Ei

500 g Broilerbrust, ausgelöst, gehäutet, fein geschnetzelt
Butter oder Margarine
4 Eier, zerschlagen
Salz, Pfeffer
gehackte Petersilie
Die Broilerfleischstreifen in einer sehr großen Stielpfanne bei starker Hitze braten. Dabei müssen die Fleischstreifen einzeln liegen. Mittels Schwenkens der Pfanne die Fleischstreifen mehrmals wenden. Das Fleisch soll innen saftig bleiben. Dann gut würzen, die Eimasse dazugeben und bei ständigem Rühren stocken lassen. Sofort mit Kartoffelpüree oder Pariser Kartoffeln sowie jungem Gemüse oder frischen Salaten anrichten.

Hähnchen, asiatisch im Römertopf

2 Hähnchen, geviertelt
50 g Mandeln, in Stifte geschnitten
100 g Bambussprossen, in Streifen geschnitten
40 g Sesamöl
0,2 l Sherry
4 EL Sojasoße
weißer Pfeffer, geriebene Ingwerwurzel, Zimt, Sternanis, 1 frischgemahlene Gewürznelke
Einen Römertopf etwa 15 min in Wasser legen, damit sich die Poren mit Wasser füllen. Dann mit Öl ausstreichen, die Hähnchenstücke einlegen, die Zutaten darüber verteilen, die Gemüse mit dem Sherry und der Sojasoße verrühren und über die Hähnchenstücke geben. Den Römertopf hermetisch verschließen, in die Bratröhre stellen,

auf 220 °C einstellen und etwa 1 h garen lassen. Römertopf erst am Tisch öffnen.
Beilagen: Zitronen-, Pistazien- oder Schinkenrisotto und Steinpilz-Birnen-Salat in Sherryessig.

Hähnchenbrust in Granatapfelsoße
Wie »Broilerbrust in Rahmsoße« zubereiten. Die Rahmsoße mit Granatapfelmark aromatisieren. Mit körnig gekochtem Reis anrichten. Dazu grüne Salate in Kräuterdressing reichen.

Hähnchenbrust in Mandelhülle
8 Hähnchenbrusttranchen je 75 g
Salz, weißer Pfeffer, Zitronensaft
Mehl, zerschlagenes Ei
geriebene Mandeln
100 g geklärte Butter
Hähnchentranchen leicht plattieren und mit Salz, Pfeffer und Zitronensaft etwa 6 h marinieren. Bei Abruf in Mehl wenden, durch Ei ziehen und sorgfältig mit geriebenen Mandeln panieren. Hähnchenbrust in heißer Butter goldgelb braten, anrichten, mit der Butter übergießen und mit pommes frites oder Schloßkartoffeln und frischen Salaten servieren. In Butter angeschwenkte Früchte, Pfirsiche, Schattenmorellen oder Apfelspalten, sind ebenfalls geeignete Beigaben.
Hinweis: Diese Köstlichkeit schmeckt besonders mit Sherrysoße. Den Bratenfond mit Sherry lösen und reduzieren lassen. Sofort Crème fraiche einrühren, etwas gehackte Zitronenmelisse sowie weißen Pfeffer dazugeben und mit Salz und Zucker abschmecken. Heiß zur Hähnchenbrust reichen.

Hähnchenbrust in Senfkruste
2 Hähnchenbrüste
Salz, Pfeffer
Senf, gehackte Kräuter
Butter zum Anbraten und Beträufeln
geriebenes Graubrot
Die Hähnchenbrüste würzen, mit Butter übergießen und etwa 15 min braten. Dann abkühlen lassen, auslösen, gleichmäßig parieren, einzeln auf ein Backblech legen. Mit Kräutersenf bestreichen, mit Reibebrot überstreuen, mit Butter beträufeln und im Grill gratinieren. Nach 2 min nochmals Reibebrot und Butter darübergeben und solange gratinieren, bis sich eine knackige Kruste gebildet hat. Die pikanten Hähnchenbrüste mit Strohkartoffeln, Zitronen-

butter und grünem Salat in Tomaten-Vinaigrette servieren.
Hinweis: Senf mit Eigelb verrühren, dann wird die Kruste besonders schön.

Hähnchenbrustfilets in Alufolie
600 g Hähnchenbrustfilets
60 g Kräuterbutter
Salz, Pfeffer, Zitronensaft, gehackte Kräuter
Alufolierechtecke einfetten. Die Filets darauf legen, kräftig würzen und mit Kräuterbutter belegen. Die Alufolie fest verschließen, die Päckchen in die Bratröhre schieben. Die Garzeit beträgt bei 220 °C etwa 12 min.
Hinweis: Hähnchenbrustfilets ebenso mit Curry, und Basilikum würzen sowie mit Tomaten-, Zitronen-oder Sardellenbutter zubereiten. Päckchen erst am Tisch öffnen.
Beilagen: Risi-Pisi und holländische Soße.

Hähnchenbrustfilets in Käse-Kräuter-Soße
800 g Hähnchenbrustfilets
40 g Butter
Salz, weißer Pfeffer,
ein Hauch Knoblauchpulver
Hühnerbrühe
100 g Frischrahmkäse
feingehackte Kräuter
Das Fleisch gleichmäßig gut würzen, in Butter rundherum anbraten, mit etwas Hühnerbrühe angießen und zugedeckt fertiggaren. Filets herausnehmen und heißstellen. Käse in den Fond rühren, kurz verkochen und gehackte Kräuter dazugeben. Die grüne Soße pikant abschmecken und extra reichen.
Beilagen: Anna-Kartoffeln und Schmorgurken.

Hähnchenkeulen in Curry-Joghurt im Reisbett
4 Hähnchenkeulen je 250 g
500 g Joghurt
Curry, Salz, Pfeffer, Zitronensaft, Kurkuma
Den Joghurt kräftig mit Curry, Salz, Pfeffer und Zitronensaft würzen und mit Kurkuma richtig gelb färben. Die Hähnchenkeulen im Kniegelenk durchhacken und den Schlußknochen auslösen. Die so vorbereiteten Keulen einen Tag in die Curry-Joghurt-Marinade legen. Dann in einen ausgebutterten Bräter legen, mit dem Joghurt übergießen, abdecken und in der Bratröhre bei mittlerer Hitze etwa 45 min garen lassen. Damit der Joghurt nicht zu stark verkrustet, mehrmals Butterflöckchen daraufgeben. Die fertigen

Keulen im Reisbett anrichten und mit dem Curry-Joghurt überziehen. Dazu schmecken Melonen-Apfel- oder Orangen-Bananen-Salat.

Hähnchen-Eier-Ragout

400 g gebratenes Hähnchenfleisch
4 hartgekochte Eier, in Achtel geschnitten
60 g Butter
1 Zwiebel, feinwürfelig geschnitten
Salz, Pfeffer, Curry
Geflügelrahmsoße

Das Hähnchenfleisch in Würfel schneiden und mit den Zwiebelwürfelchen in Butter anbraten. Sofort mit Geflügelrahmsoße auffüllen, kräftig mit Curry würzen und etwa 10 min simmern lassen. Dann die Eiachtel dazugeben, alles erhitzen und sofort im Reisrand oder mit Risotto oder Kokos-Ingwer-Reis anrichten.

Hähnchen in Dillsoße

2 junge Hähnchen
1 Zwiebel, 1 Kräutersträußchen
Salz, Pfefferkörner, 1 Lorbeerblatt

Die gewaschenen Hähnchen in einem gerade passenden Topf mit Hühnerbrühe bedecken und mit den Gewürzen, Zwiebel und Kräutersträußchen etwa 30 min simmern lassen. Die fertigen Hähnchen aus der Brühe nehmen und warmstellen. Dann aus der Brühe Velouté bereiten, passieren, mit Sahne verfeinern und mit viel gehacktem Dill aromatisieren. Die Soße pikant mit etwas Kräuteressig und weißem Pfeffer abschmecken. Die Hähnchen enthäuten, entbeinen, anrichten und mit der Soße überziehen. Mit Dillzweig garnieren.

Beilagen: Risotto und Artischockenpüree im Tartelette.

Hähnchen im Apfelbett

1 Masthähnchen, in 8 Portionsstücke geteilt, entbeint
geklärte Butter
Salz, Pfeffer
600 g Äpfel, geschält, entkernt, in Scheiben geschnitten, mit Zimt gewürzt
0,2 l Weißwein

Die Hähnchenstücke würzen und in heißer Butter etwa 15 min braten. Inzwischen die Apfelscheiben in einen gebutterten Schmortopf geben. Die Hähnchenstücke aus der Pfanne nehmen und auf den Apfelscheiben verteilen. Den Bratsatz mit Weißwein loskochen, mit Salz

nachwürzen und in den Schmortopf passieren. Dann den Schmortopf zugedeckt etwa 10 min in die vorgeheizte Bratröhre stellen. Mittels Nadelprobe Garpunkt feststellen. Tritt völlig klarer Fleischsaft heraus, sind die Fleischteile gar. Hähnchen auf den gedünsteten Apfelscheiben anrichten, mit Kartoffelkroketten umlegen und mit dem Fond übergießen.

Hinweis: Wird der Bratsatz mit Calvados oder Apfelwein losgekocht, erfolgt eine noch intensivere Geschmacksentwicklung. Es sollten Äpfel mit einem feinen säuerlichen Aroma verwendet werden. Das Gericht erhält etwas Couleur, wenn die Apfelscheiben mit geweichten Korinthen vermengt werden.

Hähnchen mit Meerrettich

2 Hähnchen, je 1,2 kg
80 g Öl
1 feingehackte Zwiebel
geriebener Meerrettich
gehackte Mandeln
Geflügelbrühe
30 g Mehlbutter
Sahne

Die Hähnchen vierteln, in Öl mit Zwiebelwürfelchen leicht anbraten, mit Geflügelbrühe auffüllen, salzen und etwa 30 min zugedeckt simmern lassen. Dann geriebenen Meerrettich sowie gehackte Mandeln dazugeben. Alles weitere 5 min simmern lassen. Die Hähnchenviertel ausstechen, den Fond mit Mehlbutter binden, mit Sahne verfeinern und pikant abschmecken. Gegebenenfalls noch etwas geriebenen Meerrettich dazugeben. Meerrettichsoße, Salzkartoffeln und frische Salate extra servieren. Geschmorter Staudensellerie oder Gurkengemüse sind ebenfalls passende Beigaben.

Hinweis: Für diese Zubereitungsart eignen sich besonders fette Hähnchen oder Hühner. Bei letzteren verlängert sich die Garzeit.

Hähnchensteak in Käsepanade

8 Hähnchenbruststeaks je 75 g
Salz, frisch gemahlener Pfeffer, Weißwein
Mehl
2 Eier, zerschlagen
Reibesemmel und geriebener Parmesankäse, zu gleichen Teilen vermischt
120 g geklärte Butter

Die Hähnchensteaks leicht plattieren und mit Salz, Pfeffer sowie etwas Weißwein etwa 6 h marinieren. Dann mehlieren, in geschlagenem Ei wenden, mit dem Reibesemmel-Parmesankäse-Gemisch sorgfältig panieren und in geklärter Butter langsam braten. Hähnchensteak sofort mit Zitronenecken anrichten und mit Oliven-kartoffeln oder Spiralkartoffeln und frischen Salaten vervollständigen.

Hähnchenspieß mit Curryreis

600 g Hühnerbrust, abgezogen, in etwa 1 1/2 cm große Würfel geschnitten
Zwiebelstücke, Stücke von rotem
Gemüsepaprika
100 g Öl
Die Hähnchenstücke mit Zitronensaft, Öl, Soja-soße, Salz, weißem Pfeffer und etwas Curry etwa 5 h marinieren. Dann im Wechsel mit Zwiebel-stücken und Stücken von rotem Gemüsepaprika auf geeignete Spieße stecken. Die Hähnchen-spieße in heißem Öl saftig braten, mit Curryreis und Salat von Sojakeimen oder marinierten Arti-schockenherzen anrichten.

Huhn, im Gemüsesud gegart

2 Hühner, geviertelt
60 g Öl
2 große Zwiebeln, in Scheiben geschnitten
200 g Selleriewürfel
200 g Würfel von rotem Gemüsepaprika
2 gehackte Knoblauchzehen
Salz, Pfefferkörner, Pimentkörner,
Lorbeerblätter, Thymian, Cayennepfeffer,
Weinessig, Weißwein
Hühnerviertel würzen und in heißem Öl kräftig anbraten. Dann das vorbereitete Gemüse, Ge-würze, Essig und Wein dazugeben. Alles mit Wasser leicht bedecken und abgedeckt garziehen lassen. Hühnerviertel mit Gemüsesud und Ge-müse anrichten und mit frischen Salzkartoffeln oder Spinatreis servieren.

Hühnerbrust in Blätterteig

4 gebratene Hühnerbrüste je 150 g
4 Scheiben Kochschinken je 50 g
4 Tomaten, enthäutet, in Scheiben geschnitten
8 dünne Scheiben Kräuterbutter
4 Blätterteigquadrate, etwa 12 cm x 12 cm
Blätterteig in der Mitte mit quadratisch geschnit-tenem Schinken belegen. Darauf die ebenso ge-schnittenen Hühnerbrüste geben und mit Tomatenscheiben belegen. Zuletzt die Kräuter-butter darauf legen. Die Teigecken zur Mitte zu-

sammenschlagen. In der Mitte eine Öffnung lassen. Hühnerbrüste im Blätterteig mit zerquirl-tem Eigelb bestreichen, auf ein mit kaltem Wasser benetztes Backblech geben und in der Bratröhre bei etwa 200 °C backen. Zuletzt in die Öffnung etwas Dillsahne gießen. Sofort ser-vieren. Dazu schmecken Zuckerschoten in Zitro-nen-Hollandaise.

Hühnerbrust, in Käseteig gebacken

4 Hühnerbrüste je 150 g
Salz, Pfeffer, Zitronensaft
Bierteig mit Reibekäse
Öl
Die Hühnerbrüste auslösen und einen Tag mit Zitronensaft und Pfeffer marinieren. Bei Abruf abtupfen, salzen, durch Käseteig ziehen und goldgelb backen. Auf Manschetten anrichten, mit halben, mit gedünsteten Maiskörnern gefüll-ten roten Gemüsepaprikas umlegen. Mit kleinen Portionen Gratinkartoffeln servieren (Käseteig dient mit als Beilage).

Hühnerbrüste mit Käsefüllung

4 Brusthälften, von Haut und Sehnen befreit
120 g Schnittkäse, vollfett
Salz, Pfeffer
Wiener Panade
Öl
geklärte Butter
Die ausgelösten Brusthälften leicht plattieren und würzen. Auf eine Hälfte eine Käsescheibe legen, die andere Hälfte darüberklappen und den Rand leicht falten. Dann würzen, panieren, in der Fritüre ausbacken und in geklärter Butter nachbraten. Hühnerbrüstchen mit pommes frites und Tomaten-Gurken-Salat oder Schwarz-wurzelgemüse anrichten.

Hühnerbrust in Papierhülle

8 Hühnerbruststeaks
200 g Ingwer in Sirup

Marinade:
Sirup vom Ingwer
Sojasoße
Sherry
Salz, Zimt, Nelkenpfeffer

Die Steaks plattieren und mit den Ingredienzien mindestens 2 h marinieren. Dann aus Perga-mentpapier 8 rechteckige Stücke in der Größe von etwa 10 cm x 15 cm schneiden und mit Öl bestreichen. Die Hühnerbrüste darauf verteilen, mit in dünne Scheiben geschnittenen Ingwerwurzeln belegen. Die restliche Marinade darüber verteilen. Zum Abschluß jeweils eine dünne Scheibe Ingwerbutter darauflegen. Das Papier zusammenschlagen und gut festknicken. Die Kanten mit etwas Sojasoße (sehr eiweißhaltig) festkleben. Die Fleischpäckchen mit einem Schaumlöffel vorsichtig in die Fritüre geben. Sie dürfen nicht aufgehen. Etwa 10 min fritieren, mit dem Schaumlöffel wieder herausnehmen, abtropfen lassen und sofort servieren. Papierhülle erst am Tisch öffnen.

Beilagen: Zitronen- oder Kokosreis und Palmenherzen in Safranrahm.

Hinweis: Die Zubereitung in Papierhülle (en papillote) läßt sich mannigfaltig variieren. So zum Beispiel:

● Dillbuttter und Tomatenfleischwürfel
● Edelfrüchte, wie Ananas, Mandarinen und Zitronenbutter
● Apfelspalten in Currybutter
● Oliven, Schalotten und Knoblauchbutter

Hühnerbrust in Sesamkruste

4 halbe Hühnerbrüste, entbeint
Sojasoße, Senfmehl, Weißwein
80 g geklärte Butter
Sesamsamen

Aus Sojasoße, Senfmehl und Weißwein eine dickflüssige Soße bereiten. Die plattierten Hühnerbrüste darin mindestens 6 h einlegen. Die Brüste dann herausnehmen, die Soße etwas abstreichen, salzen und pfeffern und auf jeder Seite etwa 5 min in heißer Butter anbraten. Brüste aus der Pfanne nehmen, nochmals mit der Soße rundherum bestreichen, in Sesamsamen wälzen, fest andrücken und fertigbraten.

Beilagen: Butterreis und Yorkshiresoße.

Hinweis: Anstelle von Sesamsamen sind weiterhin gehackte Pistazien, Mandeln, Mohn oder geriebene Walnußkerne zu verwenden. Der Anteil von Senf ist dann entsprechend zu verändern.

Hühnerbrüstchen in Kräutersahne

4 ausgelöste Brusthälften je 180 g
Salz, weißer Pfeffer, Mehl
80 g geklärte Butter
50 g feine Zwiebelwürfel
Geflügeljus
Sahne
je 1 Prise Rosmarin, Thymian

frischgehackte Kräuter, wie Petersilie, Estragon, Dillzweig
Zitronensaft
50 g geschlagene Sahne

Hühnerbrüste salzen, pfeffern, mehlieren, in heißer Butter goldbraun braten und herausnehmen. Im Bratsatz Zwiebelwürfel anschwitzen, Jus und Sahne sowie Rosmarin und Thymian dazugeben. Alles aufkochen, Hühnerbrüste beifügen und zugedeckt fertigdünsten. Dann auf einer geeigneten Platte anrichten. Den Fond auf die erforderliche Menge reduzieren, die Kräuter dazugeben und alles mit Zitronensaft pikant abschmecken. Zuletzt die geschlagene Sahne darunterziehen. Hühnerbrüste mit der Kräutersahne überziehen und sofort mit Risotto oder Safranreiskroketten und frischen Ananas- und Tomatenfleischwürfeln servieren. Mit Rahmspinat gefüllte Tomaten und gefüllte Gurken sind weitere attraktive Umlagen.

Hühnerbrüstchen mit Zitronensoße und Crevettenschwänzchen im Reisrand

8 halbe Hühnerbrüste
Salz, weißer Pfeffer, Zitronensaft
Butter, Weißwein
Mehlbutter
200 g Crevettenschwänzchen, in Butter angeschwenkt

Die Hühnerbrüste mit Salz, Pfeffer und reichlich Zitronensaft würzen und in einer ausgebutterten Sauteuse mit Weißwein pochieren. Den Fond mit Mehlbutter binden, mit Zitronensaft abschmecken, kurz aufkochen, passieren und mit Eigelb verfeinern. Die Brüste im Reisrand anrichten, reichlich soßieren, mit Crevettenschwänzchen gefällig belegen und mit Blätterteigfleuron garnieren.

Hühner-Crépinettes

400 g Broiler, ausgelöst
200 g sehr fein gewolftes Schweinegehacktes
50 g feine Speckwürfel
50 g feingehackte Champignons
50 g Hühnerleber, sautiert und in Würfel geschnitten
2 Eier
Salz, weißer Pfeffer, etwas Weinbrand
80 g Butter oder Margarine
Reibesemmel

Broilerfleisch in feine Würfel schneiden oder grob wolfen und mit Hackfleisch, Speckwürfeln,

Champignons, Leberwürfelchen, Eiern und Gewürzen zu einer festen Masse verarbeiten. Dann 12 flache, ovale Frikadellen formen, leicht einbröseln und in heißem Fett auf beiden Seiten etwa 5 ... 7 min saftig braten. Crépinettes sofort mit Kräuterbutter oder Pistazienbutter, pommes frites und Edelgemüse servieren.

Anmerkung: Crépinettes können weiterhin von Rebhuhn und Fasan zubereitet werden.

Hühnerfrikassee Gärtnerinart (Bild 4)

1 Huhn, etwa 1,2 kg
1 Kräutersträußchen
je 100 g Sellerie, Möhren, Lauch
1 gespickte Zwiebel
50 g Butter
40 g Mehl
2 Eigelb, mit 0,1 l Sahne verquirlt
Salz, weißer Pfeffer, Zitronensaft, Weißwein

Das Huhn zerteilen und in einem passenden Topf mit etwa 1 l Wasser zum Kochen bringen. Nach etwa 30 min Gewürze, Salz, Gemüse und Kräutersträußchen dazugeben und langsam fertiggaren. Das Huhn herausnehmen und beiseitestellen. Von der Hühnerbrühe Velouté bereiten, pikant abschmecken und legieren. Das Hühnerfleisch ausbrechen, enthäuten, in Assiette anrichten, mit der Soße überziehen und mit Spargel, Tomatenrose, Petersilie und Fleuron gefällig garnieren.

Beilagen: Risotto und junges Gemüse.

Eine weitaus elegantere, aber aufwendigere Art der Zubereitung: Zuerst das Huhn in Stücke teilen bzw. frikassieren und enthäuten. In den Brusthälften verbleiben nur die Stummel der Flügelknochen. Die Keulen möglichst entbeinen. Jede Brusthälfte und die Keulen in gleichgroße Stücke teilen. Aus den Knochen, Häuten, Gemüse und Gewürzen etwa 1 l Brühe bereiten. Die Hühnerfleischstücke und Mirepoix dann in Butter anschwitzen, mit Mehl bestäuben, mit der Brühe auffüllen und langsam garen.

Das Fleisch darf keine Farbe nehmen. Die fertigen Fleischstücke ausstechen, die Soße passieren, abschmecken, legieren und über das Fleisch geben. Diese Zubereitungsvariante garantiert einen intensiveren typischen Geschmack. Frikassee mit Champignons, Morcheln, Perlzwiebeln, Krabbenschwänzchen, Hummerbutter usw. verfeinern.

Hühnerfrikassee mit Petersilie

Wie »Hühnerfrikassee Gärtnerinart« zubereiten. Die Soße zuletzt kurz mit frischer, gehackter Petersilie aromatisieren. Auf gleiche Weise Hühnerfrikassee mit Salbei, Estragon oder Dill verfeinern.

Hühnerklößchen mit Estragonsoße

400 g entbeintes Hühnerfleisch
50 g Weißbrot ohne Rinde, in Sahne geweicht
2 bis 3 Eier
Salz, weißer Pfeffer, Estragon
1 Eigelb, mit Sahne verquirlt
gehackter frischer Estragon

Das Hühnerfleisch mit dem Weißbrot fein wolfen, würzen und mit den Eiern zu einer geschmeidigen Farce verarbeiten. Dann 50-g-Klößchen abdrehen und in gut gewürzter Geflügelbrühe garen. Aus der Brühe Velouté bereiten, mit Eigelb legieren, mit Estragon aromatisieren und pikant abschmecken. Die Klößchen mit der Soße anrichten und mit Risotto oder Kartoffelpüree und Blumenkohl oder Buttermöhren servieren.

Hinweis: Die Klößchen können ebenfalls im Reisrand angerichtet werden. Dazu passen auch holländische Soße, Béarner Soße oder Dill-, Petersilien- sowie Kräutersoße.

Hühnerkoteletts, farciert

500 g Hühnerfleisch
100 g Weißbrot, in Sahne geweicht
2 Eier
Salz, weißer Pfeffer, gehackte Petersilie
Reibesemmel
geklärte Butter

Hühnerfleisch mit dem Weißbrot fein wolfen und mit Eiern und Gewürzen zu einer feinen Farce verarbeiten. Die Masse in vier Portionen teilen, zu gefälligen Koteletts formen, in Reibesemmel wenden und in heißer Butter langsam goldbraun braten.

Beilagen: Petersilienkartoffeln oder Basilikumkartoffeln und Blumenkohl oder Spargel in holländischer Soße.

Hinweis: Diese Speise wird noch attraktiver, wenn als Imitation ein Keulenknochen als Kotelettknochen eingesteckt wird. Die Reibesemmel, gerade zum Panieren von farcierten Hühnerkoteletts, kann vielfältig aromatisiert werden, z. B.:

- mit Kräutern und Gewürzen
- mit gehackten Nüssen, Pistazien und Mandeln
- mit Kokosflocken
- mit Schinken, Zungen- oder Trüffelwürfelchen
- mit Mohn, Sesamsamen oder gemahlenen Bucheckern

Hühnerleberspießchen mit Champignons

500 g Hühnerleber
150 g Bauchspeck
150 g mittelgroße, frische Champignons, ohne Stiel
Salz, weißer Pfeffer
100 g Butter oder Margarine

Die Leber putzen, trockentupfen und halbieren. Den Speck in dünne Scheiben und in etwa 2 cm große Stücke schneiden. Die Leber im Wechsel mit Speck und Champignonköpfen auf Spießchen stecken. Die Leberspießchen in heißem Fett unter öfterem Wenden braten. Kurz vor Ende der Bratzeit kräftig würzen und fertigbraten. Die Spießchen sehr heiß servieren.

Beilagen: Kartoffelpüree oder Butterspätzle, Madeirasoße mit gehackten Trüffeln und feinen frischen Salaten.

Hinweis: Für jede Portion sollten 2 Spießchen vorbereitet werden. Die Zutaten dürfen nicht zu eng aneinander stecken, damit die Hitze gleichmäßig einwirken kann.

Hühnerleberspießchen mit Curryfrüchten

600 g Hühnerleber, küchenfertig
150 g Bauchspeckscheiben
Pfeffer, Mehl
40 g Öl, geklärte Butter
200 g Ananaswürfel
40 g Butter
Weinbrand
Curry, Mangochutney
Geflügeljus

Hühnerleber pfeffern, in Mehl wenden und in heißem Öl rasch anbraten, ebenso die Speckscheiben. Beides auf einem Randblech ausbreiten. Die Speckscheiben in etwa 2 cm breite Stücke schneiden. Im Wechsel Hühnerleber und Speck aufspießen. Spieße unter öfterem Begießen in Butter braten, mit Weinbrand flambieren und mit Mangochutney, Ananas und Curry durchschwenken. Leberspießchen mit den Curryfrüchten umkränzen und sofort mit Ge-

flügeljus und Kokos- oder Schinkenrisotto servieren.

Hinweis: Bei roh aufgesteckten Naturalien gelangt die Hitze nur unzureichend zwischen die Berührungsstellen. Besonders bei Leber ist dies zu beachten. Aber auch der Speck erreicht erst sein besonderes Brataroma, wenn er vorher angebraten wird. Passende Ergänzungen zu Geflügelspießchen sind weiterhin Röstzwiebeln, gebratene Apfelspalten, Apfel-Zwiebel-Gemüse, Tomatenconcassé, aber auch gedünstete Selleriestreifen oder sautierte Pilze.

Hühnerpilaw

600 g Hühnerfleisch, enthäutet
1 große Zwiebel, fein gehackt
2 rote Gemüsepaprika
4 Tomaten
je 30 g Rosinen und Korinthen
200 g Reis, Hühnerbrühe

Hühnerfleisch in kleine Stücke schneiden und mit Zwiebelwürfelchen in Schweineschmalz stark anbraten. Würfel von Gemüsepaprika und Tomaten sowie Rosinen, Korinthen und gewaschenen Reis dazugeben. Alles gut vermengen, mit Hühnerbrühe auffüllen, aufkochen, würzen und langsam garziehen lassen.

Hühnerragout mit Ananas

1 kg Hähnchenfleisch
60 g Öl zum Braten
200 g Ananasstücke
1/8 l Ananassaft
4 cl Sherry

Das Hähnchenfleisch in Streifen schneiden und mit Öl, Sojasoße, Sherry, Salz, Pfeffer und Speisestärke 2 h marinieren. Das Fleisch abtropfen lassen, in heißem Öl auf allen Seiten stark anbraten, Ananas dazugeben und zusammen etwa 10 min garen. Fleisch und Ananas herausnehmen, auf eine vorgewärmte Platte geben und heißstellen. Den Bratenfond mit Ananassaft, Sherry und der übrig gebliebenen Marinade verkochen, abschmecken, über das Hähnchenfleisch passieren und sofort mit Curry- oder Safranreis servieren.

Hinweis: Dieses pikante Hähnchenragout ist auf gleiche Weise von Enten-, Gänse- oder Putenfleisch zu bereiten.

Hühnerrisotto

600 g Hühnerbrust, entbeint
80 g Öl
2 Zwiebeln, feinwürfelig geschnitten
200 g Reis, gewaschen
Geflügelbrühe
Salz, Lorbeerblatt, Pfefferkörner

Das Hühnerfleisch in etwa 2 cm große Würfel schneiden und mit den Zwiebelwürfelchen in heißem Öl schön goldgelb anbraten. Dann den Reis dazugeben, unter Rühren glasig anschwitzen, Geflügelbrühe angießen, Gewürze dazugeben und alles abgedeckt in der Bratröhre garziehen lassen. Hühnerrisotto mit Ketchup, Choronsoße oder Curry-Hollandaise sowie frischen Salaten oder gebackenem Chicorée anrichten.
Zum Auffüllen immer die doppelte Menge Brühe verwenden.

Junges Hähnchen
mit gedünstetem Gemüsepaprika

2 Hähnchen je 1 kg
100 g Butter oder Margarine
400 g roter Gemüsepaprika, entkernt,
in Ringe geschnitten
Salz, Pfeffer, Gewürzpaprika
gehackte Petersilie

Hähnchen innen und außen mit Salz, Pfeffer und Gewürzpaprika einreiben, mit zerlassener Butter übergießen und in einem geeigneten Bräter in der heißen Bratröhre knusprig braten. Nach etwa 10 min Hitze herunterschalten. Um ein Ansetzen zu verhindern, evtl. etwas Hühnerbrühe oder Wasser angießen. Die fertigen Hähnchen auf einer Serviceplatte anrichten und heißstellen. Die Paprikaringe im Bratsatz anschwitzen, etwas Weißwein angießen und Bratsatz loskochen. Den Gemüsepaprika weitere 10 min zugedeckt gardünsten, mit Salz nachwürzen und gesondert zu den Hähnchen reichen.
Beilagen: Risotto oder pommes frites.

Küken mit Steinpilzen

8 Küken je 250 g
Salz, Pfeffer
100 g Butter
400 g Steinpilze, mit Speck und Zwiebeln
angerichtet
0,1 l Sherry
0,1 l Sahne

Die Küken bridieren, innen und außen gut würzen, in Butter etwa 10 min braten, anrichten und heißstellen. Den Bratsatz mit Sherry loskochen, mit Sahne verfeinern, abschmecken, passieren und gesondert reichen.
Beilagen: Pariser oder Olivenkartoffeln und die fertigen Steinpilze.

Gebratene Stubenküken

8 Küken je 250 g
Salz, Pfeffer
Butter

Die Küken bridieren, innen und außen gut würzen, in Butter anbraten und unter öfterem Begießen in der Bratröhre braten. Die Bratzeit beträgt etwa 10 min. Die Küken naturell mit dem Bratfond anrichten.
Beilagen: Petersilienkartoffeln oder Nußkartoffeln und frische Salate.
Stubenküken werden in Käfigen in verdunkelten Räumen (Stuben) mit einer speziellen Futterzusammensetzung gemästet. Sie sind besonders fleischig und wohlschmeckend.

Gegrillte Küken

4 Küken je 350 g
Salz, Pfeffer, Öl

Die Küken zum Grillen spalten. Dies erfolgt mit einem Längsschnitt neben der Wirbelsäule. Dazu ist ein kräftiges, scharfes Messer erforderlich. Die Küken dann flach auseinanderdrücken, die Wirbelsäule völlig abtrennen und den Brustbeinknochen herausziehen. Die Flügelknochen nach unten verschränken, die Keulenenden in die dünne, vorher eingeschnittene Rumpfhaut stecken. Die so vorbereiteten Küken mit Salz und Pfeffer einreiben, mit Öl beträufeln und flach auf den heißen Grillrost legen. Küken unter mehrfachem Umdrehen goldbraun grillen. Besondere Geschmacksrichtungen werden mit flüssiger Kräuterbutter, Paprikabutter oder einem Gemisch aus Senfmehl, weißem und Cayennepfeffer erreicht. Die fast fertigen Küken damit einstreichen und nochmals grillen. Weiterhin können sie mit Reibesemmel besonders knusprig gegrillt werden. Küken anrichten und mit Strohkartoffeln, Teufelssoße und frischen Salaten, wie Kopfsalat, Brunnen- oder Gartenkresse, servieren. Dazu schmeckt weiterhin Champignonsalat mit Sonnenblumenkernen.

Stubenküken vom Grill

8 Stubenküken je 250 g
Öl, gehackte Kräuter
Salz, Pfeffer aus der Mühle

Die Küken nach »Krötenart« vom Rücken spalten (aber nicht zerteilen), plattieren bzw. etwas breitdrücken, Flügel- und Keulenknochen einstecken, mit Öl und Kräutern marinieren. Nach etwa 1 h würzen, grillen, sofort anrichten und mit Stroh-, Waffelkartoffeln oder Steinpilzkrapfen, Kräuterbutter und feinen Salaten servieren.

Kaßlerbroiler in Rosinensoße

4 halbe Kaßlerbroiler
80 g Butter oder Margarine
Geflügeljus
100 g kernlose Rosinen, in Rotwein geweicht
40 g gehackte Mandeln

Die Kaßlerbroiler von innen entbeinen, in heißem Fett anbraten und mit Geflügeljus auffüllen. Die Rosinen und Mandeln dazugeben, mit Pfeffer und etwas Salz würzen und alles etwa 10 min langsam köcheln. Die Broiler anrichten. Die Soße pikant abschmecken und übersoßieren.
Beilagen: Ingwerrisotto und Orangen-Kirsch-Salat.

Mandarinen-Hähnchen

2 Hähnchen je 800 g, küchenfertig
Salz, Gewürzpaprika edelsüß, Pfeffer
80 g Öl
60 g kernlose Rosinen, in Madeira geweicht
200 g konservierte Mandarinen, den Saft zum Angießen beiseite stellen
Geflügeljus
Sojasoße, etwas Ingwerpulver
Speisestärke
Sahne

Die Hähnchen vierteln, mit Salz, Pfeffer und Gewürzpaprika einreiben und in heißem Öl scharf braten. Die Mandarinen zugeben, mit Speisestärke binden, alles mit Sojasoße und Ingwer pikant abschmecken und nochmals 5 min simmern lassen. Die Hähnchen anrichten, mit der Soße überziehen und mit Safranreis und Chicorée-Kiwi-Erdbeer-Salat servieren.

Marinierte Geflügelspießchen mit Erdnußsoße

600 g Hühnerbrüste, ausgelöst, enthäutet
60 g Öl

Marinade:
100 g gehackte Erdnußkerne
Saft von 2 Zitronen
Salz, weißer Pfeffer
2 cl Weinbrand

Soße:
100 g Sahne
1 EL Fleischglace

Die Hühnerbrüste trockentupfen, in etwa 2 cm große Stücke schneiden und etwa 2 h zugedeckt marinieren. Dann abtropfen lassen, Fleischstücke locker auf Spießchen stecken. Die Fleischstücke dürfen nicht aneinander gesteckt werden, damit die Hitze von allen Seiten einwirken kann. Die Spießchen mit Öl bestreichen, auf den mit Alufolie bespannten Grillrost legen und saftig braten. Nach etwa 7 min die Spießchen einmal wenden. Die fertigen Spießchen anrichten und heißstellen. Für die Soße die restliche Marinade mit dem aufgefangenen Fleischsaft, Sahne und Fleischglace verkochen, pikant abschmecken. Wenn erforderlich mit gemahlenen Erdnüssen aromatisieren. Soße getrennt reichen.
Beilagen: Risotto oder Waffelkartoffeln und frische, knackige Salate in würzigen Dressings.
Hinweis: Geflügelspießchen vielseitig variieren, z. B. mit Tomaten, Oliven, Perlzwiebeln, Champignons, Bananen, Ananas, Gemüsepaprika, Auberginen usw. Wichtig ist eine gut abgestimmte Marinade.

Marinierte Hähnchenbrust, in Bierteig gebacken

600 g Hähnchenbrust
Salz, Zitronensaft, weißer Pfeffer, Öl
Bierteig
Öl

Die Hähnchenbrust quer zur Fleischfaser in etwa 75-g-Stücke schneiden. Die Stücke plattieren und mindestens 2 h mit Salz, Zitronensaft, weißem Pfeffer und Öl marinieren. Bei Abruf mit Küchenkrepp abtupfen, durch Bierteig ziehen und im Fettbad goldgelb fritieren. Broilerbrüstchen anrichten und mit Zitronenecken, Choronsoße und frischen Salaten in Kräuterjoghurt servieren.
Hinweis: Der Bierteig ersetzt im allgemeinen die Sättigungsbeilage.

Orangenhähnchen

600 g Hähnchenbrust
Salz, Orangensaft, weißer Pfeffer
Ausbackteig mit abgeriebener Orangenschale

Soße:
Orangensaft, Weißwein
Fleischextrakt
Butter
Orangenfilets

Das Fleisch in Scheibchen schneiden und mindestens 2 h marinieren. Inzwischen für die Soße Orangensaft, Weißwein sowie etwas Fleischextrakt verkochen und mit Butter montieren. Die Orangenfilets mit etwas Butter, Zucker und Cointreau glacieren. Das Fleisch durch Backteig ziehen und goldgelb fritieren. Mit Ingwerreistimbale und den Orangenspalten anrichten. Mit Zitronenmelisse garnieren. Die Soße gesondert reichen.

Paprikahähnchen

2 Hähnchen
Salz, Delikateßpaprika, Mehl
100 g Speckwürfel
100 g Zwiebelwürfel
1 roter Gemüsepaprika
40 g Pritamin
$1/6$ l Geflügelbrühe
0,1 l Sahne
Zucker, Zitronensaft

Die Hähnchen wie für »Schmorhähnchen in Curryrahm« zerteilen. Die Speckwürfel in einer Stielpfanne goldgelb auslassen. Das Fett in einen Schmortopf gießen. Die Speckwürfel zur weiteren Verwendung aufheben. Die Hähnchenteile salzen, mit reichlich Paprika würzen, in Mehl wenden und in heißem Speckfett auf allen Seiten anbraten. Dann herausnehmen, im Bratsatz die Zwiebelwürfel blondieren, mit reichlich Paprika und etwas Mehl bestäuben, kurz anschwitzen und mit Geflügelbrühe und Sahne auffüllen. Pritamin und Speckwürfel dazugeben, alles gut verrühren, pikant abschmecken. Die Hähnchenteile hineingeben und zugedeckt garziehen lassen. Inzwischen den Gemüsepaprika in feine Streifen schneiden, salzen und in Butter dünsten. Paprikahähnchen anrichten, mit der leicht dicklichen Paprikasoße überziehen und mit den Paprikastreifen belegen.
Beilagen: Spätzle, Nocken oder Champignonrisotto und frischer Salat.

Gefüllte Tomaten mit Maiskörnern oder geschmorte Gurkenkugeln in Dillrahm in Tarteletts eignen sich als pikante Beigaben.

Pikantes Weinhähnchen

2 Hähnchen, je 1 kg
200 g Perlzwiebeln
100 g Speckwürfel, ausgelassen
Salz, Pfeffer, Zitrone, 1 Kräutersträußchen
$1/2$ l Weißwein
400 g sautierte kleine Champignonköpfe
50 g Mehlbutter
Sahne
gehackte Petersilie

Die Hähnchen vierteln und zusammen mit den Speckwürfeln und Perlzwiebeln leicht bräunen. Mit Weißwein auffüllen, würzen, das Gefäß hermetisch verschließen. In der Bratröhre etwa 45 min garen. Dann das Kräutersträußchen entnehmen, die Champignons dazugeben, alles mit Mehlbutter binden. Zuletzt mit Sahne verfeinern und pikant mit Zitronensaft abschmecken. Mit Risotto, Risi-Pisi oder grünen Nudeln anrichten.

Pochierter Broiler in Rahmsoße

2 Broiler je 800 g
40 g Butter, Salz
je 50 g Lauch, Sellerie und Möhren
0,1 l Weißwein
Geflügelbrühe
1 Kräutersträußchen
30 g Mehlbutter
Sahne
Salz, weißer Pfeffer, Zitronensaft

In einer passenden Kasserolle Butter zerlassen. Die geschnittenen Gemüse sowie die gewürzten Broiler dazugeben und alles farblos anschwitzen. Dann mit Weißwein ablöschen und mit etwas Geflügelbrühe auffüllen. Kräutersträußchen dazugeben, alles zum Kochen bringen und abgedeckt unter dem Kochpunkt pochieren. Garpunkt durch Anstechen der Keulen feststellen. Bei gegartem Geflügel ist der austretende Saft völlig klar. Die Broiler aus dem Fond nehmen und unter einem nassen Tuch abkühlen lassen. Den Fond auf die erforderliche Menge reduzieren, mit Mehlbutter binden, gut verkochen lassen, passieren und mit Sahne, weißem Pfeffer und Salz pikant abschmecken. Broiler in Brusthälften und Keulen zerlegen, die Knochen ausbrechen, die Haut entfernen, Fleischteile anrichten und mit der Soße überziehen.

Beilagen: Risotto oder Teigwarenbeilagen sowie glacierte Karotten und junge Zuckerschoten.

Pochierte Geflügelgerichte können vielseitig optisch und geschmacklich variiert werden. Zum Beispiel mit Pilzen, Spargel, Tomatenconcassé, Artischockenböden, Palmensprossen, Artischockenherzen, glacierten Zwiebeln, gedünstetem Fenchel usw., aber auch mit Krebsfleisch, Hummerschwanzmedaillons, Pökelzunge, Kalbsbries, Fleischklößchen, Blätterteigfleurons usw. Die wohl exklusivste Kombination sind frische Trüffel und Hummerscheren.

Poularde

Unter diesem Begriff verstehen wir in der klassischen Küche die Bezeichnung für ein Masthähnchen oder Masthühnchen. In Frankreich und Belgien wird eine Hühnerrasse gleichen Namens gemästet. Die Idealmasse liegt bei 1,8 kg. Poulardenfleisch ist hell, zart und wohlschmeckend. Der Eigengeschmack soll bei der Zubereitung nicht übertönt werden. Die Zubereitungsmöglichkeiten sind fast unerschöpflich. Poularden werden im wesentlichen wie Hühner, Broiler oder Pute verarbeitet. Weitere spezielle Zubereitungsvarianten werden nachfolgend empfohlen:

- füllen mit feiner Leberfarce, die Soße mit Rotwein vollenden
- mit Zwiebel, Karotten und Speckwürfeln zubereiten, mit Knoblauch und Thymian würzen
- braten, mit Edelfrüchten und gerösteten Mandelstiften garnieren, Soße mit Orangen- und Zitronensaft aromatisieren
- braten mit Bauchspeckscheiben, Fond mit gehäuteten und entkernten Weinbeeren aromatisieren
- schmoren in Rotwein mit Backpflaumen, Soße mit Sahne verkochen
- braten, mit Pökelzunge und tourniertem buntem Gemüse anrichten
- braten, würzen mit Estragon, mit schwarzen Oliven, Grilltomaten und grünen Bohnen garnieren, die Soße mit Fleischextrakt, Weinbrand und Sahne verfeinern
- braten, mit gefüllten Artischockenböden, Spargelspitzen und Geflügelklößchen garnieren

Poularden-Ballotines in Calvadosrahm

4 Poulardenkeulen
250 g feine Kalbfleischfarce mit Trüffelwürfeln und Pistazienstiften
Salz, weißer Pfeffer
80 g Butter
Calvados
Geflügeljus
Sahne

Die Keulen von der Innenseite entbeinen, das Fleisch egalisieren, gut würzen, mit der Farce füllen, die Keulen in die ursprüngliche Form zusammennähen und in heißer Butter auf allen Seiten schön braun anbraten. Dann mit Calvados ablöschen, etwas Geflügeljus angießen und zugedeckt fertiggaren. Die Ballotines anrichten, das Küchengarn entfernen. Den Fond schnell mit Sahne verkochen, abschmecken, passieren und gesondert reichen.

Beilagen: Gemüsereis und frische Champignons.

Hinweis: Die effektivste Zubereitungsart ist das Einrollen in Alufolie. Die Ballotines etwas abkühlen lassen, die Umhüllung entfernen und in Butter anbraten.

Poulardenmedaillons in Sherrysoße mit grünen Feigen

8 bis 12 Poulardenbrustmedaillons je 60 g
Salz, weißer Pfeffer, geriebene Zitronenschale
geklärte Butter
$1/10$ l Sherry
Geflügeljus
400 g Feigen, in Butter sautiert

Die Medaillons leicht plattieren, würzen und in heißer Butter langsam saftig braten. Den Bratsatz mit Sherry ablöschen, ggf. vorher das Fett abgießen und mit Geflügeljus kurz verkochen, pikant abschmecken und passieren. Die Medaillons anrichten, untersoßieren, mit grünen Feigen umlegen und mit Gratin Dauphinoise servieren.

Poulardenmedaillons mit Sojasoße

8 bis 12 Poulardenbrustmedaillons je 60 g
Salz, weißer Pfeffer, Sojasoße, Reiswein
80 g geklärte Butter
100 g Sahne, mit Eigelb verquirlt

Die Medaillons leicht plattieren und mindestens 2 h in ein Gemisch aus Sojasoße und Reiswein legen. Dann trockentupfen, würzen, mehlieren, in heißer Butter saftig braten und heißstellen. Den Bratsatz mit der Sojabeize ablöschen und verkochen. Zuletzt die Sahne darunterheben und abschmecken. Nicht kochen lassen. Die Soja-soße gesondert reichen.

Beilagen: Glas- oder Safrannudeln und würzige Salate. Dazu schmecken weiterhin u. a. süß-saure Gurken mit Sternanis, Karotten- Zucchini-Gemüse, Artischockenherzen in Nußbutter, auch Eisbergsalat mit Kresse auf Pfirsichstreifen oder Orangen-Bananen-Salat mit Rumdressing.

Poulardenschnitzel

8 Schnitzel je 75 g oder 4 je 150 g
Butter oder Margarine
Salz, weißer Pfeffer
Mehl, zerschlagenes Ei
Reibesemmel-Parmesan-Gemisch

Schnitzel aus zarter Poulardenbrust schneiden, plattieren, würzen, mit Reibesemmel-Parmesan-Gemisch panieren und in heißem Fett goldgelb braten. Mit Tomatensoße und Petersilienkartof-feln anrichten. Dazu schmecken frische grüne Salate mit Dill-Sahne-Dressing.

Poêlierte Poularde

1 Poularde, etwa 1,5 kg
1 große Scheibe frischer Speck, in der Mitte mehrmals eingeschnitten
Salz, Pfeffer
50 g Butter
150 g Mirepoix
Geflügelklein (Hälse, Flügel, zerkleinert)
1/2 l Geflügeljus

Die Speckscheibe auf der Poulardenbrust fest-binden, Poularde innen und außen würzen, in einem mit Butter ausgestrichenen Bräter auf eine Keulenseite legen. Mirepoix und Geflügel-klein darin verteilen. Die Poularde mit flüssiger Butter übergießen. Bräter zudecken und in die vorgeheizte Bratröhre schieben. Poularde bei etwa 160 °C poêlieren. Während des Garprozes-ses öfters wenden und mit dem sich bilden-den Saft begießen. Ist durch zu starke Hitze-einwirkung der Saft verdunstet, sofort etwas Wasser angießen. Etwa 15 min vor Ende der Garzeit Deckel, Speckplatte und Faden ab-nehmen, Poularde auf die Rückseite legen und öfters mit dem Fond übergießen. Durch das An-trocknen des Fonds entsteht die gewünschte goldgelbe Farbe. Die fertige Poularde auf eine geeignete Serviceplatte geben und warmstellen. Fett vom Fond abgießen. Geflügeljus dazugeben, alles etwa 5 min kochen lassen. Die Geflügel-jus entfetten, passieren, Poularde mit etwas Jus

überglänzen, die übrige Jus gesondert anrich-ten.

Poularde am Tisch tranchieren.

Beilagen: Dauphine-Kartoffeln, Macaire- oder Schloßkartoffeln und Edelgemüse.

Hinweis: Zum Poêlieren eignen sich ebenfalls Broiler, junge Hühner, Puten, Hühnerbrüste und Keulen.

Gefüllte Poulardenbrust

4 Poulardenbruststücke je 150 g
120 g Kochschinken, ohne Schwarte, ohne Fett
100 g Schnittkäse, dünn geschnitten
Salz, weißer Pfeffer
Wiener Panade

Die Brust zum Füllen aufschneiden, plattieren und würzen. Schinken in 4 längliche Stücke schneiden und in Käse einhüllen. Das Fleisch damit füllen, würzen, sorgfältig panieren und in geklärter Butter langsam goldgelb braten. Poulardenbrust abtropfen lassen, auf Papier-manschette mit Zitronenecken, Tomatenrose und Petersilie anrichten. Mit pommes frites oder Waffelkartoffeln und Apfel-Ananas-Salat ser-vieren.

Folgende *Füllungen* für Poularden- oder auch Broilerbrust werden weiterhin empfohlen:

● Blattspinatmischung
● Ananassegmente mit Schinkenhülle
● Geflügelleber in Speckhülle
● Nußbutter und geweichte Rosinen
● Fleischfarce mit Gewürzpaprika, edelsüß und Würfelchen von rotem Gemüsepaprika
● Gemisch aus Äpfeln, Geflügelleber und Pilzen

Ein Versuch lohnt sich!

Geschmorte Poularde, besonders scharf

1 Poularde, etwa 2 kg
Öl
2 Zwiebeln, in Scheiben geschnitten
200 g Tomaten, gehäutet, in Viertel geschnitten
200 g Gemüsepaprika, in Streifen geschnitten
Salz, Pfeffer, Knoblauch, Gewürzpaprika, scharf
2 bis 3 Chillies, Tomatenmark, Thymian
Weißwein, Hühnerbrühe

Die Poularde vierteln, salzen und in heißem Öl auf jeder Seite 5 min anbraten. Dann Zwiebel, Paprikastreifen und die Gewürze dazugeben, Weißwein und Hühnerbrühe angießen und alles etwa 35 min zugedeckt schmoren.

Zuletzt die Tomatenviertel daruntermengen, alles pikant abschmecken, nochmals 5 min schmoren, dann sofort anrichten, mit gehackter Petersilie überstreuen und mit Risotto reichen.

Sautierte Hühnerbruststreifen mit Tomaten

600 g Hühnerbrust, ausgelöst
Salz, weißer Pfeffer, Mehl
80 g Öl
1 Zwiebel, feingehackt, blondiert
400 g Tomatenfleischwürfel
Geflügeljus
Sahne
gehackte Petersilie

Hühnerbrust enthäuten und in bleistiftdicke, etwa 3 cm lange Streifen schneiden. Die Hühnerfleischstreifen dann flach ausbreiten, würzen, mit Mehl bestäuben, in sehr heißem Öl in einer großen Stielpfanne (unter öfterem Schwenken der Pfanne) 2 … 3 min braun sautieren. Das Fleisch aus der Pfanne nehmen, Zwiebel- und Tomatenwürfel hineingeben, zusammen anschwitzen und mit Geflügeljus und Sahne sowie dem Fleischsaft kurz verkochen. Alles über die Fleischstreifen verteilen, mit Petersilie überstreuen und sofort mit Risotto, Teigwarenbeilagen oder Kartoffelpüree servieren.

Hinweis: Anstelle von Tomaten kann diese Geflügelköstlichkeit ebenso mit frischen Pilzen, rotem Gemüsepaprika, frischen Gurken oder Fenchel zubereitet werden.

Sautierte Hühnerbrust mit Kalbsbries und Edelgemüse

4 ausgelöste Hühnerbrüste je 200 g
200 g Kalbsbries
geklärte Butter
Salz, weißer Pfeffer

Das Kalbsbries in kochendem Essigwasser kurz blanchieren. Die Hühnerbrüste gut würzen, in heißer Butter sautieren und mit Weinbrand ablöschen. Kalbsbries in vier Scheiben schneiden, salzen, mehlieren und in heißer Butter auf beiden Seiten goldbraun braten. Die Hühnerbrüste auf einem Bukett von Stangenspargel, Karotten und Zuckerschoten anrichten, mit je einer Scheibe Kalbsbries belegen, mit Zitronensaft beträufeln, mit heißer Butter übergießen und sofort mit Petersilienreis und Tomatenbutter servieren.

Hinweis: Diese Spezialität ohne jegliche Garniturelemente servieren, sie könnte sonst an Attraktivität verlieren.

Sautierte Hühnerbruststreifen in Brennesseleierkuchen

500 g Hühnerbrust
Butter oder Margarine
Salz, Pfeffer, Pritamin
Sahne
4 Eierkuchen

Das Fleisch in Streifen schneiden und in heißem Fett sautieren. Kräftig würzen, mit etwas Pritamin und Sahne binden. Eierkuchenmasse mit feingehackten jungen Brennesselblättern vermengen, dünne Eierkuchen backen und mit dem Ragout füllen.

Anmerkung: Anstelle von Brennesseln ebenso gehackte Kräuter, Spinat oder Portulak verwenden.

Schinkengespickte Hühnerbrust

4 Hühnerbrüste
100 g Streifen von rohem Schinken
50 g Butter, Salz
1/2 l Rotweinsoße
Orangenschale

Die Hühnerbrüste quer zur Fleischfaser mit Schinkenstreifen spicken, mit Salz würzen und in Butter anbraten. Dann mit Rotweinsoße auffüllen und zugedeckt garen. Etwa 5 min vor Ende der Garzeit sehr feine Orangenschalenstreifen dazugeben. Dadurch erhält die Speise einen besonderen aromatischen und würzigen Geschmack. Hühnerbrüste mit Fondantkartoffeln und gebackenen Champignonköpfen oder Champignons in Weißwein anrichten.

Hinweis: Schinkenstreifen zum Spicken im Tiefkühlschrank etwas ansteifen. Anstelle von Schinken ebenso geräucherte Pökelzunge verwenden.

Schmorhähnchen in Curryrahm

2 Hähnchen, je 800 g
Salz, reichlich Curry
80 g geklärte Butter
2 Zwiebeln, feinwürfelig geschnitten
100 g Apfelwürfelchen
50 g Mangochutney, feingehackt
Geflügelbrühe
Sahne

Hähnchen wie folgt zerlegen: Zuerst zerteilen und vierteln. Dann Flügel abschlagen und die Brustknochen bis auf den kleinen Flügelgelenknochen auslösen. Schlußknochen und Oberschenkelknochen von den Keulen auslösen bzw.

ausstoßen. Vom Unterschenkel Gelenk abschlagen, das Fleisch so zurückschieben, daß der Knochen aus der Fleischhülle tritt. Im Oberschenkel am äußersten Ende einen Einstich machen und den freigelegten Unterschenkelknochen hineinstecken.

Die Hähnchenstücke salzen, mit Curry würzen, in geklärter heißer Butter anbraten und herausnehmen. Im Bratfett Zwiebel- und Apfelwürfel anschwitzen, mit Curry bestäuben, durchrühren und mit Geflügelbrühe auffüllen. Jetzt die angebratenen Hähnchenstücke dazugeben und alles zugedeckt fertigschmoren. Hähnchenstücke ausstechen. Fond entfetten und passieren. Dann Sahne und Mangochutney dazugeben und Soße zur benötigten Menge reduzieren. Soße pikant abschmecken, über das Schmorhähnchen geben, zusammen nochmals erhitzen und sofort mit Risotto und gebratenen Bambussprossen, gebutterten Palmherzen oder gebratenen Bananen servieren. Diese Speise weiterhin mit gerösteten Mandelsplittern oder Kokosflocken verfeinern.

Schmorhuhn mit Wirsing

2 Hühner, geviertelt
150 g Bauchspeckwürfel
Salz, Pfeffer, Knoblauch, Muskatnuß
Thymian
600 g Kartoffelwürfel
600 g Wirsing, in Stücke geschnitten
Fleischbrühe

Speckwürfel ausbraten, Hühnerviertel dazugeben, von allen Seiten anbraten, kräftig würzen, mit Fleischbrühe auffüllen und zugedeckt schmoren. Etwa 20 min vor Ende der Garzeit Kartoffelwürfel, Wirsing, etwas Fleischbrühe und Gewürze dazugeben und alles zugedeckt garziehen lassen. Schmorhuhn im tiefen Teller servieren. Zuletzt mit frisch gehackter Petersilie überstreuen.

1.7. Perlhuhnspezialitäten

Perlhühner erreichen die Größe von Junghähnchen. Am schmackhaftesten sind etwa 10 Monate alte Tiere. Ihr Fleisch hat einen leichten Wildgeschmack, ist aber meist sehr trocken. Perlhühner deshalb bardieren, Butter unter die Brusthaut geben oder mit einer Gemüse-Weißkäse-Füllung versehen. Perlhühner eignen sich

besonders zum Braten, für Pasteten, Salmis und würzige Suppen.

Gebratenes Perlhuhn mit Ahornrahm

2 junge Perlhühner
120 g Butter
Salz, weißer Pfeffer
Geflügeljus
Sahne, Zitronensaft
Ahornsirup

Die Perlhühner dressieren, innen und außen gut würzen und in heißer Butter unter häufigem Begießen saftig braten. Den Bratsatz mit etwas Geflügeljus abkochen bzw. verkochen, mit Ahornsirup parfümieren, mit Sahne verfeinern und pikant abschmecken. Die Hühner halbieren, von der Innenseite entbeinen, anrichten, mit Ahornsoße nappieren und mit Salzkartoffeln und Schwarzwurzelgemüse servieren.

Gefülltes Perlhuhn mit Champignons

1 Perlhuhn
200 g Kalbfleisch, feingehackt
100 g fetter Speck, feingewürfelt
Salz, weißer Pfeffer
2 Eier
50 g Butter oder Margarine
200 g Champignons, in Scheiben geschnitten
1 EL Rotwein- oder Himbeeressig
Zitronensaft, $^1/_4$ l Geflügelbrühe
30 g Mehlbutter

Das Perlhuhn, am Hals beginnend, auslösen. Zuerst die Hautlappen am Hals über die Schulter herunterziehen, dabei die Innenseite nach außen wenden. Den V-förmigen Gabelknochen aus seiner Haltung am Schultergelenk lösen. Dann die Flügel lösen, den Flügelknochen jedoch nicht herausziehen. Die Schlüsselbeine vom Brustknochen trennen und mit den Schulterblättern entfernen. Jetzt das Skelett rundherum freilegen, ebenso das Brustbein. Zuletzt die gesamte Karkasse herauslösen, von der Fleischhülle die Brusthälften abtrennen, ohne die Haut zu verletzen. Die Fleischhülle zum Füllen nach innen wenden. Damit das Perlhuhn seine ursprüngliche Form wieder erhält, verbleiben auch die unteren Keulenknochen an der Fleischhülle. Das Brustfleisch fein hacken, mit Kalbfleisch, Speck, Salz, Pfeffer und Eiern vermengen, in das Perlhuhn füllen, binden, gut würzen, in einen Bräter legen, mit zerlassener Butter übergießen, in die vorgeheizte Bratröhre schieben und etwa 30 min

unter öfterem Begießen braten. Dann die Champignons dazugeben und weitere 20 min zugedeckt braten. Das fertige Perlhuhn herausnehmen und heißstellen. Den Bratsatz mit Geflügelbrühe ablöschen, mit Mehlbutter binden und mit Essig und Zitronensaft abschmecken. Den pikanten Perlhuhn-Champignon-Fond gesondert reichen. Huhn am Tisch tranchieren.
Beilagen: Pistaziennocken oder Maronenkroketten.

Perlhuhn mit Weinbeeren

2 Perlhühner, bridiert
80 g Butter
Salz, Pfeffer
400 g frische, entkernte Weinbeeren
Geflügeljus
Weißwein
Die Perlhühner innen und außen gut würzen und unter öfterem Begießen saftig braten. Kurz vor Ende der Bratzeit Speck entfernen, damit die Brüste Farbe bekommen. Die Perlhühner sodann heißstellen. Den Bratsatz mit Weißwein ablöschen, mit Geflügeljus verkochen und passieren. Dann die Weinbeeren dazugeben und etwa 5 min köcheln lassen. Inzwischen die Perlhühner halbieren, von innen entbeinen und anrichten. Die Soße darübergeben. Dazu Kartoffelkroketten reichen.
Hinweis: Perlhühner lassen sich in vielen Varianten nach dieser Methode zubereiten, z. B.:
● mit geschälten und in Portwein pochierten Feigen
● mit Bananen, in Zimtbutter gebraten, in Mangochutney
● mit Champignons sowie rotem und grünem Gemüsepaprika
● mit Maiskörnern und Artischocken
● mit Mandelstiften und Palmensprossen
● mit Orangen-Pfeffer-Soße und gebackenen Orangenspalten
● mit Pinienkernen und Sherry
● mit Rosinen und getrockneten Aprikosen
● mit Auberginen und Streifen von rotem Gemüsepaprika
● mit tournierten Möhren und Mohnbutter

Perlhuhnbrust in Mohnkruste

4 ausgelöste Brüste von Jungtieren
Salz, weißer Pfeffer
geklärte Butter
gemahlener Mohn
Die Brüste würzen, in heißer Butter rosa braten, herausnehmen, in Mohn wenden und fest andrücken. Dann sofort in der heißen Butter knusprig fertigbraten. Sofort mit Ginrahm-, Portwein- oder Cassissoße sowie handgeschabten Spätzle oder Artischockennocken und feinen Salaten servieren.

Perlhuhnbrust mit Gänseleber auf gedünstetem Wirsing

4 ausgelöste Brüste von Jungtieren
Salz, Pfeffer
geklärte Butter
Geflügelrahmsoße
4 Gänseleberschnitten, je 50 g
600 g gedünsteter Wirsing
Die Brüste würzen und in heißer Butter innen leicht rosa braten. Aus der Pfanne nehmen, den Bratsatz mit Geflügelrahmsoße verkochen. Inzwischen die rautenförmig geschnittenen und in Butter gedünsteten Wirsingblätter anrichten, die Perlhuhnbrüste darauf legen, ebenso die in Butter gebratenen Gänseleberschnitten. Alles leicht mit der passierten Soße nappieren. Sofort mit Kartoffelbordüre servieren.

Perlhuhn mit Walnußfüllung

2 Perlhühner mit Leber, Leber feingehackt
2 große Scheiben Bauchspeck
50 g Rosinen, in Weinbrand geweicht
100 g Walnußkerne
1 Ei
Salz, Pfeffer
Die Rosinen abtropfen lassen und zusammen mit den Nüssen, der Leber und dem Ei vermengen, mit Salz und Pfeffer würzen. Die Masse in die Perlhühner verteilen. Die Perlhühner zustecken, mit Speck bardieren und in heißer Butter von allen Seiten bräunen. Dann mit dem Weinbrand begießen, flambieren und mit Wasser ablöschen. Salzen, pfeffern, zudecken und bei geringer Hitze etwa 40 min schmoren. Zuletzt den Speck entfernen, die Perlhühner anrichten und den Fond darüber passieren.
Beilagen: Olivenkartoffeln und Kopfsalat mit Orangenfilets oder Fruchtkroketten.

Perlhuhnbrust in Rauchspeck

4 ausgelöste Brüste von Jungtieren
Salz, Pfeffer, Majoran
8 dünne Rauchspeckscheiben
Geflügeljus

Die Brüste salzen, pfeffern, mit etwas Majoran würzen und in Speckscheiben einrollen. So vorbereitet in einen ausgebutterten Bräter legen, in die vorgeheizte Bratröhre schieben und bei 180 °C etwa 15 min braten. Dann Geflügeljus angießen und abgedeckt fertiggaren. Perlhühnerbrüste mit Speckscheiben anrichten, die Jus untersoßieren. Mit pommes frites, Würfelkartoffeln im Nestchen oder Berny-Kartoffeln und frischen Salaten oder grünen Bohnen in Knoblauchsahne reichen.

Hinweis: Obwohl das Perlhuhn zum zahmen Geflügel gehört, kann es im allgemeinen wie Fasan verarbeitet werden. Zum Braten muß es bardiert werden. Das Fleisch unter öfterem Begießen saftig und rosa halten.

Zur Geschmacksverbesserung Perlhuhnbrüste zuerst in Weinblätter und dann in Speckscheiben einhüllen.

Gegrilltes Perlhuhn mit gebratenen Bananen

2 Perlhühner je 900 g, küchenfertig
Salz, weißer Pfeffer
80 g Butter, zerlassen
Reibesemmel
2 cl Weinbrand
0,1 l Apfelsaft, Geflügeljus
Speisestärke
8 halbe, gebratene Bananen
4 Cocktailkirschen

Die Perlhühner halbieren, kräftig würzen, in zerlassene Butter tauchen und mit Reibesemmel sorgfältig einbröseln. So vorbereitet in der restlichen Butter auf beiden Seiten anbraten, Bräter abdecken, etwa 15 min weiterbraten. Perlhuhn dann auf den Grillrost legen und auf jeder Seite etwa 5 min grillen. Den Bratfond in der Zwischenzeit mit Apfelsaft abkochen, mit Weinbrand und Geflügeljus verkochen, mit Speisestärke binden, abschmecken, passieren und gesondert reichen. Die Perlhühner mit den gebratenen Bananen anrichten, mit Cocktailkirschen garnieren und mit Risotto oder Mandelkroketten servieren.

Perlhuhn, in Champagner gedünstet

2 Perlhühner, je 900 g, bridiert
Salz, Pfeffer, Oregano

Die Perlhühner innen und außen würzen. In jedes Huhn etwa 30 g Butter einlegen. Dann in heißer Butter unter öfterem Begießen rasch anbraten. Sofort mit Champagner auffüllen, Bräter gut verschließen und gardünsten; junge Perl-

hühner benötigen etwa 30 min. Perlhühner tranchieren, Brust- und Rippenknochen von innen ausbrechen, das Fleisch anrichten und heißstellen. Den Fond mit Sahne verkochen und gesondert reichen.
Beilagen: Risotto, Weinbrandpflaumen.

1.8. Putenspeisen

Ob als Puter, Pute, Truthahn, Truthenne, Indian oder auch Welschhahn benannt, es bleibt der gleiche Vogel. Ursprünglich stammt der Puter aus Amerika. Feinschmecker schätzen ihn wegen seiner unterschiedlichen Fleischstruktur. Viele bevorzugen das helle Brustfleisch. Andere lieben besonders das dunklere und im Geschmack kräftigere Schenkelfleisch. Puten bringen bis zu 15 kg auf die Waage. Zum Braten sollen junge Tiere mit einer Masse bis zu 7 kg verwendet werden. Da die Sehnen meist nicht gezogen sind, wird am unteren Ende der Keulen das Fleisch gelöst, damit die Sehnen herausgezogen werden können. Puter werden vorwiegend naturell gebraten. Dazu innen und außen mit Salz und Pfeffer einreiben. Da die Brust des Puters sehr fettarm ist, wird sie gespickt oder mit Speckscheiben belegt. Bei jungen Tieren genügt das Übergießen mit heißer Butter. Puter dressieren, das heißt Keulen und Flügel am Rumpf festbinden, auf Speckscheiben in einen Bräter legen und unter öfterem Begießen knusprig braten. Je nach Größe dauert das 2...3 h. Den Bratsatz mit Geflügeljus verkochen, mit Speisestärke binden, mit Salz und Pfeffer abschmecken und mit Sahne verfeinern. Das Fett vorher abschöpfen. Puter fachgerecht tranchieren und portionieren. Für jede Portion jeweils eine Tranche von Brust und Keule vorsehen. Puter zusammenlegen und auf geeigneter Platte anrichten. Die Soße gesondert reichen. Die beliebtesten Beilagen sind Kartoffelbällchen und Edelgemüse.

Puter läßt sich auch Zubereitungen mit pikanten Füllungen und ausgewählten Zutaten und Gewürzen gefallen.

Nachfolgend einige Beispiele zur geschmacklichen Nuancierung:
- füllen mit Bratwurstfüllsel, mit gerösteten Brotcroutons und gehackten Kräutern; Soße mit Sahne und Zitronensaft vollenden
- spicken, mit Weißbrotfüllsel, mit gekochten Eiern, Schalotten, Kochschinken und Knob-

lauch füllen, saftig braten; Soße mit saurer Sahne binden

- würzen mit Salz, Pfeffer, Thymian, mit Schalotten und zerriebener Knoblauchzehe braten, mit Auberginen, Grilltomaten und gebackenen Kartoffeln anrichten; Soße mit Weißwein verkochen
- füllen mit Eßkastanien, säuerlichen Apfel- und Bauchspeckwürfeln; Soße mit Zitrone abschmecken
- braten mit Speckwürfeln, Frühlingszwiebeln, Karotten und tournierten Kartoffeln, mit Thymian, Pfeffer und Salz würzen, Puter mit Gemüse und Kartoffeln anrichten
- füllen mit feiner Hackfleisch-Pilz-Farce, langsam braten; Soße mit Thymian und Pfeffer würzen
- braten, mit Steinpilzen, Grilltomaten und tournierten Gurken anrichten
- füllen mit Hackfleisch-, Pilz- oder Kräuterfüllung; Soße mit Sahne verfeinern
- braten; Soße mit Weinessig, Paprikamark, Salz, Pfeffer, Zucker, Senf, je eine Prise Nelkenpulver und Zimt verkochen; die pikante süßsaure Soße extra anrichten
- braten, auslösen, in etwa 80 g dicke Stücke schneiden und heißstellen, Bratsatz mit Weißwein verkochen, kräftig abschmecken, mit Sahne vollenden und über das Fleisch geben, mit Fleischklößchen, Spargelspitzen und Karotten garnieren
- braten und mit Edelfrüchten anrichten, dazu eignen sich gebutterte Ananasscheiben, gebackene Bananen, Weinbeeren, Pfirsiche, Orangen, Mandarinen, Herzkirschen und marinierte Apfelscheiben

Ballotines von Putenkeulen

2 Putenkeulen
300 g feine Putenfarce
100 g Butter oder Margarine
Putenjus, von den Knochen und Parüren bereitet
Zuerst aus den Putenkeulen die Sehnen ziehen, dann sorgfältig bis auf ein Stück vom unteren Keulenknochen entbeinen. Die Farce mit Champignons, Pistazien, Morcheln und Möhrenwürfelchen garnieren und richtig einfüllen. Dabei ist darauf zu achten, daß keine Hohlräume oder Blasen entstehen.
Die Keulen mit Küchengarn zunähen, würzen und in der Bratröhre unter öfterem Begießen bei mittlerer Hitze braten. Den Bratsatz mit Puten-jus verkochen, abschmecken, passieren und gesondert reichen. Die Ballotines schräg anschneiden, gefällig anrichten und mit Lorette-Kartoffeln oder grünen Nudeln sowie tournierten Karotten, Pilzen, Perlzwiebeln, zarten Bohnen oder abgezogenen Weinbeeren und Apfelspalten komplettieren.

Cordon bleu von Putenbrust

Wie »Gefüllte Poulardenbrust« zubereiten. Diese klassische Zubereitungsart eignet sich besonders für sehr zartes Brustfleisch.
Beilagen: pommes frites oder Pariser Kartoffeln sowie gedünsteter Brokkoli oder grüne Spargelspitzen in Vinaigrettesoße.

Gefüllte Babypute

(für 6 bis 8 Personen)
1 Babypute, 2 kg
250 g schieres Schweinefleisch
250 g frischer Speck
250 g Puten- oder Gänseleber
50 g Trüffelwürfel
100 g geweichtes Weißbrot
2 Eier
4 cl Weinbrand
100 g Butter
Geflügeljus
Schweinefleisch, Speck und Weißbrot wolfen. Die Leber sautieren, in feine Würfel schneiden und mit den Trüffelwürfeln unter die Masse mengen. Pikant mit Salz, Pfeffer und Pastetengewürz abschmecken, mit Ei binden und mit etwas Weinbrand verfeinern. Den Brustknochen der Pute von innen herauslösen. Pute füllen, dressieren und mit Salz und Pfeffer einreiben. Die Pute dann in einen Bräter legen, mit heißer Butter übergießen und unter öfterem Begießen in der Bratröhre saftig braten. Die Bratzeit beträgt etwa $2^{1}/2$ h bei etwa 180 °C. Die Garprobe wie üblich an der Keule vornehmen. Die fertige Pute heißstellen. Den Bratsatz entfetten, mit Geflügeljus verkochen, abschmecken, passieren und gesondert reichen.
Beilagen: Kartoffelkroketten oder Pariser Kartoffeln und Edelgemüse.
Nachfolgend weitere Möglichkeiten für die Zusammenstellung von Putenfüllungen:

- Schweinegehacktes mit Schalotten, gehackten Kräutern und Kapern
- Schweinegehacktes mit geweichten Rosinen und Apfelwürfelchen

- Weißbrotfüllsel mit Leberwürfelchen, Rosinen und Mandeln
- Weißbrotfüllsel mit Spinat
- Schweinegehacktes mit Champignons
- Apfelspältchen, Rosinen, geraspelter Weißkohl
- Schinkenwürfel, Pökelzunge, Champignons, Weißbrot

Hinweis: Es hat sich als zweckmäßig erwiesen, zum Füllen vorgesehene Puten vollständig auszulösen. Das Fleisch von Brust und Keulen ausgleichen bzw. egalisieren, die gewürzte Farce darauf geben und einen gleichmäßigen Putenrollbraten bereiten. Nicht nur für Extrapartien, auch für das à-la-carte-Geschäft ist diese Methode rationell, trotz des Zeitaufwandes. Die Karkassenknochen werden dann sofort mit angebraten. Man erhält dadurch eine kräftigere Soße mit dem typischen Putengeschmack.

Gebratene Putenbrust in Portweinsoße

1 kg Putenbrust, bardiert
Salz, weißer Pfeffer
50 g Butter
Mirepoix
0,3 l weißer Portwein
Geflügeljus

Die Putenbrust gut würzen und in heißer Butter braten. Nach etwa 15 min Mirepoix dazugeben, gut anrösten und in weiteren 15 ... 20 min fertigbraten. Die Putenbrust heißstellen. Das Fett abgießen, den Bratsatz mit Geflügeljus und Portwein verkochen, passieren und kräftig abschmecken. Die Putenbrust tranchieren, mit der Portweinsoße nappieren und mit Schloßkartoffeln und Spargelkroketten anrichten.
Gebratene Putenbrust läßt sich weiterhin unter anderem mit folgenden Kombinationen zubereiten:
- mit Sellerie-Oliven-Soße
- mit Auberginen, Streifen von rotem Gemüsepaprika und Perlzwiebeln
- mit Champignons, Schinkenstreifen, feinen Kräutern
- mit Curryfrüchten und Sherry
- in Walnußsoße mit gerösteten Pinienkernen
- mit Pfifferlingen und Möhrenkugeln
- mit Apfelspältchen und Backpflaumen
- mit gebutterten Edelfrüchten
- mit gedünsteten Zucchini in Rahmsoße

Gebratene Putenmedaillons

Putenbrust auslösen, rollen, braten oder dünsten, erkalten lassen und zu Medaillons schneiden. Diese Variante hat sich im à-la-carte-Geschäft als effektiv erwiesen. In vielerlei Geschmackskombinationen können die Medaillons sehr schnell zubereitet werden:
- panieren in Wiener Panade, mit Kräuterbutter oder Whiskysahne reichen
- in Reibesemmel wenden, mit in Butter gedünsteten, sehr feinen Streifen von rotem und grünem Gemüsepaprika anrichten
- in gemahlenen Haselnüssen wenden, mit Preiselbeersahne servieren
- mit Mandelsplittern panieren, mit Kognakbutter anrichten
- mit Käsepanade versehen, mit Kräuterbutter oder Knoblauchbutter vervollständigen
- in gemahlenen Walnußkernen wenden, mit Avocadoschaum reichen
- durch Bierteig ziehen, backen, mit Choronsoße servieren
- in Butter braten, mit Hagebuttensoße überziehen
- in Butter braten, mit Curryfrüchten anrichten

Hinweis: Die Medaillons zum Wenden vorher in geklärte Butter tauchen. Gemahlene Nüsse fest andrücken.

Gebratene Putenleber

600 g Putenleber
1/4 l Milch
80 g Butter
Mehl, Salz, weißer Pfeffer

Die Putenleber in gleichmäßige Tranchen schneiden und 1 h in Milch legen. Dadurch wird die Leber zart und noch würziger. Dann abtropfen lassen, abtupfen, mehlieren und in heißer Butter auf jeder Seite etwa 2 min braten. Leber aus der Pfanne nehmen, würzen und auf vorgewärmter Platte anrichten. Mit der Bratbutter begießen und rasch mit Kartoffelpüree, Kartoffelkroketten oder Erbsenreis servieren. Putenleber kann mit vielerlei Zutaten variiert werden. Einige Beispiele:
- gebratene Edelfrüchte, wie Ananas und Mandarinen
- Röstzwiebeln und Apfelscheiben
- Perlzwiebeln und Oliven
- Grilltomaten und Speckscheiben
- soutierte Champignons und Räucherspeckwürfelchen

Gefüllte Putenbrust mit Gemüse

1 Putenbrust, etwa 1,5 kg
Salz, Pfeffer
80 g Butter
Gemüse zum Füllen

Die Putenbrust auslösen und so dünn wie möglich zu einer Fleischplatte aufschneiden. Dann leicht plattieren, gut würzen und mit blanchierten und in Butter angeschwitzten Gemüsen bedecken. Dazu eignen sich u. a. Möhren, Lauch, Blattspinat und Brokkoli. Gemüse gut würzen. Das Fleisch zusammenrollen, binden und in heißem Fett zusammen mit den kleingehackten Knochen braten. Den Bratsatz mit Geflügeljus verkochen und gesondert reichen. Die Rolle in etwa 2 cm dicke Tranchen schneiden und mit Petersilienkartoffeln anrichten.

Gefüllte Putenkeule mit Zunge

4 Putenkeulen, Sehnen entfernt
150 g Pökelzunge, gekocht
150 g feine Kalbfleischfarce
Salz, Pfeffer
Butter oder Margarine

Die Putenkeulen von den Innenseiten entbeinen und egalisieren. Pökelzunge ziegelförmig in etwa 40-g-Stücke schneiden und mit Kalbfleischfarce umhüllen. Die Putenkeulen damit füllen, in ihre ursprüngliche Form zusammenstecken oder nähen, gut würzen und in zerlassener Butter langsam auf allen Seiten anbraten. Dann mit etwas Geflügeljus auffüllen und zugedeckt fertiggaren. Die Keule herausnehmen und warmstellen. Den Fond mit Mehlbutter binden, nachschmecken, passieren und gesondert servieren. Die Keule mittels Schrägschnitts halbieren und mit der Schnittfläche nach vorn anrichten.

Beilagen: Reistimbale und Spinatflan oder getrüffelte Mandelbällchen und knackiger Salat in Roquefortdressing.

Hinweis: Putenkeulen lassen sich mit vielerlei Farcen füllen, z. B.

- Kräuterfarce mit gehacktem Eiklar
- Hackfleisch-Leber-Farce
- Bratwurstfüllsel mit Pilzen
- Weißbrotfarce mit Parmesan usw.

Geschabte Putenfleischrolle mit Spinatfüllung

800 g Putenfleisch
Salz, weißer Pfeffer
2 bis 3 Eier

Sahne, Mehl
200 g Blattspinat, blanchiert

Das Putenfleisch fein wolfen, würzen, mit Eiern, Sahne und etwas Mehl zu einer geschmeidigen Farce verarbeiten und viereckförmig auf geöltes Pergamentpapier etwa 1,5 cm dick auftragen. Den Blattspinat hacken, mit etwas Velouté binden, würzen und auf der Farce verteilen. Das Pergamentpapier auf einer Seite anheben, die Farceplatte zusammenrollen, den Rand glattstreichen und mit der Nahtseite nach unten in einen ausgebutterten Bräter legen. Die Farcerolle mit heißer Butter übergießen und bei mittlerer Hitze unter öfterem Begießen saftig braten. Den Bratsatz mit etwas Geflügeljus verkochen, mit Sahne verfeinern, pikant abschmecken und passieren. Die Farcerolle tranchieren, auf Soßenspiegel anrichten und mit Kartoffelpüree und glacierten Möhrenstiften mit Salatstreifen vervollständigen.

Hinweis: Diese Zubereitungsart ist für alle Geflügelarten, Kaninchen und Wild anwendbar. Die Füllungen lassen sich vielfältig variieren. Einige Beispiele:

- Champignons mit Spinat
- Kräuterquark mit Ei
- Geflügeljulienne, Sojabohnenkeimlinge und Reis
- Schinkenwürfel, Reibekäse und Pilze
- Reibesemmel mit Ei, Ingwer, Zimt, Nelken, Muskat, geriebene Zitronenschale und Salz

Geschnetzeltes vom Truthahn

600 g Truthahnbrust
200 g Champignonscheiben
200 g Tomatenconcassé
50 g schwarze Oliven, entsteint, feinwürfelig geschnitten
50 g feingehackte Schalotten
Salz, Pfeffer, Zitronensaft
Geflügelrahmsoße

Die Truthahnbrust in Streifchen schneiden und mit den Schalotten in sehr heißem Fett bei starker Hitze in einem großen Bräter saftig braten, würzen, sofort herausnehmen und heißstellen. Im Bratfett Champignonscheiben anschwitzen, Tomatenconcassé und Oliven dazugeben, alles gut durchschwenken, kräftig würzen und über die Fleischstreifen geben. Die Rahmsoße darübergeben oder gesondert reichen.

Beilagen: Curry- oder Safranreis.

Hinweis: Geschnetzeltes vom Truthahn ist mit vielen Ingredienzien zu kombinieren. Nachfolgend einige Beispiele:

- Streifen von rotem und grünem Gemüsepaprika
- grüne und schwarze Oliven sowie Tomatenfleischstreifen
- Artischockenherzen und Streifen von rotem Gemüsepaprika
- junge Schoten, tournierte Möhren und Spargelköpfe

Gratinierte Putenschnitten
8 Putenschnitten je 100 g
je 400 g Kartoffel- und Karottenwürfel
200 g tiefgekühlte junge Erbsen
200 g Champignonköpfe, geviertelt
100 g Zwiebelwürfel
Salz, Pfeffer aus der Mühle
frische, gehackte Kräuter, wie Salbei, Thymian, Rosmarin
Butterflocken
Geflügelbrühe
Reibekäse
Eine feuerfeste Form gut ausbuttern, die Zutaten schichtweise einfüllen, würzen und mit Butterflöckchen überstreuen. Zuletzt die Putenschnitten darauf legen, gut würzen, mit Butterflocken überstreuen und etwas Geflügelbrühe angießen. Die Form abdecken und etwa 50 min zum Garen in die vorgeheizte Bratröhre geben. Dann den Deckel entfernen, die Schnitten mit Reibekäse und Butterflocken überstreuen und weitere 10 min zum Gratinieren in die Bratröhre schieben. Sofort servieren.

Gulasch von Putenkeulen
1 kg Putenkeule oder Putenoberkeule
100 g Zwiebelwürfel
80 g Schweineschmalz
Salz, Pfeffer, Gewürzpaprika, edelsüß
Mehl
Tomatenmark, Essig
Geflügeljus
Sahne
Das Fleisch auslösen, enthäuten und in Würfel schneiden. Dann zusammen mit den Zwiebeln in heißem Fett schön braun anbraten. Sofort würzen, mit Mehl bestäuben, alles nochmals anrösten, mit Geflügeljus auffüllen, Tomatenmark dazugeben und fertiggaren. Zuletzt mit Sahne

verfeinern, pikant-würzig abschmecken und mit Risotto, Butternudeln oder Spätzle und frischen Salaten servieren.

Piccata von Putenbrust
12 bis 16 dünne Scheiben von gekochter oder gebratener Putenbrustrolle
Salz, Pfeffer
Mehl
Ei, mit Parmesan verschlagen
geklärte Butter
Die dünnen Scheiben würzen, in Mehl wenden, durch die Ei-Käse-Masse ziehen, in heißer Butter rasch braten und auf Spaghetti Mailänder Art anrichten. Tomatensoße gesondert reichen.

Putenbrust in Champagnersoße mit Avocadokrusteln
4 Putenbrustschnitten, je 200 g
Salz, weißer Pfeffer, Zitronensaft
Butter
Champagner
Mehl, in Sahne angerührt
Die Putenbrustschnitten gut würzen und in einen ausgebutterten Bräter legen, mit Champagner gerade bedecken und in der Bratröhre bei etwa 180 °C 30 min pochieren. Sofort anrichten und heißstellen. Den Fond mit dem Mehl-Sahne-Gemisch binden, kurz verkochen, abschmecken und über das Fleisch passieren.
Beilagen: Kartoffelkrusteln mit feinen Avocadowürfelchen.
Hinweis: Beim Würzen wird Salz und Pfeffer oft nur über das Fleisch gestreut. Beim Übergießen mit Fond wird beides teilweise in den Bratsatz verlagert. Das Fleisch hat daher evtl. nicht die richtige Würze. Salz und Pfeffer deshalb kurz ins Fleisch massieren. Diese Methode ist auch für kurzgebratene Fleischstücke anzuwenden.

Putenbrust mit Stachelbeersoße
600 g Putenbrustfilet im Stück
weißer Pfeffer aus der Mühle
abgeriebene Zitronenschale
gemahlener Ingwer
200 g Stachelbeeren (gefroren)
Öl, Salz, grüner Pfeffer
Sahne, Sherry
Das Putenfilet flach drücken und wie Räucherlachs schräg in dünne Tranchen schneiden. Die Tranchen mit Pfeffer, Salz und Zitronenschale würzen und in heißem Öl auf beiden Seiten kurz

braten, herausnehmen und heißstellen. Den Bratsatz mit Sherry abkochen, Sahne und die Ingredienzien sowie die Stachelbeeren dazugeben, kurz aufkochen, pikant abschmecken und über die Putenbrust geben. Sofort mit Risotto servieren.

Hinweis: Stachelbeeren sind die Alternative für Kiwi, Birnen oder Erdbeeren.

Putenflügel mit Tomatensoße

1,6 kg Putenflügel, küchenfertig
100 g Öl
2 Zwiebeln, feinwürfelig geschnitten
2 Knoblauchzehen, mit Salz zerdrückt
200 g Tomatenfleischwürfel
30 g Mehl
Salz, Pfeffer
schwarze Oliven, entkernt

Die Putenflügel in Stücke sägen bzw. im Gelenk zerschneiden und in heißem Öl mit den Zwiebelwürfeln kräftig anbraten. Dann die Tomatenfleischwürfel dazugeben, mit Mehl bestäuben, alles anschwitzen, mit Weißwein und etwas Geflügeljus auffüllen, würzen und zum Kochen bringen. Dabei öfters umrühren. Putenflügel im Tomatenfond garziehen lassen, ausstechen, anrichten, mit der pikanten Soße überziehen, mit schwarzen Oliven garnieren und mit Risotto servieren.

Eine andere Zubereitung: Die Putenflügel in würzigem Fond kochen, dann in Butter goldgelb braten. Tomatensoße aus dem Fond bereiten.

Putengeschnetzeltes mit Sauerampfer in Weißwein

800 g Putengeschnetzeltes
50 g Butter
Salz, Pfeffer, Zitronensaft
Weißwein
100 g Sahne
Sauerampfer

Die Fleischstreifen in Butter anschwitzen, würzen, mit Weißwein und Sahne auffüllen und etwa 5 min simmern lassen. Zuletzt den gewaschenen und in Streifen geschnittenen Sauerampfer dazugeben, pikant abschmecken und mit Risotto anrichten.

Putenklopse in Kräutersoße

500 g Putenfleisch
Salz, weißer Pfeffer

2 Eier
in Sahne geweichtes, rindenloses Weißbrot

Das Putenfleisch, je zur Hälfte von Brust und Keule, mit dem geweichten Weißbrot fein wolfen, gut würzen und mit Eiern zu einer festen Farce verarbeiten. Dann in 8 oder 12 Teile portionieren, gleichmäßig rund abdrehen und in gut gewürzter Geflügelbrühe mit Kräutersträußchen und gespickter Zwiebel langsam kochen. Aus dem Fond Velouté bereiten und mit reichlich gehackten Kräutern versehen. Klopse in der Soße anrichten. Mit Risotto oder Kartoffelpüree, glacierten Karotten oder Mais-Paprika-Gemüse reichen.

Hinweis: Klopse ebenso von Hühnerfleisch bereiten. Sehr rationell können dazu Parüren, die beim Zerteilen von Geflügel anfallen, verarbeitet werden. Anstelle Kräutersoße schmecken weiterhin für Geflügelklopse Tomaten-, Paprika-, Kapern-, Curry- oder Weißweinsoße.

Putenmedaillons

8 Medaillons je 75 g
geklärte Butter
Salz, Pfeffer

Die Medaillons von Putenbrust schneiden, plattieren, würzen und rasch in heißer Butter braten. Sofort anrichten, mit etwas Butter übergießen, Madeirasoße untersoßieren und mit Nußkartoffeln oder Kartoffelkroketten und getrüffelten Tomaten oder Artischockenböden mit Edelgemüse anrichten.

Putenragout mit Oliven

1 kg Putenkeulenfleisch
80 g Öl
Salz, Pfeffer, Gewürzpaprika, edelsüß
Zitronensaft
50 g Mehl
Weißwein, Geflügeljus
100 g mit Paprika gefüllte Oliven
100 g schwarze Oliven, entsteint, in Butter angeschwitzt

Das Putenfleisch in walnußgroße Stücke schneiden, in heißem Öl anbraten, mit Mehl bestäuben, das Mehl bräunen, mit Weißwein ablöschen, Geflügeljus angießen, alles kräftig würzen und langsam köcheln lassen. Das fertige Ragout mit Zitronensaft pikant abschmecken, im Reisrand anrichten und mit Oliven vervollständigen. Dazu schmeckt frischer knackiger Salat in Gervaisdressing.

Putenrollbraten

1,2 kg fertiger Putenrollbraten für 4 Personen
oder
1 Babyputer von etwa 2,5 kg für 8 Personen,
ausgelöst und entsprechend gerollt
Den Rollbraten gut würzen, mit Öl bestreichen
und auf den Bratrost legen. Die Fettpfanne mit
Öl bestreichen, Mirepoix, Petersilienstengel und
Fleischbrühe dazugeben und in die Bratröhre
schieben. Den Bratrost mit dem Braten darübergeben. Die Bratzeit für den fertigen Rollbraten
beträgt etwa 75 min bei 200 °C. Währenddessen
den Rollbraten öfters mit dem Fond begießen.
Beginnt der Bratfond zu bräunen, Fleischbrühe
oder Geflügeljus dazugeben. Den fertigen Rollbraten aus der Bratröhre nehmen und etwas abkühlen lassen. Dann Fäden entfernen, das
Fleisch in 1 1/2 cm dicke Tranchen schneiden,
auf einer vorgewärmten Platte anrichten und
heißstellen. Den Bratfond durch ein Sieb
streichen, mit Sahne verfeinern, mit Salz und
Pfeffer abschmecken und über den Braten geben.
Zu dem naturell zubereiteten Putenrollbraten
passen Kartoffelkroketten und Edelgemüse, wie
Spargel, Karotten, Champignons und Zuckerschoten.
Putenrollbraten kann ebenfalls mit Pilzen oder
Früchten und vielerlei Gewürzen gerichtet
werden. Einige Zubereitungsmöglichkeiten
werden bei Puten beschrieben. Putenliebhaber
bevorzugen die einfache, naturelle Art.

Putenroulade mit Kräuterrahm

4 Putenrouladen je 150 g
200 g Geflügelfarce mit Kräutern
Salz, Pfeffer, Mehl
80 g Butter oder Margarine
Geflügeljus, Sahne
gehackte Kräuter
Aus entbeiner Putenbrust schöne große Tranchen
quer zur Fleischfaser schneiden. Die Messer-
führung soll etwa im Winkel von 45 °C erfolgen.
Die Tranchen plattieren, ausbreiten, würzen,
mit Kräuterfarce bestreichen, zusammenrollen,
binden oder zusammenstecken, mehlieren und
in heißem Fett kräftig anbraten. Dann mit Geflügeljus auffüllen und zugedeckt etwa 20 min
schmoren. Rouladen herausnehmen, Bindfaden
entfernen, heißstellen. Den Fond mit Sahne verkochen, passieren, mit reichlich gehackten
Kräutern vermengen, pikant mit Salz, Pfeffer
und Zitrone abschmecken. Rouladen damit

überziehen, mit handgeschabten Spätzle und
Leipziger Allerlei servieren. Anstelle von
frischen Kräutern kann dieses Gericht ebenfalls
mit Gewürzpaprika, edelsüß, und feingeschnittenem rotem Gemüsepaprika zubereitet werden.
Hinweis: Die Zugabe von frischen Küchen-
kräutern gibt den Speisen einen besonders würzigen Geschmack. Einige Kräuter unterstreichen
weiterhin den Eigengeschmack der unterschiedlichsten Rohstoffe. Außerdem bereichern frische
Kräuter die Speisen mit wichtigen Vitaminen,
Mineralstoffen und Spurenelementen. Auch
haben manche Kräuter, mit denen wir würzen,
eine Bedeutung als Arzneimittel.
Grundsatz: Kräuter so frisch wie möglich verwenden. Welke Blättchen beeinträchtigen den
Wohlgeschmack der Speisen. Bis zum Gebrauch
sind sie gewaschen in einem möglichst auf-
geblasenen Frischhaltebeutel kühl zu lagern.

Putenschnitzel

4 Putenschnitzel je 150 g
100 g geklärte Butter
Die Schnitzel aus sehr zarter Puten- oder Truthahnbrust schneiden, gut plattieren, würzen,
mehlieren und rasch in sehr heißer Butter auf
jeder Seite etwa 3 min braten. Das Fleisch soll
innen schön saftig bleiben. Die zarten Schnitzel
sind mit sehr vielen Soßen und Beilagen zu
kombinieren. Nachfolgend einige Beispiele:
- Gänseleber, Artischockenböden
  mit Kremchampignons, Trüffelmadeira
- Madeirasoße untersoßieren,
  mit feinem Ragout aus Champignons,
  Gänseleber und Tomatenconcassé behäufen
- gebratene Apfelscheiben
  und sautierte Putenleber in Rotweinsoße
- gegrillte Ananasscheiben
  und sautierte Putenleber in Rotweinsoße
- Gänseleberpüree und Geflügelkraftsoße
- Trüffelsoße, Artischockenböden
  mit Blattspinat und Spargelköpfen
Hinweis: Putenschnitzel können noch exzellen-
ter zubereitet werden: eine Tasche in die
Schnitzel schneiden und diese mit Gänseleber-
oder Champignonduxelles füllen.

Putensteak mit Käsesoufflé

4 Putensteaks je 150 g
Salz, Pfeffer
Butter oder Margarine
100 g feingewolftes Kalbfleisch

100 g Reibekäse
2 Eier
Sahne

Die Putensteaks plattieren, würzen, mehlieren und in heißer Butter auf beiden Seiten saftig braten. Inzwischen das Kalbfleisch mit Reibekäse und Eiern vermengen, würzen und mit Sahne aufziehen. Die Steaks anrichten, die Soufflémasse darüber verteilen, hoch aufstreichen, mit Reibekäse bestreuen und in der Bratröhre bei mittlerer Temperatur überbacken. Sofort mit Berny-Kartoffeln, grünen Spätzle oder Polenta sowie frischen Salaten oder gefüllten Zwiebeln im Wirsingmantel servieren.

Putensteak auf Roquefortkrem

Die Steaks wie vorstehend vorbereiten, saftig braten und heißstellen. Für die Roquefortkrem 120 g Roquefort und 80 g Sahne im Mixer pürieren.
Den Bratsatz mit etwas Weißwein verkochen, das Käse-Sahne-Gemisch dazugeben und unter Rühren erhitzen. Die Roquefortkrem auf vorgewärmten Tellern verteilen, die Steaks darauf anrichten und sofort mit Kartoffelbällchen, Zuckerschoten in Lauchnest und Fencheltomate servieren.

Putensteaks mit pikanter Soße

8 zarte Steaks, je 75 g
Zitronensaft, Malvasier
Salz, weißer Pfeffer
geklärte Butter
40 g Zitronat, feingehackt
40 g Pistazien, feingehackt
Zimt, Kardamom, geriebene Pomeranzenschale

Die Steaks aus der Brust schneiden, plattieren und mindestens 2 h mit Zitronensaft und Malvasier marinieren. Dann abtropfen lassen, würzen, mehlieren, saftig braten, sofort anrichten und warmstellen. Den Bratsatz mit der Marinade sowie den anderen Zutaten und Gewürzen kurz verkochen, abschmecken und über den Steaks verteilen. Geröstete Pinienkerne darüberstreuen.
Beilagen: Zitronenrisotto oder Safranreiskroketten.

Truthahn-Ballotines in Kohlhülle

Ballotines wie »Ballotines von Putenkeule« vorbereiten. Die Keulen zuerst in blanchierte Kohlblätter und dann in Schweinsnetze hüllen. Die so vorbereiteten Truthahnkeule in einen ge-

butterten Bräter legen, mit Salz und Pfeffer würzen, mit zerlassener Butter übergießen und bei mittlerer Hitze etwa 30 min in der Bratröhre braten. Mit Geflügelkraftsoße und Salzkartoffeln servieren.

Truthahnröllchen in Mandelsoße

8 Rouladen je 100 g
8 dünne Scheiben Bauchspeck
8 Stücke Leber vom Truthahn
oder anderem Geflügel je 30 g
100 g Butter oder Margarine
100 g gehobelte Mandeln
0,2 l Weißwein
Sahne, Butter

Die Rouladen aus der Truthahnbrust schneiden, gut plattieren und würzen. Die Leberstücke kurz in heißem Fett anbraten, in Speckscheiben einhüllen. Die Rouladen damit füllen, mit Spießchen zusammenstecken, mehlieren und in heißem Fett rundherum anbraten. Pfanne abdecken und etwa 15 min bei schwacher Hitze weiterbraten. Die Röllchen herausnehmen und heißstellen. Die Mandeln in den Bratsatz geben und hellbraun rösten. Dann mit Weißwein ablöschen, kurz aufkochen und Pfanne vom Herd nehmen. Etwas Butter und Sahne darunterrühren. Die Soße mit Salz und weißem Pfeffer abschmecken und über die Röllchen geben. Sofort mit Safranrisotto und Orangen-Ananas-Salat servieren.

Truthahnsauerbraten mit Backpflaumen

2 kg Truthahnoberkeule
Essigbeize
80 g Butter oder Margarine
Salz, Pfeffer
200 g Backpflaumen
0,2 l Rotwein

Das Fleisch 2 Tage in Essigbeize legen, würzen, in heißem Fett scharf von allen Seiten anbraten und mit Rotwein und Essigbeize ablöschen. Backpflaumen dazugeben, abdecken und etwa 60 min garen. Den Fond abschmecken, passieren und mit dem Fleisch anrichten. Dazu schmecken frische Salzkartoffeln.
Hinweis: Die pikante Soße ebenso mit Pflaumenmus aromatisieren.

Truthahnsteaks in Eihülle

8 zarte Steaks, je 75 g
Salz, weißer Pfeffer, Zitronensaft

Mehl, zerschlagenes Ei
Öl

Truthahnsteaks aus der Brust schneiden, plattieren und etwa 6 h marinieren. Dann trockentupfen, in Mehl wenden, durch zerschlagenes Ei ziehen und in heißem Öl goldgelb braten. Die Steaks sollen gut in Eimasse gehüllt sein. Wenn erforderlich etwas Eimasse beim Bratprozeß darübergießen. Steaks mit Kremchampignons oder Stangenspargel mit holländischer Soße anrichten.

Geeignete *Beilagen* sind Pariser Kartoffeln, Kartoffelkroketten, aber auch frische heiße Salzkartoffeln, Zitronenecken und Choronsoße oder Yorkshiresoße sind empfohlene Ergänzungen.

1.9. Taubenköstlichkeiten

Die mehr als 100 verschiedenen Haustaubenrassen stammen von den wilden Felsentauben ab. Sie sind aber mit ihren wilden Verwandten nicht zu verwechseln, weil diese dunkles Fleisch haben, das nach Wild schmeckt. Allgemein werden immer junge Tauben zum Braten verarbeitet. Ältere Tauben sind zäh und eignen sich besonders zur Herstellung von kräftigen Suppen und pikanten Ragouts.

Grillierte Tauben mit Teufelssoße
4 Tauben, je 500 g
Die Tauben am Rücken einschneiden, aber nicht zerteilen, die Hälften breitdrücken und den Rückgratknochen abschlagen, die Knochen von innen sorgfältig entbeinen. Die Tauben dann gut würzen, mit in Wasser angerührtem englischem Senf auf beiden Seiten bestreichen und in Reibesemmel, die mit gehackten Kräutern und Schinkenwürfelchen vermengt wurde, panieren. Die Reibesemmel richtig andrücken. Die Tauben auf den Grilltoast legen und unter öfterem Betropfen mit heißem Öl auf beiden Seiten grillen.
Beilagen: Kartoffelchips oder pommes frites, Teufelssoße und Zuckerschoten.
Als besonders attraktive Beigabe eignen sich gefüllte Tomaten mit Hopfensprossen in saurer Sahne oder Senffrüchte in pochiertem Weinapfel.

Gebratene Tauben mit Champignons
4 Tauben, je 500 g
Salz, Pfeffer

100 g Butter
400 g frische Champignons, in Scheiben geschnitten
Geflügeljus
Sahne
Salz, Pfeffer, Zitronensaft
Die Tauben bridieren, innen und außen würzen und in heißer Butter unter öfterem Begießen innen saftig und außen knusprig braten. Die Tauben heißstellen. Im Bratsatz die Champignons anschwenken, Geflügeljus und Sahne dazugeben und alles etwa 5 min zugedeckt köcheln lassen. Die Tauben inzwischen halbieren und von innen entbeinen. Die Brüstchen auf den Keulen anrichten. Die Champignon-Rahmsoße darüber verteilen.
Beilagen: Risotto oder Kartoffelbällchen.
Gebratene Tauben lassen sich weiterhin z. B mit
● in Sherry geweichten Rosinen
● feinen Gemüsewürfelchen
● Oliven und Pökelzungenstreifen
● Perlzwiebeln und Tomatenconcassé
● Steinpilzen und Gurkenstreifen
● Morcheln und Frühlingszwiebeln
● Brokkoli in Kräuterrahm
variieren.

Tauben mit Salbeisoße
4 junge Tauben, je 500 g, bridiert und bardiert, mit Salbeizweig versehen
100 g Butter oder Margarine
Salz, frisch gemahlener Pfeffer
feingehackter Salbei
Weißwein, etwas Mehlbutter
Tauben innen und außen würzen, in heißem Fett von allen Seiten scharf anbraten, mit Weißwein ablöschen und zugedeckt etwa 30 min schmoren, bis das Fleisch gar ist. Tauben auf einer Servierplatte anrichten und heißstellen. Garfond mit etwas Geflügelbrühe auffüllen, mit Mehlbutter verkochen, feingehackten Salbei dazugeben, Soße nochmals kurz kochen lassen und über die Tauben geben. Gericht mit Kartoffelkroketten sofort servieren.

Gefüllte Tauben mit Rosinensoße
Wie »Gefüllte Tauben« zubereiten.
Zusätzliche Zutaten:
100 g Rosinen, eingeweicht und trockengetupft
Die Rosinen zum Schluß mit dem Bratfond verkochen. Die Soße in diesem Fall nicht passieren, sondern mit den Rosinen über die Tauben geben.

Zur geschmacklichen Abrundung wird ein Schuß Weinbrand empfohlen. Dieses Gericht mit Mandelkroketten und Chicorée-Orangen-Salat oder als Zwischengericht auf Melbatoast servieren.

Junge Tauben in Folie
4 Tauben
Salz, Pfeffer

Füllung:
gehackte Champignons
gehackte Kräuter
Schweinegehacktes
1 bis 2 Eier
Salz, Pfeffer

Die Zutaten vermengen, gut würzen, die Tauben damit füllen, bridieren, mit Salz und Pfeffer einreiben, mit Bauchspeckscheiben belegen und in gebutterte Alufolie sorgfältig einhüllen. Die so vorbereiteten Tauben im Grill oder in der Bratröhre bei mittlerer Hitze etwa 30 min braten. Folie erst am Tisch öffnen.
Beilagen: Waffelkartoffeln und Madeirasoße.
Hinweis: Diese Zubereitungsart ist zeitaufwendig. Doch der aromatische Duft, der sich in der Folie entwickelt, entschädigt den Aufwand.

Gedünstete Tauben in Weißwein
4 Tauben
100 g Mirepoix
60 g Butter
0,25 l Weißwein
Geflügelbrühe
Salz, weißer Pfeffer, Zitronensaft
0,1 l Sahne
Die Tauben vierteln, mit Mirepoix, Butter, Weißwein und Gewürzen zugedeckt dünsten. Die Garzeit beträgt 20 . . . 30 min. Die Taubenstücke ausstechen, den Fond wenn erforderlich mit Geflügelbrühe verlängern, passieren, mit Sahne verfeinern und pikant abschmecken. Die Taubenstücke möglichst vollständig entbeinen und mit dem Fond soßieren.
Beilagen: Kapernrisotto und zarte Gemüse oder pikante Salate.

Gefüllte Tauben mit Himbeeren
4 junge Tauben
200 g frische Himbeeren
Die Tauben wie »Gefülltes Perlhuhn mit Champignons« zubereiten. Anstelle von Champignons

kurz vor Ende der Garzeit Himbeeren dazugeben.
Beilagen: Kartoffelkroketten oder Kartoffelplätzchen.

Gefüllte Tauben
2 große junge Tauben, ausgenommen
Lebern für Füllung, gehackt
300 g Hackfleischmasse,
vermengt mit den gehackten Lebern
und gehackter Petersilie, kräftig gewürzt
60 g Butter oder Margarine
Salz, Pfeffer, Zitronensaft
Mehlbutter, saure Sahne
Die Tauben innen und außen würzen, mit Hackmasse füllen, Öffnung zustecken, in heißem Fett anbraten, mit etwas Geflügelfond ablöschen und in der Bratröhre etwa 45 min garen. Dabei öfters mit dem Bratfond begießen, damit das Fleisch saftig bleibt. Tauben dann zerteilen und auf einer Servierplatte warmstellen. Den Fond mit etwas Mehlbutter binden, mit Zitronensaft und saurer Sahne kurz verkochen, abschmecken und über die Tauben passieren. Mit Feldsalat und Endivien garnieren. Mit gebackenem Chicorée und Champignonkroketten servieren.

1.10. Kalte Geflügelspeisen

Ballotines von Hühnerkeule
Ballotines sind gefüllte Geflügelkeulen. Dazu eignen sich Broilerkeulen oder Keulen von zarten Hühnern. Hühnerkeulen vorsichtig ausbeinen, mit feiner Farce aus gleichen Teilen Geflügelfleisch, schierem Schweinefleisch und frischem Speck füllen, zunähen oder in ein Tuch binden, in Hühnerbrühe garziehen und erkalten lassen. Zum Anrichten in Tranchen schneiden, in die ursprüngliche Form zusammenlegen und mit Cumberlandsoße servieren.

Ballotines von Pute
Von Putenkeulen das Fleisch soweit auslösen, daß es nur am spitzen Keulenende verbleibt. Knochen abschlagen. Das Putenfleisch mit in Milch geweichtem Weißbrot sowie mit in Zwiebelwürfelchen angeschwitzten Geflügellebern fein wolfen, mit Salz, Pfeffer, Muskat würzen, mit Eiklar vermengen und in die Keulenhaut füllen. Dann zunähen, in würzigem Geflügelfond garziehen und erkalten lassen. Bei Abruf

tranchieren und mit Joghurtmayonnaise servieren.

Broilerbrust auf Gurkensalat mit Limettenmayonnaise

600 g Broilerbrust
40 g Öl
Salz, Zitronensaft, Sojasoße
Mayonnaise, Limettensaft
600 g Salatgurken, Kräuterdressing

Die Broilerbrust salzen, mit Zitronensaft und Sojasoße beträufeln, in heißem Öl etwa 12 min saftig braten, in Alufolie einschlagen und kaltstellen. Inzwischen Gurken schälen, in dünne Scheiben schneiden und mit Kräuterdressing anmachen. Die Mayonnaise mit Limettensaft verfeinern. Die Broilerbrust schräg in dünne Tranchen schneiden, auf dem Gurkensalat anrichten und mit Mayonnaise überziehen. Zuletzt mit Kresse oder Salatherzen und Tomatenröschen garnieren und mit Toast oder Baguette reichen.

Hinweis: Diese pikante Geflügelspeise erhält einen exotischen Hauch, wenn der Gurkensalat mit dünnen, frischen Kiwischeiben vermengt wird.

Broiler-Galantine mit Gemüse

Unter dem Begriff Galantine versteht man entbeintes und mit feiner Farce gefülltes Geflügel, wie Broiler, Enten, Hühner, Poularden und Wildgeflügel. Das gefüllte Tier muß seine ursprüngliche Form behalten. Das wird erreicht, indem man Flügel und Keulen daran läßt. Durch entsprechendes formgebendes Einbinden in Leinentücher und Mullbinden ist die natürliche Gestalt zu erhalten. Das Brustfleisch des ausgelösten Tieres ist auf der gesamten Innenfläche zu verteilen, damit man ein gleichmäßiges Schnittbild erhält.

Nicht so zeitaufwendig ist das Herstellen von *Rollpasteten*. Sehr oft wird dieser Begriff auch für Galantinen verwendet. Die Galantine ist das klassisch gefüllte Geflügel. Rollpasteten werden ebenfalls aus entbeintem Geflügel mit feinen Farcen aus der jeweils verwendeten Geflügelart sowie Garnierungselementen hergestellt.

Folgendes ist bei beiden Methoden zu beachten: Ob Galantine oder Rollpastete, beide immer im entsprechend gutgewürzten Sud, der aus den Karkassen und Parüren bereitet wurde, gar-

ziehen und erkalten lassen. Im handwarmen Fond wird das Nachbinden empfohlen. Rollpasteten eignen sich weiterhin zum Räuchern. Grundsatz: nur junges Geflügel verwenden. Fleischhülle und Farce müssen die gleiche Garzeit haben.

Eine Broiler-Galantine nach der Beschreibung »Hühner-Galantine« zubereiten, gut durchkühlen lassen und mit weißer Sulzsoße überziehen. Nach dem völligen Erkalten einige Tranchen abschneiden und je nach Durchmesser halbieren. Die Galantine mit einem ansprechenden Dekor aus ausgestochenem Gemüse versehen und auf eine entsprechend große Platte mit dem Anschnitt nach vorn legen. Die Tranchen auf einem Ablaufgitter überglänzen und im Halbkreis oder in Linienführung vor der Galantine auf die Platte legen. Eine attraktive Ranke aus blanchiertem Gemüse, wie Möhrenkugeln, Rosenkohl, Spargelspitzen, grünen Bohnen, Selleriekugeln, Blumenkohlröschen, Perlzwiebeln, Lauch- oder Tomatenrosen, sowie Teigkörbchen mit Gemüsefüllung vervollständigen die Platte. Die zarten Gemüse sind weiterhin in Artischockenböden, ausgehöhlten Tomaten oder auf blanchierten Sellerieböden anzurichten. Der Kreativität des Koches sind bei der Gestaltung kalter Platten mit Gemüse keine Grenzen gesetzt.

Der Unterschied zu *Krustenpasteten* besteht darin, daß diese in Teighülle und nicht in Hautumhüllung zubereitet werden.

Entenbrust in Madeiragelee

1,5 kg Entenbrust
Madeiragelee

Die Entenbrust in gut gewürztem Fond mit Kräutersträußchen garziehen und erkalten lassen. Den Fond entfetten, passieren und für Madeiragelee verwenden. Die Entenbrust entbeinen, in Tranchen schneiden und in mit Madeiragelee chemisierte Form oder Portionsförmchen einsetzen. Zuvor Dekor aus ausgestochenem Eiklar, ausgestochenen Trüffeln, Champignonscheiben, Petersilie, Estragon oder ausgestochenem Tomatenpaprika einlegen, mit Madeiragelee dünn übergießen und kaltstellen. Die Dekorelemente müssen fest liegen, damit sich beim Einlegen des Fleisches das Dekor nicht verschiebt. Die Form mit Madeiragelee zugießen und zum Erstarren kaltstellen. Form bei Abruf stürzen, auf Kopfsalatblättern anrichten und gutgekühlt mit Pfefferbutter, Spargelsalat und Brotauswahl reichen.

Entenfleisch in Majorangelee

1 Ente, etwa 2 kg
Salz, Pfefferkörner
1 gespickte Zwiebel
Mirepoix
frischer Majoran
Gelatine

Die Ente vierteln, gerade mit Wasser bedecken, gut würzen und zum Kochen bringen. Die Temperatur dann sofort herunterschalten, den sich an der Oberfläche gebildeten Schaum entfernen, Zwiebeln und Mirepoix dazugeben, fertiggaren und im Fond erkalten lassen. Die Entenstücke herausnehmen und entbeinen. Den Fond entfetten, passieren, pikant würzen, geweichte Gelatine dazugeben und ein leichtes Gelee bereiten. Mit feingehackten frischen Majoranblättern aromatisieren. Das Entenfleisch in entsprechende Form einlegen, mit Majorangelee übergießen und kaltstellen. Bei Abruf stürzen, mit Kresse und Tomatenecken garnieren. Mit Mayonnaise und Röstkartoffeln servieren.

Hinweis: Was für uns Majoran bedeutet, ist in der italienischen Küche Oregano. In alten Kochbüchern findet man letzteren unter dem Namen Dost. Im Gegensatz zum derben Majoran entwickelt Oregano sein volles, intensives Aroma unter heißer Sommersonne. Oregano läßt sich gut mit Thymian und Rosmarin kombinieren. Jedoch mit seinem Verwandten Majoran verträgt er sich nicht.

Beifuß wurde vor vielen Jahren als »Mutter aller Kräuter« bezeichnet. So populär ist Beifuß heute nicht mehr. Da er die Fettverdauung fördert, wird er besonders für Gänse-, Enten- und Schweinebraten verwendet.

Enten-Galantine

Eine junge fleischige Ente sorgfältig säubern, von der Rückseite entbeinen und zum Füllen vorbereiten. Dazu das Entenfleisch auf der Innenfläche verteilen und das Flügel- und Keulenfleisch nach innen wenden. Zum Füllen Farce aus je einem Teil Enten- oder Hühnerfleisch, schierem Schweinefleisch und frischem Speck mit Eiern, Sahne und Pastetensalz zubereiten. Die Einlage entweder in die Farce einlegen oder feinwürfelig daruntermengen. Dazu eignen sich

Pökelzunge, Trüffeln, gesteifte Enten- oder Gänseleber, Oliven, Pistazien und Champignonköpfe. Die gefüllte Ente zunähen, in ein Tuch einrollen, fest verschnüren, in würzigem Geflügelfond garen, später nachbinden und leicht pressen. Erkaltet mit Geflügelaspik, mit weißer oder brauner Sulzsoße überziehen, mit gefälligem Dekor verzieren, zur Hälfte tranchieren, anrichten und mit Weißgebäck, Orangen- oder Apfelsalat, frischen Gemüsesalaten oder Erdbeer-Kiwi-Salat servieren.

Entenmedaillons

kalte Entenbrust, saftig gebraten
Gänseleberkrem
Ananasstücke, Cocktailkirschen
Madeiragelee

Die Entenbrust in gleichmäßige Medaillons schneiden, auf Ablaufgitter legen, mit Madeiragelee nappieren und kaltstellen. Dann mit Gänseleberkremrosetten, Ananasstückchen und Cocktailkirsche garnieren. Zum Garnieren eignen sich weiterhin Mandarinen, Kiwischeiben, Pfirsichfächer, Walnußkerne, geröstete Mandeln und Pistazien.

Entenpastete

Junge, fleischige Mastente völlig entbeinen, die Brust enthäuten, in Längsstreifen schneiden und mit Salz und weißem Pfeffer würzen. Das Entenfleisch mit je einem Teil magerem Schweine- und Kalbfleisch mehrfach fein wolfen, mit Salz, Pastetengewürz, Eiern und etwas Weinbrand zu feiner Farce verarbeiten und kaltstellen. Inzwischen eine mit Teig ausgelegte Kastenform mit dünnen Speckscheiben ausfüttern und im Wechsel mit Farce, Bruststreifen und Streifen von Räucherzunge füllen. Zuletzt mit Speckscheibe und Teigdecke entsprechend abdecken und bei mittlerer Hitze in der vorgeheizten Backröhre backen.

Eine weitere Zubereitung für Entenpastete:
Ente völlig entbeinen, mit feiner Farce aus je einem Teil Entenfleisch, schierem Schweinefleisch und frischem Speck füllen, zusammenrollen, binden und in der Bratröhre ansteifen. Dann erkalten lassen, den Bindfaden entfernen, auf Pastetenteigrechteck legen, mit Teigplatte abdecken, gut andrücken, die Teigenden richtig zusammendrücken, mit einem beliebigen Motiv aus Pastetenteig garnieren, mit Eigelb bestreichen und in einer heißen Bratröhre backen. Gegen zu

starkes Bräunen mit Alufolie abdecken. Diese Entenpastete wird nicht mit Gelee ausgegossen. Der besondere Geschmack ist mit gemahlenem Majoran oder Beifuß zu verbessern.

Entensalat mit Früchten

500 g gebratenes Entenfleisch
150 g Apfelspältchen
150 g Orangenspalten
4 Ananasscheiben
4 Cocktailkirschen
150 g Mayonnaise, mit Zitronensaft, Chilliesoße und Weinbrand kräftig abschmecken
Kopfsalatblätter

Das Entenfleisch in 2 cm lange und $1/2$ cm breite Streifen schneiden, mit Apfel und Orangen vermengen, mit Zitronensaft, Worcestershiresoße, Salz und weißem Pfeffer marinieren und zum Durchziehen kaltstellen. Entensalat auf Kopfsalatblättern anrichten, mit der würzigen Mayonnaise überziehen, mit Ananasscheiben und Cocktailkirsche belegen. Mit frischem Weißgebäck servieren.

Hinweis: Entensalat schmeckt weiterhin mit Johannisbeergelee, Preiselbeerkonfitüre, Oliven und Perlzwiebeln, Maiskörnern und Pilzen, Tomaten und Gurken usw.

Entensalat mit Oliven

500 g Entenbraten
je 100 g grüne und schwarze Oliven
Öl, Salz, Pfeffer, Kräuteressig, Zucker

Das Entenfleisch in Streifen schneiden, die Oliven entsteinen und vierteln. Fleisch und Oliven vermengen, mit den Ingredienzien pikant abschmecken und 2 h durchziehen lassen. Wenn erforderlich nachwürzen, auf Kopfsalatblättern anrichten und mit Tomatenröschen garnieren. Majoranbutter und ofenwarme Gewürzhörnchen dazugeben.

Garnierte Pute mit Spargeltimbale (Bild 5)

Eine mittelgroße Pute bridieren, bardieren, saftig braten und kaltstellen. Beim Bridieren ist darauf zu achten, daß die Keulenknochen richtig gebunden werden. Als Hilfsmittel zum Hochbinden haben sich Metallspieße bewährt. Die Speckplatten sind etwa 10 min vor Ende der Bratzeit zu entfernen, damit die Brust schöne braune Farbe nehmen kann. Die Brüste sorgfältig auslösen, seitenverkehrt schräg in Tranchen schneiden und in der Reihenfolge ablegen.

Die Karkasse mit Geflügelschaumbrot oder Apfelsalat zur ursprünglichen Form ausfüttern. Die Tranchen durch Weißweinaspik ziehen und jede Brusthälfte, am hinteren Brustende beginnend, belegen. Die Tranchen müssen vorn auf der ausgefütterten Brust zusammenlaufen und ein gefälliges Bild ergeben.

Zuletzt Dekor von marinierten Spargelspitzen, Tomatenecken, Tomatenröschen, Olivenscheiben und Dillzweigen auflegen. Die Pute auf einer repräsentativen Platte mit farbigem Aspikspiegel anrichten, die Keulenknochen mit Papiloten versehen und die Pute mit Spargeltimbale umlegen.

Hinweis: Pute oder Truthahn ebenso mit Früchten dekorativ gestalten. Dazu eignen sich besonders Ananas, Orangen, Mandarinen, Kiwi, Melonen, Kirschen und Weintrauben. Gefüllte Teigschalen als Umlage verwenden.

Empfehlung: Teigschalen lassen sich sehr schnell herstellen. Teig aus etwa 450 g Mehl, 1 Ei, 4 Eigelb, 180 g Butter und etwa 0,3 l Weißwein bereiten, 2 h ruhen lassen, etwa 4 mm dick ausrollen und etwa 10 cm rund ausstechen. Die Teigplatten einzacken, in Kartoffelnestkörbchen einlegen, goldgelb fritieren und gut abtropfen lassen. Teigschalen mit marinierten Früchten oder buntem Gemüse füllen.

Gänsebrust in Kräutergelee

1,5 kg Gänsebrust
Salz, Pfefferkörner
1 gespickte Zwiebel
250 g Wurzelwerk
gehackte frische Kräuter
Gelatine

Die Gänsebrust gerade mit Wasser bedecken, gut würzen, mit Wurzelwerk und Zwiebel langsam kochen und im Fond erkalten lassen. Herausnehmen und entbeinen. Aus dem entfetteten und passierten Fond mit Essig, Gelatine und reichlich gehackten Kräutern leichtes Gelee bereiten. Die Gänsebrust in die entsprechende Anzahl Tranchen schneiden und wie Gänseweißsauer in eine attraktive Form legen, garnieren, mit Kräutergelee zugießen und kaltstellen. Mit Röstkartoffeln und Remouladensoße servieren.

Hinweis: Gelee stets gut würzen oder sogar leicht überwürzen. Der Abkühlungsprozeß mindert die Geschmacksintensität.

Gänsefleischterrine

Eine junge Gans völlig entbeinen. Das Keulen- und Brustfleisch in $1/2$ cm große Würfel schneiden. Das übrige Fleisch mit Fett und Haut sowie etwas Schweineleber und magerem Schweinefleisch fein wolfen und mit Salz, Pastetengewürz, feinen Zwiebelwürfelchen, feingeschnittenem Schnittlauch, einer Spur Knoblauch, etwas Salbei sowie je einer Prise Thymian und Majoran zu feiner Farce verarbeiten. Dann die Fleischwürfel darunterheben, die Masse in feuerfeste Formen füllen und im Wasserbad in der Bratröhre garen. Durch den hohen Fettgehalt des Gänsefleisches ist das Auslegen der Form mit Speckplatten nicht erforderlich. Die Terrine beschweren und in der Form erkalten lassen. Mit Majoranbutter und Toast sowie Waldorfsalat anrichten.

Gänsekeulenfleisch mit Beifußbutter und Weinbeeren

Kalte gebratene Gänsekeulen in dünne Tranchen schneiden, in Schnittfolge auf Holzplatten, auf Salatblättern oder Chicorée anrichten, mit geformter Beifußbutter und Weinbeerenkompott sowie frischem Roggenbrot reichen.

Gänseleberauflauf

Frische Gänseleber und etwas Kalbfleisch fein wolfen, mit Eigelb binden, Sahne hinzufügen, mit Pastetensalz würzen, steifgeschlagenes Eiklar darunterheben. Die Masse in eine Auflaufform füllen und im Wasserbad garziehen lassen. Mit Rotweinbutter und Toast servieren.

Hinweis: Gänseleberauflauf kann auch warm als Vorspeise oder Zwischengericht mit Toast gereicht werden.

Gänseleber in Madeiragelee

Geeignete Förmchen mit Madeiragelee chemisieren, mit Trüffelscheiben oder Trüffeldekor versehen und mit ausgestochener oder geschnittener, in würzigem Madeirafond gedünsteter Geflügelleber füllen, mit Gelee übergießen und kaltstellen. Die mit einem Löffel ausgestochene oder geschnittene Gänseleber wird stufenförmig eingelegt; 2 bis 3 Lagen reichen aus, damit das leichtgehaltene Gelee nach dem Stürzen nicht auseinanderfällt. Gänseleber stürzen, anrichten und mit frischem Toast und Butter servieren.

Gänseleberkrem

Gänseleber in Madeira dünsten, sehr fein pürieren, mit Salz und weißem Pfeffer würzen, mit Schlagsahne, Madeiragelee und dem Gänseleberfond binden.

Hinweis: Anstelle Schlagsahne ebenso Butter verwenden. Die Krem wird damit kompakter.

Gänseleberpastete

500 g Gänseleber
500 g mageres Kalbfleisch
300 g geräucherter Speck
2 Eier, Salz, Majoran (gemahlen)
Pastetengewürz
50 g geriebene Zwiebel
Madeiraaspik zum Übergießen
Speck zum Auslegen der Form

Gänseleber, Kalbfleisch und Speck fein wolfen, mit den Eiern, Gewürzen und Zwiebeln vermengen, nochmals fein wolfen und in die mit Speckplatten ausgelegte Pastetenform füllen, mit Speckplatte abdecken, fest verschließen und im Wasserbad etwa 50 min garen. Nach dem Erkalten Pastete mit Madeiraaspik übergießen. Mit Butter und Toast reichen.

Gänseleberpastete in Kruste

Für die Farce einen Teil Gänseleber parüren, drei Teile mageres Schweinefleisch und vier Teile frischen Speck fein wolfen oder kuttern, mit Pastetengewürz, Salz und etwas Weinbrand würzen. Eine mit Teig und dünnen Speckscheiben ausgelegte Kastenform mit der Farce auskleiden und im Wechsel mit getrüffelten Gänselebern füllen. Die Gänselebern sind mit größter Sorgfalt vorzubereiten:

Zuerst müssen alle Gallenflecken herausgeschnitten werden. Dann werden die Innenseiten der Leberhälften aufgeschnitten, mittels Drucks Nerv und Blutgerinnsel freigelegt und mit einem Messer herausgetrennt. Die Leber wird mit Trüffelscheiben oder kleinen Trüffeln gespickt, mit Gewürzsalz bestreut und kaltgestellt.

Die Kastenform mit Speck- und Teigplatten abdecken, gefällig mit Teigblättern, Ornamenten usw. garnieren, bei starker Hitze anbacken und bei mittlerer Hitze fertigbacken. Nach der Garprobe mit einer Nadel die Pastete aus der Röhre nehmen. Die heiße Pastete dann mit einem warmen Gänsefett-Schweineschmalz-Gemisch mehrmals durch den »Kamin« nachfüllen, bis sie völlig gefüllt ist. Soll die Pastete mit Madeiragelee gefüllt werden, nur etwas warmes Gänsefett in die noch heiße Pastete einfüllen. Erst nach dem völligen Erkalten dickflüssiges Gelee einfüllen.

Anmerkung: Da die Gänseleberfarce Fett absondert, ist das Auslegen mit Speckplatten nicht unbedingt erforderlich.

Das Garsein der Pastete kann mit einer Nadel, die bis auf den Grund der Pastete eingestochen wird, geprüft werden. Sie muß einige Sekunden steckenbleiben, man führt sie dann sofort an die Lippen. Ist die Nadel gleichmäßig erwärmt, ist die Pastete fertig.

Krustenpastete

Die Herstellung von Krustenpasteten ist sehr zeitaufwendig. Aufgrund ihres Schauwertes werden sie jedoch häufig für Kalte Büfetts oder Vorspeisebüfetts zubereitet. Krustenpasteten werden meist in Kastenform, mit Teig ausgelegt und abgedeckt, in der Backröhre gebacken.

Die klassische Krustenpastete wird in Mürbeteig gebacken. Aber auch Blätter-, Hefe- und Auslegeteige werden verwendet. Nachfolgend einige Rezepturen:

Pastetenteig

500 g Weizenmehl	160 g Butter
2 Eigelb	80 g Schmalz
4 EL Öl	1 TL Salz
1/4 l Wasser	

Das Mehl auf ein Arbeitsbrett sieben und mit den Zutaten zu einem festen Teig verarbeiten, etwa 2 h ruhen lassen und 1/2 cm dick zur weiteren Verarbeitung ausrollen.

Pastetenschmalzteig

500 g Weizenmehl	1 TL Salz
200 g Schweineschmalz	wenig Wasser

Alle Zutaten schnell zu einem Teig verarbeiten, kaltstellen und ruhen lassen.
Pastenteig mit Schmalz läßt sich gut verarbeiten. Dieser Teig wird besonders knusprig.

Pastetenblätterteig

500 g Weizenmehl	1/4 l Wasser
500 g Butter	1 TL Salz

Zuerst Wasserteig herstellen, die Butter damit umhüllen und die entsprechenden »Touren« geben. Pasteten, in Blätterteig gebacken, sollen heiß serviert werden. Der kalte Teig schmeckt weniger gut.

Pastetenhefeteig

500 g Weizenmehl	50 g Butter
1/4 l lauwarme Milch	30 g Hefe
2 Eier	1 TL Salz

Hefeteig wie üblich herstellen, dünn ausrollen und in die Form einlegen. Hefeteig läßt sich aufgrund seiner Konsistenz gut verarbeiten.

Pastetenmürbeteig

500 g Weizenmehl	2 Eier
250 g Butter	2 bis 3 EL Wasser
1 TL Salz	

Das Mehl haufenförmig auf ein Arbeitsbrett sieben. In der Mitte eine Vertiefung einbringen, die zerdrückte weiche Butter, Salz, die Eier und das Wasser in die Vertiefung geben. Alles schnell verkneten und zur Weiterverarbeitung kaltstellen. Soll der Teig für längere Zeit vorbereitet werden, empfiehlt es sich, ihn mit Alufolie abzudecken.

Pastetenmürbeteig mit Schmalz

500 g Weizenmehl	2 Eier
2 TL Backpulver	3 bis 4 EL Wasser
200 g Schweineschmalz	

Das Mehl mit dem Backpulver auf ein Arbeitsbrett sieben und in der Mitte eine vulkanartige Vertiefung einbringen. Schweineschmalz, Eier, Salz und Wasser in den »Krater« geben, rasch alles zu einem Teig kneten und kaltstellen. Zur weiteren Verarbeitung den gekühlten Mürbeteig etwa 1/2 cm dick ausrollen und entsprechend einsetzen. Beim Auslegen des Mürbeteiges in die Backform darauf achten, daß keine dünnen oder Lochstellen auftreten. Beim Backprozeß kann durch Löcher oder dünne Stellen Fleischsaft austreten, zwischen Teig und Form laufen und die Pastete unansehnlich machen.

Grundzubereitung für Krustenpasteten

Mit gut gekühltem und 1/2 cm dick ausgerolltem Teig eine leichtgefettete Kastenform exakt auslegen. Dabei beachten, daß keine Risse oder Löcher entstehen. Die Teigplatte ist vor dem Einlegen entsprechend der Kastenformgröße zurechtzuschneiden. Damit der Teig nicht doppelt liegt, muß die Teigplatte, die in die Ecken gelegt wird, keilförmig beschnitten werden. Die Teigplatte ist so vorzubereiten, daß der Teig etwa 1 cm über den Rand der Kastenform herausragt. So vorbereitet, wird die Pastetenfüllung eingelegt und mit einer vorbereiteten Teigplatte sorgfältig abgedeckt. Zuvor ist der überstehende Teigrand exakt mit verquirltem Eigelb einzustreichen. Die Teigdecke muß an den Seiten durchgehend angedrückt werden. Dann den überstehenden Teig mit einem Messer abtrennen und zu Garnierungen auf der Pastetendecke verwenden. Die gesamte Oberfläche ist vor dem Auflegen der Garnierung mit Eigelb zu bestreichen. Jetzt aus dem Teigrest Ornamente, stilisierte Blumen oder sonstige Formen ausstechen, aber auch Gitter ausrädeln, auflegen und mit Eigelb einstreichen. Damit der während des Backprozesses entstehende Dampf, ohne die Pastetenoberfläche zu deformieren, entweichen kann, ist es wichtig, je nach Größe der Kastenform eine oder mehrere Öffnungen einzubringen. Meist werden runde Öffnungen mit einem Durchmesser von etwa 2 cm ausgestochen, die mit ausgestochenen Teigstückchen gefällig garniert oder mit einem ausgestochenen Teigring belegt werden. Damit sich die Öffnung nicht verzieht, wird aus zusammengerollter Alufolie ein sogenannter »Kamin« oder »Krude« eingesteckt. Der Dampfabzug wird damit ebenfalls besser gewährleistet. Die Dampfentwicklung ist vom Flüssigkeitsgehalt der Pastetenfüllung abhängig. Das »Zusammengehen, Setzen oder Schrumpfen« der Pastete ist demzufolge variabel. Der entstehende Hohlraum zwischen Pastetenfüllung und Teigmantel wird dadurch unterschiedlich, er muß in jedem Fall, nach völligem Erkalten der Pastete, mit Madeira- oder Rotweingelee durch den »Kamin« ausgegossen werden. Das eingegossene Gelee hält nach dem Erstarren Teigdecke und Füllung zusammen, und die Pastete läßt sich aufschneiden, ohne daß der Teigmantel abfällt. Eine Pastetenfarce setzt sich aus dem Geschmacksträger (dieser gibt der Pastete den Namen, wie Wild, Geflügel, Leber oder Kaninchen), dem schieren Schweinefleisch (es gibt der Pastete eine gute Bindung) und frischem Speck zusammen. Der Speck lockert die Farce auf und verleiht ihr den richtigen Schmelz.

Weitere Zutaten sind Gewürze, Einlagen und Garnierungselemente. Grundvoraussetzung für das Gelingen von Pasteten ist ausreichende Kühlung. Alle Rohstoffe und Arbeitsgeräte müssen gut gekühlt sein. Bei höheren Temperaturen wird die Bindefähigkeit vom Fleischeiweiß durch Gerinnung zerstört. Geschnittene Zutaten vor der Verarbeitung salzen und kühlen. Speck oder Sahne tiefgekühlt dazugeben. Dadurch wird

die erforderliche Temperatur erreicht. Es sind nur Maschinen und Geräte zu verwenden, die technisch einwandfrei sind. Die Messer müssen scharf sein, das Fleisch darf nicht zerquetscht werden. Eine weitere Voraussetzung für eine gute Pastete ist die Verwendung bester Rohstoffe. Nur erstklassige Rohstoffe ergeben eine gute Farce.

Die Farcen sind durch ein Haarsieb zu streichen, damit sie wirklich »sehr fein« werden.

Nachfolgend eine *Rezeptur für eine Gewürzmischung* für Pasteten aller Art:

10 Teile weißer Pfeffer	je 1 Teil Gewürznelke,
2 Teile Muskat	Majoran, Rosmarin
5 Teile Piment	Lorbeer, Salbei,
	Zimt, Basilikum
	1 Spur Thymian

Alle Gewürze fein mahlen oder stoßen, richtig vermischen und gut verschlossen aufbewahren. Gewürzmischungen können weiterhin mit gemahlenem Kümmel, Gewürzpaprika, edelsüß, Senfmehl, Safran, Chilli, Fenchel, Ingwer, Kardamom usw. zusammengestellt werden.

Bei *Wildpasteten* ist etwas gemahlener Wacholder beizugeben. Die Gewürzmischung ist zweckmäßig mit feinem Salz zu vermengen. Für 1 kg Salz werden allgemein etwa 40 g Gewürzmischung berechnet. Für 1 kg Farce sind etwa 30 g Salz-Gewürz-Mischung erforderlich. Voraussetzung für alle Gewürzmischungen sind frische Gewürze von bester Qualität.

Neben Gewürzen können ebenfalls andere Geschmacksgeber verwendet werden. Zum Beispiel das Abgeriebene von Zitronen- oder Orangenschalen, Pilzpulver, sehr feingehackte Kräuter, reduzierter Rotwein und Orangensaft sowie verschiedene Spirituosen.

Zum Würzen benötigt der Fachmann ein ausgeprägtes »Fingerspitzengefühl«. Die Dosierung der Ingredienzien soll den Geschmack verfeinern und die Feinheit der Pastete unterstreichen. Ein Zuviel an Gewürzen oder sonstigen Geschmacksgebern »erschlägt« den Eigengeschmack.

Die Farce für alle Pastetenarten vor der Verarbeitung einer Prüfung unterziehen. Der richtige Würzgrad ist mittels Kochprobe eines kleinen Teiles der Farce in siedendem Salzwasser leicht festzustellen. Die Gewürze wirken in der rohen Farce sehr oft anders als in der gegarten Pastete. Ebenso ist die Kochprobe für die richtige Konsistenz von Bedeutung.

*Bild 1. Gebratene Ente
mit Krautfüllung*

*Bild 2. Honigente
mit Safranrisotto*

81

Bild 3. Backhähnchen in Mandelpanade

Bild 4. Hühnerfrikassee Gärtnerinart

Bild 5. Garnierte Pute mit Spargeltimbale

Bild 6. Gänseweißsauer

Bild 7. Gefüllte
Kaninchenkeule
in Estragonschaumsoße

Bild 8. Gepökelter Kaninchenrücken

85

Bild 9. Vorspeisenplatte
Medaillons, garnierte Wachteln , Rehkoteletts

Bild 10. Kupferpfanne Jägermeisterart

Bild 11. Gefüllter Rehrücken Eigene Art

88

Gänseleberpüree

Zwei Teile Gänseleber in Butter dünsten und mit einem Teil gebratenem Hühnerfleisch fein pürieren. Dann mit Salz, Pastetengewürz und etwas Weinbrand abschmecken und mit frischer Sahne binden. Gänseleberpüree zum Füllen von Pastetchen, Schinkenröllchen usw. oder zum Garnieren von Medaillons verwenden.

Gänseleberterrine

Geeignete Terrine mit Speckplatten auslegen, mit Gänseleberpastetenfarce ausfüttern und mit wie für Gänseleberparfait vorbereiteten Lebern ausfüllen. Als Besonderheit die Lebern mit Trüffelstiften spicken. Die Terrine mit Farce und Speckplatten verschließen, abdecken und im Wasserbad in der Bratröhre garziehen lassen. Vor dem völligen Auskühlen entsprechend pressen und mit einer dünnen Schicht Madeiraaspik bedecken.

Gänsefleischterrine

Gans völlig entbeinen. Gänsefleisch und Speck im Verhältnis 4:1 in grobe Würfel schneiden und anbraten. Dann mit Wasser leicht bedecken und mit Salz, gemahlenem Pfeffer und Lorbeerblatt dünsten, bis das Fleisch völlig gar ist. Alles in entsprechende Gefäße füllen, Lorbeerblatt entfernen, abkühlen lassen und mit flüssigem, gut gewürztem Gänsefett-Schweineschmalz-Gemisch zugießen. Mit frischem Bauernbrot und würzigen Salaten servieren.

Gänseweißsauer (Bild 6)

1/2 Gans
2 Kalbsfüße, entbeint
Salz, Essig
2 Zwiebeln
1 Kräutersträußchen
1 Gewürzbeutel mit Pfefferkörnern, Piment, Gewürznelken und Lorbeerblatt
Zum Klären: Klärfleisch, Eiklar
Zum Garnieren: Tomaten, Maiskölbchen, Oliven, Petersilie, Dillfäden, Spargelspitzen, Gewürzgurke usw.
Die Gans und Kalbsfüße kurz blanchieren, abspülen, mit kaltem Wasser gerade bedecken, zum Kochen bringen und simmern lassen. Nach etwa 30 min Salz, Essig, Zwiebeln, Kräutersträußchen und Gewürzbeutel dazugeben. Wenn das Fleisch beinahe weich ist, Topf beiseite stellen und abkühlen lassen. Dabei setzt sich der Garvorgang anfangs noch fort. Die Gans herausnehmen, mit nassem Tuch bedecken und völlig erkalten lassen. Die Kalbsfüße anderweitig verwenden. Die kalte Brühe passieren und völlig entfetten. Das Klärfleisch mit Eiklar und etwas kaltem Wasser verrühren, die Brühe dazugießen, pikant nachwürzen und unter öfterem Rühren zum Kochpunkt bringen. Dann etwa 30 min bei schwacher Hitze ziehen lassen und passieren. Die Ganshälfte von innen entbeinen, tranchieren, in einer Kokotte anrichten, gefällig garnieren, mit der gelatinösen Brühe übergießen und zum Erstarren kaltstellen. Gänseweißsauer im Anrichtegeschirr servieren.
Beilagen: Röstkartoffeln, Remouladensoße und frische Salate.

Gebratene Entenkeulen mit Linsensalat

4 Entenkeulen
Salz, Pfeffer, Beifuß
Linsensalat
Die Entenkeulen kräftig würzen und knusprig braten. Kleine Speiselinsen in Fleischbrühe mit sehr fein geschnittenem Wurzelwerk bißfest kochen, abgießen und mit Kräuteressig, Salz, Pfeffer, Öl und feingeschnittenem Schnittlauch pikant abschmecken. Die Entenkeulen entbeinen und mit dem Linsensalat auf Salatblättern anrichten. Mit Zwiebel-Majoran-Schmalz und Bauernbrot reichen.
Hinweis: Linsensalat schmeckt besonders gut mit ausgelassenen Speckwürfelchen, die noch warm darüber gegeben werden.

Geflügelbrusttranchen in Pfirsichsoße

600 g gebratene Geflügelbrust von Broiler, Masthuhn oder Pute
4 Pfirsichhälften (Konserve)
100 g Frischkäse
Salz, Curry, Zitronensaft
Die Pfirsiche mit Frischkäse im Mixer pürieren und mit Salz, Curry und Zitronensaft pikant abschmecken. Gegebenenfalls etwas Öl und Pfirsichsaft dazugeben, damit die Soße sämig wird. Ein Schuß Pfirsichgeist wird empfohlen. Das Fleisch gleichmäßig tranchieren, anrichten, mit der Soße überziehen, mit Pfirsichfächer und Cocktailkirsche gefällig garnieren. Mit Weißgebäckauswahl servieren.

Geflügelfleischpastete

Gegartes Geflügelfleisch in 1/2 cm große Würfel schneiden, unter feine Farce aus Geflügelfleisch mageres Schweinefleisch und fetten, frischen Speck zu gleichen Teilen mengen, in vorbereitete Kastenform füllen und im Wasserbad garen. Zur Verfeinerung kleine Champignonköpfe und gehackte Pistazien darunter geben.

Geflügelleberparfait mit Holundersoße und Weinbeeren

400 g Geflügelleber
250 g schieres Schweinefleisch
Pastetengewürz
Salz

Leber und Fleisch sehr fein wolfen und durch ein Haarsieb streichen. Mit Salz und Pastetengewürz würzen, mit Eigelb und Sahne aufmontieren, in eine gefettete Kastenform füllen und im Wasserbad garziehen lassen. Nach dem völligen Erkalten stürzen, mit Madeiragelee überziehen und portionieren. Mit Holundersoße, die aus Holundermark und Rotwein bereitet wurde, Weinbeeren und Toast servieren.

Geflügelschaumbrot

Schaumbrot oder Mousse (besser als Schaummus bezeichnet) sollte nur aus feinsten und frischen Rohstoffen zubereitet werden. Die Herstellung erfordert Fertigkeiten und größte Sorgfalt. Beabsichtigt man Schaumbrot aus wertgeminderten Rohstoffen zu bereiten, ist das Gelingen in Frage gestellt. Die Rohstoffe, wie Wild, Gänseleber, Geflügel und Wildgeflügel, können gekocht, gedünstet, gebraten oder sautiert verwendet werden. Sie müssen sehr fein püriert und mit Velouté, Béchamelsoße oder Mayonnaise, geschlagener Sahne und aufgelöster Gelatine zubereitet werden. Grundsätzlich sind Schaumbrote nur mit der zu ihrer Formerhaltung erforderlichen Gelatine anzusteifen. Die feine Masse darf nicht klebrig sein. Die Tranchen oder Einzelportionen sollen aber ihre gewünschte Gestaltung behalten.

Grundzubereitung für Schaumbrot am Beispiel Geflügel:

1 kg entbeintes Geflügel, ohne Haut
1/5 l Velouté, Béchamelsoße oder Mayonnaise
1/4 l geschlagene Sahne
1/4 l Geflügelaspik

Das gekochte oder gebratene Geflügelfleisch fein wolfen, mit Velouté vermengen und durch ein Haarsieb streichen. Die Masse unter öfterem Umrühren auf Eis stellen oder im Kühlraum gut kühlen. Dann den zerlaufenen Aspik langsam unterrühren, die Masse mit Salz, Weinbrand und Chilli würzen. Zuletzt die geschlagene Sahne darunterheben. Beim Würzen ist zu beachten, daß die Sahne später dazugegeben wird. Das Schaummus wird in eine längliche, mit Geflügelaspik ausgegossene Form, die mit einem attraktiven Dekor ausgelegt wurde, gefüllt und zum Erstarren kaltgestellt. Des weiteren eignen sich Kristallschüsseln und geeignete Serviceförmchen zum Einfüllen von Schaummus. Nach dem Erstarren wird ein Dekor aufgelegt und mit Aspikschicht übergossen. Entsprechend dem verwendeten Rohstoffe sind weiterhin kleine Geflügelbrüstchen als Garnierung zu verwenden. Schaumbrot im ganzen oder als Einzelportion servieren. Es wird als Vorspeise, Zwischengericht, kalte Speise, für Kalte Büfetts sowie Restaurations- und Spezialitätenplatten eingesetzt. Schaummus wird weiterhin zum Auffüllen von Geflügel- oder Wildkarkasse verwendet. Die angegebenen Einsatzmengen sind für Wild, Gänseleber sowie Wildgeflügel analog vorzusehen. Bei sehr fetthaltigen Rohstoffen, z. B. Gänseleber, ist ggf. der Zusatz von Sahne zu reduzieren.

Geflügelsalat in Senfmarinade

500 g Geflügelfleisch, gekocht oder gebraten
je 200 g Gurkenstifte, grüne Bohnen (Konserve), roter Gemüsepaprika, in Streifen geschnitten
Kartoffeln, gekocht, gestiftet

Marinade:
reichlich Senf
Öl, Zitronensaft, Salz, Zucker, Essig

Das Fleisch in Streifen schneiden, mit den anderen Zutaten vermengen und mit der Marinade behutsam anmachen.
Den Salat etwa 2 h zugedeckt kaltstellen. Bei Abruf nachwürzen, auf Kopfsalatblättern anrichten, mit gehackten Kräutern überstreuen und mit halben Wachteleiern garnieren.

Gefüllter Gänsehals

Wie »Gefüllter Gänsehals« (siehe Kapitel 1.5.) zubereiten. Anstelle von Kalbfleisch ebenso feine Farce von Schweinefleisch und Gänseleber oder Schweinegehacktes mit Petersilie und Salbei verwenden. Die Gänsehälse gut bräunen und unter leichtem Druck (beschweren mit entsprechenden Gegenständen) erkalten lassen. Schräge, etwa 1 cm dicke Tranchen schneiden, auf Holzbrettchen anrichten und mit Geleewürfelchen, Majoranbutter oder Apfel-Meerrettich-Sahne, Preiselbeer-Meerrettich-Sahne und Weißgebäck reichen.

Geräucherte Gänsebrust auf Apfelsalat
600 g geräucherte Gänsebrust
600 g Apfelsalat von säuerlichen Äpfeln,
mit etwas Jogurth-Mayonnaise angemacht
Die Gänsebrust in sehr dünne Tranchen schneiden und auf Sockel von Apfelsalat anrichten. Mit gehacktem Rotweinaspik garnieren. Mit Toast servieren.
Hinweis: Apfelsalat nach Belieben mit gehackten Nüssen oder Kokosflocken verfeinern oder Gänsebrust traditionell mit Waldorfsalat anrichten.

Geräucherte Gänsebrust auf Waldorfsalat mit Cumberlandsoße
600 g Gänsebrust
400 g Waldorfsalat
120 g Cumberlandsoße
Die Gänsebrust hauchdünn aufschneiden und gefällig auf Waldorfsalat anrichten. Dabei ist die Aufeinanderfolge der aufgeschnittenen Tranchen zu beachten. Platte gefällig mit Kopfsalat oder Chicorée sowie Orangenwedel oder Mandarinenfilets garnieren und mit Butter, Cumberlandsoße und Toast servieren.

Geräucherte Gänsebrust mit Vinaigrettsoße
600 g geräucherte Gänsebrust
500 g marinierter Brechspargel
0,2 l Vinaigrettesoße
Die Gänsebrust gut kühlen und in sehr dünne Tranchen schneiden. Gefällig mit oder auf Spargelsalat anrichten, mit Tomatenröschen und Petersilie garnieren. Vinaigrettesoße, gut gekühlte Butter und Weißgebäck gesondert reichen.

Gepökelte Entenbrust mit Majorangelee
1 Entenbrust
Mirepoix
1 gespickte Zwiebel
Ingwer

Die Entenbrust mindestens 2 Tage pökeln. Mit Wurzelgemüse, gespickter Zwiebel und etwas Ingwer, gerade mit Wasser bedeckt, kochen und im Fond erkalten lassen. Aus dem Fond Gelee bereiten und mit frischem gehacktem Majoran aromatisieren. Die Entenbrust auslösen, in dünne Tranchen schneiden und mit Majorangeleewürfelchen anrichten. Weitere Beigaben: Apfel-, Orangen- oder Mandelmeerrettich, Dillsahne oder Kognakrahm sowie Weißgebäck, frisches Bauernbrot oder auch Knoblauchtoast.

Gepökelte Putenbrust
Ganze Putenbrust etwa 5 Tage trocken pökeln. Dabei mehrmals umdrehen. Putenbrust abtupfen, mit heißer Butter übergießen und bei mittlerer Hitze saftig braten. Die Brusthälften nach völligem Erkalten entbeinen, schräg in Tranchen schneiden und in der Reihenfolge auf ein Ablaufgitter legen. Dann mit Weißweingelee überglänzen, mit Mandarinenspalten, Pistazien, Cocktailkirschen und Trüffelstiften gefällig garnieren. Beide Brusthälften in Reihenfolge auf einem flachen Sockel von Waldorfsalat anrichten. Mit kleinen geschälten Orangen, verziert mit dünnen Streifen von rotem Gemüsepaprika, sowie Putenleberschaumbrötchen in Madeiragelee umlegen.
Hinweis: Diese Zubereitungsmethode hat sich für Geflügelspeisen im à-la-carte-Geschäft bewährt. Die rationelle Anrichteweise kann mit pikantem Gemüse- oder Obstsalat, Edelfrüchten oder mariniertem Gemüse kombiniert werden.

Geräucherte Putenbrust mit feinen Kräutern
Putenbrust mit gehackten Kräutern pökeln und räuchern. Beim Räucherprozeß zusätzlich getrocknete Kräuter zusetzen. Putenbrust im sogenannten Kräuterrauch räuchern.
Putenbrust tranchieren, gefällig auf Holzplatten anrichten, mit frischen Salaten, Dillmayonnaise oder Butterflocken und frischem Roggenbrot oder Toast servieren.

Gedämpftes Hähnchen in Dillgelee
»Gedämpftes Hähnchen« (Kapitel 1.6.) zubereiten, erkalten lassen, entbeinen und in Dillgelee einlegen. Bei Abruf stürzen, mit Zitronenmayonnaise, Weißgebäck und grünem Salat anrichten.
Hinweis: Bei Aspikspeisen ist auf die richtige Konsistenz sowie auf den typischen Geschmack

der Rohstoffe zu achten. Dillaspik zum Beispiel aus kräftiger Geflügelbrühe zubereiten.

Hähnchenfleisch in Senfkrem

400 g gekochtes Hähnchenfleisch
je 100 g Tomatenfleisch- und Apfelwürfel
Senf
Créme fraiche
Mayonnaise
Das Hähnchenfleisch in grobe Würfel schneiden, Tomaten- und Apfelwürfel dazugeben und mit Salz, weißem Pfeffer und Zitronensaft marinieren.
Senf, Sahne und Mayonnaise zu gleichen Teilen zu einer kremigen Soße verrühren und pikant abschmecken. Das Hähnchenfleisch mit der Soße anmachen und etwa 30 min zum Durchziehen kaltstellen. Hähnchenfleisch auf Salatblättern anrichten, mit Dillzweig und Tomatenecken garnieren. Mit frischem Toast oder ofenwarmen Gewürzhörnchen servieren.

Hühnerbrust in Weingelee

4 Hühnerbrüste
0,2 l Weißwein
Salz, Pfefferkörner, 1 Lorbeerblatt, Piment
200 g Wurzelgemüse
1 Kräutersträußchen
Gelatinepulver
Die Hühnerbrüste gerade mit Wasser bedecken, gut würzen, langsam köcheln und im Fond erkalten lassen. Herausnehmen, entbeinen und enthäuten. Den Fond entfetten, passieren. Aus erforderlicher Menge Fond, Wein und aufgelöstem Gelatinepulver leichtes Gelee bereiten. Wenn erforderlich mit geschlagenem Eiklar klären. Entsprechende Portionsförmchen chemisieren, Dekor von Trüffelscheiben, Tomatenfleischecken und Estragon einlegen und mit Weingelee befestigen. Die Brusthälften jeweils in drei schräge Tranchen schneiden, dekorativ in Schnittfolge in die Förmchen geben, mit Weinaspik zugießen und kaltstellen. Hühnerbrüste stürzen, auf Kopfsalatblättern anrichten, mit Zitronenbutter, frischen Salaten und Brotauswahl reichen.
Hinweis: Auf gleiche Weise anderes Geflügel einlegen. Es eignen sich dazu besonders Putenbrustmedaillons, Perlhuhnbrüstchen oder Taubenfleisch, pochiert oder gekocht. Anstelle eines Dekors Eischeiben, Wachteleier, Gewürzgurken, Südfrüchte oder auch pochierte Apfelspalten mit einlegen. Einzelportionen nach dem Stürzen mit Gänseleberkremrosetten und Früchten garnieren. Diese Methode ist effektiv. Grundsätzlich sind Gelees mit größter Akribie abzuschmecken und in der entsprechenden Konsistenz herzustellen.

Hühnerbrust mit Kräutersoße

4 Hühnerbrüste
Salz, Pfeffer
50 g Öl
Geflügelbrühe, Weinessig
Die Hühnerbrüste würzen und in heißem Öl auf der Hautseite gut bräunen. Dann Geflügelbrühe und Weinessig angießen. Sauteuse abdecken, die Hühnerbrüste langsam garen und im Fond erkalten lassen. Bei Abruf in 3 bis 4 schräge Tranchen schneiden, wieder zusammenlegen, anrichten, mit etwas Fond überziehen. Kräutersoße gesondert reichen.
Beilagen: Röstkartoffeln, pommes frites oder Toast.

Hühner-Galantine

Junges Huhn wie für »Poularden-Galantine« entbeinen, breitlegen, mit Pastetensalz würzen und mit angeschwitzten feinen Zwiebelwürfelchen und gehackten Kräutern einreiben. Zum Füllen aus Hühnerfleisch, schierem Schweinefleisch und frischem Speck zu gleichen Teilen feine Farce bereiten, die mit Würfelchen von Pökelzunge, Champignons, Gänseleber und rotem Gemüsepaprika garniert wird. Die zugenähten Hühner in Tücher einrollen, fest zubinden, in kräftiger Hühnerbrühe garziehen, später nachbinden, leicht pressen und nach dem völligen Erkalten in Tranchen schneiden. Die Tranchen auf ein Abtropfgitter legen und mit würzigem Geflügelaspik überziehen, dann auf Kopfsalatblättern anrichten und mit frischem Gurken-Champignon-Salat in saurer Sahne und Roggenbrot servieren.

Hühnerpastete

Ein junges Huhn völlig entbeinen, die Brüste enthäuten, in Längsstreifen schneiden und mit Salz und weißem Pfeffer würzen. Das Hühnerfleisch mit zwei Teilen fettem Speck, je einem Teil Kalb- und magerem Schweinefleisch mehrmals sehr fein wolfen und mit Salz, Pastetengewürz, Eiern und etwas Weinbrand zu feiner Farce verarbeiten. Dann eine mit Teig ausgelegte Kasten-

form mit dünnen Speckscheiben ausfüttern und im Wechsel mit Farce, Streifen von Räucherzunge und Bruststreifen füllen, mit Speckscheiben und Teigdecke entsprechend abdecken und bei mittlerer Hitze in der Bratröhre backen.
Beilagen: Cumberlandsoße und Waldorfsalat.

Hühnersalat mit Chicorée und Tomaten
400 g Hühnerbrust, gebraten
400 g Chicorée
200 g Tomatenfleisch
Die Zutaten in Streifen schneiden, mit Essig-Öl-Marinade anmachen und mindestens 1 h durchziehen lassen. Gut gekühlt mit Dillbutter und frischem Toast anrichten.

Hühnersalat mit Reis
400 g gekochtes Hühnerfleisch
100 g Zuckerschoten (Konserve)
100 g körnig gekochter Reis
100 g roter Gemüsepaprika, gewaschen, entkernt
2 gekochte Eier (hart)

Marinade:
60 g Salatöl
60 g Kräuteressig
30 g geriebene Zwiebel
scharfer Senf
Salz, Cayennepfeffer, Zucker
einige feingehackte Estragon- und Liebstöckelblättchen

Hühnerfleisch und Gemüsepaprika in feine Würfel schneiden. Die Eier schälen und hacken. Alles mit Zuckerschoten und Reis vermengen. Die Marinade zubereiten, kräftig würzen, über den Salat gießen und etwa 30 min einziehen lassen. Dann nachschmecken, auf Salatblättern anrichten und dekorativ mit Cocktailkirsche und Zitronenwedel oder Tomatenrose und Dillzweig garnieren.
Hinweis: Liebstöckel ist sehr geschmacksintensiv, nur wenig zarte Blättchen verwenden.

Hühnersalat mit Nüssen
400 g Hühnerbrust, gekocht
100 g Porree
100 g Nüsse, gehackt
100 g Mayonnaise
Salz, Pfeffer, Curry, Ingwerpulver
Die gerade richtig (à point) gekochte Hühnerbrust in Rauten schneiden und mit sehr fein geschnittenem Porree und gehackten Nüssen ver-

mengen. Die Mayonnaise mit den Ingredienzien abschmecken und unter das Hühnerfleisch mengen.
Salat auf Kopfsalatblättern anrichten und mit gekochten Porreestreifen sowie gehackten Nüssen garnieren. Mit Toast servieren. Diesen würzigen Salat als Vorspeise reichen oder gut gekühlt am Kalten Büfett anbieten.

Illustrierter Hühnersalat
1 gebratenes Hähnchen
150 g Maiskörner (Konserve)
150 g Tomatenfleischwürfel
150 g Spargelstücke

Marinade:
50 g Öl
50 g Dillessig
Salz, Zucker, weißer Pfeffer

Das Hähnchen entbeinen, das Fleisch in längliche Streifen schneiden. Fleisch, Tomaten, Maiskörner und Spargelstücke vermengen und mit der Marinade übergießen. Etwa 2 h zum Durchziehen kühlstellen. Den bunten Salat auf Kopfsalatblättern anrichten und mit Kräutertoastoval servieren.

Kalter Entenbraten mit Apfelsalat und Sahnemeerrettich
Gebratene Ente halbieren, von innen entbeinen und in schräge Tranchen schneiden. Säuerliche Äpfel in Würfel schneiden, mit Zitronensaft, Salz, weißem Pfeffer und Joghurt pikant anmachen. Entenbraten auf Salat anrichten, mit Petersilie und Streifen von rotem Gemüsepaprika garnieren. Sahnemeerrettich und frisches Roggenbrot dazugeben.

Kalte Würzente mit Apfelsalat
1 Ente, etwa 2 kg

Würzsoße:
Sojasoße
trockener Weißwein
Zucker
geriebene Pomeranzenschale
Ingwerpulver
Salz
Öl

Die Zutaten nach Belieben mengenmäßig variieren und verrühren. Die Ente damit innen und außen bepinseln und wie üblich mit Wasser zum Braten ansetzen. Die Ente etwa 1 1/2 h braten, dabei alle 10 min mit der Würzsoße bepinseln. Die Ente bei Zimmertemperatur abkühlen lassen. Dann portionieren, von innen entbeinen und mit Apfelsalat, Majoranschmalz und frischem Landbrot anrichten.

Marinierte Hühnerbrust mit Eier-Oliven-Ragout

4 ausgelöste Hühnerbrüste je 250 g

Die Hühnerbrüste gut würzen und mit Weißwein, Butterflocken sowie Mirepoix dünsten und im Fond erkalten lassen. Dann mit Olivenöl, Kräuteressig, Ketchup, Salz und etwas Tabascosoße zu gleichen Teilen mindestens 6 h marinieren. Für das Ragout hartgekochte Eier achteln und paprikagefüllte Oliven halbieren. Eier und Oliven vermengen und pikant abschmecken. Die Hühnerbrüste mit dem Ragout anrichten. Dazu schmecken gutgekühlte Butter, frischer Toast oder Stangenweißbrot.

Gänseleberparfait

Parfaits stellen eine Besonderheit dar. Dazu werden vorbereitete, marinierte und mit Trüffeln gespickte Gänselebern in ganzen Hälften in Formen eingepaßt und im Wasserbad gargezogen. Von den Lebern alle Gallenflecken herausschneiden und die Gallengänge sowie die Adern und Blutgerinnsel entfernen. So vorbereitet die Lebern mit Gewürzsalz und Weinbrand kaltstellen. Eine entsprechende Form mit Speckplatten auslegen, die Leberhälften dann in die Form einlegen, stark eingepreßt mit einer Speckplatte sowie dem Deckel abdecken und im Wasserbad garen. Nach dem Erkalten das Parfait in Scheiben schneiden, mit Madeiragelee überziehen und mit frischem Toast und Butter anrichten.

Die folgende Zubereitungsart von Gänseleberparfait ist einfacher, aber nicht so exzellent: 500 g Gänseleber in Butter dünsten, mit 250 g schierem Schweinefleisch wolfen und durch ein Haarsieb streichen. So vorbereitet mit Pastetensalz würzen, mit Eigelb und Sahne aufmontieren, in eine gefettete Form füllen und im Wasserbad garziehen lassen.

Perlhuhn-Galantine

Wie »Hühner-Galantine« zubereiten. Die Farce mit der feingewürfelten Einlage garnieren. Das Einlegen hat sich bei kleinen Galantinen nicht bewährt. Perlhuhn-Galantine mit brauner Sulzsoße überziehen.

Pfefferhuhn

(für etwa 10 Personen)

1 kg Briocheteig
0,7 kg Hühnerbrust
150 g Béchamelsoße
150 g geschlagene Sahne
Geflügelaspik
Gemüsegarnitur
grüner Pfeffer

Den Briocheteig in eine ausgebutterte Röhrenform füllen und backen. Den Teig erkalten lassen und bis auf einen 1 cm dicken Rand mit einem langen dünnen Messer aus der Form herausschneiden. Den Teigmantel von innen mit feiner Kräuterbutter bestreichen und kaltstellen. Inzwischen Hühnerschaumbrot zubereiten, mit Champignons-, Möhren- und Schinkenwürfelchen sowie zarten jungen Erbsen garnieren, in den Teigmantel füllen und kaltstellen. Dann aus der Röhrenform stürzen, mit etwas Weinbrand beträufeln, rundherum sehr dünn mit Geflügelschaumbrot bestreichen und in gestoßenem grünem Pfeffer rollen. Zuletzt in Tranchen schneiden und gut gekühlt servieren.

Pikanter Geflügelsalat mit Schinken

400 g gekochtes Geflügelfleisch
150 g Kochschinken, ohne Fett
100 g Selleriescheiben (Konserve)
75 g Champignonköpfe (Konserve)
60 g Mayonnaise
40 g Sahne
40 g Ketchup
Zitronensaft, Weinbrand
Salz, Zucker, weißer Pfeffer

Geflügelfleisch, Kochschinken und Sellerie in gleichgroße Streifen schneiden. Die Champignonköpfe vierteln. Alle Zutaten mit Mayonnaise, Sahne, Ketchup, Zitronensaft und Weinbrand kurz verrühren, mit Salz, Zucker und Pfeffer pikant abschmecken. Salat etwa 30 min zum Durchziehen kaltstellen. Dann nachschmecken, anrichten und mit Tomatenröschen, Petersilie oder Dill und gerieften Champignonköpfen garnieren. Mit Weißgebäck oder frischem Roggenbrot servieren.

Dieser Salat ist ebenso als Vorspeise, Cocktail, zu Kalten Büfetts oder als Bestandteil von illustrierten bzw. Restaurationsplatten einzusetzen. Grundsätzlich ist darauf zu achten, daß die in Streifen geschnittenen Zutaten nicht zerrührt und somit unansehnlich werden. Auch sind

Salate nicht schlechthin als kalte Speisen anzubieten, sondern gut gekühlt zu reichen.

Pikanter Hühnersalat

500 g gebratenes Hühnerfleisch
je 100 g grüner und roter Gemüsepaprika
100 g Tomaten, ohne Haut und Kerne
1 Banane
8 Oliven, mit Paprika gefüllt
1 Bund Radieschen
Kopfsalat
Kresse

Marinade:
40 g Sonnenblumenöl
2 EL Kräuteressig
1 EL Sojasoße
Salz, Pfeffer aus der Mühle
Gewürzpaprika, edelsüß

Das Hühnerfleisch häuten und in feine Streifen schneiden. Die Haut fein hacken. Gemüsepaprika in Streifen, die Tomaten feinwürfelig schneiden, Banane schälen, halbieren und in Scheibchen schneiden. Die Oliven vierteln. Die Ingredienzien für die Marinade vermengen und kräftig würzen. Dann alle Zutaten behutsam vermengen und mit der Marinade anmachen. Die Radieschen waschen, putzen, in Scheiben schneiden und salzen. Kopfsalat entsprechend vorbereiten und in Streifen schneiden. Zuerst Kopfsalat, dann die Radieschenscheiben auf vier Glastellern verteilen. Das marinierte Hühnerfleisch darauf anrichten und mit frischer Kresse garnieren. Pikanten Hühnersalat mit Butterflocken und frischem Toast servieren.

Poularden-Galantine

Eine junge Poularde säubern, die Flügel oberhalb des ersten Gelenks abschlagen, ebenso die Beine kurz vor dem Gelenk entfernen. Dann die Poularden auf die Brust legen und von der Bauchseite mit kurzem, scharfem Messer exakt vom Knochengerüst trennen. Am oberen Halsende beginnend die Haut bis etwa 5 cm vor dem hinteren Ende aufschneiden. Es kommt darauf an, die Fleischhülle unbeschädigt von der Karkasse abzulösen. Zuletzt die Keulen- und Flügelknochen herausschälen und das Keulen- und Flügelfleisch nach innen wenden. Dadurch erhält die spätere Galantine eine gleichmäßigere und elegantere Form. Die so vorbereitete Fleischhülle auf ein Arbeitsbrett legen. Das Brustfleisch zuerst auf der gesamten Innenfläche verteilen, alles mit Pastetensalz bestreuen und kaltstellen.

Zur *Füllung* ist gut bindende Farce erforderlich, die aus einem Teil Kalbfleisch sowie zwei Teilen frischem Speck, Eiern, Sahne, etwas Weinbrand und Pastetensalz zubereitet wird. Damit eine gute Bindung erreicht wird, ist es vorteilhaft, den Speck tiefgekühlt zu verwenden. Zuletzt die Farce durch ein Sieb streichen und mit feinen Würfeln von Pökelzunge, Trüffeln und Pistazien garnieren. Die Einlage kann weiterhin in gleichmäßige Streifen geschnitten und im Wechsel in die Farce eingelegt werden. Die ausgebreitete Poularde zuerst mit einer Farceschicht von etwa 2 cm ausstreichen. Darauf die Einlage sehr sorgfältig auflegen. Es folgt dann im Wechsel eine Schicht Farce und eine Schicht Einlage, bis die Galantine gefüllt ist. Den Abschluß muß eine Farceschicht bilden. Die Galantine zunähen, in dünne Speckplatten einhüllen, in ein Leinentuch einrollen und an den Seiten gut verschnüren. Bei diesem Arbeitsschritt ist darauf zu achten, daß die Galantine eine gleichmäßige Form erhält.

So vorbereitet die Galantine in würzigem Hühnerfond garen und im Fond erkalten lassen. Wenn der Fond handwarm ist, Galantine etwas nachbinden und leicht beschweren, damit sie eine gefällige Form erhält. Nach dem völligen Erkalten Galantine aus dem Tuch nehmen, vom Faden befreien und trockentupfen. Anschließend tranchieren oder zur weiteren Verarbeitung mit Geflügelaspik oder mit aus dem Fond bereiteter weißer Sulzsoße überziehen. Wird sie nach der letzten Variante zubereitet, muß sie mit einem gefälligen Dekor attraktiv gestaltet werden. Meist werden Blumen- und Blattmotive aufgelegt. So zubereitet werden Galantinen gern als Schaustück für Kalte Büfetts eingesetzt. Das Überziehen mit Sulzsoße muß in einem Arbeitsgang erfolgen. Voraussetzung für einen glatten und gleichmäßigen Überzug sind die gut gekühlte Galantine sowie Sulzsoße mit der erforderlichen Konsistenz. Mit pikanten Salaten, Butter und Weißgebäck vervollständigen.

Putenterrine

600 g Putenbrust
200 g Geflügelleber
200 g geräucherter Speck
Putenbrust in Würfel schneiden. Gefügelleber mit geweichtem Weißbrot, Zwiebelwürfelchen

und geräuchertem Speck fein wolfen, mit Salz, Pastetengewürz sowie Ei vermengen und die Putenfleischwürfel daruntergeben. Eine feuerfeste Terrine mit Speckscheiben auslegen, die Masse einfüllen, richtig einstauchen, mit Speckplatte abdecken und im Wasserbad in der Backröhre bei 200 °C garen. In der Form unter leichtem Druck erkalten lassen. Mit frischen Salaten anrichten.

Putensalat mit Krebsschwänzchen
400 g Putenbrust, gekocht
100 g Krebsschwänzchen oder Garnelen
200 g Melonenfleisch
50 g Sellerie, frisch, geschält
Zitronensaft

Marinade:
80 g Mayonnaise
40 g Sahne
Chillisoße
2 cl Gin, Salz

Putenbrust in Streifen und Sellerie in sehr feine Streifen schneiden. Mit Pariser Löffel Melonenfleischkügelchen ausbohren und mit den Krebsschwänzchen oder Garnelen dazugeben. Alle Zutaten mit Zitronensaft marinieren. Dann die Marinade zubereiten, sehr kräftig abschmecken und behutsam unter den Salat geben. Den pikanten Salat auf Glastellern verteilen und mit Kopfsalatstreifen und Cocktailkirschen garnieren.
Anmerkung: Putensalat auch als Cocktail oder zum Kalten Büfett anbieten. Dann wird das Anrichten in halben, ausgehöhlten Melonen empfohlen.
Hinweis: Gleich welche Angebotsvariante, der Salat muß gut gekühlt serviert werden.

Schaumbrot von Gänseleber
1 kg Gänseleber
1/3 l geschlagene Sahne
1/3 l Geflügelaspik
Die in würzigem Madeirafond gedünsteten Gänselebern gut abtropfen lassen, fein wolfen, mit Salz, weißem Pfeffer und Weinbrand kräftig würzen, durch ein Sieb streichen, auf Eis stellen, den flüssigen Aspik daruntervermengen, die Sahne unterheben und in mit Madeiraaspik chemisierte Formen füllen.
Hinweis: Gänseleberschaumbrot mit feinen Würfelchen von Pökelzunge, Kochschinken,

Champignons oder Trüffeln verfeinern. Die chemisierten Förmchen mit einem Dekor von Trüffel, Eiklar, Pökelzunge oder Tomatenfleisch versehen.

Würziger Entensalat
400 g Entenfleisch, gebraten
100 g Salatgurken
100 g Tomatenfleisch, Haut abgezogen
100 g Kartoffeln, gekocht
Öl, Essig, Salz, Pfeffer, 1 Prise Zucker
Entenfleisch, Gurken, Tomatenfleisch und Kartoffeln in Streifen schneiden. Aus den Ingredienzien Marinade bereiten, die Zutaten damit anmachen und mindestens 1 h durchziehen lassen. Entensalat auf Salatblättern anrichten und mit Apfel-Zwiebel-Schmalz und Vollkornbrot servieren.

2.

Kulinarisches
aus Kaninchen

Kaninchenfleisch ist hell, zart, saftig und zeichnet sich durch hohen Nährwert und gute Verdaulichkeit aus. *Hauskaninchen* sind im Geschmack dem Hühnerfleisch ähnlich, *Wildkaninchenfleisch* ist würziger und wird deshalb meist wie Hase zubereitet. Wegen seines zarten Fleisches läßt sich Kaninchen gut für kurzgebratene oder gebackene Spezialitäten verarbeiten. Das Marinieren mit Weißwein, Öl, Zitronensaft und frischen Kräutern wird besonders bei älteren Tieren empfohlen. Wildkaninchen schmeckt pikant, wenn die Fleischteile vor der Verarbeitung mit etwas Senf bestrichen werden. Da Wildkaninchen keine Schonzeit haben, können sie ebenso wie Hauskaninchen während des ganzen Jahres zur Verfügung stehen.

2.1. Spezialitäten der Warmen Küche

Gebackene Kaninchenläufchen
8 Kaninchenläufchen
Salz, Pfeffer, Zitronensaft
Wiener Panade
Öl oder Schmalz zum Fritieren
Kaninchenläufchen von der Innenseite auslösen, marinieren, gut panieren und in heißem Fett goldgelb fritieren. Abtropfen lassen, mit Kräuterbutter, Specksalat und frischen Salaten anrichten.
Hinweis: Kaninchenläufchen von älteren Tieren etwa 15 min in Salzwasser blanchieren, abtropfen lassen, mit Zitronensaft, Salz und Pfeffer würzen und panieren.

**Gefüllte Kaninchenkeule
in Estragonschaumsoße** (Bild 7)
4 Kaninchenkeulen
200 g feine Farce
Salz, Pfeffer
Butter oder Margarine
Zuerst die Keulen von der Innenseite auslösen. Von den Knochen und Parüren Jus bereiten. Inzwischen die Farce garnieren, in vier Teile portionieren, gebratene Kaninchenleber in die Mitte geben, die Farce keulenförmig formen, in dünne Speckscheiben einhüllen, die ausgelösten Keulen damit füllen und in die ursprüngliche Form rollen. Dann nähen oder fest zusammenstecken. Die so vorbereiteten Keulen würzen, in Butter anbraten, mit Jus auffüllen und fertiggaren. Die Soße mit Mehlbutter binden. Von den Keulen die Fäden entfernen, Keulen schräg tranchieren, untersoßieren und mit Williamskartoffeln und Rosenkohl anrichten.
Hinweis: Rationell ist das Einrollen in Alufolie. Die fertigen Keulen müssen dann allerdings in Butter nachgebraten werden.

Gefüllter Kaninchenrücken mit Ebereschensoße
1 Kaninchenrücken
300 g Kräuterfarce
Speckscheiben
Salz, Pfeffer, Rosmarin
Margarine, Weißwein
Ebereschenmark
Die Rückenfilets auslösen, enthäuten, zum Füllen aufschneiden, leicht plattieren und würzen. Den Rückenknochen fein hacken. Die Farce auf den Filets verteilen, das Fleisch zusammenrollen, in Speckscheiben einhüllen und mit Küchengarn wie einen Kalbsnierenbraten binden. Filets und Knochen langsam anbraten. Dabei öfter wenden, mit Weißwein ablöschen und zugedeckt fertiggaren. Kaninchenrücken herausnehmen, Bindfaden entfernen, Fleisch in schräge Tranchen schneiden und heißstellen. Den Fond passieren, kurz mit Ebereschenmark verkochen, abschmecken und extra reichen.
Beilagen: Spätzle, hausgemachte Rote-Bete-Nudeln und frische würzige Salate.
Hinweis: Bei der Kombination mit Ebereschen-Kräuter-Farce mit etwas Pökelsalz würzen. Geschmack und Farbe werden verbessert. Wenn frische Ebereschen verwendet werden, diese kurze Zeit einfrieren. Der bittere Geschmack wird dadurch gemindert. Die Zugabe von etwas Birnen- oder Apfelsaft mindert weiterhin den bitteren Geschmack.

Gefüllte Kaninchenrücken mit Kräuterfarce ebenso mit Lauch, schwarzen Oliven, Malzbier oder Schlehen aromatisieren.

Gefüllter Kaninchenrollbraten
(für 6 bis 8 Personen)
1 Kaninchen, Kopf entfernt und gehackt
250 g Schweinefleisch
250 g Bauchspeck
2 Eier
Salz, Pfeffer, gehackte Petersilie
Butter oder Margarine
Mirepoix
Mehl
saure Sahne

Kaninchen von der Bauchseite beginnend sehr sorgfältig auslösen und auf einer Arbeitsfläche ausbreiten. Keulenfleisch flach beschneiden und so auf dem Kaninchen verteilen, daß eine gleichdicke Fleischschicht entsteht. Ebenso Spitzen von Haxen und Läufchen nach innen schlagen oder parieren und auf der Fläche verteilen. Fleisch salzen und pfeffern. Schweinefleisch und Speck wolfen und mit Eiern sowie Gewürzen und viel gehackter Petersilie zu einer festen Masse verarbeiten. Hackmasse zu einer Rolle formen und längs auf das ausgelöste Kaninchen legen.
Kaninchen über der Hackfleischrolle exakt zusammenschlagen und mit Küchengarn zusammenbinden. Fett in einem geeigneten Schmortopf erhitzen, Kaninchenrolle sowie die ausgelösten und gehackten Knochen, Kaninchenkopf und Mirepoix einlegen. Mit Salz, Pfeffer, Rosmarin und Nelken würzen und langsam in der vorgeheizten Bratröhre unter öfterem Rühren sowie Begießen mit dem Fett bei mittlerer Hitze anbraten. Bratsatz mit etwas Weißwein ablöschen. Nach etwa 1 h Kaninchenrolle herausnehmen, Knochen und Mirepoix mit Mehl bestäuben, hellbraun rösten, mit Fleischbrühe auffüllen, aufkochen und Kaninchenrolle nochmals dazugeben und fertiggaren. Vor dem Tranchieren Küchengarn entfernen. Soße passieren, mit Sahne verfeinern, pikant abschmecken und gesondert servieren.
Beilagen: frische Salzkartoffeln und Rosenkohl oder Kartoffelkroketten und Zuckerschoten. Dazu schmecken weiterhin Schmorgurken in Dill-Zitronen-Butter oder grüne Bohnen mit Currysahne.
Hinweis: Auf gleiche Weise Hasenrollbraten zubereiten.

Geschnetzeltes Kaninchenfleisch mit Champignons
600 g Kaninchenrücken, enthäutet, ausgelöst
80 g geklärte Butter
1 Zwiebel, feingehackt
Salz, Pfeffer, geriebene Muskatnuß
0,1 l Weißwein, Kaninchenjus
gehackte Petersilie
Mehlbutter
400 g Champignons, blanchiert, geschnitten

Fleisch feinblättrig schneiden, würzen und in heißer Butter in einer entsprechend großen Stielpfanne schnell bei starker Hitze anbraten. Dabei die Fleischteilchen durch öfteres Schwenken der Pfanne wenden. Nach wenigen Minuten die Fleischstücke aus der Pfanne nehmen, in eine Servicekasserolle geben und warmstellen. Die Fleischstückchen müssen innen rosa bleiben. Im Bratfett Zwiebelwürfel und Champignons anschwitzen, würzen, mit Weißwein sowie Kaninchenjus auffüllen, mit Mehlbutter binden, ausgetretenen Fleischsaft dazugeben und kurz aufkochen. Champignons über die Fleischstreifen geben, alles durchschwenken und mit Petersilie überstreuen. Geschnetzeltes Kaninchenfleisch mit Teigwarenbeilagen oder Kartoffelpüree, aber auch mit Kartoffelkroketten servieren. Als besonderen Clou Tomatenflan mit Basilikum-Hollandaise dazugeben.
Hinweis: Die Größe der Stielpfanne ist für das Gelingen dieser Spezialität entscheidend. Die Fleischstückchen dürfen nicht aufeinander liegen. Der austretende Fleischsaft verringert zu schnell die Hitze; das Braten geht in Kochen oder Dünsten über und das Fleisch wird zäh. Bei der Endbereitung dürfen die Fleischteilchen, auch in Verbindung mit Soße, niemals kochen.

Geschmortes Kaninchen in Weißweinsoße
(für 4 bis 8 Personen)
1 Kaninchen, zerteilt in Keulen, Rücken
und Läufchen
Salz, Pfeffer, Thymian, Rosmarin
Butter oder Margarine
Weißwein, Mehl

Die Kaninchenteile parieren, häuten, würzen und mit den Parüren sowie Mirepoix in heißem Fett stark anbraten. Mit Mehl bestäuben, nochmals gut bräunen, mit Weißwein und Fleischbrühe auffüllen und fertigschmoren. Die Kaninchenstücken ausstechen, die Soße pikant

würzen, gegebenenfalls nochmals mit Weißwein abschmecken und passieren.
Kaninchen entsprechend portionieren und anrichten. Die Soße extra servieren.
Beilagen: mit Käse überbackene Rahmkartoffeln und gebutterte Möhrenkugeln oder Pilzrisotto und Zucchini in Zitronen-Kapern-Soße.

Kaninchenbitki

Hackmasse von Kaninchenfleisch zubereiten, etwa 60-g-Stücke portionieren, Bitki formen und in heißem Fett auf beiden Seiten anbraten. Dann feine Zwiebelwürfel dazugeben und bei mittlerer Hitze fertigbraten. Bitki mit den inzwischen gebräunten Zwiebelwürfeln behäufeln und mit heißem Fett übergießen.
Beilagen: Kartoffelpüree, Specksalat, aber auch Béchamelkartoffeln und frische Gemüsesalate, wie Tomatenscheiben mit Knoblauchkrem.

Kaninchen-Blanquette

600 g Kaninchenfleisch, in grobe Stücke geschnitten
Salz, Weinessig, Pfefferkörner
gespickte Zwiebel, Kräutersträußchen
60 g Butter
40 g Mehl
2 Eigelb, mit Sahne verquirlt
Fleischstücke mit Wasser oder Fleischbrühe kalt ansetzen, würzen und mit gespickter Zwiebel und Kräutersträußchen langsam garkochen. Dabei öfters den sich auf der Oberfläche bildenden Schaum abschöpfen. In einem geeigneten Topf helle Mehlschwitze bereiten, mit dem Fond gut verkochen, passieren, mit Eigelb legieren und pikant abschmecken. Die Fleischwürfel anrichten und mit der Soße überziehen oder in die Soße geben.
Beilagen: Risotto und junges Gemüse oder Teigwaren und Pilze mit frischen Kräutern.

Kaninchen-Brisolett

500 g Kaninchenfleisch
100 g Weißbrot oder Brötchen, in Milch geweicht, ausgedrückt
1 bis 2 Eier
1 große Zwiebel, in Würfel geschnitten, in Butter angeschwitzt
Salz, Pfeffer, Petersilie
Reibesemmel
Butter oder Margarine

Das Fleisch zusammen mit Zwiebel, Weißbrot und Gewürzen fein wolfen und mit Ei zu einer glatten geschmeidigen Masse verarbeiten. Dann in vier Portionen teilen, zu gleichmäßigen Brisoletts formen, in Reibesemmel wenden, in heißem Fett auf beiden Seiten anbraten und bei schwacher Hitze fertigbraten. Die goldgelben knusprigen Brisoletts anrichten, mit Bratfett begießen und mit frischen Salzkartoffeln und jungem Gemüse servieren.
Dazu schmeckt besonders Auberginenauflauf.

Kaninchen-Curry mit Bananen

600 g Kaninchenfleisch, in olivengroße Würfel geschnitten
40 g Bauchspeck, in feine Würfel geschnitten
Butter
1 Zwiebel, in feine Würfel geschnitten
Salz, Pfeffer, Curry, Muskat, Mehl, Wasser
2 Eigelb, mit Milch verquirlt
400 g Banane, in 2-cm-Scheiben geschnitten und in Butter angeschwenkt
40 g Kokosflocken, in Butter geröstet
Speckwürfel in Butter goldgelb anschwitzen, Fleischwürfel dazugeben, alles goldgelb braten, gut würzen, mit Mehl bestäuben, alles hellbraun anschwitzen und mit der erforderlichen Menge Wasser auffüllen. Fleisch garziehen lassen, unmittelbar vor dem Service mit Eigelb verfeinern, anrichten, mit Bananenscheiben behäufeln und mit Kokosflocken überstreuen. Mit Risotto oder Safranreis servieren.
Anmerkung: Anstatt mit Bananen schmeckt diese Kaninchenspezialität ebenso mit Apfelspalten, Melonenstücken, Orangenfilets, aber auch mit gedünsteten Quitten oder entsteinten Sauerkirschen.

Kaninchen-Eintopf mit weißen Bohnen

600 g Kaninchenfleisch, in grobe Würfel geschnitten
200 g weiße Bohnen, eingeweicht
2 Zwiebeln, feingehackt
100 g Möhren, in feine Würfel geschnitten
200 g Kartoffeln, in Würfel geschnitten
50 g Öl
Salz, Pfeffer, Knoblauch, Cayennepfeffer, Weinessig
Zuerst die Bohnen bißfest kochen. Die Garflüssigkeit zur weiteren Verwendung abgießen. Kaninchenfleisch, Zwiebel-, Möhren- und Kartoffelwürfel mit Öl, Essig, Gewürzen und Gar-

flüssigkeit der Bohnen ansetzen und abgedeckt etwa 40 min simmern lassen. Kurz vor Ende der Garzeit die Bohnen dazugeben, alles gut vermengen, kräftig würzen und kurz aufkochen. Anrichten, mit gehackter Petersilie bestreuen. Nach Belieben mit Zucker süßsauer würzen.

Kaninchenfilet en papillote
4 Rückenfilets je 150 g, enthäutet
2 Bund Petersilie, gehackt
200 g frische Champignons, gehackt
1 Zwiebel, feinwürfelig geschnitten, in Butter angeschwitzt
Salz, Pfeffer, Knoblauchpulver
4 Scheiben Bauchspeck
Kräuterbutter
Rückenfilets zu Steaks plattieren, mit Salz, Pfeffer und etwas Knoblauchpulver würzen und etwa 1 h einziehen lassen. Gleichgroße Bogen Pergamentpapier (Größe 30 cm x 30 cm) mit Speckscheiben in der vorderen Hälfte belegen. Die Filets auf den Speck legen, die Champignons, Petersilie und Zwiebelwürfel vermengen, auf den Filets verteilen und mit Kräuterbutter abdecken. Das Pergamentpapier über dem Filet zusammenschlagen und exakt falten. In einem Bräter im Grill bei mittlerer Hitze etwa 10 min garen. Sofort ungeöffnet mit pommes frites, Waffelkartoffeln oder pommes chips servieren.
Anmerkung: Papier erst am Tisch öffnen. Die mühevolle Zubereitung wird durch den erlesenen Duft belohnt.

Kaninchenfilet auf Senf-Schnittlauch-Schaum
8 Rückenfilets je 100 g
60 g Öl
Salz, Pfeffer aus der Mühle
1 Zwiebel, feinwürfelig geschnitten
Weißwein
100 g geschlagene Sahne
Senf, feingeschnittener Schnittlauch
Die Filets gut plattieren, würzen, mehlieren, in heißem Öl saftig braten und heißstellen. Im Bratfett Zwiebelwürfel blondieren, mit Weißwein ablöschen, Senf dazugeben und kurz verkochen. Dann Sahne und Schnittlauch einrühren, mit Salz und Zucker abschmecken. Die kremige Soße auf heißen Tellern verteilen, die Filets auflegen und schnell mit Spätzle oder Salzkartoffeln und Rote-Bete-Gemüse oder gebackenen Zucchini servieren.

Hinweis: Dazu schmecken besonders frische, knusprige Buchweizenküchlein.

Kaninchenfilet in Champignonrahm
800 g Rückenfilet
Salz, Pfeffer, Mehl
Butter
200 g frische Champignons, in Scheiben geschnitten
120 g Sahne
Salz, Pfeffer, Zitronensaft
gehackte Kräuter
Die Rückenfilets würzen, in Mehl wenden und langsam in Butter braten. Dabei mehrmals drehen und mit Butter begießen. Dann herausnehmen. Den Bratsatz mit Weißwein ablösen, die Champignons dazugeben und etwa 6 min zugedeckt dünsten. Dann die Sahne zufügen, alles pikant abschmecken und mit gehackten Kräutern vollenden. Den Champignonrahm auf Tellern verteilen, die Rückenfilets tranchieren und darauf anrichten. Mit grünen Spätzle oder Berny-Kartoffeln sowie Karotten- oder Brokkoliflan reichen.

Kaninchenfilet im Speckmantel
4 Rückenfiletstücke je 150 g
8 bis 12 dünne Bauchspeckscheiben
Salz, Pfeffer, Rosmarin, Thymian
2 Zwieben, in Scheiben geschnitten, in Butter gedünstet
4 Tomaten, enthäutet, Fleisch in Würfel geschnitten
Butterflöckchen, Weißwein
Rückenfilets längs zur Fleischfaser aufschneiden, plattieren und auf beiden Seiten kräftig würzen. Zwiebelscheiben und Tomatenfleischwürfel auf dem Fleisch verteilen. Filets zusammenschlagen, in Speckscheiben fest einhüllen und in eine entsprechend große feuerfeste Servierkokotte nebeneinander einlegen. Mit etwas Weißwein beträufeln sowie mit Butterflöckchen überstreuen und in der vorgeheizten Backröhre bei mittlerer Hitze etwa 20 min garen. Dabei mehrmals mit dem Bratsaft begießen. Kurz vor Ende der Bratzeit Speck gleichmäßig einschneiden und herunterklappen, damit das Fleisch Farbe bekommt. Filets in der Kokotte servieren.
Beilagen: Kartoffelpüree, Dauphine-Kartoffeln oder gebackene Kartoffelplätzchen und Zuckerschoten in Zitronen-Hollandaise.

Kaninchen-Frikassee mit Champignons

600 g Kaninchenfleisch, in Würfel geschnitten
Salz, Essig, Pfeffer
2 gespickte Zwiebeln
400 g Champignons, geviertelt, in Butter
angeschwenkt
Mehlbutter
2 Eigelb, mit Sahne verrührt

Kaninchenfleisch in einen geeigneten Topf geben, mit Wasser leicht bedecken, würzen, gespickte Zwiebeln dazugeben und bei mittlerer Hitze zum Kochen bringen. Den sich an der Oberfläche bildenden Schaum abschöpfen. Dann Topf abdecken und Kochstufe herunterschalten. Das Fleisch soll nur simmern. Kurz vor Ende der Garzeit Zwiebeln herausnehmen und Champignons dazugeben, Fond mit Mehlbutter binden, pikant nachwürzen und mit Eigelb legieren. Das Frikassee darf nicht mehr kochen, da sonst das Eigelb gerinnt. Sofort in Assiette anrichten, mit Blätterteigfleurons garnieren, mit flüssiger Tomatenbutter betropfen und mit gehacktem Dill oder Petersilie bestreuen.

Beliebte *Beilagen* sind Risotto oder Kartoffelschnee und Kopfsalatherzen in Zitronendressing.

Anmerkung: Im Gegensatz zu Kaninchen-Blanquette wird bei der Zubereitung von Frikassee die Soße zusammen mit dem Fleisch bereitet.

Als *weitere Variante*: Das Fleisch für Frikassee in Butter anschwitzen, mit Mehl bestäuben und mit Wasser auffüllen. Da die Gefahr des Ansetzens hier besonders besteht, wird die eingangs beschriebene Methode empfohlen.

Kaninchen-Frikassee mit Thymian

Wie »Kaninchen-Frikassee« zubereiten. Das Kaninchenfleisch zusätzlich mit Thymian ansetzen. Die Soße zuletzt mit gehacktem, frischem Thymian vollenden.

Kaninchen-Grillwürstchen

600 g Kaninchenfleisch
1 Zwiebel, geschnitten, in Butter anbraten
Salz, Pfeffer, etwas Knoblauch, frische Kräuter
(Petersilie, Estragon, Schnittlauch, Basilikum)
2 bis 3 Eier

Fleisch, Zwiebel und Gewürze vermengen, wolfen und mit den Eiern zu einer festen Masse verarbeiten. Dann in acht Portionen teilen und gleichmäßige Grillwürstchen formen. Würstchen dick mit Öl bestreichen und im Grill bei mittlerer Hitze langsam garen. Würstchen mit pommes frites, pommes chips, Zwiebel- oder Speckkartoffeln und pikanten Buttermischungen anrichten.

Hinweis: Kaninchenwürstchen ebenso in der Pfanne braten und mit Pfeffer-, Lauch-, Kümmel- oder Malzbiersoße sowie Speck- oder Zwiebelkartoffeln mit Rosenkohl oder frischem Kohlpüree reichen.

Kaninchen-Hackbraten

500 g Kaninchenfleisch
100 g Speck oder Schweinebauch
100 g Weißbrot oder Brötchen, in Milch
geweicht, ausgedrückt
2 Eier
1 große Zwiebel, in Würfel geschnitten,
in Butter angebraten
Salz, Pfeffer, Petersilie, einige Kapern,
etwas Knoblauch
Butter oder Margarine
Bratensoße, saure Sahne

Das Fleisch zusammen mit Zwiebeln, Weißbrot und Gewürzen fein wolfen, mit Eiern zu einer festen (glatten) Masse verarbeiten und zu einem Laib oder einer Rolle formen.

In einen Bräter etwas Wasser einfüllen, Fleisch einlegen, mit zerlassener Butter begießen und in der vorgeheizten Bratröhre etwa 1 h braun und saftig braten. Hackbraten herausnehmen und in Scheiben schneiden. Bratsatz mit Bratensoße und saurer Sahne verkochen, pikant abschmecken, passieren. Fleisch mit der Soße überziehen.

Passende *Beilagen* sind Salzkartoffeln, Kartoffelpüree oder auch Teigwaren sowie zarte Gemüse und frische Salate. Besonders schmecken zu diesem köstlichen Hackbraten Speckspätzle und Brokkolipüree.

Anmerkung: Kaninchen-Hackbraten auch mit Pökelsalz würzen. Das Fleisch erhält dadurch eine rosa Färbung. Zum leichteren Rollen der Hackmasse Arbeitsfläche mit Reibesemmel bestreuen.

Kaninchen-Hackbraten mit Wachtelei

Wie »Kaninchen-Hackbraten« zubereiten. Arbeitsfläche mit Reibesemmel bestreuen, Hackmasse länglich-flach darauf ausbreiten, in die Mitte gekochte und geschälte Wachteleier auflegen, Fleischmasse zu einer Rolle zusammenschlagen und wie »Kaninchen-Hackbraten« braten.

Hinweis: Neben Wachteleiern eignen sich weiterhin Kräuterrührei, Tomatenrührei, aber auch Rührei mit jungen Schoten und Würfelchen von rotem Gemüsepaprika zum Füllen. Gefüllten Hackbraten nicht soßieren, das Schnittbild wird sonst verdeckt. Soße untersoßieren oder gesondert servieren.

Kaninchenkeule mit Kognakpflaumen

4 Kaninchenkeulen, bratfertig
250 g entsteinte Pflaumen, mit Kognak bedeckt
Salz, Pfeffer, Senf, gehackte Kräuter
Zwiebelwürfel, Weißwein
100 g Tomatenfleischwürfel

Die Kaninchenkeulen salzen und pfeffern, mit Senf einstreichen, in heißem Fett mit Zwiebelwürfeln anbraten und etwa 45 min zugedeckt schmoren. Wenn erforderlich mehrmals etwas Wasser nachgießen. Dann die Kognakpflaumen, Kräuter und Tomatenfleischwürfel dazugeben, alles mit Salz und Pfeffer abschmecken und etwa 10 min simmern lassen. Kaninchenkeulen mit dem Fond anrichten.
Beilage: Kartoffelkroketten.

Kaninchenkeule mit grünem Pfeffer

4 Kaninchenkeulen, Schlußknochen und Haxe entfernt, Mittelknochen ausgestoßen
Butter
4 Eigelb
40 g grüner Pfeffer

Kaninchenkeulen würzen, in heißer Butter nur hellbraun anbraten, mit etwas Wasser auffüllen und zugedeckt garen, Keulen anrichten, Fond mit Eigelb binden, grünen Pfeffer dazugeben. Keulen mit der hellen Soße überziehen.
Beilagen: frische Weinkartoffeln und gebackene Champignonköpfe.

Kaninchenkeule in Kräuterrahm

4 Kaninchenkeulen, Schlußknochen ausgelöst
80 g Butter
Salz, weißer Pfeffer, Zitronensaft, Mehl
1 Zwiebel, feingehackt
feingehackte Kräuter: reichlich Petersilie, etwas Salbei, etwas Schnittlauch
0,15 l Sahne

Kaninchenkeulen im Gelenk einschneiden und zusammenbinden. Keulen kräftig würzen, in Mehl wenden und in heißer Butter bei mittlerer Hitze etwa 20 min braten, bis das Fleisch außen hellbraun, innen aber noch leicht rosa ist. Jetzt die Zwiebelwürfel und die Kräuter dazugeben, kurz anschwitzen, Sahne hinzufügen und alles noch etwa 3 min köcheln lassen. Keulen mit Kräuterrahm anrichten und mit Kartoffelkroketten und Rotkohl oder Spätzle und frischen Salaten zu Tisch geben.

Kaninchenkeule in pikanter Soße

4 Kaninchenkeulen, enthäutet
Salz, Pfeffer, Senf, Mehl
80 g Butter oder Margarine
je 100 g feine Streifen von Sellerie, Möhren und Gewürzgurken
0,1 l Weißwein, Weinessig, Fleischbrühe

Schlußknochen von den Keulen ablösen, Sehnen im Gelenk zerschneiden und Unterschenkel mit Keule zusammenbinden. Die vorbereiteten Keulen kräftig würzen, mit Senf bestreichen und in heißem Fett braun braten. Dann mit Mehl bestäuben, hellbraun anschwitzen, mit Weißwein und Fleischbrühe auffüllen. Bratsatz mittels Holzlöffels vom Boden lösen und glattrühren und pikant mit Weinessig abschmecken. Bräter zugedeckt zum Garen in die Bratröhre schieben. Etwa 10 min vor Ende der Garzeit die Gemüsestreifen dazugeben und simmern lassen. Keulen anrichten, Bindfaden entfernen und mit der pikanten Gemüsesoße überziehen. Diese Spezialität sofort mit Speck- oder Lyoner Kartoffeln und frischem Salat servieren.

Kaninchenkeule im Römertopf

4 Kaninchenkeulen, enthäutet, Schlußknochen ausgelöst
120 g Bauchspeck, feinwürfelig geschnitten
1/2 l Rotweinsoße
Salz, Pfeffer, Rosmarin, Basilikum

Römertopfboden mit Speckwürfeln belegen, Kaninchenkeulen kräftig würzen, nebeneinander einlegen und mit Speckwürfeln gleichmäßig überstreuen. Dann die Keulen mit Rotweinsoße gerade bedecken und mit Butterflocken bestreuen. Topfrand mit Teigstreifen (Mehl und Wasser) versehen. Deckel aufsetzen, fest andrücken, damit der Topf hermetisch verschlossen ist. Kaninchenkeulen im Römertopf in der Bratröhre bei mittlerer Hitze etwa 1 1/2 h garwerden lassen und servieren. Deckel erst bei Tisch öffnen.

Beilagen: Kartoffelkroketten und Morcheln oder Maronen sowie Kastanienpüreerosetten.
Hinweis: Römertopf vor Gebrauch wässern.

Kaninchen-Kohlroulade

400 g Kaninchen
100 g Bauchspeck
2 Eier, Reibesemmel
Salz, Pfeffer, Muskat
große Kohlblätter, blanchiert,
Strunk herausgeschnitten
Butter oder Margarine

Kaninchenfleisch und Bauchspeck fein wolfen, kräftig würzen und mit Eiern sowie etwas Reibesemmel zu einer geschmeidigen Farce verarbeiten. Jeweils etwa drei Kohlblätter auf einer Arbeitsfläche für eine Roulade auflegen. Farce darauf verteilen, fest zusammenrollen und nebeneinander in eine ausgefettete Pfanne legen. Rouladen würzen, mit Butterflocken oder Speckscheiben belegen, etwa 1 cm Fleischbrühe angießen, Rouladen abdecken und in der vorgeheizten Bratröhre garen. Kurz vor Ende der Garzeit Deckel abnehmen, damit der Kohl Farbe bekommt. Rouladen anrichten, Fond mit etwas Bratensoße kurz verkochen, dazugeben, mit Salzkartoffeln vervollständigen.
Anmerkung: Weißkohl und Wirsing eignen sich besonders für Kaninchenrouladen. Rotkohl gibt dem Kaninchenfleisch eine spezielle Geschmacksnote.

Kaninchenläufchen in Senfsoße

8 Kaninchenläufchen
Butter oder Margarine
Salz, Pfeffer, Senf
2 Zwiebeln, feinwürfelig geschnitten
Weißwein, Fleischbrühe
Mehlbutter

Kaninchenläufchen im Gelenk einschneiden, binden, kräftig würzen, mit Senf bestreichen und in heißem Fett mit den Zwiebeln rundum anbraten. Dabei öfters wenden. Mit Weißwein und Fleischbrühe ablöschen. Mittels Holzlöffels Bratsatz völlig vom Boden lösen. Läufchen mit reichlich Senf fertiggaren. Fond mit Mehlbutter binden, pikant abschmecken. Bindfaden entfernen, Läufchen anrichten, mit der Soße überziehen und mit Speckkartoffeln und Sellerie- oder Feldsalat servieren.

Kaninchenläufchen in Schnittlauchsoße

Wie Kaninchenläufchen in Senfsoße zubereiten. Fond mit reichlich geschnittenem Schnittlauch und Crème fraiche vollenden. Mit Käsekroketten reichen.

Kaninchenleber mit Apfelspalten auf Kartoffel-Lauch-Blinis

600 g Kaninchenleber
Mehl, Salz, Pfeffer
80 g Butter oder Margarine
300 g Apfelspalten, in Butter angeschwenkt
100 g feine Zwiebelstreifen

Die Kaninchenleber sorgfältig parieren, in Mehl wenden, in heißer Butter anbraten und würzen. Sofort auf Kartoffel-Lauch-Blinis anrichten und mit den Apfelspalten behäufen. Inzwischen im Bratfett die Zwiebelstreifen blondieren, würzen, über den Apfelspalten verteilen, alles mit Kresse und Tomatenecken garnieren und schnell auftragen.

Kaninchenragout aus der Folie

600 g Kaninchenrückenfilet, enthäutet
2 EL Öl
1/4 l Weißwein
Salz, grüner Pfeffer, Zwiebelwürfel
200 g Apfelspalten
Fleischglace, gehackte Petersilie

Das Rückenfilet in feine Streifen schneiden, mit Öl, grünem Pfeffer, Weißwein, Zwiebelwürfeln und Apfelspalten vermengen und etwa 2 h zum Durchziehen kaltstellen. Dann salzen, nachschmecken, gut vermengen und auf vier Alufolie-Quadraten verteilen, deren Ränder vorher etwas hochzufalzen sind. Zuletzt etwas Fleischglace und gehackte Petersilie darüber streuen und jedes Päckchen gut zusammenfalzen bzw. verschließen. Die Päckchen in der Bratröhre etwa 20 min bei 200 °C garen. Sofort servieren, Folie erst am Tisch öffnen.
Beilagen: Majorankartoffeln, frische Salate oder junges Gemüse in pikanten Soßen.
Hinweis: Statt Kaninchen kann man ebenso zartes Geflügelfleisch und Geflügelleber verwenden. Die Garzeit verringert sich dann auf etwa 15 min.

Kaninchenragout mit Apfelstücken

600 g Kaninchenfleisch, in grobe Würfel geschnitten
80 g Butter oder Margarine

1 kleine Zwiebel, feinwürfelig geschnitten
Salz, Pfeffer, Majoran, eine Spur Zimt
400 g Äpfel, geschält, in Stückchen geschnitten
0,2 l Apfelwein oder 8 cl Calvados
Rahmsoße
Fleischwürfel zusammen mit Zwiebelwürfelchen in heißem Fett auf allen Seiten braun braten, kräftig würzen, mit Apfelwein und Rahmsoße auffüllen und alles etwa 15 min garen. Dann Apfelstückchen dazugeben, abschmecken, gegebenenfalls nachwürzen und in etwa 10 min fertiggaren. Ragout mit Mandelrisotto, gratiniertem Kartoffelpüree oder Speckknödeln reichen.

Kaninchenragout mit Backpflaumen

600 g Kaninchenfleisch
2 Zwiebeln, feinwürfelig geschnitten
Butter oder Margarine
Salz, Pfeffer, 1 Lorbeerblatt
150 g Backpflaumen, in Rotwein geweicht, entkernt
Mehl
Johannisbeergelee
Das Kaninchenfleisch in große Würfel schneiden, zusammen mit Zwiebelwürfelchen in heißem Fett scharf anbraten, mit Mehl bestäuben, das Mehl ebenfalls leicht bräunen. Alles sofort mit Wasser oder Jus auffüllen, würzen und unter öfterem Rühren zum Kochen bringen. Temperatur herunterschalten und etwa 30 min köcheln lassen. Dann die Backpflaumen in Rotwein dazugeben, fertiggaren. Zuletzt pikant abschmecken. Mit Kartoffelschnee oder Kartoffelpüree anrichten.

Kaninchenragout mit Rosinen und Mandeln

600 g Kaninchenfleisch, in grobe Würfel geschnitten
80 g Butter oder Margarine
1 kleine Zwiebel, in sehr feine Würfel geschnitten
Salz, Pfeffer, Zitronensaft
75 g Rosinen, eingeweicht
75 g Mandeln, geschält, gehackt, in Butter geschwenkt
0,1 l Weißwein, Rahmsoße
Fleischwürfel in heißem Fett mit den Zwiebelwürfelchen auf allen Seiten anbraten, gut würzen, mit Weißwein und Rahmsoße auffüllen und langsam garen lassen. Etwa 10 min vor Ende der Garzeit Mandeln und Rosinen dazugeben, pikant abschmecken und fertiggaren. Ragout mit

Curryreis, Pfefferminzreis (Pfefferminzöl und frische Pfefferminzblättchen), Reiskroketten oder Kräuterklößchen anrichten.
Hinweis: Kaninchenfleisch wird besonders zart und schmackhaft, wenn es über Nacht in Öl mit etwas Knoblauch und Oregano eingelegt wird.

Kaninchenrückenfilet, gebacken

8 Filetstückchen je 75 g, enthäutet
Salz, Pfeffer, gehackte Kräuter
Zitronensaft, Weinbrand
Wiener Panade, Öl zum Backen
Filets plattieren und etwa 2 h mit Zitronensaft, gehackten Kräutern und Weinbrand marinieren. Dann abtropfen lassen, würzen, gut panieren und in heißem Fett knusprig goldgelb backen. Sofort auf Papiermanschette mit Zitronenspalten, gebackener Petersilie und Tomatenecken anrichten.
Mit Strohkartoffeln oder pommes frites und Remouladen- oder Tatarensoße servieren.

Kaninchenrücken in Honigkruste

2 Kaninchenrücken
Butter oder Margarine
100 g Honig
100 g Mandeln, feingehackt
Salz, Pfeffer
Weinbrand
Kaninchenrücken portionieren, gut würzen und in heißem Fett anbraten. Inzwischen Honig mit etwas Fleischglace vermengen. Rückenstücke damit überziehen, mit Mandeln überstreuen und in der Bratröhre bei mittlerer Hitze fertigbraten. Dabei mehrmals mit Honig und Bratsatz übergießen sowie mit Mandeln bestreuen, bis sich eine schöne Kruste gebildet hat. Rücken anrichten, Bratsatz mit etwas Weinbrand ablöschen und untergießen. Dazu schmecken Kartoffelbällchen und Chicoréesalat mit Orangenfleischwürfelchen.

Kaninchenrückenfilet in Mandelhülle

600 g Rückenfilet
Salz, Pfeffer
1 bis 2 Eier, verquirlt
gehackte Mandeln
geklärte Butter
Die Filets würzen, durch Eimasse ziehen, mit Mandeln panieren und in Butter langsam goldgelb braten. Inzwischen Currysoße bereiten, mit

Mangochutney und Sahne vollenden. Die Rückenfilets in Tranchen schneiden. Einen Soßenspiegel gießen, das Fleisch darauf anrichten. Mit Risotto servieren.
Besonders vorzügliche *Beilagen* sind mit Kokosraspeln panierte und gebackene Früchte, wie Ananas, Avocados, Pfirsiche und Bananen.

Kaninchenrücken in Zwetschensoße
2 Kaninchenrücken, enthäutet
80 g Butter oder Margarine
0,1 l Rotwein, Zitronensaft
200 g Zwetschen (Konserve), entsteint
Salz, Pfeffer, Zimt, Mehl
Kaninchenrücken portionieren, würzen, in Mehl wenden und in heißem Fett von allen Seiten schön braun braten. Mit Rotwein und Zwetschensaft ablöschen, Zwetschen dazugeben und alles abgedeckt garen. Nach etwa 30 min Garpunkt mittels Fingerprobe feststellen. Rückenstücke herausnehmen, Fond mit Mehlbutter binden, pikant abschmecken und über das Fleisch passieren. Dabei ist darauf zu achten, daß das Zwetschenfleisch mit durchgestrichen wird. Diese Kaninchenspezialität mit Spätzle, Kartoffelpüree oder Kartoffelkroketten anbieten.
Anmerkung: Statt Zwetschen eingeweichte Backpflaumen verwenden. Die Einweichflüssigkeit ist mit zu verwenden.

Kaninchenrückenfilet mit Sellerie-Oliven-Soße
2 Kaninchenrücken
Butter oder Margarine
Kaninchenjus, aus den Parüren zubereitet
Mehlbutter
Sahne
100 g Selleriestange, in kleine Stücke geschnitten
50 g Püree aus schwarzen Oliven
Die Rücken spalten, mit zerdrückten Pfefferkörnern würzen und in heißem Fett anbraten, Bratsatz mit Kaninchenjus auffüllen und alles bei mittlerer Hitze garen. Kurz vor Ende der Garzeit den Fond mit Mehlbutter binden und mit Sahne, Olivenpüree und bißfest blanchierten Selleriestückchen sowie dem Kaninchenrücken langsam simmern lassen. Rückenfilets dann auslösen, schräg tranchieren und mit der pikanten Soße anrichten.
Beilagen: Majorankartoffeln oder Speckklöße und Florentiner Tomaten.

Kaninchenrückenschnitte mit Geflügellebersoße
8 Rückenfiletschnitten je 80 g
1 Zweig frischer Rosmarin
schwarzer Pfeffer aus der Mühle
Olivenöl
Salz
60 g Butter oder Margarine
100 g Geflügelleber, im Mixer püriert
50 g Sahne
Rotwein
Die Rückenfiletschnitten plattieren, rundum mit Pfeffer und Öl einreiben. Die Rosmarinnadeln von den Stielen streifen, etwas hacken und über das Fleisch geben. Die Kaninchenschnitten mindestens 2 h zum Durchziehen kaltstellen. Bei Abruf salzen, mehlieren und in heißem Fett saftig braten. Das Fleisch soll innen leicht rosa bleiben. Die Schnitten heißstellen. Den Bratsatz mit etwas Rotwein ablöschen und mit der pürierten Geflügelleber und Sahne kurz verkochen, nachschmecken und sofort passieren. Die Kaninchenschnitten auf der leicht dicklichen Soße anrichten.
Beilagen: Kräuterkartoffeln und Möhren-Zucchini-Gemüse.

Kaninchentournedos mit Kressesoße
8 bis 12 Tournedos je 50 g
Salz, Pfeffer, Mehl
80 g Butter oder Margarine
Weißwein, Fleischextrakt
Sahne, Zitronensaft
100 g Kresse, gewaschen, feingehackt
Die Tournedos plattieren, würzen, mehlieren und in heißem Fett langsam braten. Den Bratsatz mit Weißwein ablöschen und mit Fleischextrakt und Sahne verkochen. Zuletzt die Kresse dazugeben, pikant mit Zitronensaft, Salz und Pfeffer abschmecken. Die Soße darf nicht mehr kochen. Auf heißen Tellern Kressesoßespiegel gießen, die Tournedos darauf anrichten und mit Schloßkartoffeln und tournierten Möhren sowie grünem Spargel servieren.

Kurzgebratene Kaninchennieren mit Estragon-Senf-Soße
500 g Nierchen, bratfertig
Schmalz
1 EL Estragon, feingehackt
2 EL Senf
Crème fraiche

Die Nierchen in heißem Schmalz braten. Erst kurz vor dem Garpunkt salzen und pfeffern. Die Nierchen in Assiette anrichten. Den Bratsatz mit etwas Fleischglace, Senf und Sahne verkochen. Zuletzt Estragon dazugeben, abschmecken und über die Nierchen geben. Rasch mit Kartoffelpüree und Paprika-Gurken-Gemüse servieren.

Minutengulasch von Kaninchen

600 g Kaninchenrücken, enthäutet, ausgelöst
80 g geklärte Butter
1 Zwiebel, feingehackt
Salz, Pfeffer, Thymian
0,1 l Weißwein, Rahmsoße
Kaninchenfleisch in Würfel von etwa 1 cm Dicke schneiden, würzen und mit Zwiebelwürfelchen in einer sehr großen Stielpfanne bei starker Hitze braten. Die Würfelchen dürfen nicht übereinander, sondern müssen einzeln liegen. Fleischwürfel etwa 3 ... 4 min unter öfterem Schwenken der Stielpfanne saftig braten, dann mit Weißwein ablöschen und mit Rahmsoße durchschwenken. Das Gulasch darf keinesfalls kochen, das Fleisch wird sonst zäh und das Gericht verliert seine typische Besonderheit. Kaninchengulasch mit Reis, Teigwaren oder Kartoffelpüree und Salaten servieren.

Pikante Kaninchenfilets

600 g Kaninchenfilets
Öl
Salz, Pfeffer
0,2 l Weißwein
100 g Tomatenfleischwürfel
1 Knoblauchzehe, mit Salz zerrieben
50 g Oliven, entsteint
gehackte Kräuter, wie Petersilie, Dill, Estragon
Die Kaninchenfilets in heißem Öl saftig braten, herausnehmen, würzen und warmstellen. Bratsatz mit Weißwein ablöschen und mit Tomatenfleischwürfeln, Knoblauch, Sardellen, Oliven und Kräutern kurz verkochen. Filets damit überziehen. Mit Steinpilznocken und Grilltomaten anrichten.

Wildkaninchenfilet in Basilikumsoße

8 Rückenfilets je 100 g
Zitronensaft
2 Bund Basilikum
Salz, weißer Pfeffer aus der Mühle
40 g geklärte Butter
80 g Schalotten, feinwürfelig geschnitten

0,2 l Weißwein
100 g Sahne
Butterflocken
Die Filets mit Zitronensaft beträufeln, salzen, pfeffern, in Mehl wenden, in heißem Fett saftig braten, herausnehmen, in Alufolie einschlagen und heißstellen. Im Bratsatz Schalotten glasig dünsten. Inzwischen Basilikum von den Stengeln zupfen und grob hacken. Die Hälfte zu den Zwiebeln geben, Wein angießen und auf die Hälfte reduzieren. Alles im Mixer pürieren und in eine Kasserolle geben. Die Sahne dazugeben, mit Salz und Pfeffer würzen und köcheln lassen. Zuletzt das restliche Basilikum dazugeben und gut gekühlte Butterflocken einrühren. Die Filets anrichten. Den Fleischsaft aus der Folie in die Soße geben. Soße extra reichen.
Beilagen: frische Salzkartoffeln und Kopfsalatherzen in Tomaten-Vinaigrette.

Wildkaninchenfilet in Kräuterpanade

8 Rückenfilets je 75 g
Salz, Pfeffer, Mehl
40 g Kräuterbutter
2 bis 3 Eier, verquirlt, vermengt mit reichlich gehackten Kräutern, wie Petersilie, Estragon, Kerbel und Salbei
Reibesemmel
Öl zum Ausbacken
Rücken völlig enthäuten, auslösen und in schräge Stücke schneiden. Filets sehr flach plattieren, gut würzen, eine Hälfte mit Kräuterbutter belegen, die andere Hälfte darüberschlagen. So vorbereitet in Mehl wenden, durch Eimasse ziehen und sehr sorgfältig panieren. Filets im Fettbad langsam goldgelb backen, abtropfen lassen und auf Manschetten mit Zitronenecken anrichten. Mit frischen Weinkartoffeln und Morchelhaschee oder Champignonpüree servieren.

Wildkaninchenkeule in Kräutersoße

4 Keulen, enthäutet
0,2 l Weißwein
1 Zwiebel, in Scheiben geschnitten
Estragon, Thymian, 1 Knoblauchzehe
80 g Butter, Mehl, Salz, Pfeffer
Wildjus, saure Sahne, Zitronensaft
gehackte frische Kräuter
Kaninchenkeule mit Weißwein, Zwiebeln, Kräutern und Knoblauch über Nacht marinieren. Keulen gut abtropfen lassen, in heißem

Fett schön braun braten, mit Mehl bestäuben, das Mehl bräunen und mit der Marinade und Wildjus auffüllen. Mit Salz und Pfeffer würzen, alles gut umrühren, kurz aufkochen und etwa 30 min schmoren lassen, Keulen ausstechen, in eine Servierkasserolle geben. Soße darüber passieren, mit reichlich gehackten Kräutern sowie Sahne und etwas Zitronensaft verrühren, kurz aufkochen lassen und sehr heiß servieren.
Beilagen: Kartoffelklöße und Grünkohl oder Risotto und Feldsalat oder Brunnenkresse mit Limettenmayonnaise.
Hinweis: Diese Zubereitung ist ebenso für Kaninchen anzuwenden. Wildkaninchen wiederum werden allgemein wie Kaninchen verarbeitet.

Wildkaninchenläufchen in Buttermilch-Speck-Soße

8 bis 12 Läufchen, enthäutet,
Sehnen im Gelenk eingeschnitten, gebunden
Buttermilch
200 g Bauchspeck, in feine Würfel geschnitten
Pfeffer, Mehl
Läufchen 1 bis 2 Tage in Buttermilch einlegen. Bei Verwendung abtropfen lassen, Speckwürfel in einem Schmortopf auslassen, Zwiebelwürfel dazugeben, alles leicht bräunen. Läufchen hinzugeben, mit Mehl bestäuben und alles braunbraten. Sofort mit Buttermilch auffüllen, mit frisch gemahlenem Pfeffer würzen und zugedeckt etwa 30 min schmoren. Fond wenn erforderlich mit etwas Salz nachwürzen und über den Läufchen anrichten.
Beilagen: Kartoffelpüree oder Kartoffelschnee mit frisch gerösteten Zwiebeln sowie Rosenkohl oder Kräuterpilze.
Hinweis: Wildkaninchen sind kleiner als Hauskaninchen. Für eine Portion sind deshalb 2 bis 3 Läufchen einzusetzen. Da relativ viel Speck für diese Spezialität vorgesehen ist, wird kein Salz nötig sein.

Wildkaninchen mit Oliven

600 g Fleisch, in grobe Stücke geschnitten
Öl, Mehl
Salz, Pfeffer, 1 Knoblauchzehe, zerrieben
2 Zwiebeln, in feine Würfel geschnitten
Tomatenfleischwürfel
200 g schwarze Oliven, entsteint
0,2 l Weißwein, Wildjus
gehackte Kräuter

Fleischstücke in heißem Öl mit Zwiebelwürfelchen stark anbraten, mit Mehl bestäuben, hellbraun rösten, würzen, mit Weißwein und Wildjus gut bedecken, unter öfterem Rühren aufkochen und simmern lassen. Nach etwa 30 min Tomaten und Oliven dazugeben und weitere 20 min simmern lassen. Ragout pikant nachwürzen, anrichten, mit frischen Kräutern überstreuen und mit Weißbrotcroutons garnieren. Mit Schinkenrisotto oder Spätzle servieren.
Anmerkung: Dieses pikante Ragout ebenfalls im Reisrand, in Blätterteigpasteten oder im Ragoutfine-Schälchen anrichten. Das Fleisch und die Oliven dann kleinwürfelig schneiden.

2.2. Kalte Kaninchenspeisen

Garnierte Kaninchenbitki

Bitki wie beschrieben vorbereiten, braten und erkalten lassen. Dann mit Fleischglace überziehen, Schinken- oder Lebermusrosetten aufspritzen und mit halbem Wachtelei, kleinem Champignonkopf oder halber, mit Paprika gefüllter Olive garnieren.

Gepökelte Kaninchenkeulen

4 Kaninchenkeulen, enthäutet, gepökelt
50 g Butter oder Margarine
Pfeffer, eine Prise Zucker
Kaninchenkeulen würzen und saftig braten. Kurz vor Ende der Garzeit mit etwas Puderzucker bestreuen, mit Bratfett übergießen und glacieren. Keulen kaltstellen. Bei Abruf auslösen, in schräge Tranchen schneiden, auf einer geeigneten Holzplatte anrichten, garnieren und mit Butter, frischen Salaten, Orangenmeerrettich und Brotauswahl vervollständigen.

Gepökelter Kaninchenrücken (Bild 8)

Kaninchenrücken enthäuten, pökeln, braten und kaltstellen. Rückenfilets auslösen, schräg tranchieren, versetzt wieder auf die Karkasse legen und gefällig mit Tomatenrosen, Gurkenscheiben und Dillzweigen garnieren.
Umlagen: Maiskölbchen und Butterlocken. Dazu Brotauswahl und Weißgebäck sowie Schwarzwurzelsalat oder pikante Gemüsebeilagen reichen.

Kaninchencocktail

200 g gebratenes Kaninchenfleisch
50 g feingehackte Champignons
50 g Würfelchen von rotem Gemüsepaprika

Das Fleisch mit den Gemüsewürfelchen vermengen und mit Kräuteressig, Öl, Salz und Pfeffer und Zucker pikant abschmecken. Gut durchziehen lassen. Cocktailgläser mit Chiffonade auslegen. Das Kaninchenfleisch einfüllen und je zur Hälfte mit würziger Tomaten- und Currymayonnaise überziehen. In der Mitte mit halbem Wachtelei und Dillzweig garnieren.

Kaninchenfleisch in Kräutergelee

1 Kaninchen
500 g kleingehackte Kalbsfüße
Salz, Pfefferkörner, Rosmarin, Thymian
Mirepoix, Weißwein, Weinessig
100 g gehackte Kräuter

Das Kaninchen völlig auslösen. Aus Kaninchenknochen und Kalbsfüßen etwa 2 l Fond in 2 h bereiten. Nach 1 1/2 h Mirepoix und Gewürze dazugeben und auf 1 l reduzieren. Dann passieren. Das Kaninchenfleisch würfeln und in dem Fond garen. Kurz vor dem Garpunkt Salz und Weißwein dazugeben. Den Fond passieren, mit den Kräutern aromatisieren und pikant mit Weinessig, Salz und gegebenenfalls mit einer Prise Zucker abschmecken. Das Kaninchenfleisch in eine Kastenform geben oder in Portionsschälchen verteilen, mit dem Kräuterfond übergießen und kaltstellen.
Beilagen: Röstkartoffeln oder Schwenkkartoffeln und Zitronenmayonnaise sowie frische, knackige Salate.
Hinweis: Die Salate mit etwas frisch gehacktem Ysop anrichten. Sie erhalten dadurch einen besonders würzigen Geschmack.

Kaninchen-Hackbraten mit Mayonnaisensalat und Meerrettich

Kaninchen-Hackbraten wie beschrieben zubereiten und erkalten lassen. Hackbraten in etwa 1 cm dicke Tranchen schneiden und mit Mayonnaisensalat, der mit geriebenem Meerrettich abgeschmeckt wurde, anrichten. Mit Tomatenröschen und Kresse garnieren.

Kaninchenkeule in Estragongelee

Kaninchenkeule wie für »Kaninchenfleisch in Kräutergelee« ansetzen und weiterverarbeiten. Anstelle gehackter Kräuter gehackten Estragon verwenden. Die Keulen vorsichtig auslösen und einzeln mit einem gefälligen Dekor in Gelee einlegen.

Kaninchenleberpastete

Für die Farce Schweinebauch mit Zwiebel, Petersilie und eingeweichtem Weißbrot fein wolfen, mit Salz und Pfeffer würzen und mit Eigelb zu einem glatten Fleischteig verarbeiten. Kaninchenleber von Sehnen befreien, mit Trüffelstiften spicken und mit Pastetensalz sowie Weinbrand marinieren. Inzwischen eine Kastenform mit Speckplatten auslegen, zur Hälfte mit Farce füllen, dann mit Kaninchenleber und Trüffelscheiben belegen, mit der restlichen Farce abdecken, Speckscheiben darauflegen und im Wasserbad in der Bratröhre garziehen lassen. Nach dem Erkalten stürzen und in 2 cm dicke Scheiben schneiden.

Kaninchenpastete

Kaninchen vollständig auslösen, die Rückenfilets mit Salz und Pastetengewürz einreiben und kaltstellen. Das Kaninchenfleisch mit einem Teil frischen Speck sowie Salz, Pastetengewürz und Eiklar zu einer Farce verarbeiten. Mit Teig und Speckplatten ausgelegte Kastenform etwa 1/3 mit Farce füllen. Die Rückenfilets hauchdünn mit Farce bestreichen (dadurch haftet der Speck exakt), in dünne, entsprechend zurechtgeschnittene Speckplatten einrollen, in die Kastenform legen und etwas eindrücken. Dabei ist zu beachten, daß zwischen den Filets ein exakter Abstand von 2 cm eingehalten wird. Dann mit Farce füllen, abdecken und backen. Nach dem Erkalten mit Madeira- oder würzigem Weißweingelee ausfüllen. Mit Basilikumbutter und frischen Salaten servieren.

Kaninchensalat – einmal anders

400 g Kaninchenbraten
200 g gekochte Salzkartoffeln
200 g Gewürzgurken
200 g Tomatenfleischachtel
1 geriebene Zwiebel
Essig, Zucker, Salz, Pfeffer

Kaninchenbraten, Kartoffeln und Gewürzgurken in feine Scheiben schneiden, die Tomatenfleischachtel dazugeben, alles mit geriebener Zwiebel, Essig, Zucker, Salz und Pfeffer marinieren und 1 h zum Durchziehen kaltstellen. Den pikanten Salat auf Kopfsalatblättern anrichten und je zur

Hälfte mit Remouladen- und Curry-Ingwer-Soße überziehen. Mit Eiachtel und Dillzweig garnieren.

Kaninchensalat mit Löwenzahn

500 g gebratenes Kaninchenfleisch
Salz, Pfeffer, Weinessig, Öl
1 hartgekochtes Ei, grob gehackt
Würfelchen von rotem Gemüsepaprika
junge Löwenzahnblätter

Das Fleisch feinblättrig schneiden, gut würzen und zum Einziehen kalt stellen. Inzwischen Löwenzahn verlesen, die Stiele herausschneiden, waschen und abtropfen lassen. Löwenzahnblätter auf Glastellern verteilen, den Salat mit der Marinade darübergeben und mit gehacktem Ei und Paprikawürfelchen überstreuen. Mit ofenwarmen Gewürzhörnchen und Limettenbutter servieren.

Hinweis: Kaninchensalat ebenso mit Kresse, Rapünzchen oder Chicorée kombinieren.

Pikanter Kaninchensalat

400 g gebratenes Kaninchenfleisch
2 Tomaten
2 Gewürzgurken
100 g Champignonköpfe (Konserve)
40 g Öl
Kräuteressig
Salz, weißer Pfeffer, Zucker
Worcestershiresoße

Die Tomaten in kochendes Wasser tauchen, häuten, vierteln, entkernen und in Würfel schneiden. Kaninchenbraten und Gewürzgurke ebenfalls in Würfel schneiden. Champignonköpfe vierteln, alles vermengen, mit Öl und Essig anmachen und mit den Gewürzen pikant abschmecken. Salat abdecken und im Kühlschrank etwa 30 min durchziehen lassen. Dann nachschmecken, auf Salatblättern verteilen und mit halben gekochten Wachteleiern, Tomatenecken und Estragon- oder Dillzweigen attraktiv garnieren. Den Salat gut gekühlt mit frisch geröstetem Roggenbrot und Estragonbutter servieren.

Hinweis: Diesen herzhaften Salat ebenso von Geflügel- oder Wildbraten zubereiten.

3.

Kulinarisches aus Wild und Wildgeflügel

3.1. Allgemeines und Besonderes über Wild und Wildgeflügel

Als Wild werden alle jagdbaren Säugetiere und Vogelarten angesehen, die für die menschliche Ernährung Verwendung finden. Das Fleisch dieser Tiere wird meist als *Wildbret* bezeichnet.

Wird Wild unmittelbar nach dem Jagen verarbeitet, hat es einen milden, wenig ausgeprägten Wildgeschmack. Deshalb soll Wild einige Tage abhängen. Fleischeigene Enzyme bewirken einen chemischen Prozeß, der das Fleisch zarter macht und dem Wildbret seinen charakteristischen Geschmack verleiht. Die Dauer des Abhängens muß der Fachmann individuell entscheiden.

Wildbret wird wegen seiner Zartheit, seines würzigen Geschmacks und seines ernährungsphysiologischen Wertes den Delikatessen zugeordnet. Deshalb muß es sorgfältig verarbeitet und zubereitet werden. Wegen geringer Ausblutung ist Wildbret leicht verderblich und bekommt schnell den besonderen Duft, der sowohl als Köstlichkeit gepriesen als auch als gesundheitsschädigender übler Geruch abgelehnt wird. Dieses sogenannte »Hautgout« wird durch Beizen oder Marinieren verhindert oder gemildert.

Wildbret wird in Rotwein- oder Essigbeize, aber auch in Butter- oder Sauermilch eingelegt. Zum Marinieren wird die »trockene Marinade« aus Öl, Wein und Zitronensaft empfohlen. Wildbret soll mindestens einen Tag, aber nicht länger als acht Tage gebeizt oder mariniert werden. Tiefgekühltes Wild eignet sich nicht zum Beizen, da beim Gefrieren die Zellstruktur gelockert und somit das Auslaugen begünstigt wird. Hier ist die »trockene Marinade« einzusetzen.

Die Zubereitung erfordert Sachkenntnis und größte Sorgfalt. Da Wildbret allgemein fettarm ist, werden größere Bratenstücke mit Speckplatten umwickelt oder gespickt und mit Butter oder Margarine angebraten. Der Speck gibt sein Fett an das Fleisch ab, dadurch bleibt es saftig. Wichtig ist das öftere Begießen mit dem Bratsatz. Die Marinade oder Rotweinbeize sowie das Gemüse aus der Beize werden zum Angießen und Rösten mitverwendet.

Typische *Gewürze* für Wildbret sind Wacholder, Rosmarin, Thymian, Basilikum und Estragon. Der Geschmack der Soße wird mit Rotwein, Sahne und Weinbrand aufgewertet. Ebenso soll Zitronensaft in der Wildküche stets zur Verfügung stehen. Grundsatz ist jedoch: Dem Wildbret ist sein arteigener Geschmack zu erhalten.

Zur Vollendung sind Wildfrüchte, wie Preiselbeeren, Hagebutten, Holunderbeeren, Schlehen, gehackte frische Pilze oder Trockenpilze zu verwenden. Sie betonen das besondere Flair der Wildbretspeisen.

Die Kombination von Wild und Früchten, wobei der etwas strenge Geschmack des Fleisches mit dem säuerlichen Aroma der Früchte ausgeglichen wird, ist weitverbreitet. Typische Beispiele sind Orangen, Ananas, Granatäpfel, Rosinen usw. Zarte Wildbretstücke, wie Filet, Rücken und Keule, eignen sich zum Kurzbraten und Grillen. Das Fleisch wird von allen Seiten einer intensiven trockenen Hitze ausgesetzt und außen rasch knusprig gebraten, wobei es innen rosa und saftig bleibt. Zum Braten Wildbret von jungen Tieren verwenden.

Ebenso wie das sogenannte Abhängen ist das »rosa« braten von Wild und Wildgeflügel individuell zu kontrollieren. Wild kann von parasitären und bakteriellen Krankheiten befallen sein. Beim rosa braten ist die Möglichkeit der Übertragung von Krankheiten auf Menschen durchaus zu beachten. Die richtige Alternative, um den Genußwert von Wildbret zu erhalten ist: saftig braten. Es ist mit Sorgfalt und darauf zu achten, daß Wildbret bei der Zubereitung nicht zu viel Fleischsaft verliert und dadurch trocken und zäh wird.

Voraussetzung für eine gute Wildbretspeise ist die Qualität des Fleisches. Darüber entscheidet bereits der Abschuß. Bleibt das Tier liegen, so ist das Fleisch am besten. Bei angeschossenem und gehetztem Wild vermindert sich die Qualität. Geschmack und Qualität von Wildbret werden weiterhin von der Jahreszeit und somit von der Nahrung beeinflußt.

Wichtig sind die richtige Temperatur und Bratdauer. Besser ist, kürzer als zu lange braten.

Besonders *Wildgeflügel* soll saftig und rosa bleiben. Das Garziehen und Simmern in einer würzigen Flüssigkeit, knapp unter dem Siedepunkt, ist sowohl für junges als auch älteres Wildbret geeignet. Es verlängert sich nur die Garzeit. Zum Schmoren werden Teile von älteren Tieren verwendet. Zusammen mit aromatischen Ingredienzien läßt man das Fleisch in wenig Flüssigkeit in einem geschlossenen Schmortopf langsam simmern. Das heißt, es darf nicht kochen.

Beim Schmoren und Braten von Wildbret stets etwas Pilzfond, Pilzpulver oder einige Stückchen Trockenpilze dem Fond beifügen. Der typische Wildgeschmack wird dadurch ausgeprägter. Wildrücken und -keulen beim Braten mehrmals mit etwas Puderzucker bestäuben. Das Fleisch überzieht sich mit einer appetitlichen bräunlichen Kruste und wird besonders mürbe.

Wildgeflügel gibt es in vielen Arten, es ist aber nur noch wenig verbreitet. Meist beschränkt sich das Angebot auf Fasanen, Rebhühner und Flugenten. Die weiblichen und männlichen Tiere weisen große Unterschiede im Aussehen auf. Junge Tiere erkennt man am elastischen Brustbein und biegsamen Schnabel, ebenso an wenig ausgeprägten Sporen und an der helleren Farbe der Beine. Neben dem genannten gibt es weiteres heimisches Wildgeflügel, wie Auerhahn, Birkhahn, Waldschnepfe, Ringeltaube, Türkentaube, wilder Truthahn, Pfeif-, Stock- und Krickente.

Wachteln werden gezüchtet und unterliegen somit keinem Saisonangebot.

Durch Rupfen und Ausnehmen verringert sich die Masse von Wildgeflügel um etwa ein Viertel. Wildgeflügel soll einige Tage im Federkleid mit dem Kopf nach oben abhängen.

Leber, Herz, Nieren und Zunge werden als sogenanntes Jägerrecht meist in der Küche des Jägers verarbeitet. Innereien von Wildbret sind deshalb nur selten erhältlich. Die Zubereitung erfolgt im allgemeinen wie bei Innereien von Schlachtfleisch.

3.2. Kalte und warme Vorspeisen

»Die echten Feinschmecker beenden ihre Mahlzeit stets vor dem Nachtisch. Wenn sie nachher noch etwas essen, so geschieht das nur aus Höflichkeit, sie sind aber meistens sehr höflich.«
Grimond de la Reyniere

Artischockenboden mit Fasanenmedaillons
4 Artischockenböden (Konserve)
1 bis 2 Fasanenbrüste, ausgelöst, enthäutet
Salz, weißer Pfeffer, Zitronensaft, Mehl
Béarner Soße
Garnierung: Trüffelscheiben
oder kleine Champignonköpfe
Artischockenböden pikant marinieren und heißstellen. Fasanenbrüste in gleichmäßige, etwa 2 cm dicke Medaillons schneiden, plattieren, würzen, in Mehl wenden, richtig andrücken und in heißem Fett schnell rosa braten. Artischockenböden mit Béarner Soße füllen. Medaillons darauf anrichten und mit Trüffelscheiben oder kleinen Champignonköpfen garnieren.
Dieses Gericht ist auch als Hauptgericht sehr beliebt. Dazu sind für jede Portion zwei bis drei Medaillons vorzubereiten.

Artischockenboden mit Hasenfilet
4 Artischockenböden, mariniert, in Butter angeschwenkt
4 Hasenfilets je 50 g
Salz, Pfeffer
Butter oder Margarine
100 g Champignons, blanchiert, feingehackt
50 g Fleischglace
feingehackte Petersilie
Filets aus dem Rücken schneiden, plattieren, parieren, würzen und in heißem Fett saftig braten. Das Fleisch soll innen leicht rosa bleiben. Filets auf den Artischockenböden anrichten. Im Bratfett die Champignonwürfel anschwenken, mit Fleischglace kurz verkochen, über den Filets verteilen, mit Petersilie bestreuen und sofort servieren.

Artischockenboden mit Rehnüßchen
4 Rehnüßchen je 50 g
Salz, weißer Pfeffer, Zitronensaft
40 g geklärte Butter
4 Artischockenböden, mariniert, im Fond erhitzt
80 g Béarner Soße

Rehnüßchen in heißer Butter saftig braten. Inzwischen Artischockenböden anrichten, mit Béarner Soße füllen. Rehnüßchen darauflegen, mit geriefftem Champignonkopf oder halbem Wachtelei und Kresse garnieren und sofort mit Toastoval servieren.

Fasanenbrustschnitte auf Preiselbeerapfel

Gebratene Fasanenbrust in schräge Tranchen von etwa 50 g schneiden und mit Madeiragelee nappieren. Mittelgroße Äpfel ziselieren und halbieren. Dann das Kerngehäuse ausbohren. Die Äpfel in Weißwein pochieren und erkalten lassen. Zum Abtropfen auf ein Ablaufgitter legen. Dann mit Preiselbeeren füllen. Die Fasanenbrust auf den Äpfeln anrichten, mit Gänseleberkremrosetten, Maraschinokirschen und halben Walnußkernen garnieren. Mit Toastoval reichen.

Fasan-Crêpes

8 hauchdünne Crêpes

Füllung:
200 g gebratenes Fasanenfleisch
100 g Steinpilze
1 gehackte Schalotte
Wildpfeffersoße
Sahne

Das Fleisch und die Pilze in feine Würfel schneiden, mit der Schalotte in Butter anschwitzen und mit Pfeffersoße kurz verkochen, Sahne dazugeben und zu einer dicklichen Masse reduzieren lassen. Die Crêpes damit bestreichen, zusammenrollen, jeweils zwei Stück für eine Portion anrichten, mit Kresse und Tomatenecken garnieren. Sehr heiß reichen.

Fasanenmedaillons mit Champignons auf Toast

4 Fasanenbrüste, ausgelöst, enthäutet
80 g Butter oder Margarine
Salz, weißer Pfeffer, Zitronensaft
Champignonköpfe, gebacken
Toastbrot, frisch geröstet
Fasanenbrüste in etwa 1 cm dicke Scheibchen quer zur Fleischfaser schneiden, mit der Hand plattieren und in heißem Fett rasch sehr saftig braten. Sofort würzen, auf Toast anrichten, mit Zitronensaft beträufeln, jedes Medaillon mit gebackenen Champignonköpfen belegen und mit etwas Bratfett übergießen. Mit frischem Salatblatt und Tomatenröschen garnieren.

Anmerkung: Die Medaillons gelingen noch saftiger und pikanter, wenn man sie durch zerschlagenes Ei zieht oder paniert. In beiden Fällen vorher gut würzen und mit Zitronensaft beträufeln.

Fasanenbrustschnitte mit Waldhimbeerkrem auf Toast

4 Fasanenbrustschnitten, je 60 g
Salz, Pfeffer
60 g geklärte Butter
Himbeermark
Himbeeressig, Eigelb, Sahne
4 Scheiben Toast
Die Fasanenschnitten leicht plattieren, würzen, mehlieren und in heißer Butter braten. Das Fleisch soll innen leicht rosa bleiben. Die Schnitten sofort auf Toast anrichten. Himbeermark in Butter erhitzen, pikant abschmecken, mit Eigelb und Sahne verfeinern, über dem Fleisch verteilen und sofort servieren.

Garnierte Rehmedaillons

4 Rehmedaillons je 60 g
30 g Öl
40 g Lebermus
4 Cocktailkirschen mit Stiel
Die Medaillons saftig braten, würzen und erkalten lassen. Dann mit etwas Fleischglace überziehen und mit Lebermusrosette sowie Cocktailkirsche mit Stiel garnieren. Rehmedaillons ebenso mit Schinkenmus oder Gänseleberparfait garnieren. Zum Belegen eignen sich u. a. halbe Wachteleier, Champignonköpfe, Maiskölbchen und kleine Pfifferlinge, aber auch eingelegte Wildfrüchte, Johannisbeerrispen, Mandarinen, Kiwiwendel und Ananasstücke.

Gefüllte Rehmedaillons

8 Medaillons je 40 g
Salz, Pfeffer, geklärte Butter
100 g Steinpilzduxelles
Madeiragelee
Garnierung: Gänseleberkrem, gelierte Champignonköpfe, halbe Wachteleier
Die Medaillons würzen, saftig braten und erkalten lassen. Dabei etwas beschweren, damit sie eine gleichmäßige Form erhalten. Dann vier Medaillons mit würzigem Pilzduxelles bestreichen und mit einem Medaillon abdecken. So vorbereitet mit Madeiragelee nappieren und

mit Gänseleberkremrosette, Champignonkopf und Wachtelei garnieren.

Geräuchertes Hirschfilet mit feinen Kräutern
200 g geräuchertes Hirschfilet
50 g Salat- oder Olivenöl, Salz,
weißer Pfeffer
1 Zitrone, Saft ausgepreßt
je 20 g gehackte Petersilie, Kerbel
und feingeschnittener Schnittlauch
Das Hirschfilet in hauchdünne Tranchen schneiden, auf Salatblättern gewellt und locker anrichten. Die Kräuter mit Öl, Zitronensaft und Gewürzen vermengen und über die dünnen Filettranchen verteilen. Mit Thymianschmalz und Gewürzhörnchen servieren.

Geräuchertes Rehfilet mit Guavasahne
200 g geräuchertes Rehfilet
100 g Guavapüree, mit 100 g geschlagener Sahne verrührt
Das Filet in hauchdünne Tranchen schneiden, tütenförmig anrichten und mit der Sahne füllen. Jedes Tütchen mit Preiselbeeren garnieren. Mit Melbatoast servieren.
Hinweis: Guavas sind apfelförmige Früchte. Sie haben grüngelbes Fruchtfleisch mit feinem, säuerlichem Geschmack. Da das Fleisch sehr viele Kerne enthält, wird es meist püriert.

Grapefruit mit Wildschinken und Meerrettichsahne
2 Grapefruites, je max. 250 g
4 cl Whisky
8 Scheiben Wildschinken
120 g Meerrettichsahne
Die Grapefruites halbieren. Das Fruchtfleisch in Segmenten herauslösen. Die Schalen zum Füllen beiseitestellen. Vom Fruchtfleisch die weiße Haut völlig entfernen. Die Segmente in eine Glasschale geben und mit Whisky marinieren. Geschlagene Sahne mit geriebenem Meerrettich, Salz, weißem Pfeffer und einer Prise Zucker pikant abschmecken. Den Wildschinken in Tütchen formen, mit der Meerrettichsahne füllen und in die Mitte der vorbereiteten Grapefruitschale stellen. Rundherum die Segmente verteilen, mit Petersilie garnieren und gut gekühlt servieren.

Hubertus-Kromeskis
250 g gebratenes oder gekochtes Fleisch
von Wildbret oder Wildgeflügel
100 g Champignons
dick eingekochte Demiglace
Fleisch und Pilze in feine Würfel schneiden, mit Demiglace anmachen, pikant abschmecken und auf ein Randblech streichen. Nach dem Erkalten zu Rollen formen, in dünne Eierkuchen oder Schweinsnetzstücke einhüllen, durch Backteig ziehen und fritieren. Mit Wildpfeffersoße servieren.

Hubertus-Schnitte
Vollkornbrot mit Wacholderbutter bestreichen, mit Wildschinken, Wildpastete oder saftigem Wildbraten belegen und mit marinierten Pilzen sowie Apfelstreifchen in Preiselbeergelee behäufeln.

Jäger-Imbiß
4 zarte Wildbretsteaks
40 g Öl
60 g Bauchspeck, in Würfel geschnitten
4 Eier
4 Scheiben Toastbrot
Sardellenfilets, Gurkenfächer, Ketchup
Steaks mit Salz und Pfeffer kräftig würzen, in Mehl wenden, in heißem Fett saftig braten und warmstellen. Im Bratsatz die Speckwürfel hellbraun auslassen bzw. braten, mit einem Schaumlöffel herausnehmen und im Fett das Toastbrot auf beiden Seiten goldgelb rösten. Inzwischen Spiegeleier zubereiten. Steaks auf Toast anrichten, mit Speckwürfeln bestreuen, darauf die Spiegeleier geben. Zum Abschluß mit einem Strich Ketchup, Sardellenfilet und Gewürzgurkenfächer garnieren.

Jägermeister-Taler
4 Wildmedaillons
4 Selleriescheiben, gekocht
Butter
Salz, Pfeffer, Mehl, Zitronensaft, Preiselbeeren
Medaillons von Hirsch, Reh oder jungem Wildschwein würzen, mehlieren und saftig braten. Inzwischen Selleriescheiben in Größe der Medaillons ausstechen, in Mehl wenden und in dem Bratsatz goldgelb braten. Medaillons sofort auf den Selleriescheiben anrichten, mit Zitronensaft beträufeln, mit etwas Preiselbeeren behäufeln und sofort mit frischem Toast servieren.

Mignon mit Wildpastete

Frischen Toast etwa 3 cm rund ausstechen, mit Pfefferbutter bestreichen und mit ebenso ausgestochener, etwa 1 cm dicker Scheibe Wildpastete belegen. Mit Mandarinenfilets und Cocktailkirsche garnieren.

Pikanter Hasentoast

8 bis 12 Hasenfilets
8 Hasennieren
Salz, Pfeffer
gehackte Schalotten
40 g geklärte Butter
4 Scheiben Toast
60 g Gänseleberkrem

Zuerst das Brot in Butter rösten, mit Gänseleberkrem bestreichen und warmstellen. Die Hasennieren in Butter anbraten, etwas später die Hasenfilets und Schalotten dazugeben, alles würzen und saftig braten. Die Filets müssen rosa bleiben. Filets und Nieren auf dem Toast anrichten, die Butter und etwas Fleischglace darübergeben. Mit ziseliertem Champignonkopf sowie Kresse garnieren. Sofort servieren.

Pochierte Wachteleier in Kräutermayonnaise

(je Portion 3 bis 4 Wachteleier)
200 g Mayonnaise mit feinen Kräutern
4 Selleriböden, blanchiert

Die Wachteleier sorgfältig pochieren und in gewürztes kaltes Wasser geben. Kerbel, Dill, Estragon und Petersilie fein hacken und in dicklich gehaltene Mayonnaise rühren. Selleriböden von etwa 5 cm Durchmesser und mit einem erhöhten Rand vorbereiten, in gut gewürztem kochendem Wasser blanchieren und auf einem Ablaufgitter abtropfen lassen. Die Wachteleier ebenfalls abtropfen lassen, auf den Selleriböden verteilen und mit Kräutermayonnaise überziehen. Mit Tomatenröschen und Dillzweig garnieren.

Hinweis: Diese Zubereitungsart ist ebenfalls mit Apfelsockeln, ausgehöhlten Tomaten, Artischockenböden usw. möglich. Die Vielfalt der kalten Soßen kann voll zur Anwendung gelangen.

Rebhuhn-Bouchées

Die französische Bezeichnung für kleine Blätterteigpastetchen ist petits bouchées. Die übliche Übersetzung in Mundbissen entspricht dem französischen Ausdruck, aber meist werden die Pasteten zu groß angeboten. Bouchées müssen klein, leicht und feinblättrig-luftig sein. Die Füllungen sind sehr mannigfaltig zu variieren. Grundsatz: hochwertige Rohstoffe exzellent würzen, attraktiv garnieren und niveauvoll anrichten.

Eine Variante ist besonders zu empfehlen: Feines Ragout von Rebhuhn. Saftig gebratene Rebhuhnbrust und die gleiche Menge Ananas in Würfelchen schneiden, mit Roueneser Soße anmachen, mit abgeriebener Orangenschale aromatisieren, sehr heiß in die Pastetchen füllen. Sofort servieren.

Weitere Füllungen: feines Ragout von Hasen, Kaninchen, Fasan, Wachteln, Reh oder Hirsch.

Rebhuhnkroketten mit Ananas

200 g gebratenes Rebhuhnfleisch
100 g Ananas

Alles in feine Würfel schneiden, mit Demiglace und Wildessenz anmachen und reduzieren lassen. Das Ragout auf ein Randblech streichen und erkalten lassen. Dann Kroketten formen, sorgfältig panieren und fritieren. Wildpfeffersoße mit etwas Ananassaft aromatisieren und extra zu den Kroketten reichen.

Hinweis: Kroketten können von sämtlichem Wildbret zubereitet werden. Meist werden die feingeschnittenen Zutaten mit Velouté gebunden. Das geht schneller, doch der feine würzige Geschmack wird nicht erreicht. Kroketten zur geschmacklichen Verfeinerung mit Kräuter-, Mandel-, Haselnuß-, Pistazien-, Mohnpanade, gemahlenen Bucheckern oder kandierten Weizenkeimen endbereiten.

Rebhuhn-Rissolen

200 g Blätterteig
150 g gebratenes Rebhuhnfleisch
50 g Steinpilze

Rebhuhnfleisch und Steinpilze in feine Würfel schneiden, mit Demiglace zu einem dicklichen Ragout verkochen und erkalten lassen. Inzwischen Blätterteig dünn ausrollen und rund etwa 8 cm im Durchmesser ausstechen. Das Ragout auf jeweils eine Seite der Blätterteigböden verteilen. Dabei muß der Rand freibleiben. Rand mit Eigelb bestreichen, die Teighälften zusammenschlagen, den Rand fest andrücken. Die Rissolen oder gefüllten Teigtaschen in heißem Fett goldbraun und knusprig braten.

Gut abtropfen lassen. Auf Serviette anrichten und sehr heiß reichen.

Rebhuhnsalat mit Wachtelspiegelei

400 g gebratenes Rebhuhn
je 100 g Gurkenscheiben, Spargelköpfe, Tomatenscheiben

Garnierung:
Kopfsalatblätter und Brunnenkresse

Marinade:
Tafelöl, Salz, frisch gemahlener Pfeffer
Sherry- oder Himbeeressig, gehackte Schalotten oder Lauch von jungen Zwiebeln

4 Wachteleier, Butter
Das Fleisch auslösen, in Scheiben schneiden und würzen. Die Salatzutaten vermengen, marinieren und auf Glastellern verteilen. Darauf das Rebhuhnfleisch anrichten, mit Wachtelspiegelei belegen und mit Brunnenkresse und Tomatenröschen garnieren.

Rebhuhntoast

4 Rebhuhnbrüste
200 g frische Pilze
Die Rebhuhnbrüste marinieren, in heißer Butter saftig braten, auf gerösteten Roggenbrotschnitten anrichten. Die frischen Pilze inzwischen mit Speck- und Zwiebelwürfelchen dünsten und auf dem Fleisch verteilen. Mit Kressesträußchen und Tomatenecken garnieren.
Hinweis: Für belegte Toastschnitten wird allgemein Toastbrot oder Weißbrot verwendet. Der Einsatz von Roggenbrot ist ebenso möglich. Besonders bei Toastzusammenstellungen mit sehr energieintensiven Speisenkomponenten ist Roggenbrot zu empfehlen. Frisch gröstetes Roggenbrot ist kräftiger und würziger im Geschmack.

Rehrückenschnitten mit Mandarinen

gebratener Rehrücken
Madeiragelee
Gänseleberkrem
Mandarinenfilets
halbe Cocktailkirschen
Die Rückenfilets auslösen, schräg in etwa 1 cm dicke Tranchen schneiden, gleichmäßig parieren und mit Madeiragelee nappieren. Nach dem Erkalten Rauten von Gänseleberkrem aufspritzen, mit Mandarinenfilets attraktiv kreisförmig über-

einander belegen und mit Cocktailkirsche garnieren. Mit Cumberlandsoße und Gewürzhörnchen anrichten.

Schiffchen mit Wildschaumbrot

4 blindgebackene Schiffchen
von Halbblätter- oder Mürbeteig,
etwa 8 cm lang und 3 cm breit
Wildschaumbrot
Von Wildbraten (Hirsch, Reh, Hase, Wildgeflügel), Butter, Velouté, geschlagener Sahne und Madeiragelee sehr feines Schaumbrot bereiten und mittels Spritzbeutels in die Schiffchen dressieren, mit ziselierten Champignonköpfen, Wachteleiern, Johannisbeeren mit Rispe, Maiskölbchen oder Edelfrüchten garnieren. Gut gekühlt servieren.
Hinweis: Schaumbrot bzw. Schaummus muß mit größter Sorgfalt und Sachkenntnis sowie aus hochwertigen Rohstoffen zubereitet werden. Sparsamkeit ist hierbei nicht angebracht.
Folgende *Grundrezeptur* für Schaumbrot hat sich bewährt: 500 g Wildfleisch, gebraten oder gekocht, $2/10$ l Velouté, $1/8$ l Aspik (immer aus dem Fond des Geschmacksträgers bereiten, in diesem Fall Wildfond), $2/10$ l geschlagene Sahne.
Das Fleisch sehr fein wolfen, mit der Velouté vermengen, durch ein feines Sieb streichen, auf Eis abkühlen, dann Aspik unterarbeiten und kräftig würzen. Zuletzt die Sahne darunterziehen. Für den Service als Einzelportion, besonders für Vorspeisen, wird Schaumbrot in spezielle Förmchen gefüllt, gestürzt und gut gekühlt serviert. Die kleinen Schaumbrot- oder Schaummusförmchen werden als Mousselines bezeichnet.

Schnepfenragout in Champagner

4 Schnepfen
Salz, Pfeffer
60 g Butter
$2/10$ l Champagner
Die Schnepfen zerteilen, die Stücke salzen und pfeffern und etwa 5 min in heißer Butter sautieren. Dann Champagner angießen und zugedeckt fertigdünsten. Schnepfenragout mit Zitronenecken garnieren, mit frischem Toast servieren.
Hinweis: Liebhabern von Innereien wird empfohlen, diese zu haschieren und mit den Karkassen in Butter zu sautieren. Dann alles durch ein Sieb streichen und zu dem Ragout geben.

Tartlettes Diana

4 blindgebackene Tartlettes
Wildschaumbrot

Pikanter Wildsalat: Wildbraten und Äpfel in feine Würfel schneiden und mit Cumberlandsoße anmachen.
Die Tartlettes mit Wildschaumbrot ausstreichen, mit pikantem Wildsalat füllen, mit halbem Wachtelei, Wildschinkenröllchen und Estragonblatt garnieren.

Tartlettes Hubertus

4 Blätterteigtartlettes, blind gebacken
4 Wachteln
200 g frische Pilze
Die Wachteln gut würzen, mit Speckscheiben umwickeln und saftig braten. Die Brüstchen dann auslösen und warmstellen. Die Karkassen hacken, im Bratsatz rösten, mit Rotwein ablöschen, würzen und reduzieren lassen. Die Pilze mit Speck- und Zwiebelwürfelchen anschwenken, in den erwärmten Tartlettes verteilen. Die Wachtelbrusthälften entbeinen, auf den Pilzen anrichten und mit der inzwischen dicklich reduzierten und passierten Soße nappieren.
Gefüllte Tartlettes sind beliebte kleine warme Vorspeisen und Zwischengerichte. Sie lassen sich sehr vielseitig variieren, z. B. Hasenragout mit tournierten Gurken, Rehsalpikon mit Pfifferlingen, Fasanenragout mit Wachtel-Spiegelei.

Tartlettes mit Hasenragout

200 g gebratenes Hasenfleisch
Wild-Rotweinsoße
Quittengelee
Senf
4 Tartlettes
Hasenfleisch von übriggebliebenen Läufchen oder Keulen in feine Würfel schneiden, in Rotweinsoße anmachen, mit Quittengelee und Senf pikant abschmecken, kurz durchkochen und in blind gebackenen Tartlettes anrichten. Mit blanchierten Apfelfächern und halber Maraschinokirsche dekorativ garnieren.
Hinweis: Anstelle von Senf englisches Senfmehl mit Weißwein anrühren und dazugeben.

Tartlettes mit Wachtelbrüstchen

4 Wachteln, bardiert
200 g Steinpilze, in Würfel geschnitten
40 g Bauchspeck, feinwürfelig geschnitten
40 g Schalotten, feingehackt
Salz, Pfeffer
Fleischglace
4 Tartlettes
Die Wachteln gut würzen und saftig braten. Die Brüstchen auslösen und warmstellen. Das restliche Fleisch von den Karkassen lösen und feinhacken. Die Steinpilze mit Speck und Zwiebeln anschwitzen, mit dem gehackten Wachtelfleisch vermengen, pikant abschmecken und in vier Tartlettes verteilen. Die Brüstchen darauf anrichten, mit etwas Fleischglace nappieren, mit Kresse und Tomatenkeil garnieren.
Hinweis: Tartlettes in der Bratröhre vorwärmen.

Treibjagd-Bouchées

4 kleine Bouchées
150 g gebratenes Wildfleisch
75 g frische Pilze
Wildpfeffersoße
Das Fleisch und die Pilze in feine Würfel schneiden und mit Wildpfeffersoße verkochen. Zuletzt pikant würzen und in die vorgewärmten Pastetchen füllen. Mit Kresse und Tomatenecke garnieren.

Treibjagd-Imbiß

400 g zartes Wildfleisch
Butter oder Margarine
Salz, Pfeffer, Mehl, Zitronensaft
100 g Remouladensoße
4 Scheiben Bauernbrot
Wildfleisch in 2 cm dicke Scheiben schneiden, leicht plattieren, würzen, in Mehl wenden, in heißem Fett rasch von beiden Seiten braten und kaltstellen. Das Fleisch soll innen rosa bleiben. Die Fleischscheiben dann in dünne Streifen schneiden, auf frischem Bauernbrot anrichten, mit dickgehaltener Remouladensoße überziehen, mit Kresse oder Feldsalat garnieren und sofort auftragen.

Toast Diana

Frisch geröstetes Toastbrot mit Rotweinbutter bestreichen, mit Waldorfsalat etwa 1 cm dick bedecken und mit Wildschinken, Wildpastete oder Wildbraten dekorativ belegen. Mit Orangenfilets, halben Walnußkernen, Preiselbeeren oder Cocktailkirschen garnieren.

Toast Nimrod

200 g Wildbraten, in Würfel geschnitten
100 g kleine Pfifferlinge oder andere Pilze,
kleingeschnitten
1 Zwiebel, feinwürfelig geschnitten
60 g Butter
4 Eier, verquirlt
4 Scheiben Toast oder geröstetes Roggenbrot
Die Zwiebelwürfel in Butter blondieren, Fleischwürfel und Pfifferlinge zugeben, mit Salz und
Pfeffer würzen und alles gut anschwitzen. Dann
die Eimasse dazugeben, salzen, locker stocken
lassen. Rührei mit Fleisch und Pilzen sofort auf
dem Toast verteilen und mit Tomatenecken und
Petersilie garnieren.

Vorspeisen von Wild (Bild 9)

Vorspeisen von Wild lassen sich mannigfaltig
variieren. Auf Bild 9 sind z. B. garnierte Rehkoteletts, verschiedenartig belegte Hirsch- und
Rehmedaillons und ganze, gebratene Wachteln
zusammengestellt. Auf die Medaillons wurden
Rosetten von Wildschaumbrot und Gänseleberkrem aufgespritzt.
Garnierung: Brombeeren, Cocktailkirschen mit
Stiel, Walnußkerne, Kiwischeiben, marinierte
Kürbiskügelchen, Johannisbeeren mit Rispe
usw.

Wachtel auf Apfeltoast

4 Wachteln, bridiert und bardiert
Salz, Pfeffer
Öl
Butter
8 bis 12 Apfelscheiben, geschält,
Kerngehäuse ausgestochen
4 Scheiben Toast, frisch geröstet
Die Wachteln kräftig würzen, mit Öl bestreichen
und in der vorgeheizten Backröhre bei starker
Hitze etwa 12 min braten, bis sie schön braun
und saftig gar sind. Zwischenzeitlich die Apfelscheiben in Butter goldbraun anbraten, mit etwas
Zitronensaft und Pfeffer würzen. Die Apfelscheiben sollen leicht bißfest bleiben. Von den
Wachteln Küchengarn entfernen. Apfelscheiben
auf Toast anrichten, Wachteln in die Mitte
geben, mit einem Strich Ketchup versehen und
heiß servieren.

Wachtelbrust auf Spinatcrouton

4 Wachteln, bardiert
Salz, Pfeffer

Butter
Fleischglace
4 Croutons, frisch in Butter geröstet
Spinatsalat
Frischen Spinat waschen, in Streifen schneiden
und mit Dressing aus Senf, Öl, Essig, Salz und
Pfeffer anmachen.
Die Wachteln würzen und rosa braten, den Bratsatz mit etwas Fleischglace verkochen. Die Wachteln entbeinen. Spinatsalat auf den Croutons anrichten. Zuerst die Wachtelschenkel, dann die
Brusthälften darauf anrichten und mit dem Bratsatz nappieren.

Wachteln im Netz

4 Wachteln, von der Rumpfseite aufgeschnitten
und plattiert
je 50 g feingehackte Champignons, Möhren,
Kochschinken
1 kleine feingehackte Zwiebel,
feingehackte Petersilie
Butter
Salz, Gewürzmischung
4 gleichgroße Quadrate Schweinsnetz
4 cl Weinbrand
Die Zwiebelwürfel, Petersilie, Schinken und
Gemüse in Butter anschwitzen, würzen und mit
etwas kräftiger Kalbsbrühe leicht köcheln lassen.
Die Schweinsnetzquadrate auf eine Arbeitsplatte
auflegen. Die gegarte Gemüsemischung darauf
verteilen, die gewürzten Wachteln dazugeben
und mit Schweinsnetz umwickeln. Wachteln im
Netz in eine gebutterte und entsprechend große
Auflaufform legen, mit Butterflocken versehen
und in die auf 220 °C vorgeheizte Bratröhre
stellen. Sobald die Schweinsnetze braun werden,
die Päckchen mit Weinbrand und etwas Kalbsbrühe beträufeln. Auflaufform abdecken. Temperatur herunterschalten und noch weitere
10 min in der Bratröhre garen. Wachteln sofort
als Vorspeise oder Zwischengericht servieren.

Wachteleiercocktail

12 Wachteleier, gekocht, geviertelt
Tomatenmayonnaise
Kräutermayonnaise
100 g gebratenes Wachtelfleisch
Chiffonade
Das Wachtelfleisch in feine Streifen schneiden
und pikant mit Preiselbeergelee, Salz, Pfeffer,
Himbeeressig und Öl anmachen. Cocktailschalen
mit Chiffonade auslegen, das Wachtelfleisch

darauf verteilen, ebenso die Wachteleier. Zuletzt jeweils zur Hälfte mit Tomaten- und Kräutermayonnaise überziehen und mit 1/2 Wachtelei und Kresse- oder Estragonzweig garnieren. Mit Toastoval servieren.

Wildbret-Kassoletts
250 g Wildbraten
100 g frische Pilze
Wacholderrahmsoße
Wildbraten und Pilze in Würfelchen schneiden und mit Wacholderrahmsoße zu einem dicklichen Ragout verkochen. Das würzige Ragout in Kassoletts füllen, mit einer dünnen Blätterteigplatte oder einer Schicht Duchessemasse überbacken, mit einem ziselierten Champignonkopf in der Mitte garnieren und sofort servieren.

Wildragout in knuspriger Brothülle
200 g Wildbratenabschnitte
100 g Champignons
Rotweinsoße
4 Brotformen
Wildbraten und Champignons in feine Würfel schneiden, mit Rotweinsoße einige Minuten kochen, kräftig abschmecken und in gebackene Brotformen einfüllen.

Wildröllchen in Rotwein
8 große Scheiben Wildbraten
200 g frische Pilze
Bauchspeckwürfel
1 feingehackte Zwiebel
0,1 l Rotwein
Butterflöckchen
Sahne zum Beträufeln
Die Pilze, besonders eignen sich Pfifferlinge, fein schneiden, mit Speck- und Zwiebelwürfelchen schnell dünsten und kräftig mit Salz und Pfeffer würzen. Inzwischen gleichgroße Bratenscheiben auf eine Arbeitsfläche legen, mit dem Pilzragout füllen, zu gleichen Röllchen formen und in eine ausgebutterte feuerfeste Form legen. Mit Rotwein beträufeln, mit Butterflöckchen bedecken, mit Sahne beträufeln und in der heißen Bratröhre gratinieren.
Wildröllchen können auch aus Bratenabschnitten zubereitet werden. Mehrere gleichdicke Scheiben sind dann zusammenzurollen und zum besseren Halt mit einem Holzstäbchen festzustecken. Als Vorspeise oder Zwischengericht auf Salatblättern oder frischem Toast anrichten.

Wildschaumbrot (Mousselines)
Kleine Timbal- oder Darioleförmchen mit Madeiragelee hohl ausgießen, Trüffel-Eiklar-Dekor einlegen, mit Wildschaumbrot füllen, mit einer Schicht Madeiragelee abschließen und kaltstellen. Bei Abruf sehr kurz in heißes Wasser halten und stürzen. Mit Toast servieren.

Wildschinkenbanane auf Toast
4 mittelgroße Bananen
8 bis 12 dünne Scheiben Wildschinken
Rosenpaprika
zerlassene Butter
4 Scheiben Toast
Bananen schälen, mit Rosenpaprika würzen und mit Wildschinken umwickeln. Dann feuerfeste Form einbuttern, Bananen hineinlegen, mit etwas Butter übergießen und etwa 8 min in der vorgeheizten Bratröhre garen. Sofort auf Toast anrichten und mit Petersilie und Tomatenecken garnieren.
Diese Schinkenbanane kann auch für Cocktailhäppchen eingesetzt werden. Dann mit einem scharfen Messer in 2...3 cm große Stücke schneiden und mit Spießchen auf Weißbrotcroutons anrichten.

Wildsteak Lukullus
4 Steaks je 100 g
Butter oder Margarine
Salz, Pfeffer, Mehl
100 g Béarner Soße
100 g Choronsoße
4 Scheiben Toast
Kaviar
Zarte Steaks von Reh, Hirsch oder Wildschwein schneiden, plattieren, würzen, in Mehl wenden und in heißem Fett saftig und innen rosa braten. Sofort auf geröstetem Toastbrot anrichten und jeweils zur Hälfte mit Béarner und Choronsoße überziehen. In der Mitte zwischen beiden Soßen als Krönung einen Streifen Kaviar auflegen. Unbedingt erforderlich: schnellstens servieren.

3.3. Suppen und Eintöpfe

Eintopf von weißen Bohnen mit Hasenfleisch
4 Hasenläufchen
100 g Bauchspeck, in feine Würfel geschnitten
2 große Zwiebeln, feingehackt
250 g weiße Bohnen, geweicht

400 g Kartoffelwürfel
100 g Möhren, feinwürfelig geschnitten
100 g Porree, grün, in feine Streifen geschnitten
1 Bund Petersilie, feingehackt
Weinessig, Fleischbrühe
Salz, Pfeffer, 2 Knoblauchzehen, Chilli
Bauchspeck- und Zwiebelwürfel anschwitzen, die Hasenläufchen dazugeben und alles hellbraun rösten. Sofort mit etwa 1 l Fleischbrühe auffüllen und 30 min leicht kochen. Dann Bohnen, Möhren, Porree und Kartoffelwürfel dazugeben, kräftig würzen und etwa 30 min simmern lassen. Die Hasenläufe herausnehmen, entbeinen, Fleisch in Würfel schneiden und wieder dazugeben. Eintopf pikant mit Weinessig und Zucker abschmecken, entsprechend anrichten und mit gehackter Petersilie bestreuen.

Fasan mit Linsen und Rauchfleisch

8 Fasanenkeulen
Butter oder Margarine
4 dicke Scheiben Bauchspeck
2 Zwiebeln, feingehackt
400 g Linsen, geweicht
Salz, Pfeffer, Lorbeerblatt, abgeriebene
Zitronenschale
50 g Mehl, Öl zum Anschwitzen
saure Sahne, gehackte Petersilie
Geflügelbrühe
Fasanenkeulen würzen, in heißem Fett von allen Seiten scharf anbraten und herausnehmen. Im Bratsatz Zwiebelwürfel und Speckscheiben leicht bräunen, die Linsen dazugeben, kurz anschwitzen und mit Geflügelbrühe bedecken. Fasanenkeulen und Gewürze hineingeben und alles abgedeckt etwa 1 1/2 h garen, bis Fleisch und Linsen weich sind. Mehl in Öl leicht bräunen. Die so entstandene Roux unter die Linsen rühren und köcheln lassen. Linsen auf tiefen Tellern anrichten, mit Fleisch und Speckscheibe belegen, mit saurer Sahne und gehackter Petersilie verfeinern.
Hinweis: Linsen nach Belieben etwas süßsauer abschmecken oder Essig und Zucker gesondert dazugeben. Statt Fasan eignen sich für diese Zubereitungsart Rebhühner, Auerhahn und Wildenten, aber ebenfalls Hühner und Enten.

Fasanensuppe

Fasanenkeulen und -karkassen
Rinderknochen, Öl
Sellerie, Möhren

gespickte Zwiebel
Salz, Pfeffer, Basilikum, Wacholderbeeren
Sherry
Die Fasanenkeulen und -karkassen sowie die Rinderknochen hacken und in etwas Öl anbraten. Dann mit kaltem Wasser auffüllen, zum Kochen bringen und etwa 1 h simmern lassen. Den sich an der Oberfläche bildenden Schaum abschöpfen. Sellerie, Möhren, Zwiebeln, Salz und Gewürze dazugeben, nochmals etwa 1 h simmern lassen. Das Fleisch sowie Sellerie und Möhren in feine Würfel schneiden und als Einlage verwenden.

Fasanensuppe mit Teighaube

Fasanenkarkassen, Keulen, Flügel
Öl, Mirepoix, Geflügelbrühe
Salz, Pfeffer
Kräutersträußchen
Rotwein
Die Knochen und Fleischteile in etwas Öl mit Mirepoix leicht bräunen, mit Rotwein und Geflügelbrühe auffüllen, würzen, Kräutersträußchen dazugeben und etwa 2 h simmern lassen. Dabei mehrmals abschäumen. Die Suppentassen mit Einlage von Champignonscheiben, Fasanenklößchen sowie Möhren- und Selleriejulienne versehen. Die Brühe kräftig abschmecken und kaltstellen. Inzwischen Blätterteig dünn ausrollen und runde Teigplatten ausstechen. Die erkaltete Brühe in Tassen füllen, den oberen äußeren Tassenrand rundherum mit Eigelb bestreichen, die Teigplatten aufsetzen und die Tassen rundherum fest verschließen. Teigplatte mit Dekor versehen und mit Eigelb bestreichen. Bei Abruf Tassen in die vorgeheizte Bratröhre schieben. Blätterteig bei 220 °C schnell backen, damit er sich nicht in die Brühe senkt. Temperatur dann herunterschalten, besonders Oberhitze. Nach etwa 10 min ist die Suppe heiß. Dann sofort servieren.
Hinweis: Die Brühe stets kalt einfüllen. Heiße Brühe würde den Blätterteig durch die aufsteigenden Dämpfe zerstören. Der Effekt wäre verloren. Teighaube am Tisch mittels Löffels öffnen; der ausströmende Duft ist die Besonderheit dieser Anrichteweise und Äquivalent für den relativ hohen Aufwand.

Feinschmecker-Wildsuppe

Aus Wildknochen und Wildbretparüren kräftige braune Wildsuppe bereiten, sehr fein passieren, mit Gänseleberpüree, Rotwein und Weinbrand verfeinern. Mit Einlage von Fasanenklößchen und pochiertem Wachtelei sowie frisch geröstetem Kerbelcrouton oder Kastanien-Eierstich servieren.

Großmütterchens Wildsuppe
(für 10 Personen)
500 g Wildbret, in Würfel geschnitten
je 100 g Zwiebeln, Möhren oder Sellerie,
alles in feine Würfel geschnitten
100 g fetter Speck, feinwürfelig geschnitten
10 g getrocknete Pilze oder Pilzpulver
Salz, Pfeffer, Zucker, 2 Lorbeerblätter
Wacholderbeeren, Wildgewürzmischung,
Wildjus
Die Speckwürfel auslassen, die Wildbretfleischwürfel sowie die Zwiebelwürfel darin kräftig anbraten. Die Gemüsewürfel und die geweichten Trockenpilze dazugeben und alles goldgelb anschwitzen. Dann mit Mehl bestäuben, durchschwitzen und mit Wildjus auffüllen, die Gewürze dazugeben, alles gut verrühren und etwa 60 min simmern lassen. Wildsuppe mit Gin- oder Wodkasahne und Croutons anrichten.

Haseneintopf, im eigenen Saft gedünstet
1 mittelgroßer Hase, Fleisch entbeint und in Würfel geschnitten
80 g Bauchspeck, in feine Würfel geschnitten
3 Zwiebeln, in feine Scheiben geschnitten
300 g Weißkohl ⎫
300 g Möhren ⎬ in Streifen geschnitten
200 g Porree ⎪
200 g Sellerie ⎭
400 g Kartoffeln, in Würfel geschnitten
80 g Butter, als Flocken zerteilt
Salz, frisch gemahlener Pfeffer
Schmalzteig zum Abdichten
Hasenfleisch- und Speckwürfel vermengen und zusammen mit den Gemüsen und Kartoffeln in ein geeignetes Gargefäß, z. B. Steinguttopf mit festschließendem Deckel, geben, würzen und mit Butterflocken versehen. Deckel mit Teigstreifen rundum fest verschließen bzw. versiegeln, damit während des Garprozesses kein Dampf entweichen kann. Gargefäß in einem größeren Topf mit kochendem Wasser auf einen entsprechenden Einsatz stellen. Das Gargefäß muß bis zu drei Viertel im Wasser stehen. Wasser etwa 2 h simmern lassen. Falls erforderlich kochendes Wasser nachgießen. Gargefäß erst am Tisch öffnen. Der besondere Geruch von Hasenfleisch

und Gemüse unterstreicht die Besonderheit dieser Eintopfzubereitung. Im à-la-carte-Geschäft empfiehlt sich die Zubereitung in Einzelportionen. Mehrere Steingutterrinen lassen sich entsprechend vorbereiten.
Anmerkung: Für diese Zubereitungsart kann jede andere Wildbretart, Geflügel oder Kaninchen verwendet werden. Die Zusammenstellung der Gemüse ist dann zu variieren.

Hasenkremsuppe mit Champignons
600 g Hasenklein
1 gespickte Zwiebel, Wacholderbeeren
Pfefferkörner, Salz
40 g Butter
30 g Mehl
1 EL Johannisbeergelee
1 TL scharfer Senf
Zitronensaft
Orangensaft
150 g frische Champignons, feinblättrig geschnitten
Sahne, mit Eigelb verquirlt
Das Hasenklein mit Zwiebel und Gewürzen in 1 l Wasser kochen. Hasenklein herausnehmen, das Fleisch auslösen und gleichmäßig schneiden. Die Brühe passieren, dann Mehlschwitze bereiten. Das Mehl bräunen, die Champignons dazugeben, mit der Brühe auffüllen, die Ingredienzen sowie das Hasenfleisch dazugeben. Alles kurz köcheln lassen, kräftig abschmecken, zuletzt legieren und sofort servieren.

Hasenpunsch
Kleingehackte Hasenknochen und Parüren
Mirepoix
Salz, Pfeffer, Wacholderbeeren
Öl
Klärfleisch von Wildbret
Weinbrand
Knochen und Parüren mit Mirepoix anbraten, mit Wildbrühe auffüllen, gut würzen, etwa 3 h simmern lassen, passieren und kaltstellen. Dann mit Wildbretfleisch und Eiklar wie üblich klären, abschmecken, passieren, mit etwas Weinbrand verfeinern, anrichten und mit einem Sahnehäubchen servieren.

Jägersuppe
(für etwa 10 Personen)
1 kg Wildbretparüren, Butter
2 1/2 l Wildbrühe

200 g Linsen, über Nacht geweicht
200 g Mirepoix
1 Kräutersträußchen
30 g hellbraune Mehlschwitze
0,2 l Rotwein

Die Linsen gerade mit Wasser bedecken und mit Mirepoix, Salz und Kräutersträußchen zum Kochen ansetzen. Die Wildparüren in Butter anbraten, mit Wildbrühe auffüllen und kochen. Das Fleisch, sobald es gar ist, ablösen und im Mixer fein pürieren. Den Fond zu den Linsen geben. Die Linsen fertiggaren, mit Mehlschwitze binden, kurz durchkochen und passieren. Wildmus und Rotwein dazugeben, die Suppe gut abschmecken und mit Champignonscheiben, Wildklößchen und frisch gerösteten Croutons anrichten.

Pikante Hasensuppe

Hasenklein von einem Hasen,
einschließlich Herz, Nieren und Parüren
Öl
Wacholderbeeren, Lorbeerblatt, Gewürznelken, Rosmarin

Zutaten in heißem Öl kurz anbraten, mit etwa 1 l Wasser auffüllen und langsam kochen, bis das Fleisch gar ist. Die Brühe durch ein Haarsieb gießen, das Fleisch von den Knochen lösen und zusammen mit Herz, Nieren sowie Gemüse fein wolfen und in die Brühe geben, ebenso 0,1 l Rotwein, 1 EL Tomatenmark, Salz, Pfeffer sowie etwas Zitronensaft. Die Suppe etwa 10 min simmern lassen, mit Sahne verfeinern, pikant abschmecken und mit frisch gerösteten Weißbrotwürfeln servieren.

Hinweis: Auf diese Art Wildsuppe von anderem Wildbret zubereiten. Anstatt Tomatenmark etwas Linsenmus zum Binden verwenden. Der typische Wildgeschmack wird dadurch betont, Tomatenmark gibt aber der Suppe die besondere pikante Note.

Rebhuhn-Kraftbrühe

Wildkraftbrühe mit angerösteten Rebhuhnkarkassen und -parüren aromatisieren. Dafür gibt es zwei Möglichkeiten: Die Karkassen entweder beim Ansetzen zum Rebhuhnfleisch dazugeben oder zum Klären dem Klärfleisch neben Eiklar, Gewürzen und getrockneten Pilzen beigeben. Rebhuhnkraftbrühe mit feinen Wildklößchen, Champignonscheiben oder Trüffelwürfelchen anrichten. Grundsatz: Kraftbrühe sehr heiß in vorgewärmte Tassen füllen und rasch servieren.

Rebhuhnsüppchen unter Blätterteighaube mit Sesamkörnern

Kalte Rebhuhnkraftbrühe mit Einlage in Tassen füllen. Dann wie »Fasanensuppe mit Teighaube« mit Blätterteig abdecken, mit gewürzten Sesamkörnern überstreuen und in der Bratröhre backen. Nach einigen Minuten mit Alufolie abdecken, damit die Sesamkörner nicht verbrennen.

Rehkraftbrühe mit Waldpilzen

Kraftbrühe aus Rehknochen und Parüren wie »Wildkraftbrühe« zubereiten.
Frische Waldpilze entsprechend vorbereiten, fein hacken, würzen und mit sehr feinen Bauchspeck- und Zwiebelwürfelchen anschwitzen. Dann mit Rehkraftbrühe auffüllen und etwa 15 min simmern lassen. Mit Kräutertoast oder ofenwarmen Gewürzhörnchen servieren.

Tomatierte Wildkraftbrühe mit Wodkaschmand

Wildkraftbrühe wie beschrieben zubereiten, mit Ketchup tomatisieren, mit Einlage von Wildfleischwürfeln sowie mit gerösteten Croutons und Wodkaschmand servieren.

Wildbret-Eintopf

800 g Wildfleisch

Das Fleisch in 3 cm große Würfel schneiden und mit Rotwein, Lorbeerblatt, Gewürznelken und Pfefferkörnern 12 h marinieren. Dann in einen Topf mit Zwiebelscheiben und je 200 g geschnittenen Möhren, Sellerie und Lauch geben. Alles mit heißer Wildbrühe übergießen, salzen, pfeffern, zum Kochen bringen und etwa 20 min simmern lassen. Währenddessen mehrmals abschäumen. Dann etwa 400 g in Würfel geschnittene Kartoffeln dazugeben und alles fertiggaren. Zuletzt mit Salz, Pfeffer und einer Prise Zucker abschmecken, in vorgewärmter Terrine anrichten und mit gehackter Petersilie bestreuen.

Wildentenextrakt

(für etwa 1 1/2 l)
1 Wildente
150 g Klärfleisch, grob gewolft
250 g Mirepoix
Salz, Salbei, Thymian

zerdrückte Lorbeerblätter
2 bis 3 Eiklar
2 l klare Wildkraftbrühe

Die Ente enthäuten, das Fleisch auslösen und grob wolfen. Die Knochen und Karkassen hacken und anrösten. Das Enten- und Klärfleisch in eine Kasserolle geben und mit dem Gemüse, Eiklar, Gewürzen, Salz und etwas kaltem Wasser gut vermischen. Die kalte Wildkraftbrühe unter Rühren dazugießen, ebenso die angerösteten Knochen. Alles zum Kochen bringen und etwa 1 h simmern lassen. Der Extrakt muß goldklar sein. Zuletzt gut abschmecken und in heißen Tassen servieren. Zur Verfeinerung einen Schuß Kognak zugeben. Dazu frischgebackene Käsestangen reichen.

Wildextrakt

Wildknochen, Parüren und Mirepoix in etwas Öl rösten, mit Rotwein und Wasser auffüllen und auskochen lassen. Dann Kochstufe herunterschalten, Salz, Pfefferkörner, Wacholderbeeren und Kräutersträußchen dazugeben. Die Brühe darf nicht kochen, sondern nur köcheln. Den sich auf der Oberfläche bildenden Schaum öfters entfernen. Brühe stark reduzieren lassen. Nach etwa 5 h passieren und erkalten lassen. Dann entfetten und kalt mit magerem Wildfleisch erneut zum Kochen ansetzen. Wildfleisch in der Brühe langsam garen, dabei Brühe zur Hälfte reduzieren. Das Wildfleisch in Würfel schneiden und als Einlage für den Extrakt verwenden oder für Wildsalat verarbeiten. Wildessenz sehr heiß mit gekochtem Wachtelei und Champignonscheiben servieren.

Hinweis: Die Brühe mit sehr wenig Salz würzen. Durch das starke Reduzieren könnte der Extrakt versalzen werden.

Wildgulaschsuppe

250 g Wildbretfleisch
100 g Zwiebeln, in Scheiben geschnitten
60 g Bauchspeck, in Streifen geschnitten
100 g roter Gemüsepaprika, in Streifen geschnitten
100 g frische Pilze, geschnitten
Salz, Pfeffer, Zucker
Gewürzpaprika, edelsüß
1/8 l Rotwein
3/4 l Wildjus

Das Fleisch in etwa 1 cm große Würfel schneiden. Den Speck auslassen, die Zwiebel dazugeben und beides hellbraun werden lassen. Dann das Fleisch dazugeben, alles goldbraun anbraten, mit Salz, Pfeffer und Zucker würzen, reichlich mit Paprika bestäuben und anschwitzen. Dann mit Rotwein und Wildjus auffüllen und etwa 30 min köcheln lassen. Paprikastreifen und Pilze dazugeben und fertiggaren. Zuletzt abschmecken, anrichten, mit gehackter Petersilie überstreuen und sofort servieren.

Hinweis: Diese kompakte Suppe auch als Eintopf reichen. Frisches Bauernbrot oder Salzhörnchen dazugeben.

Wildkraftbrühe

Wildknochen
Mirepoix, geröstet
Kräutersträußchen
Salz, Pfefferkörner
Wacholderbeeren
mageres Wildfleisch

Wildknochen sägen oder hacken, kurz blanchieren, mit kaltem Wasser abspülen und kalt ansetzen. Alles kurz aufkochen lassen, dann Heizstufe herunterschalten und simmern lassen. Den sich auf der Oberfläche bildenden Schaum sorgfältig abschöpfen. Nach etwa 2 h Mirepoix, Kräutersträußchen, Salz und Gewürze dazugeben. Nach weiteren 2 h Brühe passieren und kaltstellen. Dann mageres Wildfleisch mit der kalten Brühe zum Kochen bringen. Nach kurzem Aufwellen ist darauf zu achten, daß das Fleisch nicht kochen darf. Die Brühe wird sonst trübe und müßte geklärt werden. Etwa 30 min vor Ende der Garzeit des Wildfleisches ein Kräutersträußchen dazugeben. Die Brühe dann sorgfältig passieren und mit Salz und Weinbrand abschmecken.

Das Fleisch erkalten lassen, in feine Würfel schneiden und als Einlage für die Wildkraftbrühe verwenden. Als Einlage eignen sich weiterhin gekochte Wachteleier, Wildklößchen, Selleriestreifen, Pilzscheiben, Sauerampferklößchen, Profiteroles usw.

Hinweis: Wildkraftbrühe kann auch wie klare Ochsenschwanzsuppe zubereitet werden. Das heißt, die zerkleinerten Wildknochen und das Röstgemüse in Öl anbraten, mit Rotwein ablöschen und weiter wie klare Ochsenschwanzsuppe zubereiten.

Wildkraftbrühe mit pochiertem Wachtelei und Pilzklößchen

Wildkraftbrühe wie vorstehend zubereiten. Als Einlage sorgfältig pochierte Wachteleier sowie Pilzklößchen verwenden. (Pilzklößchen: feine Wildfarce mit Pilzen aromatisieren.)
Hinweis: Wachteleier in Rotwein mit etwas Essig pochieren. So schmecken sie noch köstlicher.

Wildkremsuppe

Aus Wildknochen, Parüren und Mirepoix sowie Gewürzen kräftige Brühe bereiten. Helle Mehlschwitze mit der Brühe verkochen, passieren und mit Eigelb und Sahne legieren. Zur Einlage Champignonscheiben, Wildklößchen oder gekochtes, in Würfel geschnittenes Wildfleisch sowie frische Croutons verwenden.
Mit größter Sorgfalt zubereitete Wildkremsuppe ist ein echter Gaumenknüller, ebenso z. B. legierte Wildsuppe.

Wildsuppe – einmal anders

400 g Wildbretfleisch von Hals, Kamm oder Parüren
Öl
1 Zwiebel, geviertelt
1 Möhre, geschnitten
Salz, Wacholderbeeren, Gewürznelken, Lorbeerblatt
Wildbretstücke und Gemüse in heißem Öl rasch anbraten, mit etwa 1 l Wasser auffüllen und mit den Gewürzen langsam kochen. Brühe dann in einen anderen Topf passieren. Das Fleisch ohne Sehnen und Haut in feine Würfel schneiden und mit Johannisbeergelee, Senf, etwas Weinbrand und Saft von einer Orange zur Brühe geben. Alles etwa 10 min köcheln lassen. Suppe kräftig abschmecken, anrichten und mit etwas aufgespritzter Preiselbeersahne servieren.
Aus Schmalzteig gebackene Weinblätter (ausgestochen) dazugeben.

Wachtelsuppe mit Hagebutten

Wachtelkarkassen mit Mirepoix anbraten, mit Mehl bestäuben alles gut bräunen und sofort mit Wildbrühe auffüllen. Mit Salz und Pfeffer würzen. Mit Sherry verfeinern. Etwa 1 h simmern lassen. Mit Hagebuttenauszug oder Hagebuttenmark aromatisieren.
Einlage: Wachteleier, Wachtelklößchen oder Wachtelfleischstreifen.

Wildsuppe mit Paprika

Hirsch- oder Wildschweinfleisch wie für Gulasch in Würfel schneiden. Dazu eignet sich das Fleisch von Brust, Haxen oder Hals. Zuerst das Fleisch waschen und abtropfen lassen. Inzwischen Zwiebelscheiben in ausgelassenen Speckwürfelchen blondieren, mit reichlich Gewürzpaprika bestäuben, das Fleisch dazugeben, mit Salz, Pfeffer und etwas Majoran würzen, alles anschwitzen, Wasser angießen und langsam garen. Wenn das Fleisch gerade bißfest ist, Kartoffelwürfel, zerriebenen Knoblauch, gemahlenen Kümmel und kleine Würfel von rotem Gemüsepaprika dazugeben. Wenn erforderlich Wasser ergänzen, nachsalzen und fertiggaren. Die deftige Wildsuppe sehr heiß anrichten. Mit saurer Sahne, gehackter Petersilie und Ringen von rotem Gemüsepaprika servieren.

Wildsuppe mit Sauerampfer

Wildkremsuppe zubereiten, Streifchen von frischem Sauerampfer darunter vermengen oder mit gratinierten Sauerampfercroutons anrichten. Rund ausgestochene Weißbrotcroutons mit feingehacktem Ei und mit Reibekäse vermengtem Sauerampfer bestreichen und gratinieren.
Hinweis: Auf gleiche Weise Wildsuppe mit Kerbel, Estragon, Salbei, Brennessel oder Rosmarin zubereiten.

Wildsuppe Nimrod

500 g Wildknochen
200 g Wildbretabschnitte
Öl
1 Zwiebel, grobgeschnitten
100 g Mirepoix, kleingeschnitten
0,2 l Rotwein
Salz, Pfeffer, Thymian, Pfefferkörner, Wacholderbeeren, Lorbeerblatt
Wildknochen mit Zwiebeln, Mirepoix und den Gewürzen in heißem Öl stark anrösten. Dabei öfters umrühren. Wildbrühe zugießen und langsam kochen lassen. Das Fleisch ausstechen, erkalten lassen und in feine Würfel schneiden. Den Fond mit Soßenkuchen verkochen oder mit Roux binden, passieren, mit Rotwein verfeinern und gegebenenfalls nachwürzen. Das Fleisch in Suppentassen geben und mit viel Wildsuppe auffüllen. Die Suppe schmeckt besonders gut mit etwas Preiselbeersahne oder frisch gerösteten Croutons.

3.4. Wildspeisen – einmal anders

Cordon bleu vom Hirschrücken

4 Hirschsteaks
120 g Kochschinken
100 g Schnittkäse
Salz, Pfeffer
Wiener Panade
geklärte Butter

In die Hirschsteaks seitlich eine Tasche einschneiden, plattieren, Schinken in dünne Scheiben schneiden, Schnittkäse damit einhüllen und in die Steaks schieben. Steaks würzen, sorgfältig panieren und in geklärter Butter goldgelb und knusprig braten. Steaks auf Papiermanschetten anrichten, attraktiv garnieren und mit pommes frites oder Würfelkartoffeln im Kartoffelnestchen sowie Speckpilzen servieren. Diese berühmte Zubereitungsart hat sich bei Kalbssteak und Schweinesteak bewährt. Die Kombination mit Wildbret erhält eine besondere Geschmacksnuance durch den geschmolzenen Käse. Für diese Zubereitungsart sind hochwertige vollfette Käsesorten zu verwenden.

Epigramm Försterart

4 Rehkoteletts je 75 g, plattiert
4 halbe Fasanenbrüste
Butter oder Margarine

Fasanenbrüste in Butter rosa dünsten, mit Salz, Pfeffer und Zitronensaft würzen. Rehkoteletts braten, mit Salz und Pfeffer würzen und zusammen mit den Fasanenbrüsten anrichten. Bratsatz mit Fasanenfond sowie etwas Johannisbeergelee und Sahne verkochen. Fleisch damit soßieren, mit Speckpilzen und Zwiebelkartoffeln servieren.

Anmerkung: Als Epigramm (Sinngedicht) werden Fleischgerichte bezeichnet, deren Bestandteile auf verschiedene Art zubereitet werden. Zum Beispiel braten und dünsten oder backen und braten. Das kulinarische Epigramm beinhaltet keinen Spott, sondern originelle bzw. sinnliche Geschmackskompositionen.

Exquisites Terzettino

4 getrüffelte Gänseleberschnitten
4 Fasanenmedaillons
4 Rehnüßchen

Die hochwertigen Komponenten entsprechend sorgfältig braten und in einer attraktiven Servierkokotte anrichten. Etwas Madeirasoße untergießen. Rehnüßchen mit Pfifferlingen, Fasanenmedaillons mit Spargelköpfen und Gänseleberschnitten mit in Butter gebratenen Apfelscheiben garnieren. Weiterhin eine Williamskartoffel sowie jeweils $1/3$ Portion Waffelkartoffeln und Zwiebelkartoffeln anlegen. Zuletzt etwas Steinpilzschmand sowie Preiselbeeren in römischen Pastetchen dazugeben.

Feines Wildragout

Wildbratenabschnitte und Champignons in feine Würfel schneiden, mit Salz, Pfeffer und gemahlenen Wacholderbeeren würzen, mit Rotwein gerade bedecken und erhitzen. Dann mit Liaison binden und im Kartoffelrand mit Speckpilzen und Zitronenecken anrichten.

Gebeizte Wildbret-Grillsteaks

4 Steaks je 150 g, plattiert

Beize:
Öl, Rotwein
Rotweinessig, Ketchup
Saft einer Zitrone
Worcestershiresoße
scharfer Senf
geriebene Zwiebel
Knoblauchsalz, Salz
1 Prise Zucker
je 1 Zweig Basilikum und Rosmarin
1 Bund gehackte Petersilie

Zutaten für die Beize gut verrühren. Die Beize kräftig abschmecken. Die Wildsteaks mindestens 2 h einlegen. Die Steaks abtropfen lassen, trockentupfen, mit Öl bestreichen und auf dem vorgeheizten Grill auf jeder Seite etwa 4 min grillen.

Beilagen: pommes frites, Grilltomaten und die restliche Beize, die inzwischen kurz verkocht wurde.

Gebratene Wildwürstchen

600 g schieres Wildbretfleisch
Salz, Pfeffer, abgeriebene Zitronenschale
gemahlener Wacholder, 2 cl Weinbrand
Sherry

Das Fleisch mit den Ingredienzien mindestens 2 h marinieren. Dann fein wolfen, mit 1 bis 2 Eiern zu einer festen Masse verarbeiten und zu Grillwürstchen von je etwa 80 g formen. Die Würstchen in heißem Fett saftig braten und mit Jägersoße sowie Spätzle oder pommes frites und

Pilzen anrichten. Dazu schmeckt besonders Eisbergsalat mit Pfirsichstreifen.

Gedämpfte Wildkeule in Kirsch-Mandel-Soße
800 g Wildbretkeule

Beize:
Buttermilch, Zitronensaft

Soße:
200 g entsteinte Sauerkirschen
40 g Butter
60 g Mandelstifte
1/8 l Rotwein
Salz, Pfeffer, Mehlbutter

Das Fleisch entsprechend parieren und zwei Tage in Buttermilch mit frisch ausgepreßtem Zitronensaft beizen. Dann abtropfen lassen, in Butter auf allen Seiten kurz anbraten, die Beize, Rotwein, Salz und Pfeffer dazugeben und alles abgedeckt dämpfen lassen. Nach 45 min Kirschen und Mandelstifte hinzugeben und fertiggaren. Das Fleisch tranchieren und heißstellen. Die Soße mit Mehlbutter binden, abschmecken und über das Fleisch geben. Dazu schmecken halbseidene Kartoffelklöße oder frische Weinkartoffeln.

Gefüllte Wildrolle
Bauchlappen von Hirsch oder Wildschwein entsprechend parieren, auf einer Arbeitsfläche ausbreiten, salzen und pfeffern. Für die Füllung würzige Farce aus Wildbretfleisch, fettem Speck, in Butter gebräunten Zwiebelwürfelchen, gehackten Pilzen, Salz, Pfeffer, Wacholder, gehackter Petersilie und einem Hauch Knoblauch zubereiten. Farce auf dem Fleisch verteilen, zusammenrollen und festbinden. Rolle würzen, in heißem Fett mit Mirepoix anbraten. Dann mit Mehl bestäuben, nochmals alles rösten und mit Wildjus auffüllen. Wildrolle langsam garen lassen. Fond passieren, mit Sahne verfeinern und pikant abschmecken. Wildrolle tranchieren, mit Kartoffelklößen, Rotkohl und der Soße anrichten.

Gemischte Wildplatte
4 Rehkoteletts, gebraten
4 halbe Fasanenbrüste, mariniert
und in Bierteig gebacken
4 Tranchen Hirschrollbraten
Die Komponenten auf einer geeigneten Servierplatte reihenweise anrichten. Die Rehkoteletts mit gebackenen Champignonköpfen belegen. Die Fasanenbrüste auf gespritzten Kartoffelpüreerauten anlegen. Hirschbraten mit Steinpilzrahmsoße überziehen, mit ausgestochenen, in Butter gebratenen Apfelscheiben belegen und mit Vogelbeergelee füllen. Madeirasoße sowie jeweils zwei Portionen Waffelkartoffeln und Kartoffelkroketten gesondert reichen. Die Platte mit frischem Salat und Tomatenecken garnieren.

Gerollte Wildschulter mit Steinpilzen
ausgelöste und parierte Schulter von Reh, Hirsch oder Wildschwein
(je Portion 150 g Fleischeinsatz)
Öl, Salz, Pfeffer und Zitronensaft
zum Marinieren
je Portion 100 g gehackte Steinpilze, in Butter
mit Zwiebelwürfelchen angeschwenkt
Wildschulter mindestens einen Tag mit reichlich Öl, Salz, Pfeffer und Saft von frischen Zitronen marinieren. Die so vorbereitete Schulter auf einer Arbeitsplatte auslegen, die Steinpilze darauf verteilen und mit etwas Salz und frischgemahlenem Pfeffer bestreuen. Schulter eng zusammenrollen, festbinden und zusammen mit der Marinade in einen geeigneten Schmortopf geben. Er darf nicht zu groß sein. Dann etwas Rotwein angießen, Wacholderbeeren, Rosmarin und etwas Thymian dazugeben, Schmortopf abdecken und in die vorgeheizte Bratröhre geben. Wildrolle bei mittlerer Hitze garen. Dabei öfters mit Fond begießen und die Rolle einmal drehen. Die fertige Wildschulter tranchieren und mit Speckklößchen oder Kartoffelpüree anrichten. Den Fond passieren und gesondert reichen. Die Fleischtranchen zusätzlich mit einem Streifen Sahne überziehen und mit frischen, gehackten Kräutern bestreuen.
Hinweis: Für diese Zubereitung sind nur junge Tiere geeignet. Ist Wildschweinschulter zum Rollen vorgesehen, dann das Fleisch sorgfältig parieren. Schultern von größeren Tieren sind von der Innenseite entsprechend zu beschneiden, damit gleichmäßige, nicht zu dicke Rollen entstehen. Das parierte Fleisch für vielerlei gehackte Wildgerichte verwenden.

Geschnetzeltes Wildfilet mit Sahne

600 g Wildfilet, in Streifen geschnitten

Marinade:
0,1 l trockener Wermut
Pfeffer, gemahlene Wacholderbeeren
Öl
Sahne

Filetstreifen mindestens 6 h mit Wermut und den Gewürzen marinieren, dann mit den Händen ausdrücken. Fond aufbewahren. Filetstreifen in einer sehr breiten Stielpfanne in heißem Öl bei starker Hitze braten; dabei muß jeder Fleischstreifen einzeln liegen. Das Fleisch soll außen schön gebraten und innen leicht rosa sein. Dann sofort Marinade und Sahne angießen und alles erhitzen. Dabei öfters schwenken, das Wildgeschnetzelte darf keinesfalls kochen. Das Fleisch wird sonst trocken und zäh. Sofort in Assiette anrichten. Kartoffelkroketten und Maronenmus gesondert reichen.

Gratinierte Wildsteaks

4 Wildsteaks je 150 g
frisch gemahlener Pfeffer
geklärte Butter
Salz, scharfer Senf
8 bis 12 dünne Bauchspeckscheiben
2 Zwiebeln, in feine Würfel geschnitten
200 g Tomatenfleischwürfel
Weinessig, Salz, Pfeffer
4 große Scheiben Schnittkäse

Die Wildsteaks plattieren, pfeffern und in heißer Butter braten. Aus der Pfanne nehmen, salzen, auf der Oberfläche mit Senf bestreichen und auf ein Backblech legen. Im Bratfett zuerst die Zwiebelwürfel bräunen, dann die Tomaten dazugeben, gut würzen und auf den Steaks verteilen. Zuletzt die Steaks mit Käsescheiben belegen und bei mittlerer Temperatur gratinieren.

Beilagen: Petersilienkartoffeln, Jägersoße und Kopfsalatherzen in Estragonsahne oder Artischockensalat.

Hubertustopf

4 Rehkoteletts, je 75 g, pariert, plattiert
4 Hirschsteaks, je 75 g, pariert, plattiert
4 Wachteln, bridiert, bardiert
4 große Champignonköpfe, gefüllt, gebacken
4 Bauchspeckkämme
Kräuterrührei von 2 Eiern

Lyoner Kartoffeln, Rotweinsoße, Linsenmus
Salz, Pfeffer, Wacholderbeeren, Mehl

Koteletts, Steak und Wachteln würzen und saftig braten. Lyoner Kartoffeln in Servierkasserolle anrichten. Koteletts, Steaks und Wachteln gefällig darauf verteilen, mit etwas Rotweinsoße soßieren. Rehkoteletts mit Linsenmus behäufeln und mit Champignonkopf garnieren. Wachteln mit Speckkamm und Hirschsteak mit Kräuterrührei belegen. Hubertustopf geschlossen servieren.

Weitere *Variationsmöglichkeiten*: Wildschweinfilets, Fasanenschnitzel, Grillwürstchen von Wildbret usw. Des weiteren u. a. mit gebackenem Rosenkohl, gebratenen Apfelscheiben, Brokkolipüree, pochierten Wachteleiern oder Selleriekrusteln garnieren.

Jagdpfanne

4 Rehkotelettchen
4 Hasenfilets
4 Hirschmedaillons
4 Tranchen Fasanenbrust

Die Komponenten in entsprechender Kupferpfanne auf feiner Wildrahmsoße anrichten. Mit Pfifferlingen, gebackenen Champignonköpfen und Speckkämmen garnieren, mit handgeschabten Spätzle und Williamskartoffeln sowie halben, mit Preiselbeeren gefüllten Birnen anrichten. Anstelle Wildrahmsoße u. a. auch Wildpfeffersoße mit Wodka, Wildrahmsoße mit Estragon, Enzianrahmsoße mit Morcheln oder Steinpilzschmand verwenden. Die Birnen neben Preiselbeeren mit Vogelbeergelee oder Hagebuttenmark füllen.

Jägermeisterspieß

4 Schnitzel von Reh oder Hirsch je 150 g
Salz, Pfeffer, Wacholder
100 g feine Wildfarce mit gehackten Pilzen, Speck- und Zwiebelwürfelchen

Die Schnitzel stark plattieren, würzen, mit der Farce bestreichen und zusammenrollen. Dann in 3 bis 4 gleichgroße Stücke schneiden und längs zur Schnittfläche auf entsprechende Spieße stecken. Die Spieße mehlieren und in heißem Fett auf beiden Seiten unter öfterem Begießen saftig braten. Mit Kartoffelkroketten, Jägermeistersoße und Bratapfel mit Brombeersahne anrichten.

Kupferpfanne Jägermeisterart (Bild 10)
Rehkoteletts
Hirschmedaillons
Wachteln, bridiert, bardiert
Pilze, gebackene Kartoffelbeilagen
Die Komponenten würzen, saftig braten, in einer Kupferpfanne auf Wacholderrahmsoße anrichten, mit Pilzen, wie Maronen, Pfifferlinge und Steinpilze, sowie Kartoffelkroketten und Williamskartoffeln umlegen und mit Kopfsalat oder Feldsalat und gedünstetem Apfel garnieren.

Mariniertes Wildsteak
4 zarte Steaks, je 150 g

Marinade:
Frisch gemahlener Pfeffer, Zitronensaft, Öl, Salz, Rosmarin, Thymian, Wacholderbeeren
Mehl, Öl, Salz

Wildsteaks vom Reh, Hirsch oder Wildschwein schneiden, plattieren und einen Tag marinieren. Bei Abruf mit Küchenkrepp trockentupfen, mehlieren und in heißem Öl saftig braten. Das Fleisch soll innen leicht rosa bleiben. Steaks salzen, mit Jäger-, Rotwein- oder Pfeffersoße anrichten. Mit Kartoffelkroketten oder Schloßkartoffeln und Kräuterchampignons oder mit Kartoffelcrêpes mit Maronenpüree servieren.
Hinweis: Zum Marinieren ist nach Belieben etwas Weinbrand oder Gin zuzusetzen. Der Alkohol bewirkt eine besondere pikante Geschmacksnote.

Mixed Grill von Wild
4 Rehkotelettchen
4 Hirschmedaillons
4 kleine Wildschweinsteaks
4 Grillwürstchen aus Wildfleischfarce
4 Speckkämme
4 große Champignonköpfe, paniert, gebacken
Öl
Salz, Pfeffer, Wacholderbeeren, zerdrückt
80 g Rotweinbutter
Alle Fleischteile müssen besonders zart sein. Neben dem leichten Plattieren sollten sie mariniert werden. Fleischteile mit Öl einstreichen und auf dem heißen Grill saftig grillen. Dann erst würzen. Für die Grillwürstchen 2 Teile Wildbretfleisch und 1 Teil Schweinefleisch zu würziger Fleischmasse verarbeiten. Wildwürstchen in der Pfanne braten. Mixed Grill auf Strohkartoffeln, Waffelkartoffeln, pommes frites oder

auch Zwiebelkartoffeln anrichten. Mit gebratenem Speckkamm oder gebackenem Champignonkopf garnieren. Als Anrichtegeschirr eignen sich besonders Holzplatten oder Keramikgeschirr. Als Umlage frische Salate verwenden. Gespritzte Rosetten aus Rotweinbutter auf Salatblatt anlegen. Rehkotelettchen mit Papilloten verzieren.

Pfeffersteak von Wildbret
4 Steaks je 150 g
Salz, schwarze Pfefferkörner, zerdrückt
geklärte Butter
4 cl Weinbrand
Rotweinsoße
Steaks vom Reh oder Hirsch schneiden. Es eignen sich nur sehr zarte Fleischteile, wie Rückenfilet oder Teile der Keule. Das Wildbret muß völlig von Haut und Sehnen befreit werden. Steaks plattieren und auf beiden Seiten salzen. Eine Seite mit reichlich zerdrückten Pfefferkörnern bestreuen, Pfeffer mit der Hand oder einer Messerklinge in das Fleisch eindrücken. Steaks in heißer Butter auf beiden Seiten rasch braten, das Fleisch soll innen rosa bleiben. Steaks anrichten, Bratsatz mit Weinbrand ablöschen, anzünden, abbrennen. Rotweinsoße dazugeben und kurz köcheln lassen. Soße zu den Steaks servieren.
Beilagen: pommes frites und Speckpilze.

Pikanter Wildbraten
800 g Wildkeule, gespickt
Marinade:
Gewürzpaprika edelsüß
Salz, Pfeffer, je eine Prise Ingwerpulver, Thymian und Majoran
Saft einer Zitrone
Sardellenpaste
1/4 l Rotwein

Die Zutaten mit dem Rotwein vermengen. Das Fleisch damit übergießen und zwei Tage kaltstellen. Währenddessen mehrmals wenden. Das Fleisch abtropfen lassen, in heißem Öl mit Mirepoix kräftig braten, die Marinade angießen, Bräter abdecken, Fleisch fertigschmoren. Dann herausnehmen und heißstellen. Den Fond mit Pfeffer, Salz, Rotwein und Johannisbeergelee kurz verkochen, pikant abschmecken, passieren und gesondert anrichten.
Beilagen: Kartoffelklöße, Apfelrotkohl und halbe Dunstbirnen mit Preiselbeeren.

Pikantes Wildhaschee

400 g gebratenes oder gekochtes Wildbret,
100 g Pilze, blanchiert
100 g Sellerie, Pfeffer, gehackte Kapern
Rotweinsoße
50 g Butter oder Margarine
1 Zwiebel, sehr fein gehackt

Wildbret, Pilze und Sellerie wolfen. Inzwischen die Zwiebelwürfel in heißer Butter blondieren, das Fleischgemisch dazugeben, würzen und unter ständigem Rühren anschwitzen. Dann Rotweinsoße angießen und einige Minuten simmern lassen. Haschee in Kartoffelbordüre anrichten oder in dünne Eierkuchen füllen. Mit frischen Salaten garnieren. Wildhaschee kann ebenfalls von rohem Wildbret zubereitet werden. Die Gemüse dann gesondert wolfen. Das Haschee getrennt zubereiten.

Sautierte Wildfilets in Weinbrandsahne

8 zarte Filets je 75 g von Hirsch oder Reh
Salz, frisch gemahlener Pfeffer
geklärte Butter
8 cl Weinbrand
100 g Sahne

Die zarten Filets leicht plattieren und in heißer Butter bei starker Hitze auf beiden Seiten etwa 3 min braten. Filets mit Salz und Pfeffer würzen, auf einer vorgewärmten Platte anrichten und heißstellen. Das Fleisch muß innen rosa gebraten sein. Bratsatz mit Weinbrand ablöschen. Sahne dazugeben und alles mit dem Bratsatz gut verrühren. Nicht kochen lassen. Die Filets mit der Weinbrandsahne überziehen und sofort mit Pistazienkroketten und gebackenen, mit Geflügelleberfarce gefüllten Champignonköpfen servieren.

Schnitzel Forstmeisterart

4 Hirschschnitzel, je 150 g
Butter oder Margarine
2 Eier, verquirlt
Mehl, Salz, Pfeffer, Zitronensaft

Schnitzel plattieren, würzen, in Mehl wenden, durch Ei ziehen und in heißes Fett geben. Schnitzel rasch anbraten, dann wenden, die Pfanne etwas von der Herdplatte zurücknehmen.
Schnitzel langsam fertigbraten. Dabei mit etwas Zitronensaft beträufeln. Schnitzel mit Salzkartoffeln, Spätzle oder Kartoffelkroketten anrichten, mit zartem Gemüse, Pilzen oder frischen Salaten sowie dem Bratfett und Forstmeistersoße vervollständigen.

Weidmanns-Potpourrie

4 Rehkoteletts, je 75 g, pariert, plattiert
4 Hirschnüßchen je 75 g
4 Fasanenschnitzel je 60 g
Salz, Pfeffer, Mehl, Wiener Panade, Zitronensaft
Bierteig
60 g Butter, Öl

Rehkoteletts würzen, mehlieren und in Butter saftig braten. Hirschnüßchen panieren, ebenfalls in Butter braten. Fasanenschnitzel mit Salz, Pfeffer und Zitronensaft würzen, in Mehl wenden, durch Bierteig ziehen und goldgelb fritieren. Die Komponenten auf Strohkartoffeln oder mit pommes frites anrichten. Mit Nuß- oder Orangenbutter sowie frischen Salaten und Pilzen variieren. Diese Kombination gewinnt an Attraktivität, wenn Maltasoße dazu gereicht wird.
Anmerkung: Besonders bei Fasanenschnitzel ist darauf zu achten, daß nur das Fleisch von jungen Tieren verwendet wird.

Wildbretfrikadellen

500 g Hirsch-, Reh- oder Wildschweinfleisch
100 g Speck
Salz, Pfeffer, Wacholder, Rosmarin
eine Spur Thymian
1 Zwiebel, in Würfel geschnitten, in Butter angeschwitzt
2 Eier

Wildbret, Speck und Zwiebel fein wolfen, kräftig würzen und mit Eiern zu einer geschmeidigen Masse verarbeiten. Masse in vier Teile portionieren, zu gleichmäßigen ovalen Frikadellen formen und in heißem Fett langsam braten. Frikadellen mit Bratfett übergießen, mit Wacholderrahmsoße soßieren und mit Schinken-Pilz-Spätzle anrichten. Wildbretfrikadellen weiterhin mit gehackten Trüffeln oder gehackten Pistazien zubereiten und im Schweinsnetz grillen.

Wildbret-Fondue

je 150 g Rehfiletwürfel,
Fasanenbrustschnittchen,
Wildfarcebällchen, zarte Wildbretwürfel,
kleine Bauchspeckkämme, Champignonköpfe
Alle Zutaten sorgfältig auf einer geeigneten Holzplatte anrichten. Fonduegefäß mit Öl füllen und

bereitstellen. Zum Schnabulieren marinierte Zwiebelchen, Maiskölbchen, Pilze usw. dazustellen. Zum Fritieren Bierteig nach Belieben bereithalten. Zum Würzen Cumberlandsoße, Ketchup, Meerrettichsahne, Currymayonnaise usw. Dazu Weißgebäck und frisches Roggenbrot einsetzen.

Wildbret in Brotkruste
Wildbret von Hirsch, Reh oder Wildschwein wie »In Rotwein gedämpfte Rehschulter« zubereiten. Das Fleisch im ganzen mit einer Masse aus Brotkrumen, gehackter Petersilie, geriebener Zwiebel, einer Spur Knoblauch, Eigelb und zerlassener Butter bestreichen und im vorgeheizten Grill überkrusten. Den würzigen Fond nebenbei servieren. Zum Wildbret in Brotkruste Kartoffelpüree oder Butterspätzle servieren. Fleisch am Tisch tranchieren.

Wildbret-Maultaschen
200 g Wildbraten
1 kleine Zwiebel, feinwürfelig geschnitten
50 g Kochschinken
1 Ei
Salz, Pfeffer, 1 Prise Rosmarin
1 Stengel frischer Kerbel,
einige Estragonblättchen
Wildbraten und Schinken wolfen, mit Zwiebelwürfelchen, Ei, Gemüsen und gehackten Kräutern vermischen und pikant abschmecken. Aus Mehl, Ei, Salz und Wasser Nudelteig herstellen, dünn ausrollen und in Vierecke schneiden. Auf jedes Teigviereck einen Löffel Wildbretmasse geben, ein zweites Teigviereck darauflegen, die Ränder mit zerquirltem Ei verkleben und fest andrücken. Die Maultaschen in gut gewürzter Brühe garen, mit Brühe anrichten und mit gehackter Petersilie bestreuen. Maultaschen können weiterhin mit Speck- und Zwiebelscheiben, mit brauner Butter oder in saurer Sahne angerichtet, aber auch als Einlage für Brühen verwendet werden. Für Vorspeisen werden meist zwei bis drei Maultaschen vorgesehen. Als Hauptgang Maultaschen mit warmem Specksalat komplettieren.
Hinweis: Die Füllungen können beliebig variiert werden. Sehr viele Rohstoffabschnitte sind somit ökonomisch zu verarbeiten.

Wildbret-Pizza
Grundteig:
200 g Mehl
30 g Schweineschmalz
10 g Hefe, in etwas Wasser geweicht
je 1 Prise Salz und Zucker

Die Zutaten mit lauwarmem Wasser zu einem nicht zu festen Teig verarbeiten und zugedeckt an einer warmen Stelle gehen lassen. Teig etwa 1/2 cm dick ausrollen, auf ein rundes geöltes Backblech (runde Pizzaform, etwa 26 cm Durchmesser) ausbreiten und einen 1 cm hohen Rand andrücken.

Belag:
250 g Tomatenscheiben, enthäutet
200 g Wildschinken
100 g Wildsalami
150 g frische Champignons, feingeschnitten
50 g Zwiebelwürfel, in Butter angeschwenkt
100 g Reibekäse
Öl, gehackte Petersilie

Zuerst den Pizzaboden mit den Tomatenscheiben auslegen. Schinken und Salami in dünne Scheiben schneiden und auf den Tomaten verteilen. Die Champignons und Zwiebelwürfel mit Öl und gehackter Petersilie vermengen, kräftig mit Salz, Pfeffer, gemahlenen Wacholderbeeren und etwas Thymian würzen. Dann über die Pizza geben, alles mit Reibekäse überstreuen und in der Bratröhre bei mittlerer Temperatur langsam backen.
Hinweis: Pizza ist eine italienische Spezialität. Ursprünglich war Pizza ein flaches, rundes Brot, das frisch aus dem Ofen und mit Öl bestrichen zum Frühstück gereicht wurde. Mit Belag schmeckt Pizza natürlich besser. Für den Teig gibt es viele Rezepturen. Meist wird Hefeteig eingesetzt. In Ausnahmefällen aber auch Blätter- oder Mürbeteig. Der Teig muß aber immer frisch sein.

Wildbretschnitzel Weidmannsheil
4 Schnitzel, je 150 g von zartem,
abgehangenem Wildbret
4 dünne Scheiben fetter Speck
Salz, Pfeffer, Wacholder,
Salbeiblätter
60 g Rotweinbutter
Wiener Panade
Öl zum Braten

Schnitzel von Rücken oder Keule schneiden, zum Füllen als Tasche aufschneiden, plattieren, kräftig von innen und außen würzen, mit Speckscheiben, Rotweinbutter und gehacktem frischem Salbei füllen, zusammendrücken und sorgfältig panieren. Schnitzel in heißem Öl braten und sofort mit frischen Pilzen und Salzkartoffeln oder Kartoffelpüree anrichten.

Wildbretspießchen mit Pilzrahm

600 g sehr zartes Wildbret
Bauchspeck
2 bis 3 Zwiebeln, geviertelt, Segmente getrennt
Salz, Pfeffer, Gewürzmischung für Wild
Butter oder Margarine
200 g Pilze, gehackt, gedünstet
200 g Sahne oder saure Sahne
Wildbret von Reh, Hirsch, Wildschwein und Fasanenbrust in gleichgroße Stücke schneiden, leicht plattieren. Speck in dünne Scheiben in der Größe des Fleisches schneiden. Fleischwürfel im Wechsel mit Speck und Zwiebeln auf 8 Spieße stecken. So vorbereitet würzen und langsam in heißem Fett braten. Das Fleisch soll innen leicht rosa bleiben. Spießchen anrichten. Im Bratsatz Pilze schwenken, würzen und mit Sahne kurz verkochen. Spießchen mit Kartoffelkroketten oder Kartoffelpüree und Pilzrahm reichen.
Hinweis: Für Spießchen nur sehr zarte Fleischteile verwenden. Wildbret von älteren Tieren marinieren.

Wildbretsteak Schweizer Art

4 zarte Steaks, je 150 g von Wildbret jeder Art
80 g Butter oder Margarine
2 Zwiebeln, feingehackt
Salz, Pfeffer, Gewürzpaprika, edelsüß
150 g Sahne, verquirlt mit geriebenem Schweizer Käse
Zwiebelwürfel in heißem Fett anschwitzen, die Wildsteaks dazugeben, alles schön hellbraun braten, die Sahne dazugießen, kräftig würzen und einige Minuten simmern lassen. Steaks mit der zähflüssigen Sahne überziehen und mit Spätzle, Nudeln oder Knödel reichen.

Wildhackbraten mit Pilzrahmsoße

600 g Wildfleisch von Hirsch, Reh, Wildschwein oder anderem Wildbret
100 g Weißbrot, ohne Rinde, in etwas Sahne geweicht

1 bis 2 Eier, verquirlt
Salz, Pfeffer, Rosmarin
Wildfleisch und Weißbrot fein wolfen, kräftig würzen, mit Eiern zu einer festen Fleischmasse verarbeiten und zu einem länglichen Laib formen. In einem Bräter Fett erhitzen, Hackbraten hineinlegen und unter öfterem Begießen in der vorgeheizten Bratröhre langsam braten. Hackbraten warmstellen. Im Bräter etwa 100 g frische, gehackte Pilze anschwitzen, mit etwas Mehl bestäuben, mit Sahne und Wildjus auffüllen, etwa 5 min köcheln lassen und pikant abschmecken. Hackbraten portionieren, anrichten, mit Pilzrahmsoße überziehen und mit Semmelklößchen oder Grießnocken und gebackenen Brokkoli oder Hopfensprossen reichen.
Anmerkung: Für die Soße auch eingeweichte Trockenpilze verwenden. Frische Morcheln geben der Soße einen besonders würzigen Geschmack. Wildhackbraten kann auch in ausgebutterter Kastenform in der Bratröhre gebraten werden. Bei dieser Garmethode bietet sich eine Füllung mit gekochten Wachteleiern an. Kastenform zur Hälfte mit Hackmasse ausfüllen, in der Mitte eine Reihe gekochte Wachteleier auflegen und mit der restlichen Hackmasse bedecken. Gefüllten Hackbraten nicht soßieren, Soße nebenbei servieren oder untergießen. Die Füllung soll nicht verdeckt werden.

Wildklößchen in Wacholderrahmsoße

600 g Wildhackmasse
Die Hackmasse in 8 Teile portionieren, zu gleichmäßigen Klößchen formen und in gut gewürzter Wildbrühe langsam garziehen lassen. Aus der Brühe helle Wacholderrahmsoße bereiten. Klößchen mit der Soße überziehen und mit Spinat- oder Gemüsereis und gedünstetem Staudensellerie auftragen.

Wildkotelett – einmal anders

4 Koteletts je 150 g
Rotwein, Zitronensaft, Pfeffer, Wacholderbeeren
Salz, Pfeffer
Wiener Panade
geklärte Butter
Koteletts vom Hirsch oder Wildschwein plattieren und in Rotwein mit Zitronensaft, Pfeffer und zerdrückten Wacholderbeeren marinieren. Nach 24 h in der Marinade fast gar schmoren und erkalten lassen. Bei Abruf abtropfen lassen, würzen, panieren und in heißer Butter goldgelb

braten. Anrichten, mit der Butter übergießen und mit frischen Salzkartoffeln oder Kartoffelpüree und Apfelsoße (Apfelmus mit Weißwein) oder Trüffelsoße mit frischen Herzkirschen servieren.

Wildkroketten

400 g gekochtes oder gebratenes Wildbret
100 g Champignons, blanchiert, gehackt
Salz, Pfeffer, Zitronensaft
Velouté
1 bis 2 Eigelb

Wildfleisch in feine Würfel schneiden und zusammen mit den Champignons in der erforderlichen Menge Velouté köcheln lassen. Pikant mit Salz, Pfeffer und Zitronensaft abschmecken. Ragout von der Herdplatte nehmen, mit Eigelb binden und auf ein Randblech füllen. Nach dem Erkalten längliche Rollen formen, panieren und goldgelb fritieren. Wildkroketten als Vorspeise oder als Bestandteil von Wildvariationen einsetzen. Aber auch zur Komplettierung von Wildsteaks oder Schlachtfleischgerichten sind sie geeignet.

Hinweis: Das Wildragout ebenso mit dicklicher Rotweinsoße anmachen.

Wildkroketten im Mohnmantel

Wildkroketten zubereiten. Anstelle von Reibesemmel mit grob gemahlenem Mohn panieren.

Hinweis: Wildkroketten weiterhin mit geriebenen Mandeln, Pistazien, gemahlenen Haselnüssen usw. panieren.

Wildmedaillons in der Kokotte

Für jede Portion eine feuerfeste Kokotte mit Deckel bereitstellen. Den Boden ausfetten, rohe Kartoffelscheiben und Zwiebelwürfelchen darauf verteilen, salzen und pfeffern. Dann zwei bis drei rohe Medaillons auf die Kartoffeln legen, mit frischen, geschnittenen Pilzen umkränzen, würzen und einige Wacholderbutterflocken darüber verteilen. Zuletzt etwas Wildpfeffersoße angießen und mit Petersilie überstreuen. Kokotte abdecken. Den Deckel mit einem Teigstreifen hermetisch versiegeln. Die Kokotte etwa 15 bis 20 min in die vorgeheizte Bratröhre schieben. Dann sofort servieren. Kokotte erst am Tisch öffnen.

Wildmedaillons in Wacholderrahmsoße mit Gin

12 Medaillons je 50 g
Rotwein, Pfeffer, Wacholderbeeren
geriebene Orangenschale, Öl

Die Medaillons leicht plattieren und einen Tag in Rotwein, Öl und den anderen Ingredienzien marinieren. Aus Wildknochen und Parüren Wildsoße bereiten. Die Medaillons mehlieren, in Butter rosa braten, würzen und anrichten. Den Bratsatz mit Gin ablöschen, mit Wildsoße, zerdrückten Wacholderbeeren und Sahne verkochen, passieren und gesondert anrichten. Die Medaillons mit Apfelspalten, Selleriemus, Kiwischeiben usw. garnieren und mit der Soße sowie Pilzen und gebackenen Kartoffelbeilagen oder Spätzle anrichten. Wildmedaillons weiterhin aus Reh- und Rotwild, aber auch aus Elch-, Gemsrücken- oder Steinbockfilet schneiden.

Wildmedaillons mit Grapefruitfilets

12 Medaillons, je 50 g
Salz, weißer Pfeffer
Butter
2 Grapefruits, in Filets geteilt
2 cl Weinbrand

Sehr zarte Medaillons in heißer Butter saftig braten, würzen, anrichten und heißstellen. Im Bratsatz Grapefruitfilets anschwenken, mit Weinbrand verfeinern und über den Medaillons verteilen. Jedes Medaillon mit einer Cocktailkirsche oder einem Strich Cumberlandsoße garnieren.

Beilagen: Lorette-Kartoffeln oder Kartoffelplätzchen.

Wildsauerbraten

Große Wildbretstücke vom Hirsch oder Wildschwein in Essigbeize mit Mirepoix mindestens drei Tage einlegen. Fleisch dann trockentupfen, spicken, würzen mit Salz, Pfeffer und einer Prise Zucker. Fleischstücke zuletzt in Mehl wenden und zusammen mit dem Mirepoix in heißem Fett anbraten. Mit Mehl bestäuben, alles nochmals schön braun rösten, mit Wildjus und etwas Essigbeize auffüllen. Gewürznelken, Thymian, Wacholderbeeren und Lorbeerblatt dazugeben, Schmortopf abdecken. Wildbraten langsam schmoren. Fleischstücke mehrmals umdrehen. Sauerbraten herausnehmen und heißstellen. Fond kräftig süßsauer abschmecken, passieren, mit Sahne vollenden. Fleisch tranchieren, anrichten, mit reichlich Soße überziehen und mit

Kartoffelklößchen und Rotkohl komplettieren. Mit Preiselbeeräpfeln oder Dunstbirnen mit Schlehenmus umlegen.

Wildschaschlyk

500 g zartes Fleisch von Reh, Hirsch, Wildschwein usw.
150 g Bauchspeck
150 g Zwiebeln
Öl, Butter oder Margarine
Salz, Pfeffer, gemahlene Wacholderbeeren
Rosmarin

Das Fleisch in rundliche, etwa 3 cm im Durchmesser und 1 cm dicke Scheiben schneiden. Ebenso Speck und Zwiebeln in Scheiben schneiden. Wildstücke dann durch Öl ziehen und im Wechsel mit Speck- und Zwiebelscheiben auf Spießen aufreihen. Schaschlyk mit Salz, frisch gemahlenem Pfeffer, Wacholder oder etwas Rosmarin würzen und auf dem Grill oder in der Pfanne saftig braten. Wildschaschlyk mit Jäger- oder Rotweinsoße, frischen Pilzen und gebackenen Kartoffeln servieren.

Hinweis: Das verwendete Fleisch muß von Jungtieren oder gut abgehangen sein und leicht plattiert bzw. entsprechend gebeizt werden.

Wildschaschlyk, indisch

Schaschlyk wie vorstehend vorbereiten und etwa 1 h vor dem Braten zusätzlich mit folgender *Marinade* bestreichen:
50 g Sahne, Saft einer Zitrone
1 EL Curry, Kurkuma
gemahlener Ingwer, gehackter grüner
Pfeffer

Schaschlyk in heißem Fett braten. Den Bratsatz mit der restlichen Marinade und Curry verkochen, passieren, pikant abschmecken und gesondert reichen.

Beilagen: Kokos- oder Zitronenreis und Chicorée-Orangen-Kirsch-Salat.

Wildsteak mit gebackenen Austern

4 zarte Steaks vom Hirsch oder Reh
80 g Butter oder Margarine
Salz, Pfeffer, Mehl
12 frische Austern, ausgebrochen, entbartet, mariniert
Mehl, verquirltes Ei
Reibesemmel, mit Pfeffer und abgeriebener Zitronenschale vermengt
Öl zum Fritieren

Die Steaks plattieren, würzen, in Mehl wenden und in heißem Fett saftig braten. Das Fleisch soll innen rosa bleiben. Inzwischen Austern sorgfältig panieren und goldgelb backen. Steaks anrichten, mit Bratfett übergießen und jeweils mit drei gebackenen Austern belegen. Steaks mit Kräuterbutter oder Rotweinbutter und Zitronenecken auf Salatblättern umlegen, mit pommes frites oder Lorette-Kartoffeln und Orangenfilets mit grünem Pfeffer servieren.

Anmerkung: Diese Steaks ebenfalls mit Muscheln oder mit in Butter angebratenen Hummer- oder Langustenmedaillons kombinieren.

3.5. Hasenspeisen

Hasen zählen zum Haarwild und sind in ganz Europa sowie in Amerika, Asien und Afrika verbreitet. Sie dürfen nur in der kalten Jahreszeit von Oktober bis Januar gejagt werden. Der beliebte »Mümmelmann« oder »Meister Lampe« wird bis etwa 70 cm lang und wiegt bis zu 6 kg.

Hasen ernähren sich gern von Rüben, Kohl und Wildkräutern. Letztere beeinflussen den Wohlgeschmack des Fleisches. Das beste Fleisch liefern etwa sechs Monate alte Junghasen, die man gut an den leicht einreißbaren Löffeln oder Ohrenlappen erkennt, des weiteren an den weißen und spitzen Zähnen sowie an einer knötchenförmigen Verdickung am Läufchen kurz vor dem Vorderfußgelenk.

Junge Hasen werden nicht mariniert, damit sie beim Braten ihren vollen würzigen Geschmack entwickeln. In jedem Fall gut enthäuten, spicken und rosa braten.

Die Keulen benötigen längere Garzeit als der Rücken, daher empfiehlt sich eine getrennte Zubereitung. Rücken von jungen Tieren eignen sich gut zum Kurzbraten, die Läufchen alter Tiere besonders zum Schmoren. Stehen frisch geschossene Hasen zur Verfügung, ist das Blut beim Ausnehmen aufzufangen und mit etwas Essig zur weiteren Verarbeitung für Hasenpfeffer und Wildsoßen aufzubewahren. Der Zusatz von Essig verhindert das Gerinnen des Blutes. Ältere Hasen werden zu Farcen, Pasteten und Suppen verarbeitet. Frisch geschossene Hasen erkennt man an den klaren Augen. Nach zwei Tagen beginnt die Trübung.

Gebratene Hasenleber mit Gewürzäpfeln

600 g Hasenleber, geputzt
80 g Butter oder Margarine
Mehl, Salz, Pfeffer
Gewürzäpfel (600 g Apfelspalten
von säuerlichen Äpfeln, 100 g Rosinen)
1/8 l Weinessig, Wasser, Zucker, Salz, Pfeffer
gemahlener Zimt, Ingwer, Piment, Gewürznelke,
Lorbeerblatt
Die Leber in Mehl wenden, in heißem Fett rasch
braten, würzen, anrichten und mit Bratfett übergießen. Die Apfelspalten mit den Rosinen in
Weinessig-Wasser-Gemisch mit den Gewürzen
kurz aufkochen und zur Leber geben.
Hasenleber auf gleiche Weise zubereiten, anstatt
der Gewürzäpfel mit Champignons behäufeln
und mit Reibekäse kurz gratinieren.
Beilagen: Spätzle, Kartoffelpüree oder Rahm-
nudeln.
Anmerkung: Da Salz hygroskopisch wirkt, wird
das Salzen *nach* dem Braten empfohlen.

Gebackene Hasenleber mit Zwiebeln und Apfelringen

600 g Hasenleber, pariert
Butter oder Margarine
Salz, Pfeffer, Mehl
150 g Zwiebeln, in Scheiben geschnitten, geröstet
Apfelringe, in Butter angebraten
Hasenleber würzen, mehlieren und in heißem
Fett braten. Auf Apfelringen anrichten, mit
frischen Röstzwiebeln behäufen und sofort mit
Kartoffelpüree oder Kartoffelschnee servieren.

Gefülltes Hasenfilet

2 Hasenrücken, enthäutet
150 g Schweinegehacktes
150 g Champignons, feingehackt
1 Ei
1 Zwiebel, feingehackt, in Butter angeschwitzt
Salz, Pfeffer, Pastetengewürz, gehackte Petersilie
Butter
0,1 l Rotwein, Fleischglace
Rückenfilets auslösen und in zwei gleiche Stücke
schneiden. Filets längs so aufschneiden, daß die
Hälften noch zusammenhängen. Filets auseinan-
derklappen, leicht plattieren, würzen und auf
einer Arbeitsfläche auslegen. Schweinegehacktes, Champignons, Zwiebelwürfel, Ei und Gewürze zu einer geschmeidigen Masse verarbeiten
und auf dem Fleisch verteilen. Filets zusammenrollen, mit Rouladennadeln fest zusammen-

stecken oder mit Küchengarn binden. Die
Fleischrollen in heißem Fett in der Bratröhre
unter öfterem Begießen langsam braten. Bratsatz
mit Rotwein und Fleischglace verkochen. Filets
in schräge Tranchen schneiden, mit Kartoffelkroketten, Linsenpüree und der Soße gesondert
reichen.
Hinweis: Es ist zu empfehlen, die Hasenleber mit
für die Farce zu verwenden. Der typische Geschmack wird dadurch betont.

Gebratener Hasenrücken

2 Hasenrücken, gehäutet und gespickt
Butter oder Margarine
Salz, Pfeffer, Wacholderbeeren
0,1 l Rotwein
Wildjus
Mehlbutter
saure Sahne
Hasenrücken an der Wirbelsäule mehrmals einhacken oder einen Metallstab in das Rückgrat
schieben, damit sich die Rücken nicht deformieren. Dann gut würzen und in heißem Fett
unter öfterem Begießen schön saftig braten. Die
Bratzeit beträgt etwa 15 min. Rücken heißstellen, Bratsatz mit Rotwein und Wildjus verkochen, mit Mehlbutter binden, kräftig würzen
und passieren. Hasenrücken mit Orangenscheiben, Apfelspalten, Apfelscheiben, Backpflaumen,
geschälten und entkernten Weinbeeren, Preiselbeeren, Ananassegmenten, Dunstbirnen mit
Preiselbeeren, Johannisbeergelee, gebackenen
Bananen, Weichselkirschen garnieren.
Auf gleiche Weise zubereiteter Hasenrücken
weiterhin mit Pilzen aller Art, Eßkastanien,
Linsenmus, Kapern und Zitronenscheiben, Perlzwiebeln, Oliven, gebackenem Brokkoli, grünem
Pfeffer usw. variieren. Die feine Soße geschmacklich mit Wildfrüchten anheben. Dazu
eignen sich besonders Hagebutten, Holunder
und Schlehen. Aber auch Quittensaft oder Saft
von Granatäpfeln unterstreichen den besonderen
Wildgeschmack. Ein Sprichwort lautet: Frische
Küche – gute Küche. Die Hasenrücken stets à la
minute zubereiten. Die erforderliche Soße vorher aus den Parüren zubereiten. Den Hasenrücken mit Rotwein-, Madeira-, Rahm- oder
Sahnesoße sowie Wacholderrahmsoße anrichten.

Geschmorte Hasenkeule in Knoblauchsoße

4 Hasenkeulen, enthäutet,
gespickt mit Speckstreifen
und geviertelten Knoblauchzehen
Butter oder Margarine
1 große Zwiebel, in Scheiben geschnitten
Saft von Zitronen
Majoran, Salz, Knoblauch
0,2 l Rotwein
30 g Mehl, mit Sahne verquirlt, Wildjus

Hasenkeulen etwa 12 h mit Zitronensaft und Rotwein marinieren. Fett in einem Schmortopf erhitzen, Zwiebelscheiben darin bräunen, die abgetropften Keulen dazugeben und alles stark anbraten. Dann die Gewürze dazugeben, mit Marinade und Wildjus auffüllen und abgedeckt etwa 1 1/2 h garen. Hasenkeulen ausstechen und auf einer Servierplatte heißstellen. Schmorfond mit Mehl binden, abschmecken, kurz aufkochen und über die Hasenkeulen passieren.

Als *Beilagen* schmecken Speckkartoffeln, geschwenkte Kartoffelklöße und Feldsalat.

Anmerkung: Während des Garprozesses wird das strenge Aroma des Knoblauchs wesentlich gemindert. Das kräftige Wildfleisch erhält vom Knoblauch einen besonderen delikaten Geschmack. Diese Zubereitungsart eignet sich ebenfalls für Kaninchen und Wildkaninchen.

Legt man Hasenkeulen in Buttermilch ein, sollte die Milch erneuert werden. Häuten und Spicken erst vor der Verarbeitung. Das Auslaugen des Fleisches wird damit verringert.

Geschmorte Hasenkeule in Rahmsoße mit Datteln und Rosinen

4 Hasenkeulen, bratfertig
Salz, Pfeffer, Öl
Rotwein
je 50 g Rosinen und Datteln, in Rotwein geweicht, Datteln entkernt, geschnitten
Hasenjus
Mehlbutter
Sahne

Die Hasenkeulen würzen und in Öl braten. Mit Rotwein und Hasenjus auffüllen und langsam garen. Den Fond etwa 20 min vor Ende der Garzeit mit Mehlbutter binden und mit Sahne sowie den Rosinen und Datteln vollenden. Die Soße pikant und würzig mit Zitronensaft und Pfeffer abschmecken. Hasenkeulen mit reichlich Soße überziehen. Mit Kartoffelkroketten servieren.

Geschmortes Hasenrückenfilet mit Heidelbeersoße

2 Hasenrücken, enthäutet
(von älteren Tieren)
Butter oder Margarine
50 g Bauchspeckwürfel
30 g Mehl
1/4 l saure Sahne
Salz, Pfeffer, Wacholder

Rückenfilets auslösen, jeweils in 3 bis 4 Stücke schneiden und leicht plattieren. So vorbereitet in heißem Fett in einem Schmortopf anbraten und herausnehmen. Dann den Speck im Bratsatz bräunen, das Mehl dazugeben, hellbraun anschwitzen, die Sahne dazugeben und wenn erforderlich noch etwas Wildjus. Jetzt die Filets hinzugeben, würzen und abgedeckt bei schwacher Hitze etwa 30 min schmoren. Inzwischen konservierte Heidelbeeren oder Heidelbeermarmelade in einer kleinen Kasserolle mit etwas Senf, Sahne und einem Schuß Weinbrand erhitzen und glattrühren. Die Heidelbeersoße soll nur leicht simmern, damit die Sahne nicht gerinnt. Die Hasenfilets anrichten, den Schmorfond darüberpassieren. Die Heidelbeersoße gesondert reichen. Mandelkroketten, Kartoffelpürree und Dauphine-Kartoffeln sind passende Beilagen. Ebenso wie mit Heidelbeeren die pikante Soße von Preiselbeeren, schwarzen Johannisbeeren, Schlehen oder von Holunderbeeren zubereiten.

Hasen-Crépinetts

400 g Hasenfleisch von Keule oder Rücken
200 g Schweinefleisch
Salz, Pfeffer, Thymian,
gemahlene Wacholderbeeren
1 Ei, Sahne
4 gleichgroße Stücke Schweinsnetz,
etwa 15 cm x 15 cm

Hasenfleisch und Schweinebauch fein wolfen, gut würzen und mit Ei und Sahne zu geschmeidiger Farce verarbeiten. Die Schweinsnetzstücke auf einer Arbeitsfläche ausbreiten, die Farce zu gleichen Teilen jeweils in der Mitte verteilen und in das Schweinsnetz einschlagen. Die Hackfleischpäckchen in eine ausgefettete Auflaufform geben und in der vorgeheizten Backröhre bei mittlerer Hitze etwa 40 min garen. Die Crépinetts sollen knusprig, braun und saftig sein. Sofort mit Jägersoße und Kartoffelkroketten servieren.

Anmerkung: Crépinetts auch ohne Schweinsnetz zubereiten. Dann kleine dünne Frikadellen formen und à la minute braten.

Hasenbitki mit Meerrettichschmand

Die Masse wie für farcierte Hasenkoteletts zubereiten, zu löffelgroßen Bitki formen, mehlieren oder panieren und in gebräunter Butter braten. Die Bitki anrichten, mit dem Bratfett übergießen und mit Kartoffelpüree, Kartoffelschnee oder Salzkartoffeln, Meerrettichschmand und Weißkohl-Apfel-Salat anrichten.

Meerrettichschmand: Sahne erhitzen, mit geriebenem Meerrettich aromatisieren und pikant abschmecken.

Hasenbraten à la minute

1 Hase, enthäutet, zerteilt
Butter oder Margarine
Salz, frisch gemahlener Pfeffer
2 Zwiebeln, feingehackt
2 Bund Petersilie, feingehackt, nicht ausgedrückt
150 g frische Pilze, feingeschnitten
Knoblauch, Weinessig, Wildjus
Sahne

Voraussetzung für diese Zubereitungsvariante ist die Verwendung von jungen Tieren. Läufchen, Keulen und Rücken in zwei bis drei Stücke schneiden. Nieren am hinteren Rückenstück belassen. Hasenstücke würzen und in heißem Fett in einem Schmortopf anbraten. Dann Zwiebeln, Champignons, Petersilie und Knoblauch dazugeben, richtig abdecken und bei hoher Temperatur etwa 12 ... 15 min garen. Dabei nur die Hasenstücke wenden. Fleisch auf einer Servierplatte anrichten. Wildjus, Weinessig und Sahne in den Schmortopf geben. Bratsatz vom Topfboden mit einem Holzlöffel abschaben, alles zu einer dickflüssigen Konsistenz verkochen. Hasenstücke mit der Soße überziehen und sofort mit Kartoffelkroketten servieren.

Hinweis: Für das à-la-carte-Geschäft ist es vorteilhaft, Rücken, Keulen und Läufchen im Wechsel zu verarbeiten. Dabei entfällt das Risiko unterschiedlicher Garpunkte.

Hasenfilet für Feinschmecker

8 Hasenrückenfiletstücke je 75 g
Salz, frisch gemahlener Pfeffer

Soße:
Rotwein, Sahne, Sanddornsaft, Rosmarin, Weinbrand

Die Filetstücke plattieren, würzen, mehlieren und in heißer Butter saftig braten. Das Fleisch soll innen rosa bleiben. Filets anrichten und heißstellen. Den Bratsatz mit Rotwein ablöschen, mit Sanddornsaft, Rosmarin, Sahne und Weinbrand kurz verkochen, abschmecken, passieren und untersoßieren.

Beilagen: Macaire-Kartoffeln und Steinpilzauflauf.

Hasenfilet mit Kapern

2 Hasenrücken
Salz, Pfeffer
2 EL Kapern
50 g Butter

Die Hasenrückenfilets auslösen und enthäuten. Die Knochen fein hacken und zusammen mit den Parüren und Mirepoix in heißem Fett stark anbraten. Mit Rotwein und Wildjus ablöschen, mit Salz, Pfeffer, Wacholder, Lorbeerblatt und etwas Thymian würzen und etwa 1 h simmern lassen. Dann passieren, mit feinpürierter Hasenleber binden und abschmecken.

Die Hasenfilets salzen, pfeffern, in heißer Butter anbraten und in der Bratröhre bei 200 °C etwa 6 min weiterbraten. Die Soße als Spiegel auf eine Platte geben, die Filets schräg tranchieren, darauf anrichten und mit in Weinessig erhitzten Kapern belegen. Mit Kartoffelkroketten und Rotkohlflammerie servieren.

Hasenfilet mit Zimtkruste

2 Hasenrücken
Salz, Honig, Zimt, zerlassene Butter
Wildrotweinsoße

Die Hasenrücken von der Innenseite mehrmals sorgfältig einhacken, häuten, salzen, mit zerlassenem Honig bestreichen und mit gemahlenem Zimt überstreuen. Die so vorbereiteten Rücken etwa 20 min beiseitestellen, damit der Zimt etwas antrocknet. Dann in einen Bräter legen, mit heißer Butter übergießen und unter öfterem Begießen etwa 15 min in der Bratröhre saftig braten. Die Rückenfilets auslösen, schräg tranchieren und sofort servieren.

Beilagen: Apfelkroketten und Wildrotweinsoße oder Kartoffelzöpfe und Apfelsalat.

Apfelkroketten: Eierkuchen mit Apfelmus füllen, rollen, in Stücke schneiden, panieren und goldgelb fritieren.

Hasengulasch

1 Hase, außer Rücken, entbeint und in Würfel geschnitten
80 g Öl
4 Zwiebeln, in feine Scheiben geschnitten
Salz, Pfeffer, Wacholderbeeren, zerdrückt
1/2 l Wildjus
25 g Mehl, saure Sahne

Zwiebeln in heißem Öl hellbraun braten, Fleischwürfel dazugeben, alles bräunen, würzen, mit Wildjus auffüllen und zugedeckt etwa 1 h fertiggaren. Kurz vor Ende der Garzeit Mehl in die Sahne rühren, Gulasch damit binden, kurze Zeit aufkochen, abschmecken und anrichten.

Passende *Beilagen* sind Kartoffelpüree, Klöße und Teigwaren sowie Burgunder-Rotkohl, Pilze, aber auch Sellerie oder Rote-Bete-Salat.

Anmerkung: Auf gleiche Weise Gulasch von allen Wildbretarten zubereiten.

Wildgulasch mit geschmorten Wildfrüchten, wie Preiselbeeren oder entsteinte Weichselkirschen, und saurer Sahne verfeinern. Die Zugabe von etwas Pilzpulver oder getrockneten Pilzen unterstreicht den typischen Wildgeschmack.

Hasenkeule in Wacholderrahm

4 Hasenkeulen
80 g Speck
Butter oder Margarine
Salz, Pfeffer, Wacholderbeeren
Wildjus
Sahne
Mehlbutter

Hasenkeulen von Haut und Sehnen befreien. Schlußknochen lösen, Haxen- und Mittelknochen ausstoßen. Von Knochen und Haut Wildjus bereiten. Hasenkeulen spicken, kräftig würzen, in heißem Fett anbraten, mit Wildjus gerade bedecken und abgedeckt bei mittlerer Hitze garen. Keulen ausstechen und warmstellen. Fond mit Mehlbutter binden, mit Sahne und frisch gemahlenen Wacholderbeeren kurz verkochen und passieren. Hasenkeulen damit soßieren, mit pochierten halben Äpfeln mit Johannisbeergelee oder Rosinenäpfeln umlegen und mit Kartoffelkroketten, Klößen oder Spätzle sowie Preiselbeer-Rotkohl oder Pilzen servieren.

Hasenkoteletts, farciert

400 g Hasenfleisch
100 g Weißbrot, ohne Rinde, in Milch geweicht, ausgedrückt
2 Eier
1 Zwiebel, feingehackt, in Butter angebraten
Salz, Pfeffer, gemahlene Wacholderbeeren
Butter oder Margarine

Hasenfleisch mit Weißbrot, Zwiebeln und Gewürzen fein wolfen und mit Eiern zu einer feinen Fleischmasse verarbeiten. Masse in vier Portionen teilen, zu Koteletts formen und in heißem Fett außen knusprig und innen saftig braten. Hasenkoteletts mit Rotwein-, Portwein- oder Pfeffersoße sowie Kartoffelpüree und Rosen- oder Rotkohl servieren.

Hasenkotelettchen in Mandelhülle

2 bis 3 Hasenrücken (Rippenstück)
Salz, Pfeffer, zerlassene Butter
150 g geriebene süße Mandeln
100 g Butter

Rippenstück in Längsrichtung in der Mitte teilen und aus den Hälften Kotelettchen schneiden. Diese leicht plattieren, würzen, in zerlassene Butter tauchen, in geriebenen Mandeln wälzen und gut andrücken. Kotelettchen in heißem Fett braten. Sofort mit pommes frites oder Pariser Kartoffeln und Kremchampignons anrichten.

Hasenkotelettchen mit Pfifferlingen

2 Hasenrücken (Rippenstück)
Salz, Pfeffer, Zitronensaft
Wiener Panade
Butter oder Margarine
600 g Pifferlinge, mit Speck- und Zwiebelwürfeln geschmort

Rippenstück längs im Rückgrat teilen und daraus Kotelettchen schneiden. Kotelettchen leicht plattieren, würzen, mit etwas Zitronensaft beträufeln, gut panieren und in heißem Fett goldbraun braten. Je Portion etwa vier Kotelettchen mit Pfifferlingen und Kartoffelpüree anrichten, mit Bratfett begießen.

Hasenläufchen in Curryrahm

8 Hasenläufchen, enthäutet
Öl
1 Zwiebel, feingehackt
1 Bund Petersilie, gehackt
100 g Sellerie, in feine Streifen geschnitten
Salz, reichlich Curry, Pfeffer, etwas gemahlener Ingwer, Wildjus
Sahne

Hasenläufchen im Gelenk einschneiden und zusammenbinden. Die Zwiebelwürfel in einem

Bild 12. Arrangement von Wildschinken

Bild 13. Garnierter Hirschrücken

Bild 14. Garnierte Rehkeule mit Früchten und Pilzen

Bild 15. Gefüllter Fasan mit Wildfrüchten in Teigkörbchen

Bild 16. Gefülltes Hirschfrikandeau mit Netzmelone

Bild 17. Variationen von Schaumbrot

142

Bild 18. Wildententerrine

Bild 19. Wildpastete

Schmortopf in Öl anschwitzen, die Hasenläufchen, Gewürze, Petersilie und Selleriestreifen dazugeben, alles leicht bräunen, mit Sahne sowie etwas Wildjus gerade bedecken und abgedeckt simmern lassen, bis das Fleisch gar ist. Hasenläufchen anrichten, die Soße darüberpassieren. Mit Kartoffelpüree, Risotto, Reis- oder Kartoffelkroketten anrichten.

Hasenläufchen in Sahne

8 Hasenläufchen, enthäutet
Weinessig und Rotwein zum Marinieren
Salz, Pfeffer, 1 Lorbeerblatt, 2 Gewürznelken, Wacholderbeeren
2 Zwiebeln, feingehackt
2 Möhren und 1/4 Sellerieknolle, in feine Würfel geschnitten
Butter oder Margarine, leicht gebräunt
200 g Sahne oder saure Sahne
Hasenläufchen im Gelenk einschneiden, mindestens 3 h marinieren, dann zusammenbinden, würzen, mit den Gemüsen in einen Bräter geben und mit der heißen Butter übergießen. So vorbereitet den Bräter in die vorgeheizte Backröhre geben und bei 220 °C etwa 40 min unter öfterem Begießen mit der Butter braten, bis die Läufchen gebräunt sind. Bildet sich beim Bratprozeß nicht genügend Fond, etwas von der Essig-Rotwein-Marinade angießen. Hasenstücke ausstechen, in einen Schmortopf geben, den Bratfond darüberpassieren, Sahne dazugeben und alles zugedeckt nochmals etwa 10 min in der Bratröhre garziehen lassen. Kartoffelklöße und Rotkohl oder Spätzle und Pilze oder Kohlrabiflan zu diesem sahnigen Gericht reichen.
Anmerkung: Auf gleiche Weise Rücken und Keulen zubereiten.

Hasenläufchen in Walnußsahne

Hasenläufchen wie »Hasenläufchen in Sahne« zubereiten. Zur passierten Soße etwa 80 g gemahlene Walnußkerne geben und alles etwa 15 min simmern lassen. Ebenso Haselnüsse oder Mandeln zur besonderen Geschmacksnuancierung verwenden.
Empfohlene *Beilagen*: Kartoffelkroketten und halbe Dunstbirnen mit Preiselbeeren oder Orangen-Apfel-Salat mit grünem Pfeffer.

Hasenläufchen mit Zitronensoße

8 Hasenläufchen, enthäutet
3 Zitronen, Saft ausgedrückt

Butter oder Margarine
Salz, Pfeffer, gemahlene Wacholderbeeren
1/4 l Weißwein
saure Sahne
30 g Mehlbutter
Hasenläufchen im Gelenk einschneiden, binden und mit Zitronensaft etwa 8 h marinieren. Dann gut abtropfen lassen, in Mehl wenden und in heißem Fett braten. Bratsatz mit Weißwein ablöschen, Sahne dazugeben, alles gut würzen und in der vorgeheizten Bratröhre bei mittlerer Hitze etwa 1 h garen, bis das Fleisch weich ist. Läufchen dann herausnehmen. Garflüssigkeit mit der zurückbehaltenen Zitronenmarinade aufkochen, mit Mehlbutter binden. Läufchen mit der Soße überziehen. Frische Salatkartoffeln oder Kartoffelgratin mit Äpfeln und Selleriesalat oder rote Bete schmecken dazu.

Hasennüßchen in Orangen-Pfeffer-Soße

12 Hasennüßchen je 40 g
geklärte Butter
Weinbrand
Orangensaft
Wildpfeffersoße
grüner Pfeffer
Crème fraiche
Die Nüßchen aus dem Rückenfilet schneiden, leicht plattieren, salzen und in heißer Butter rosa braten. Den Bratsatz mit Weinbrand ablöschen und mit Orangensaft sowie Wildpfeffersoße verkochen. Mit Crème fraiche und grünem Pfeffer verfeinern. Die Nüßchen auf kleinen Weißbrotcroutons anrichten, mit der Soße überziehen und mit in Weinbrand und Butter erhitzten Orangenfilets belegen. Sofort mit Mandelkroketten servieren.

Hasenpfeffer

1,2 kg Hasenklein, Läufe zerteilt,
Brust-, Halsstücke, Herz, Nieren und Leber in grobe Würfel geschnitten

Marinade:
Salz, Pfeffer, feingehackte Zwiebeln, Weinbrand, Öl, Lorbeerblätter, Gewürznelken, Piment, Pfefferkörner, Kräutersträußchen

Butter oder Margarine, Mehl
100 g Bauchspeck, feinwürfelig geschnitten
100 g Zwiebeln, feinwürfelig geschnitten
0,2 l Rotwein, Wildjus
Hasen- oder Schweineblut, saure Sahne

Das Hasenklein mindestens 1 Tag marinieren. Dann nur abtropfen lassen, in heißem Fett kräftig anbraten, mit Mehl bestäuben und alles rösten. Sofort mit Rotwein, der Marinade und Wildjus auffüllen und die Gewürze dazugeben. Die Hasenstücke sollen gut bedeckt sein. Zugedeckt langsam schmoren. Inzwischen die Speckwürfel auslassen, die Zwiebelwürfel dazugeben, alles leicht bräunen und zum Hasenpfeffer geben. Die Soße mit Blut und Sahne binden und pikant abschmecken. Kräutersträußchen sowie Lorbeerblätter herausnehmen.

Hasenpfeffer mit Spätzle, Kartoffelklößen oder Nudeln anrichten.

Anmerkung: Hasenpfeffer erhält einen besonders würzigen Geschmack, wenn etwas Schwarzbrot oder Soßenkuchen mitgekocht wird.

Die Bezeichnung »Pfeffer« ist erst durch die Verwendung von Blut zulässig. Ansonsten dieses Gericht schlicht als Hasenragout bezeichnen. Die Verwendung von ausgelösten Hasenfleischstücken ist zu empfehlen. Die Knochen für Wildsuppe und Wildjus verarbeiten.

Hasenpörkölt mit Paprika

600 g Hasenfleisch, in grobe Stücke geschnitten, in Buttermilch eingelegt
80 g Schweineschmalz
100 g Zwiebelwürfel
Salz, Pfeffer, 50 g Paprika, edelsüß
200 g roter und 200 g grüner Gemüsepaprika, in grobe Stücke geschnitten
Fleischbrühe, saure Sahne

Fleischstücke in heißem Fett zusammen mit den Zwiebelwürfeln goldgelb braten. Dann mit Salz, Pfeffer und Paprika würzen, nochmals alles leicht anbraten, mit Fleischbrühe auffüllen und zugedeckt etwa 20 min garen. Dann die Gemüsepaprika sowie saure Sahne dazugeben, gut verrühren und abgedeckt weitere 15 min fertiggaren. Pörkölt gegebenenfalls mit Salz, Paprika und einer Prise Zucker nachschmecken. Sofort mit Risotto oder Nocken servieren.

Anmerkung: Werden Hasenstücke mit Knochen zubereitet, die fertigen ausstechen und entbeinen. Servieren mit Knochen ist nicht zeitgemäß.

Hasenragout Feinschmeckerart

2 Hasenkeulen
2 Hasenläufchen, Hasenleber, feingehackt
Hasenblut

100 g Bauchspeckwürfel
2 Zwiebeln, feingehackt
2 Bund Petersilie, gehackt
200 g frische Champignons, gehackt
Salz, Pfeffer, 4 Gewürznelken, 1 Lorbeerblatt
Thymian, Basilikum und Rosmarin, alles gemahlen
1 Knoblauchzehe, mit Salz zerrieben
0,2 l Rotwein
Weinessig, Wildjus
50 g Mehlbutter

Keulen und Läufchen entsprechend zerteilen, entbeinen und in größere Stücke schneiden. Beim Zerteilen ist darauf zu achten, daß keine Knochensplitter entstehen. Das Fleisch zu entbeinen entspricht den modernen Verzehrgewohnheiten. Speckwürfel in einem Schmortopf auslassen. Fleischstücke und Zwiebelwürfel dazugeben und alles kräftig anbraten. Dann Petersilie, Champignons sowie die Gewürze in den Topf geben, alles unter öfterem Umrühren hellbraun dünsten, mit Rotwein, Weinessig und Wildjus gerade bedecken, gut umrühren, Topf abdecken und Ragout etwa 1 h garziehen lassen. Kurz vor Ende der Garzeit die feingehackte Hasenleber und Hasenblut dazugeben, aufkochen, mit Mehlbutter binden, gegebenenfalls nachwürzen und nochmals einige Minuten simmern lassen. Hasenragout mit Spätzle oder Kartoffelpüree anrichten.

Anmerkung: Hasenblut gegebenenfalls durch Blut von Schlachttieren ersetzen. Dieses Gericht kann aber auch ohne Blut bereitet werden. Die Gewürze, der Speck und die frischen Champignons unterstreichen den besonderen Wildgeschmack. Eine Prise Pulver von getrockneten Steinpilzen erhöht den Wohlgeschmack.

Hasenragout in Anisrahm

800 g ausgelöstes Hasenfleisch von Keulen oder Läufchen
Salz, frischgemahlener Pfeffer, gemahlener Sternanis
80 g Öl
50 g Mehl
Wildjus
Sahne
4 cl Anislikör

Das Hasenfleisch in haselnußgroße Würfel schneiden, gut würzen und in einem sehr breiten Bräter in heißem Öl kräftig anbraten, mit Mehl bestäuben, das Mehl ebenfalls gut bräunen.

Sofort mit Wildjus auffüllen, kurz aufkochen und langsam fertiggaren. Ragout zuletzt mit Anislikör und Sahne verfeinern und pikant abschmecken.

Beilagen: grüne Spätzle oder Butternudeln und Endivien- oder Feldsalat im Kräuterdressing. Dazu schmeckt vor allem Melonensalat.

Hinweis: Anstelle von Anislikör eignet sich besonders der französische Aperitif Ricard, eine feine Gewürzkombination von Anis, Kräutern und Süßholz.

Hasenragout in Walnußsoße

Allgemein wie »Hasenragout Feinschmeckerart« zubereiten. Die Champignons durch 100 g geriebene Walnußkerne ersetzen. Knoblauchzehe weglassen. Bei dieser Zubereitungsart ist kein Blut erforderlich.

Beilagen: römische Nocken, Spätzle oder Kartoffelpüree. Aber auch Linsenkroketten und Rosenkohlsalat passen dazu.

Hasenragout mit Maronen im Spaghettirand

600 g Hasenfleisch, in 3 cm große Würfel geschnitten
80 g Öl
2 Zwiebeln, feinwürfelig geschnitten
Mehl, Salz, Pfeffer
Wildjus
200 g Maronen (Konserve)

Das Hasenfleisch mit den Zwiebeln in heißem Öl kräftig anbraten, mit Mehl bestäuben, würzen und mit Wildjus verkochen. Nach etwa 30 min die Maronen dazugeben. Alles pikant mit Zitronensaft, Weinbrand und Johannisbeersaft abschmecken und fertiggaren. Die Spaghetti al dente kochen, in etwas Butter anschwenken und als Rand auf große Teller geben. Das pikante Ragout darin anrichten und mit geschälten Zitronenscheiben, Petersilie und Tomatenkeil garnieren.

Hasenrückenfilet in Blätterteig
mit Gewürzfrüchten

2 Hasenrücken
200 g Pilzduxelles
1 kg Blätterteig
Eistreiche
Gewürzfrüchte (Apfelspalten, Aprikosen, halbe Pflaumen, entsteinte Sauerkirschen und Pfirsichspalten) in einer Reduktion von Zimtrinde, Ge-

würznelke, Piment, Zucker, Zitronensaft und Butter dünsten.

Die Hasenrückenfilets auslösen, parieren, mit Salz und Pfeffer würzen, anbraten und abkühlen lassen. Duxelles aus Champignons, Kochschinken, Zwiebelwürfelchen, gehackter Petersilie, Ei und Gewürzen zubereiten.

Blätterteig ausrollen, jeweils in der Größe von zwei Rückenfilets Duxelles auftragen. Filets auflegen und mit der restlichen Duxelles völlig überziehen. Die Filets in Blätterteig einschlagen, mit Ei bestreichen, mit einem Dekor aus Teigabschnitten versehen und bei 220 °C etwa 15 min backen. Blätterteig bei starker Hitze anbacken, Temperatur dann herunterschalten. Hasenrücken in Blätterteig warm oder kalt mit Gewürzfrüchten servieren. Erst am Tisch tranchieren.

Hinweis: Hasenfilets in Kräuterhülle ebenso zubereiten. Blätterteig dann mit gehackten Kräutern vermengen.

Hasenrückenfilet, kurzgebraten

2 Hasenrücken, filetiert, pariert
Butter oder Margarine
Salz, frisch gemahlenen Pfeffer, gemahlene Wacholderbeeren
Sahne

Rückenfilets in schräge, 2 . . . 3 cm dicke Scheiben schneiden, leicht plattieren, würzen und in sehr heißem Fett bei starker Hitze braten. Das Fleisch soll innen leicht rosa bleiben. Filets sofort anrichten. Butter mit etwas Sahne verrühren, mit einigen Tropfen Zitronensaft pikant würzen und über die Filets geben.

Passende *Beilagen* sind Kartoffelkroketten, Williamskartoffeln, Pilze aller Art, aber auch Rosenkohl und frische, pikante Gemüsesalate.

Als Geschmacksträger für die Sahne eignen sich Preisel- oder Holunderbeeren, Wacholder, aber auch Orangensaft oder Apfelstückchen.

Die Speise zum Beispiel wie folgt anbieten: Hasenfilet à la minute mit Orangensahne, Mandelkroketten und Champignon-Chicorée-Salat.

Hinweis: Kurzgebratene Hasenfilets, auf frischem Toast oder Knoblauchbrot angerichtet, eignen sich ebenfalls als Vorspeise, Zwischengericht oder Imbiß.

Hasenrückenfilet, rosa gebraten, in Pfefferrahm

2 Hasenrücken, pariert, ausgelöst
geklärte Butter

Salz, frisch gemahlener Pfeffer aus der Mühle
Sahne, etwas Wildpfeffersoße

Die Hasenrücken mit Salz und Pfeffer einreiben, in einen Bräter legen, mit heißer Butter übergießen und in der Bratröhre bei 180 °C etwa 15 min unter öfterem Begießen rosa braten. Die Hasenrücken etwas abkühlen lassen, damit beim Auslösen und Tranchieren der Fleischsaft erhalten bleibt. Den Bratsatz mit Sahne, Wildpfeffersoße, Salz und Pfeffer kurz verkochen. Inzwischen die Rückenfilets auslösen und schräg tranchieren. Den Pfefferrahm auf vorgewärmte Teller geben, die Rückenfilets darauf anrichten und sofort mit frischen Nudeln oder Spätzle, Pilzen oder Feldsalat und Preisel- oder Vogelbeeren servieren.

Hasenrücken, exotisch

2 Hasenrücken, enthäutet, jeweils in vier
Stücke geteilt
1 EL Curry, Salz, Pfeffer, Zimt
Butter
100 g Mandeln, feingehackt
100 g Rosinen, eingeweicht, abgetropft
1/8 l Weißwein
50 g Bienenhonig

Curry mit den übrigen Gewürzen vermengen. Die Rückenstücke mit dieser Mischung auf allen Seiten dick einreiben und 2 h einziehen lassen. Inzwischen Butter in einem Schmortopf erhitzen, bis sie goldgelb ist. Die Hasenstücke in Mehl wenden, in die heiße Butter geben, ebenfalls die Mandeln. Alles unter öfterem Rühren gut bräunen, mit Weißwein ablöschen und zugedeckt etwa 20 min simmern lassen, bis das Fleisch weich, aber innen leicht rosa ist. Rückenstücke so anrichten, daß für eine Portion jeweils ein Stück vom vorderen Rippenstück und vom dickeren Hinterstück zusammenliegen. Die Garflüssigkeit mit Rosinen und Honig verkochen. Der Fond soll etwas dicklich sein. Hasenrücken damit überziehen und sofort servieren. Zum Garnieren eignen sich Orangenscheiben mit Maraschinokirschen.

Reiskrusteln oder Kartoffelkroketten sind vorzügliche *Beilagen*.

Hasenrücken, flambiert

2 Hasenrücken, gehäutet, gespickt, portioniert
Butter oder Margarine
4 cl Weinbrand
Salz, Pfeffer, Wacholderbeeren

30 g Mehl, mit Sahne verrührt
0,1 l Rotwein
Wildjus

Hasenrücken würzen und in heißem Fett in einem Bräter anbraten. Rotwein und Wildjus dazugeben, Bräter abdecken und etwa 10 min in die vorgeheizte Röhre stellen. Das Fleisch soll innen schön rosa bleiben. Rücken heißstellen. Bratfond mit Mehl-Sahne-Gemisch binden und einige Minuten köcheln lassen. Dann passieren und in einer Sauciere anrichten. Hasenrücken mit erwärmtem Weinbrand übergießen und brennend servieren. Dazu schmecken Kartoffelkroketten, gebutterte Champignons und Apfelscheiben mit Preiselbeeren.

Hasenrücken in Brotteig

1 Hasenrücken, enthäutet, filetiert
200 g Wildfarce
200 g frische Pilze, feingehackt
4 große Speckplatten
1 kg Brotteig
Salz, frisch gemahlener Pfeffer

Wildfarce von Hasenläufchen oder sonstigem Wildbretfleisch herstellen und mit gehackten Pilzen vermengen. Brotteig zu einer ovalen Platte formen. Farce in der Mitte längs auf dem Brotteig verteilen. Inzwischen die Rückenfilets würzen, in Speckscheiben einrollen und auf die Farce legen. Die restliche Pilzfarce über die Rückenfilets rundherum verteilen, den Brotteig über die Filets zusammenschlagen und gut verbinden bzw. verschließen. So vorbereitet diesen länglichen, gefüllten »Brotlaib« auf ein mit Wasser benetztes Backblech geben. Dabei muß die zusammengeschlagene Seite aufliegen. Aus Teigresten eine Ranke oder sonstige Garnierung auflegen. Oberfläche mit Wasser einstreichen, mit einem Hölzchen stupfen, damit beim Backprozeß keine Risse im Teig entstehen. Das Backblech in die heiße Röhre schieben. Hasenrücken zuerst bei etwa 220 °C backen, bis die Teigoberfläche krustig ist. Temperatur dann auf etwa 160 °C herunterschalten und Hasenrücken fertigbacken. Nach etwa 1 h Backzeit mittels Nadelprobe Garpunkt feststellen. Nadel einstechen, nach 30 s herausziehen, sofort prüfen; ist die Nadel heiß, ist der richtige Garpunkt erreicht. Die Filets sollen innen noch leicht rosa sein. Der Rücken wird am Tisch tranchiert und mit der Brotkruste vorgelegt.

Beilagen: Pilze, Apfelrotkohl, Rotweinsoße, Cumberlandsoße und gebackene Kartoffelkleinigkeiten.

Hinweis: Hasenstücke ebenso mit Strudelteig oder Lebkuchenteig zubereiten. Dann mit Schlehenrahmsoße und Morchelklößchen reichen.

Hasenrücken in Champagner

2 Hasenrücken
0,2 l Champagner

Hasenrücken völlig enthäuten, Rückenfilets auslösen und einen Tag in trockenem Champagner einlegen. Das Gefäß gut verschließen. Zum Braten richtig abtropfen lassen, mit Salz und Pfeffer würzen, in geklärter Butter unter öfterem Wenden à la minute braten. Den Bratsatz mit Fleischglace, dem Champagner und Sahne rasch verkochen, abschmecken, passieren und gesondert reichen.

Beilagen: Haselnußkroketten und Morcheln in Rahm mit Weinbeeren.

Hasenrücken im Schweinsnetz

1 Hasenrücken, Rückenfilets und Lendchen, ausgelöst
Rückenfilet, gewürzt und in Speckscheiben gehüllt
400 g feine Kalbfleischfarce
30 g Pistazien, gehackt
50 g Champignons, frisch gehackt
50 g Pökelzunge, in feine Würfel geschnitten
1/2 Schweinsnetz
50 g Butter oder Margarine

Zuerst von der Hasenrückenkarkasse, den Häuten und Bauchlappen mit Mirepoix, Salz, Pfeffer, etwas Soßenkuchen, Wacholder, Nelke, Lorbeerblatt und Rotwein kräftige Soße bereiten. Das Schweinsnetz dann auf einer Arbeitsfläche ausbreiten. Die Hasenlendchen in feine Würfel schneiden und mit den anderen Zutaten in die Kalbsfarce mengen. In Größe der Rückenfilets 1/3 der garnierten Farce in der Mitte des Schweinsnetzes verteilen, die Hasenfilets auf die Farce legen, mit der restlichen Farce umhüllen und in das Schweinsnetz einschlagen. Hasenrücken so vorbereitet in eine Pfanne mit heißem Fett einlegen, mit Butterflöckchen versehen und in der heißen Bratröhre unter öfterem Begießen etwa 30 min braten. Die Farce soll saftig, die Filets sollen innen leicht rosa bleiben. Den Bratsatz in die vorbereitete Soße geben, alles mit Sahne kurz verkochen und passieren. Hasenrücken im Schweinsnetz im ganzen servieren.

Beliebteste *Beilagen* sind Pilze, Rotkohl, Rosenkohl, Kartoffelklöße oder Kartoffelkroketten aller Art.

Gebratene Apfelscheiben oder tournierte und blanchierte kleine Äpfel mit Preiselbeeren sind als Garnitur besonders geeignet. Zur Verfeinerung der Soße eignen sich gehackte Steinpilze, Preiselbeerrahm, Holunderrahm, aber auch etwas Quittenmus oder eine Spur Rosmarin.

Hasenrücken mit Brombeeren

2 Hasenrücken, enthäutet, pariert
80 g Butter oder Margarine
400 g Brombeeren, frisch oder gefrierkonserviert
6 cl Weinbrand, angewärmt

Marinade:
Rotwein, Mirepoix, feingehackt
ein Zweig frischer Rosmarin (die Blättchen oder Nadeln abgestreift)

Die Rücken mindestens zwei Tage marinieren, abtropfen lassen, in heißem Fett anbraten, etwas Marinade angießen und in der heißen Bratröhre etwa 20 min weiterbraten, bis das Fleisch gar, aber innen saftig und leicht rosa ist. Rücken portionieren, auf einer Servierplatte anrichten, mit den in Butter angeschwenkten Brombeeren flambieren. Bratsatz mit etwas Wildjus und Sahne kurz verkochen, passieren, mit etwas Zitronensaft pikant nachwürzen und gesondert reichen.

Anmerkung: Anstelle Hasenrücken sind Hasenkeulen ebenso anzurichten. Zum Hasenbraten passen viele Früchte, u. a. Pfirsiche, Apfelspalten, Orangenscheiben, Mandarinenfilets, entkernte und abgezogene Weinbeeren, aber auch eingeweichte und entkernte Backpflaumen. Damit sich die Hasenrücken beim Braten nicht verformen, passende Metallstäbe in das Rückgrat einstecken.

Hasenrücken mit grünem Pfeffer

2 Hasenrücken
reichlich grüner Pfeffer
Butter
1 gehackte Zwiebel
2 cl Weinbrand
Weinessig
0,1 l Weißwein
Wildpfeffersoße

Die Hasenrücken häuten, salzen, in zerdrücktem grünem Pfeffer wälzen, in heißer Butter bei starker Hitze rosa braten und heißstellen. Die Zwiebelwürfelchen im Bratfett blondieren, mit Weinbrand, Essig und Weißwein ablöschen, gestoßenen grünen Pfeffer dazugeben. Wildpfeffersoße angießen und alles kurz verkochen. Soße abschmecken und gesondert reichen.
Beilagen: Kartoffelkroketten und gebackene Bananen oder Tomatenflan.

Hasenrücken mit Orangen

2 Hasenrücken, enthäutet, gespickt
Butter oder Margarine
4 Orangen
Salz, Pfeffer
Maisstärke
Wildjus

Hasenrücken an der Wirbelsäule mehrmals einhacken oder einen Metallstab in das Rückgrat schieben, damit sich der Rücken nicht biegt. Rücken gut würzen, in heißem Fett anbraten und unter öfterem Begießen etwa 20 min braten. Das Fleisch muß innen rosa bleiben. Inzwischen Orangenfilets sehr sorgfältig aus den Bindehäuten schneiden. Saft aus den Bindehäuten ausdrücken, Bratsatz damit ablöschen und mit Wildjus verkochen. Fond mit der Maisstärke binden und 5 min leicht kochen lassen. Orangenfilets in etwas Butter anschwenken, Hasenrücken anrichten, mit den Orangenfilets garnieren.

Hasensteaks mit Kräuterrahm

2 Hasenrücken
geklärte Butter
gehackte frische Kräuter
(Petersilie, Kerbel, Estragon, Thymian)
Fleischglace
Sahne

Die Rückenfilets auslösen, sorgfältig häuten, jedes Filet in gleichmäßige Stücke schneiden und gut plattieren. Dann würzen, mehlieren und in sehr heißer Butter außen braun und innen saftig braten. Steaks sofort anrichten und heißstellen. Die Kräuter im Bratsatz kurz anschwenken, etwas Fleischglace und Sahne angießen und zusammen 3 min simmern lassen.
Den Kräuterrahm über die Steaks geben. Mit Kartoffelkroketten oder Kartoffelpüree und Bratäpfeln mit Preiselbeeren sowie glacierten Maronen reichen.

3.6. Spezialitäten von Hirsch

Der größte Lieferant von Wildbret ist der Hirsch. Wir unterscheiden Rot- und Damhirsch. Der *Rothirsch* ist der größere, er bringt bis zu 250 kg auf die Waage. Die einjährigen Tiere werden als Spießer bezeichnet und liefern das schmackhafteste Wildbret. *Damhirsche* wiegen bis zu 120 kg. Am besten ist das Fleisch jüngerer Tiere bis etwa 50 kg.
Lebensweise und Verbreitung von Reh und Hirsch sind im wesentlichen gleich. Ihre Äsung besteht aus Klee, Gras, Kräutern, Feldfrüchten, Getreide, Moos, Wildfrüchten aller Art usw. Der Wildbretgeschmack wird durch die Ernährung beeinflußt und ist territorial unterschiedlich. Dazu tragen Heidekraut, Bucheckern oder auch Baumrinden bei.
Das Fleisch vom Hirsch wird als Wildbret und sein Blut als Schweiß bezeichnet. Die Beine heißen Läufe und der Rücken Ziemer. Die besten Stücke sind neben Ziemer die Keulen. Nach dem sorgfältigen Häuten soll Wildbret gespickt werden. Der Ziemer wird gern im ganzen für attraktive warme und kalte Platten verarbeitet. Weiterhin liefert er zarte Steaks, Schnitzel, Nüßchen, Medaillons und Koteletts. Die Keulen eignen sich für Steaks und schmackhafte Braten. Aus den sonstigen Teilen werden Ragouts, Pasteten und Suppen bereitet.

Gespicktes Hirschfrikandeau in Gurkensahne

1 Hirschfrikandeau, pariert, gespickt
(je Portion 150 g)
Salz, Pfeffer, Wacholderbeeren
Mirepoix
100 g Butter oder Margarine
150 g Sahne
150 g Julienne von frischen Gurken
Wildjus

Das gespickte Frikandeau mit Salz und Pfeffer einreiben und in heißem Fett mit Mirepoix und den Parüren auf beiden Seiten kräftig anbraten. Dann mit Wildjus auffüllen und fertigschmoren. Je nach Belieben mit Wacholderbeeren, Rosmarin und etwas Thymian würzen. Die Soße mit Mehl leicht binden, passieren, mit Sahne und in Butter angeschwenkten Gurkenjulienne kurz verkochen und pikant abschmecken. Das Fleisch tranchieren und mit der Soße überziehen.
Beilagen: Kartoffelkroketten oder Speckknödel, gebratene Apfelspalten und Schinkenrosenkohl.

Hinweis: Das Fleisch älterer Tiere vor dem Braten zwei Tage in Weinbeize einlegen. Die Gemüse aus der Beize sowie die Beize selbst sind zum Auffüllen zu verwenden. Gerade bei der Zubereitung mit Gurkenjulienne erhält die Soße einen besonders pikanten Geschmack. Auf gleiche Weise Apfeljulienne, Stachelbeerpüree oder feingehackte frische Pilze als Geschmacksträger verwenden.

Gespicktes Hirschfrikandeau in Zitronenrahmsoße

Das Frikandeau enthäuten und zwei Tage mit Zitronensaft, Estragon und zerdrückten Pfefferkörnern marinieren. Dann spicken, salzen, in Mehl wenden, in heißem Fett mit Mirepoix anbraten. Wildjus angießen und zugedeckt schmoren. Den Fond mit Mehlbutter binden, mit der Marinade und frischem Zitronensaft verkochen, pikant abschmecken, passieren und mit Sahne vollenden. Frikandeau tranchieren, anrichten, mit der Soße überziehen. Jede Fleischtranche mit einer geschälten und entkernten Zitronenscheibe belegen.

Beilagen: Kartoffelkroketten, Spätzle, Vollkornspätzle, Lorette-Kartoffeln oder Kartoffelpüree und frische Salate.

Gespickte Hirschkeule in Sahnepilzsoße

600 g Hirschkeule, gehäutet, gespickt
Butter
Salz, Pfeffer
Mirepoix, Mehl
Wildjus, Pimentkörner, Lorbeerblatt
Pilzpulver
Wacholderbeeren
Sahne

Hirschkeule mit Salz und Pfeffer einreiben und in einem Bräter in heißem Fett auf allen Seiten anbraten, Mirepoix dazugeben und rösten. Hat alles eine schöne braune Farbe, Gemüse mit etwas Mehl bestäuben, nochmals rösten, mit Wildjus auffüllen, Pilzpulver und Gewürze dazugeben. Braten langsam garen, dann aus dem Fond nehmen und warmstellen. Fond passieren, mit Sahne verfeinern und abschmecken. Braten tranchieren, mit der Soße überziehen und mit Butternocken, Kräuterspätzle oder Kartoffelkroketten anrichten.

Mit folgenden *Gemüsebeilagen* arrangieren: Schwarzwurzelgemüse, gebackene Hopfenspros-

sen, gebackener Chicorée, Selleriegemüse, glacierte Maronen oder Maronenmus.

Die Sahnesoße weiterhin mit Extrakt oder Fruchtmark von Holunderbeeren, Hagebutten, Ebereschen, Schlehen oder Moosbeeren aromatisieren. Wildbret mit Wildfrüchten zubereitet gehört in jede moderne Küche.

Als besonders attraktive *Beilage* blindgebackene Mürbeteigtarteletts mit tournierten Äpfeln anlegen.

Äpfel mit Pariser Löffel ausstechen und in heißer Butter mit etwas Salz, Zitronensaft und Zimtpulver anschwenken.

Hinweis: Die pikante Soße ist ebenso mit Trockenpilzen zu aromatisieren. Trockenpilze einweichen, fein hacken und mit Einweichwasser in die passierte Soße geben.

Gespickte Hirschkeule mit Backpflaumen

Hirschkeule wie »Gespickte Hirschkeule in Sahnepilzsoße« zubereiten. Zusätzlich 200 g Backpflaumen in Rotwein weichen, entkernen und in Stücke schneiden. Backpflaumen in etwas Butter anschwenken, je nach Geschmack mit Zimt, Essig oder Pfeffer abschmecken und über die soßierten Fleischtranchen verteilen. Des weiteren die Sahnesoße mit etwas Pflaumenmus verkochen. Neben Backpflaumen sind getrocknete Aprikosen, ebenso zubereitet, eine geschmackliche Bereicherung für Wildbretspeisen.

Beilagen: Mandelkroketten und Tarteletts mit Linsenmus.

Hinweis: Fleisch von älteren Tieren marinieren. Das Schmoren in Rotwein oder Apfelmost ist eine besonders schmackhafte Zubereitungsvariante.

Gespickte Hirschkoteletts mit frischen Pilzen

4 Hirschkoteletts, gespickt, plattiert
Butter oder Margarine
600 g frische Pilze, geschnitten
1 Zwiebel, feingehackt
Salz, Pfeffer, Zitronensaft

Hirschkoteletts würzen, mehlieren und in heißem Fett auf beiden Seiten scharf anbraten, sofort Zwiebelwürfel sowie die Pilze dazugeben, würzen und alles etwa 8 min bei starker Hitze unter öfterem Schwenken garen. Koteletts anrichten, mit etwas Rotweinsoße überziehen, mit den Pilzen behäufen und sofort mit Kartoffelpüree, Spätzle oder Kartoffelkroketten servieren.

Hirschbraten, russisch

800 g Hirschkeule, in Faserrichtung gespickt
40 g Speckwürfel
Butter oder Margarine
2 Zwiebeln, feinwürfelig geschnitten
Mirepoix
Salz, Pfeffer, Thymian, 1 Lorbeerblatt
1/4 l Rotwein, Wildjus
100 g frische rote Bete, geraspelt
30 g Mehl
saure Sahne, Zitronensaft, Zucker

Die Speckwürfel auslassen, in heißes Fett geben. Das Fleisch dazugeben und auf allen Seiten sofort anbraten. Dann Zwiebeln und Mirepoix beigeben, alles gut rösten, mit Mehl bestäuben, das Mehl ebenfalls rösten. Alles mit Rotwein und Wildjus auffüllen, kräftig würzen und etwa 60 min zugedeckt schmoren. Dann rote Bete zugeben und alles 15 min simmern lassen. Das Fleisch herausnehmen. Die Soße mit Mehl binden, kurz verkochen, passieren, mit Sahne, Zitronensaft und Zucker pikant abschmecken. Hirschbraten tranchieren, anrichten, mit der Soße überziehen. Zu dieser würzigen Spezialität passen Kartoffelklöße, Spätzle oder Kartoffelkroketten und Steinpilze, Pfifferlinge, Johannisbeer- oder Heidelbeerrotkohl, aber auch Rosenkohl mit Haselnußbutter.

Hinweis: Die Zubereitung von Wildbretspeisen mit roten Beten ist ein Novum. Die Speisen erhalten von den roten Beten den typischen Geschmack sowie die einmalige Farbgebung.

Hirschfilet im Heu

2 Hirschfilets je 500 g
frisches Heu, ungedüngt
gehackte Kräuter
frisch gemahlener Pfeffer aus der Mühle
Salz, Fleischglace
1/4 l Rotwein

Marinade:
100 g Öl, zerdrückte Wacholderbeeren, Thymian, Estragon und Kerbel

Die Kräuter hacken, mit Wacholderbeeren und Öl vermengen. Die Filets damit begießen und etwa 12 h zugedeckt kaltstellen. Das Heu gut waschen, abtropfen lassen und in einen Bräter geben. Dann mit Wildjus und Rotwein übergießen. Die Filets ringsherum mit Salz würzen, auf das Heu legen, mit dem Ölgemisch übergießen und abdecken. Den Bräter etwa 30 min in die vorgeheizte Bratröhre schieben. Die Filets dabei einmal wenden. Die fertigen Filets herausnehmen. Den Fond in eine Kasserolle abgießen, mit Fleischglace und Rotwein kurz verkochen. Die Filets tranchieren, auf der Soße anrichten und mit Kräutern und Wildfrüchten garnieren.

Beilagen: Kartoffelkroketten mit gehackten Haselnüssen und Rotkohl mit geschmorten Ebereschen.

Hirschfilet im Waldpilzmantel

8 Filets, je 75 g
Salz, Pfeffer, Mehl
2 Eier, verquirlt
200 g gehackte frische Pilze
geklärte Butter

Die Hirschfilets leicht plattieren, würzen, mehlieren, durch Ei ziehen und in gehackten Pilzen wenden. Die so vorbereiteten Filets in heißer Butter goldgelb braten. Der Pilzmantel soll leicht knusprig und die Filets innen noch rosa sein. Filets sofort mit grüner Pfefferrahmsoße, Berny-Kartoffeln, Kartoffelplätzchen oder Lorette-Kartoffeln und gebackenen Walnußkernen servieren.

Hirschgeschnetzeltes

600 g geschnetzeltes Hirschfilet
geklärte Butter
1 Zwiebel, in Würfel geschnitten, goldgelb geröstet
200 g Champignonscheiben, blanchiert
Rotweinsoße
Salz, Pfeffer, gemahlene Wacholderbeeren

Fleischstreifen in heißer Butter in einer sehr großen Stielpfanne braten. Durch Schwenken der Pfanne wenden. Das Braten muß rasch erfolgen, damit das Fleisch innen rosa bleibt. Bratgut in eine Assiette geben und würzen. In der Pfanne Zwiebelwürfelchen und Champignonscheiben anschwenken, mit Rotweinsoße verkochen und über das Hirschgeschnetzelte geben. Mit Spätzle oder Kartoffelkroketten servieren. Mit etwas Preiselbeersahne vollenden.

Hirsch-Grenadin in Steinpilzschmand

8 bis 12 Grenadins je 50 g
Salz, Pfeffer, gemahlene Wacholderbeeren, Mehl
60 g geklärte Butter
Rotweinsoße
100 g Steinpilze, gehackt, angeschwitzt
Sahne

Die Grenadins aus dem Frikandeau schneiden, binden, spicken, würzen, mehlieren und in heißer Butter anbraten. Dann etwas Rotweinsoße angießen und fertiggaren. Sofort anrichten und heißstellen. Die Steinpilze und Sahne zum Fond geben, alles kräftig abschmecken und einige Minuten simmern lassen. Die Grenadins mit dem Steinpilzschmand überziehen und mit Kartoffelkroketten, Speckkartoffeln oder Spinatspätzle und Tarteletts mit Linsenmus servieren.

Hirschkeule in Hagebuttensoße

Hirschkeule auslösen, die einzelnen Teile parieren, häuten und mit Rotwein, Zitronensaft, Pfefferkörnern, reichlich Wacholderbeeren, Lorbeerblatt, gemahlenem Ingwer, einer Knoblauchzehe und Piment 3 Tage marinieren. Zur Geschmacksverbesserung einige Trockenpflaumen dazugeben. Das Fleisch salzen, in heißem Fett auf allen Seiten bräunen. Mirepoix dazugeben, mit Mehl bestäuben und alles rösten. Sofort mit der Marinade und der erforderlichen Menge Wildjus auffüllen, aufkochen und langsam fertiggaren. Etwa 20 min vor Ende der Garzeit Hagebuttenmarmelade oder -gelee dazugeben und feinwürzig mit etwas Zimt, Salz und gegebenenfalls einer Prise Zucker abschmecken. Den Braten tranchieren, anrichten und die Soße darüberpassieren. Mit Salzkartoffeln und gebackenen Champignonköpfen reichen.
Hinweis: Grundsätzlich soll nur die erforderliche Menge Soße bereitet werden. Für eine Portion werden allgemein 50 g Soße berechnet. Je »kürzer« die Soße gehalten wird, desto gehaltvoller und aromatischer schmeckt sie.

Hirschbratklops in Enzianrahmsoße

450 g schieres Fleisch
150 g frischer Speck
1 Ei, Zwiebelwürfel, gebräunt
Salz, Pfeffer, Ingwerpulver
Wodka oder Bier
Butter oder Margarine
Wildbrühe, Sahne
Enzianauszug
Das Fleisch mit dem Speck fein wolfen, mit Ei, Zwiebelwürfeln, Gewürzen und etwas Wodka oder Bier zu einer geschmeidigen Masse verarbeiten und in 8 Teile portionieren. Dann zu Kugeln formen, leicht anflachen und in heißem Fett langsam braten. Den Bratsatz mit Wildbrühe ablöschen und mit Sahne sämig kochen.

Zuletzt mit Enzian aromatisieren, abschmecken und über die Klopse geben. Mit Kartoffelpüree oder Schinkenspätzle und Gurken- oder Schwarzwurzelgemüse servieren.
Hinweis: Anstelle von Enzian sind gehackte Kresse, Sauerampfer, gehackte junge Brennesselblätter, aber auch gehackter Löwenzahn zum Aromatisieren zu verwenden. In der modernen Küche ist die Verwendung von heimischen Kräutern wieder aktuell. Die pikanten Klopse ebenso von anderem Wildbret, auch von Rentier, Elch usw., zubereiten.

Hirschkoteletts en papillote

4 Hirschkoteletts
4 Bauchspeckscheiben, angebraten
400 g Champignonscheiben
40 g Schalottenbutter
gehackte Petersilie
Die Hirschkoteletts kräftig würzen und in heißem Fett auf beiden Seiten anbraten. Die halbfertigen Koteletts dann auf die eine Hälfte eines dreimal so großen, herzförmig geschnittenen, in der Mitte längs gefalteten und mit Butter bestrichenen Pergamentbogens legen. Auf die Koteletts zuerst die Bauchspeckscheiben legen, dann die rohen, mit Himbeeressig, Salz und Pfeffer marinierten Champignonscheiben darauf verteilen, jeweils 10 g Schalottenbutter und gehackte Petersilie darübergeben. Die freigelassene Papierhälfte nun herüberklappen. Die aufeinanderliegenden Kanten herzförmig exakt von oben nach unten zusammenfalten.
Die so vorbereiteten Koteletts in Papierhülle im Grill bei mittlerer Hitze garen. Das Papier darf dabei nicht verbrennen. Die Zutaten bekommen sonst einen artfremden Geschmack. Sind die Papierkanten exakt gefaltet, entstehen kissenartige Päckchen. Sofort servieren, Papierhülle am Tisch öffnen. Der ausströmende aromatische Duft entschädigt für die aufwendige Zubereitung.
Beilagen: Kartoffelkroketten oder frische Weinkartoffeln, Portweinsoße und Kastanienpüree.

Hirschkoteletts Jägerart

4 Hirschkoteletts
Butter oder Margarine
1 feingehackte Zwiebel, gehackte Petersilie
gemahlene Wacholderbeeren, Pfeffer
Thymian, eine Spur Knoblauch
0,2 l Rotwein

Koteletts fachgerecht schneiden, plattieren, mehlieren, in heißem Fett beiderseitig anbraten, herausnehmen und würzen. Im Bratfett Zwiebelwürfel und Petersilie leicht rösten. Gewürze und Rotwein dazugeben, leicht bräunen lassen. Dann die Koteletts dazugeben, garschmoren und anrichten. Die feine Zwiebel-Kräuter-Mischung zum Schluß mit etwas Senf verrühren und über die Koteletts geben. Als Beilagen eignen sich besonders Kartoffelbällchen, aber auch Béchamelkartoffeln und frische, geröstete Pilze.

Hirschkoteletts Lukullus

4 Koteletts je 150 g, gut plattiert
120 g Pökelzunge, gekocht, in gleichgroße
Scheiben geschnitten
Butter oder Margarine
300 g frische Champignons, in Scheiben
geschnitten und gedünstet
Salz, Pfeffer
2 cl Weinbrand
0,2 l Wildsoße
Koteletts würzen, in Mehl wenden und in heißem Fett saftig braten. Dann anrichten, mit Pökelzunge belegen und mit Champignons behäufeln. Den Bratsatz mit Weinbrand ablöschen, kurz mit Wildsoße verkochen und gesondert reichen. Speckkartoffeln, Kartoffelpüree oder Kartoffelkroketten eignen sich besonders als *Beilage*.
Hinweis: Der Hirschrücken muß gut abgehangen sein, damit die Koteletts nicht zäh werden. Durch das Marinieren mit Öl, Rotwein und etwas Zitronensaft werden Hirschkoteletts zart und besonders schmackhaft.

Hirschkoteletts mit Selleriepüree und Pfeffersoße

4 Hirschkoteletts je 150 g, pariert und gut
plattiert
Salz, Pfeffer
Öl
Weinbrand
250 g Selleriepüree
Pfeffersoße
Die Koteletts würzen und in heißem Öl saftig braten. Das Fleisch soll innen noch rosa bleiben. Koteletts anrichten und heißstellen. Den Bratsatz mit Weinbrand ablöschen, mit Wildpfeffersoße verkochen und extra reichen. Die Koteletts mit kremigem und gut gewürztem Selleriepüree behäufen, mit Bratapfel mit Preiselbeeren, Kartoffelkroketten und Kastanienrotkohl servieren.

Hirschkoteletts vom Rost mit Kognakrahm

4 Koteletts, je 180 g
Salz, Pfeffer, Öl
Die Koteletts gut plattieren, etwa 2 h in Öl einlegen und mit frischem Pfeffer aus der Mühle sowie zerdrückten Wacholderbeeren würzen. Dann auf dem Grillrost rasch braten. Das Fleisch soll innen leicht rosa bleiben. Koteletts salzen, anrichten, mit Kognakrahm, Steinpilzen mit frischen Kräutern, Kartoffelstäbchen und Preiselbeersülzchen servieren.
Hinweis: Anstelle von Kognakrahm mit Rotwein-, Estragon-, Wacholder- oder Wodkabutter anrichten. *Kognakrahm*: Den Bratsatz in der Fettpfanne mit Kognak ablöschen, abbrennen und mit Sahne kurz verkochen. Gesondert reichen.

Hirschmedaillons mit Pfefferketchup

8 Medaillons, je 75 g
grobgemahlener Pfeffer aus der Mühle
Salz, Zitronensaft, Öl
50 g Zwiebelwürfel
Ketchup
Die Medaillons leicht plattieren und mindestens 2 h mit viel Pfeffer, Zitronensaft und Öl marinieren. Dann abtropfen lassen, in heißem Fett rosa braten, anrichten und warmstellen. Im Bratsatz Zwiebelwürfel blondieren, Ketchup und die restliche Marinade dazugeben, alles kurz verkochen und über den Medaillons verteilen. Zuletzt nochmals Pfeffer, frisch aus der Mühle, darübergeben.
Beilagen: pommes frites, Maronenkroketten, Nußkartoffeln oder pommes pont-neuf und süßsaure Birnen oder warmes Apfelkompott

Hirschnüßchen mit geschmortem Kürbis

8 Hirschnüßchen, je 75 g, pariert, plattiert
Salz, Pfeffer, Zitronensaft, 2 cl Gin,
Wacholderbeeren
Butter oder Margarine, Mehl
400 g Kürbis, in Würfel geschnitten
Butter, Salz, Weinessig, Kartoffelstärke
Hirschnüßchen mit Zitronensaft, Gin und gestoßenen Wacholderbeeren etwa 2 h marinieren. Dann würzen, in Mehl wenden, Mehl gut andrücken und in heißem Fett saftig braten. Kürbis in Butter mit etwas Weinessig, Salz, Zimt und Gewürznelke schmoren, mit Speisestärke binden. Hirschnüßchen anrichten, mit Bratfett übergießen und mit Kürbisgemüse, Rotweinsoße und Kartoffelkroketten servieren.

Hirschnüßchen mit Orangen

8 Hirschnüßchen, je 75 g, pariert, plattiert
Öl, zerdrückte Wacholderbeeren
400 g Orangenfilets
50 g Butter
Schale von einer Orange, in feine Julienne
geschnitten und blanchiert
40 cl Gin

Die Nüßchen mit Öl und Wacholder marinieren. Bei Abruf salzen, in sehr heißem Öl saftig und rosa braten. Sofort anrichten und heißstellen. Das Öl abgießen, den Bratsatz mit Gin ablöschen und über die Nüßchen gießen. Die Orangen zusammen mit Julienne in Butter anschwenken und auf den Nüßchen verteilen.

Mit Pistazienkroketten und Madeirasoße servieren. Blanchierte halbe Birnen mit Preiselbeeren dazugeben.

Hirschragout mit Whisky

600 g Hirschfleisch
80 g Öl
100 g Zwiebelwürfel
Mehl
Salz, Pfeffer, Wacholder, Thymian
Whisky, Pilzpulver
Wildjus

Das Fleisch in grobe Würfel schneiden und in heißem Öl mit Zwiebelwürfeln anbraten. Dann mit Mehl bestäuben, alles schön braunrösten, mit Whisky ablöschen, würzen mit Salz, Pfeffer, Wacholder, Thymian und Pilzpulver. Das Ragout kurz aufkochen und etwa 60 min langsam garen. Das fertige Ragout pikant mit etwas Apfel- und Johannisbeergelee abschmecken und mit Preiselbeersahne anrichten.

Beilagen: Spätzle, Butternudeln oder Kartoffelpüree sowie Pilze oder Rotkohl mit Maronen.

Hirschrücken im Tonmantel

800 g Hirschrückenfilet, enthäutet
1 Schweinsnetz
2 kg Ton, gebrauchsfertig

Das Fleisch mit Salz und Pfeffer würzen, in heißem Fett rundherum anbraten und kaltstellen. Inzwischen eine Bodenplatte aus Ton, in der Größe des Fleisches, auf ein Backblech formen. Das Filet sorgfältig mit Leber-Champignon-Farce einstreichen, in Schweinsnetz hüllen und auf die Tonplatte legen. Für die Haube den Ton auf Papier zu einer Platte formen, die etwa $1/3$ größer als die Bodenplatte sein muß. Die Platte dann über das Filet geben und rundherum gut verschließen. Die Tonform mit Ornamenten aus Ton gefällig dekorieren und in die Bratröhre bei etwa 250 °C schieben. Da die Hitzeeinwirkung auf das Gargut erst nach etwa 20 min erfolgen kann, beträgt die Garzeit 45 min. Das Filet auf einer entsprechenden Holzplatte anrichten und servieren. Der Tonmantel wird mittels Hammers am Tisch vorsichtig zerschlagen. Dabei ist das Splittern des Tones zu vermeiden. Die Tonstücke zur Seite schieben, das Filet herausnehmen, das Schweinsnetz entfernen, tranchieren und sofort vorlegen.

Beilagen: Trüffelmadeira, Kartoffelkroketten und Pfifferlinge in Kräuterrahm.

Hinweis: Die Zubereitung im Tonmantel ist sehr alt. Schon die Urvölker haben in zugemauerten Tonöfen gegart. Das Garen im Ton ist relativ aufwendig und setzt genaue Kenntnisse voraus. Die Tonschicht soll etwa 1 cm dick sein. Das Gargut ist mit einer Schutzschicht zu umhüllen. Diese kann u. a. aus Speck, Schweinsnetz, Blattsalat oder Lauch bestehen. Das Umhüllen mit Bratfolie ist nicht optimal, da das Gargut dann den typischen Tongeschmack nicht annehmen kann. Das Garen im Ton ist mit der Zubereitung im Römertopf vergleichbar. Der größte Vorteil dieser Zubereitung ist, daß das Gargut saftig bleibt und einen intensiven Eigengeschmack erhält. Neben Wild eignen sich ebenso Wildgeflügel, Hähnchen, Schlachtfleisch und Fisch zum Garen im Tonmantel.

Hirschrücken mit Wacholderrahm

1 Hirschrücken, enthäutet (für eine Person werden allgemein 300 g Fleisch berechnet), Rücken im ganzen oder als Einzelportion à la minute zubereiten.

Rücken würzen, mit Speckplatten umbinden oder mit Salz, Pfeffer und gestoßenen Wacholderbeeren spicken und in heißem Fett mehrmals wenden, damit sich die Poren schließen. Dann kleingeschnittene Mirepoix dazugeben, alles gut anrösten, mit Rotwein ablöschen und fertigbraten. Rücken auf großer Servierplatte heißstellen, vorher Speckplatten entfernen. Den Bratfond mit Wildsoße, Sahne und gestoßenen Wacholderbeeren verkochen, passieren und gesondert zum Rücken servieren. Dazu passen Kartoffelkroketten, Kartoffelpüree, Spätzle, Rot-, Rosen- oder Grünkohl, aber auch Apfelmus oder gedünstete und mit Preiselbeeren gefüllte Äpfel.

Anmerkung: Hirschrücken mit Speckplatten belegen ist dem traditionellen Spicken vorzuziehen, da durch das Einstechen in das Fleisch der Austritt des wertvollen Fleischsaftes begünstigt wird. Hirschrücken stets rosa braten.

Auf gleiche Art Hirschrücken mit Holunder-, Hagebutten-, Preiselbeersahne, Zitronensoße, Olivenrahm, Granatapfelsoße, Rosmarinsahne, Pomeranzenrahm oder auch Rahmsoße mit Passionsfruchtpüree oder Schlehenrahm usw. zubereiten. Wildfrüchte eignen sich gut als Geschmacksträger. Sie betonen das besondere Flair von Wildbretspeisen.

Hinweis: Wildrücken werden im Süden der BRD, in Österreich und in der Schweiz als Ziemer bezeichnet. Die Zubereitung ändert sich dadurch nicht. Das Fleisch älterer Tiere grundsätzlich in Beize einlegen.

Hirschrückenmedaillon mit grüner Pfeffersoße
8 Medaillons je 75 g
Salz, Pfeffer
80 g Butter
Rotweinsoße
grüner Pfeffer
Die Medaillons mit Salz und Pfeffer würzen, in heißer Butter saftig rosa braten. Sofort anrichten. Im Bratsatz grünen Pfeffer anschwenken und mit Rotweinsoße kurz verkochen. Sofort über die Medaillons geben.
Beilagen: Rosinenreis mit gerösteten Mandelsplittern und gebackenen Holunderblüten.

Hirschrückenmedaillons mit Pfefferkirschen
Wie »Hirschmedaillons mit grüner Pfeffersoße« bereiten. Im Bratsatz entsteinte Schattenmorellen mit grünem Pfeffer anschwitzen und über dem Fleisch verteilen.

Hirschrollbraten in Sauerrahm
Hirschbrust, Hirschkamm oder Bruststücke entsprechend parieren, mit Speckstreifen belegen oder spicken, würzen, fest rollen und binden. Die Rollen außen mit Salz und Pfeffer würzen und mit reichlich Mirepoix und Wacholderbeeren in einem geeigneten Schmortopf anbraten. Dann mit Mehl bestäuben, Mehl rösten lassen und mit etwas Rotwein und saurer Sahne auffüllen. Bratsatz mittels Holzlöffels vom Boden rühren. Gefäß abdecken, Hirschrollen bei mittlerer Hitze

langsam garen. Dann herausnehmen, Fond passieren, wenn erforderlich nachwürzen und nochmals saure Sahne dazugeben.
Beilagen: Kartoffelklöße und Johannisbeerrotkohl oder Salzkartoffeln und Rosenkohl.
Zur Verfeinerung auf das angerichtete Fleisch einen Eßlöffel entsteinte, erhitzte Schattenmorellen geben.

Hirschrouladen Weidmannsart
4 Rouladen je 150 g
100 g Bauchspeck
100 g frische Champignons
Butter oder Margarine
Salz, Pfeffer, Wacholder, Mehl
Wildjus
Rouladen aus der Oberschale schneiden, plattieren, würzen, mit Bauchspeckstreifen und in Scheiben geschnittenen Champignons belegen, rollen und binden. Dann in Mehl wälzen, in heißem Fett stark anbraten, mit Wildjus auffüllen und schmoren. Vor Ende der Garzeit gemahlene Wacholderbeeren, Rotwein und Sahne dazugeben. Fond mit Mehlbutter binden und mit Sahne vollenden. Wildrouladen mit Salzkartoffeln, Kartoffelklößen oder Teigwaren und Kastanienrotkohl, Rosenkohl oder frischen Salaten vervollständigen.
Hinweis: Die Hirschrouladen ebenso mit Pilzduxelles, Wildfarce oder getrüffelter Leberfarce füllen.

Hirschsteak mit Geneverrahm
4 Steaks, je 150 g, plattiert
Salz, Pfeffer, gemahlene Wacholderbeeren
Butter oder Margarine
8 cl Genever oder Gin
0,1 l Sahne
etwas Wildpfeffersoße
Die Steaks würzen, mehlieren und in heißem Fett saftig braten. Sofort auf einer vorgewärmten Platte anrichten und heißstellen. Den Bratsatz mit Genever abbrennen, mit Sahne verkochen, pikant abschmecken und über die Steaks geben.
Beilagen: Butterspätzle, Pfifferlinge und Blattspinat im Artischockenboden.

Hirschsteak mit Feigen
4 Steaks, je 150 g, plattiert
Salz, Pfeffer
80 g Butter
8 Feigen

0,1 l Sherry
Wildpfeffersoße
Sahne

Die Steaks würzen, mehlieren, in heißer Butter rasch saftig braten, anrichten und heißstellen. Den Bratsatz mit Sherry ablöschen. Die Feigen halbieren, dazugeben und einige Minuten pochieren. Dann auf den Steaks anrichten. Den Fond mit Pfeffersoße und Sahne verkochen, abschmecken, extra reichen.

Beilagen: Kartoffelplätzchen, Kartoffelkroketten oder Kartoffelpüree. Besonders schmecken zu diesen würzigen Steaks frische knusprige Kartoffelpuffer.

Hinweis: Auf gleiche Weise Hirschsteaks mit Kumquats (Zwergorangen), Lychees oder frischen Datteln zubereiten.

Hirschsteak mit gebratener Gänseleber

4 Steaks, je 125 g
4 Scheiben Gänseleber je 50 g
Butter oder Margarine

Die Steaks in Gewürz aus Wacholderbeeren, Lorbeerblatt, Pfeffer (alles gemahlen) und Öl marinieren. Bei Bedarf Marinade abstreifen, Steaks salzen und in heißem Fett saftig braten und heißstellen. Den Bratsatz mit Rotwein abkochen, mit Wildsoße verkochen und über die Steaks passieren. Nebenbei die Gänseleber salzen, mehlieren, in heißer Butter braten und auf den Steaks verteilen. Mit gebackenen Champignonköpfen garnieren. Mit Kartoffelbirnen und Speckpilzen reichen.

Kartoffelbirnen: Aus Krokettenmasse Birnen formen, parieren, am Blütenansatz eine Gewürznelke und als Stiel ein Stück Spaghetti einstecken und wie Kroketten fritieren.

Hirschsteak Försterinart

4 Hirschsteaks je 150 g, plattiert
Salz, Pfeffer, frisch gemahlen
100 g Butter
100 g Zwiebeln, in Scheiben geschnitten
100 g frische Pilze, in Scheiben geschnitten oder geviertelt, je nach Pilzart

Steaks würzen, mehlieren und das Mehl richtig andrücken. Steaks in sehr heißes Fett geben, scharf anbraten, dann wenden und Zwiebeln und Pilze dazugeben. Sind die Steaks auf der zweiten Seite ebenfalls knusprig gebraten, sofort anrichten. Sie sollen innen noch rosa bleiben. Die Zwiebeln und Pilze leicht bräunen und sofort auf den Steaks verteilen. Hirschsteaks mit Röstkartoffeln und Selleriesalat, aber auch mit Spätzle oder Kartoffelpüreebardüre servieren.

Anmerkung: Wildsteaks ebenso von Reh, Wildschwein, Elch oder Stein- und Muffelwild zubereiten. Wichtig ist, es müssen Jungtiere gewesen sein. Ebenso ist das optimale Abhängen sowie das fachgerechte Schneiden und Plattieren zu beachten.

Paniertes Hirschkotelett

4 Hirschkoteletts, je 150 g
Butter oder Margarine
Salz, Pfeffer, Wiener Panade

Hirschrücken längs halbieren, jeweils mit den einzelnen Wirbelknochen Koteletts schneiden, plattieren, würzen und traditionell panieren. Koteletts in heißem Fett rasch braten, dabei ist darauf zu achten, daß sie innen noch rosa bleiben. Dann sofort anrichten, mit heißem Bratfett übergießen und mit Schwenkkartoffeln und Selleriesalat servieren.

3.7. Rehspezialitäten

Die günstigste Lebendmasse des Rehs liegt zwischen 20 kg und 25 kg. Die Ricke, das weibliche Tier, ist etwas schwächer. Nach einem Jahr wird das männliche Tier als Spitzbock und nach dem zweiten Lebensjahr als Gabelbock bezeichnet, dann wird es ein Bock. Das weibliche Tier dagegen wird nach dem ersten Lebensjahr als Schmaltier und später als Ricke oder Rehgeiß bezeichnet. Nach dem dritten Lebensjahr ist es eine alte Ricke.

Das Fleisch zweijähriger Rehe ist zart und schmackhaft, das älterer Tiere grobfaserig und zäh. Um den feinen Geschmack nicht zu übertönen, wird das Fleisch junger Tiere nicht mariniert.

Dreierlei vom Reh mit bunten Nudeln

4 Rehkoteletts
4 Rehmedaillons
4 Rehhaxen

Die Haxen wie »Geschmorte Rehhaxe in Rahmsoße« zubereiten. Die Koteletts und Medaillons würzen, mehlieren und in geklärter Butter saftig braten. Haxen, Koteletts und Medaillons auf englischen Tellern auf Spiegel von Wacholderrahmsoße anrichten. Mit zweierlei hausgemachten Nudeln mit Spinatmate und Tomatenmark sowie Speckpilzen komplettieren. Mit Preiselbeerapfel und gebratenem Bauchspeckkamm garnieren.

Gefüllter Rehrücken Eigene Art (Bild 11)

Die Rückenfilets von einem größeren, gutgewachsenen Rücken enthäuten, parieren und längs des Rückgrats von Knochen lösen. Dann die Filets in der Mitte mit einem langen schmalen Messer geradlinig durchstechen und die Messerklinge zweimal im Einschnitt drehen. So erhält man eine gleichmäßige Öffnung für die Füllung. Zur Füllung zwei Streifen von dünnen frischen Speckscheiben in der Breite und Länge des Rehrückens auf eine Arbeitsfläche legen. Darauf jeweils eine Rolle feiner Farce mit Gänseleber aufbringen, auf die Mitte geradlinig Trüffelstifte auflegen und so eindrücken, daß sie in die Farcemitte gelangen. Den Speck über die Farce zusammenschlagen und ovale Rollen formen. Die so vorbereiteten Rollen schockgefrieren bzw. tiefkühlen. Im völlig festen Zustand die Rollen in die vorbereiteten Öffnungen der Rückenfilets schieben. Den Rehrücken mit einem Metallstab versehen, gut würzen und unter öfterem Begießen in der Bratröhre saftig braten. Den Bratsatz mit Wildjus verkochen, abschmecken und mit Sahne verfeinern. Die Rückenfilets auslösen, schräg tranchieren und auf einem leichten Soßenspiegel in Form eines Rehrückens anrichten. In der Mitte blanchierte Äpfel plazieren. Mit Pilzen gefüllte Kartoffelnester gefällig dazugeben.
Beilagen: Kartoffelkroketten und Williamskartoffeln oder Kringelkartoffeln.
Kringelkartoffeln: Duchesse-Kartoffelmasse mit 1/3 der Menge Brandmasse vermengen. Mittels Sterntülle kleine Kringel auf gefettetes Pergamentpapier spritzen und in der heißen Fritüre backen.

Gefüllter Rehrücken, in Strudelteig gebacken, mit Schlehenrahmsoße

1 Rehrücken, Filets ausgelöst
300 g feine Kalbfleischfarce
dünne Bauchspeckscheiben
800 g Strudelteig
Salz, Pfeffer
Die Rückenfilets längs aufschneiden, plattieren, würzen, in der Mitte die Farce auftragen, Filets wieder zusammenfügen und zuerst in Speck-
scheiben fest einrollen. Die Filets dann in Strudelteig einhüllen, auf ein gebuttertes Backblech legen und in der vorgeheizten Bratröhre etwa 18 min backen. Für die Schlehenrahmsoße die Karkasse fein hacken und mit Mirepoix anrösten. Dann mit Wildjus auffüllen, zu einer kräftigen Soße verkochen, leicht binden, passieren, mit Schlehenmark aromatisieren und mit Sahne verfeinern. Die pikante Soße extra reichen. Rehrücken am Tisch tranchieren.
Beilagen: Kartoffelklößchen und Morcheln oder junger Blattspinat und Apfelspalten in Haselnuß-Joghurt-Dressing.

Gefüllte Rehnüßchen, mit Slibowitz flambiert

8 Nüßchen, je 70 g
250 g feine Wildfarce
Salz, Pfeffer
100 g Butter
Slibowitz, Rotwein
Wildjus, Sahne
Die Nüßchen sehr dünn plattieren, auf eine Arbeitsfläche ausbreiten, würzen, eine Hälfte mit Farce bestreichen. Dann zusammenfalten und den Rand richtig andrücken. Nüßchen in heißer Butter auf beiden Seiten braten, mit Slibowitz flambieren, anrichten und heißstellen. Den Bratsatz mit Rotwein ablöschen und mit Wildjus reduzieren. Zuletzt mit Sahne verfeinern und abschmecken. Die Nüßchen mit etwas Soße nappieren. Die restliche Soße extra servieren.
Beilagen: Mandelhörnchen und gebackene Kirschen. Dazu werden jeweils 5 frische Kirschen mit Stiel in Bierteig getaucht und gebacken.

Geschmorte Rehhaxe in Rahmsoße

8 Rehhaxen, enthäutet, gespickt,
Knochen entsprechend abgesägt
Butter oder Margarine
Mirepoix
Salz, Pfeffer, Wacholderbeeren, Lorbeerblatt,
Nelken, Thymian
0,1 l Rotwein, Wildfond
Mehlbutter, Sahne
Rehhaxen gut würzen, in Mehl wälzen und in heißem Fett braunbraten. Dann Mirepoix dazugeben, alles kräftig würzen und gut anbraten. Sofort mit Rotwein und Wildfond in der erforderlichen Menge auffüllen. Haxen etwa 60 min garen. Dann ausstechen, Fond mit Mehlbutter binden, Sahne dazugeben, kräftig abschmecken und passieren.

Rehhaxen mit Kartoffelklößen, Semmelklößen oder Kartoffelkroketten und Rot- oder Rosenkohl und der Soße extra servieren.

Hinweis: Zu geschmorten Wildgerichten schmeckt gedünstetes Gemüse mit Mohnbutter. Zum Beispiel Lauch, Karotten, Rosenkohl usw. Frischgemahlenen Mohn in geklärter Butter rösten und über das Gemüse geben.

Geschmorte Rehhaxe in Quittensoße

Zubereitung wie »Geschmorte Rehhaxe in Rahmsoße«. Etwa 10 min vor Ende der Garzeit feingeraspelte geschälte Quitten dazugeben. Soße nach Belieben mit etwas Zucker abschmecken. Der typische Geschmack der Quitten verleiht dieser Spezialität eine besondere Note.

Geschmorter Rehschlegel in Morchelrahmsoße

Rehschlegel auslösen, spicken, binden, würzen und in heißem Fett anbraten. Die ausgelösten Knochen hacken und dazugeben, ebenso Mirepoix, Pfefferkörner und Wacholderbeeren. Alles gut bräunen und mit Rotwein und Wildbrühe ablöschen. Das Fleisch fertigschmoren. Den Fond mit Roux binden, passieren, mit gehackten und in Butter angeschwitzten Morcheln verkochen. Zuletzt kräftig abschmecken und mit Sahne vollenden. Den Braten tranchieren und mit der Soße überziehen.
Beilagen: handgeschabte Spätzle und Rosenkohl in Muskatbutter oder halbseidene Kartoffelklöße bzw. schwedische Klöße und Heidelbeerrotkohl.

Gespickte Rehhaxe in Rosmarinschmand

4 größere oder 8 kleinere Rehhaxen
Speckstreifen
Salz, Rosmarinzweige
Speckwürfel, Schinkenschwarten
Zwiebelscheiben
Rotwein
Sahne
Die Haxen enthäuten, den unteren Haxenknochen glattsägen, Haxen spicken, mit Salz und reichlich Rosmarinnadeln einreiben und mit Speckwürfeln, Schinkenschwarten und Zwiebeln kräftig anbraten. Mit Rotwein auffüllen und zugedeckt fertiggaren. Den Fond passieren, mit Sahne kurz verkochen, abschmecken und gesondert reichen.
Beilagen: Kartoffelklöße, Kartoffelnocken oder Pilzklößchen sowie Rosenkohl in Nußbutter, Burgunderrotkohl und Salate der Saison.

Anmerkung: Rosmarinnadeln von frischem Rosmarin abstreifen.

Gespickter Rehrücken (Grundzubereitung)

1 Rehrücken
(je nach Größe für 5 bis 8 Personen ausreichend)
100 g Butter oder Margarine
Speck zum Spicken oder Bardieren
Wildparüren, Speckabschnitte
Salz, Pfeffer, Wacholderbeeren
Mehl, Rotwein, Wildjus
Rehrücken mit einem sehr spitzen und scharfen Messer sorgfältig häuten. Dabei ist darauf zu achten, daß nur die Haut entfernt und kein Fleisch mit abgeschnitten oder in das Fleisch eingeschnitten wird. Da Wildknochen leicht splittern, sollen die Rippen generell abgesägt werden. Eine gleichmäßige gerade Schnittführung ist erforderlich, der Rücken muß richtig aufliegen. Die Rückenfilets sind längs des Rückgratknochens abzulösen. Beim Bratprozeß wird damit eine gleichmäßigere Hitzeeinwirkung, besonders durch das Begießen mit dem Bratfett, erreicht.
Grundsätzlich sind alle zum Braten im ganzen vorgesehenen Rehrücken mit einem Metallspieß zu versehen, der in das Rückgrat gesteckt wird. Damit wird das Biegen oder Krümmen verhindert. Mehrmaliges Einhacken des Rückgrates von der Innenseite des Rückens verhindert ebenfalls eine Deformierung. Diese Methode wird aber nicht empfohlen.
Weit verbreitet ist, Rehrücken traditionell zu spicken. Da durch das häufige Einstechen in das wertvolle Wildbret der Austritt des Fleischsaftes begünstigt wird, ist das Belegen oder Umhüllen mit Speckscheiben vorzuziehen. Jedoch muß der Speck etwa 5 min vor Beendigung der Garzeit entfernt werden, damit das Fleisch die erforderliche und gewünschte Farbe nehmen kann.
Zum Braten Fett in einer entsprechend großen Bratpfanne erhitzen, den gut gewürzten Rücken hineinlegen, ebenso Parüren und Speckabschnitte. Alles mit heißem Fett übergießen und in die bei etwa 180 °C vorgeheizte Bratröhre schieben. Rücken öfters mit dem Bratfett begießen. Dabei den Garpunkt mittels Fingerprobe prüfen. Das Fleisch muß saftig bleiben. Rehrücken grundsätzlich rosa braten. Je nach Größe des Rückens sind 10 ... 20 min Bratzeit erforderlich. Rücken dann sofort aus der Pfanne nehmen und heißstellen. Möglichst mit Alufolie abdecken. Brat-

satz mit Mehl bestäuben, Mehl leicht bräunen, mit Rotwein und Wildjus ablöschen und mindestens 5 min kochen lassen.

Soße entsprechend der besonderen Zubereitungsart mit Sahne, Zitronensaft, gehackten Kräutern, Weinbrand, Johannisbeer- oder Preiselbeergelee, Wildfrüchten, gehackten Pilzen usw. verfeinern. Wildsoßen können neben der gebräunten Mehlschwitze mit Schwarzbrot, Soßenkuchen oder Lebkuchen gebunden werden. Für spezielle Geschmacksrichtungen sind z. B. auch Meerrettich, Tomatenmark oder Sardellenpaste zu verwenden.

Traditionelle *Beilagen* sind Kartoffelkroketten und Pilze. Das Spektrum der Beilagen ist fast unbegrenzt. Einige Beispiele: Nußkartoffeln, Mandel- oder Pistazienkroketten, Williamskartoffeln, Dauphine-Kartoffeln, Macaire-Kartoffeln, Kräuterspätzle, Linsenkroketten usw. Des weiteren passen Edelgemüse, viele Obstsorten und frische Salate zu diesem hochwertigen Wildbret.

Das Marinieren der zarten Rehrücken ist nicht erforderlich. Der typische angenehme Wildgeschmack soll erhalten bleiben. Nur bei Rücken von älteren Tieren ist das Einlegen in Rotwein-, Essig- oder Milchbeize zu empfehlen.

Gespickter Rehrücken mit Mornaysoße, überbacken

1 Rehrücken, etwa 1,8 kg, gespickt
Salz, Pfeffer, zerdrückte Wacholderbeeren
Den Rehrücken wie üblich vorbereiten, spicken, einen Metallspieß in das Rückenmark einstechen, gut würzen und rosa braten. Sofort entsprechend tranchieren, wieder auf die Karkasse legen, mit dickgehaltener Mornaysoße überziehen und goldgelb gratinieren. Den Rücken in der Mitte einer repräsentativen Platte anrichten. Jeweils auf einer Seite mit Schwarzwurzelbuketts und Tarteletts mit geschmorten Gurkenkugeln umlegen. Sofort servieren. Die Platte präsentieren und vorlegen.

Beilagen: Wildpfeffersoße und Mandelkroketten.

Hinweis: Beim Tranchieren ist darauf zu achten, daß das sogenannte »Bett« an der Karkasse bleibt. Das heißt, den unteren Filetrand keilförmig an der Karkasse belassen. Die tranchierten Filets verlieren sonst den richtigen Halt. Die zarten Rückenfilets können anstelle gespickt mit dünnen Speckscheiben umhüllt werden. Das

geht schneller, das Fleisch wird nicht »verletzt« und bleibt dadurch saftiger.

Mageres Fleisch wird traditionell gespickt, damit es saftig wird. Beim Spicken mit der Spicknadel werden die Fleischfasern nur auseinandergedrückt. Das Einschneiden des Fleisches mit einem spitzen Küchenmesser ist besser; die Zellwände werden dabei aufgeschnitten. Die Speckstreifen vorher in entsprechenden Gewürzen wenden und einstechen. Somit werden die Gewürze implantiert und der Geschmack verbessert.

Beim Spicken grundsätzlich darauf achten, daß der Speck frisch und nicht zu salzig ist.

Gegrillte Rehsteaks
4 Rehsteaks, je 150 g

Marinade:
Öl, Weinbrand, Zitronensaft
Salz, Pfeffer, Himbeeressig

Die Rehsteaks gut plattieren und mindestens 4 h marinieren. Dann abtropfen lassen und auf beiden Seiten grillen. Mit Rotwein- oder Nußbutter, gebratenen halben Bananen, gefülltem Apfel mit Preiselbeeren und pommes frites, Waffelkartoffeln oder Kartoffelkroketten anrichten. Mit gerösteten Pistazienstiften überstreuen. Apfelsalat mit Streifen von rotem Gemüsepaprika dazugeben.

Hinweis: Rehmedaillons auf gleiche Weise grillen.

In Rotwein gedämpfte Rehschulter
1 Rehschulter, gespickt
(1,5 kg für 8 bis 10 Personen)
100 g Speck, in Würfel oder Scheiben geschnitten
$1/2$ l Rotwein
1 Bouquet garni
Salz, Pfeffer, 1 Lorbeerblatt
5 eingeweichte Backpflaumen
gemahlener Ingwer
50 g Soßenlebkuchen
Den Speck in einen geeigneten Schmortopf geben. Die Rehschulter würzen, auf den Speck legen, alle anderen Ingredienzien dazugeben, Topf abdecken und Rehschulter in Rotwein garen. Möglichst mehrmals wenden. Reduziert die Feuchtigkeit zu schnell, gegebenenfalls etwas Wildjus nachfüllen. Fleisch tranchieren, anrichten und den Fond darüber passieren. Sofort mit Kartoffelbällchen und gedünstetem Chicorée

mit Béarner Soße oder Zucchini in Basilikumsoße servieren.

Hinweis: Wildbret, in Rotwein gedämpft, ist eine erstklassige Zubereitungsart. Der Geschmack ist u. a. mit Rosmarin, Thymian, Orangen- oder Zitronenschale zu nuancieren.

Reh-Crépine

400 g schieres Fleisch
100 g Bauchspeck, in feine Würfel geschnitten
200 g Champignons, feingehackt
Salz, Pfeffer, Pastetengewürz
2 bis 3 Eier, mit Sahne verquirlt
1 Schweinsnetz
Das Fleisch grob wolfen und mit den Ingredienzien zu einer geschmeidigen Masse verarbeiten. Die Masse länglich formen, in ein Schweinsnetz einschlagen und im Grill oder in der Bratröhre braten.
Beilagen: Kartoffelpüree und Jägersoße.
Hinweis: Die Masse ebenso als Einzelportion oder in noch kleineren Portionen für Vorspeisen bzw. Imbißangebote braten. Einzelportionen werden als Crépinette (Netzwürstchen) bezeichnet.

Rehfiletgulasch, flambiert

600 g Rehfilets, in kleine Würfel geschnitten
60 g Öl
4 cl Weinbrand
1 Zwiebel, in feine Würfel geschnitten, in Butter blondiert
Salz, Pfeffer
1/4 l Rotweinsoße
Wildbretwürfel in heißem Öl in einer sehr großen Stielpfanne bei starker Hitze rasch auf allen Seiten braten. Dabei ist zu beachten, daß die Würfel einzeln liegen und sich nicht berühren. Durch starke Hitze müssen sich die Fleischporen sofort verschließen. Der austretende Fleischsaft behindert den Bratprozeß. Die Fleischwürfel dürfen nicht kochen. Filetwürfel sofort mit Weinbrand ablöschen und anzünden. Dann Zwiebelwürfelchen, Salz, Pfeffer und Rotweinsoße dazugeben und alles durchschwenken. Keinesfalls kochen lassen. Rehfiletgulasch mit Kartoffelkroketten und Kremchampignons servieren.
Anmerkung: Diese Köstlichkeit ebenso am Tisch zubereiten. Da die Möglichkeit des raschen Bratens im Restaurant meist nicht gegeben ist, ist es vorteilhaft, angebratene Filet-

würfel einzusetzen, die am Tisch flambiert und endbereitet werden.

Rehfilet, in Bierteig gebacken

8 Rückenfilets, je 75 g, pariert, plattiert
Salz, Pfeffer, Wacholderbeeren (gemahlen)
1 Zitrone, Saft ausgepreßt
4 cl Gin
Bierteig, Öl zum Ausbacken
Rehfilets mit Pfeffer, Wacholderbeeren, Zitronensaft und Gin mindestens 2 h marinieren. Zum Backen abtupfen, salzen, durch Bierteig ziehen und goldgelb fritieren. Rehfilets abtropfen lassen, auf Manschette anrichten und mit Choronsoße oder heißer Cumberlandsoße sowie frischen Pilzen servieren. Die knusprige Teighülle bewirkt, daß das Fleisch sehr saftig bleibt und eigentlich die Sättigungsbeilage ersetzt. Nach Belieben geringe Mengen Petersilienkartoffeln, Nußkartoffeln oder Risotto dazugeben.

Rehfilet in Blätterteig mit Morchelrahm

600 g Rückenfilet, enthäutet
blanchierte Wirsingblätter, Strünke entfernt
Blätterteig
Das Filet mit Salz und Pfeffer würzen, rundherum mit heißem Fett etwa 3 min anbraten und kaltstellen. Dann mit etwas Senf einstreichen, mit Wirsingblättern einhüllen, in dünne Speckscheiben einrollen und zuletzt mit Blätterteig umhüllen. Die fertige Rolle mit Teigstreifen garnieren, mit zerquirltem Eigelb bestreichen, auf ein mit Wasser benetztes Backblech geben und etwa 20 min ruhen lassen. Dann in der vorgeheizten Backröhre bei 220 °C etwa 10 min anbacken und weitere 10 min bei etwa 200 °C fertigbacken. Sofort mit Morchelrahm servieren. Am Tisch tranchieren.
Morchelrahm: Wildrahmsoße mit gehackten, in Butter angesetzten Morcheln verfeinern.

Rehfilet in Eihülle mit Pilzen

8 Rehfilets, je 75 g, leicht plattiert
2 Eier, verquirlt
400 g blanchierte, gehackte Champignons, ausgedrückt
Butter zum Backen
Rehfilets entsprechend vorbereiten, würzen, mehlieren, durch Ei ziehen, in gehackten Champignons wälzen und in Butter saftig braten. Mit Jägersoße anrichten.

Als *Beilage* eignen sich Kartoffelkroketten, Spätzle, frischer Specksalat, aber auch Weinkartoffeln, d. h. tournierte Salzkartoffeln, die 5 min vor Ende der Garzeit abgegossen und mit der erforderlichen Menge Weißwein sowie gehackter Petersilie fertiggegart werden.

Rehgeschnetzeltes mit Pfifferlingen

600 g Rehkeule ohne Knochen, gehäutet
2 Zwiebeln, feinwürfelig geschnitten
Öl, 400 g Pfifferlinge
30 g Mehl, Salz, Pfeffer
Wildjus
saure Sahne
Das Rehfleisch gegen die Faser in dünne Streifchen schnetzeln und in heißem Öl unter öfterem Wenden anbraten. Die Zwiebeln dazugeben, ebenfalls anbraten. Dann die Pfifferlinge dazugeben, alles mit Mehl bestäuben, mit Wildjus auffüllen, gut würzen, kurz aufkochen und etwa 15 min fertiggaren. Zuletzt mit Sahne verfeinern, pikant abschmecken und mit Spätzle, Butternudeln oder Grießnocken anrichten.
Hinweis: Das Fleisch darf nicht kochen. Es wird sonst trocken und zäh. Rehgeschnetzeltes weiterhin mit Champignons, Steinpilzen, Frühlingszwiebeln, Oliven, Eßkastanien oder Wildfruchtrahm variieren. Sahne gehört immer dazu.

Rehgrenadins mit Pilzomelett

12 Grenadins, je 40 g
Salz, Pfeffer
geklärte Butter
Fleischglace
Die Grenadins würzen, in geklärter Butter rosa braten, auf Pilzomeletts anrichten und mit etwas Fleischglace überziehen. Mit Kresse und Tomatenröschen garnieren und sofort servieren.

Rehkeule in Blätterteigkruste

(für 10 bis 12 Personen)
1 Rehkeule
300 g Schweinefleisch
300 g Wildbretfleisch
2 Eier, Sahne, Salz, Pfeffer
Speckplatten zum Einhüllen
750 g Blätterteig, ausgerollt
Zuerst Schweine- und Wildbretfleisch fein wolfen und mit Eiern, Sahne, Salz und Pfeffer zu feiner Farce verarbeiten. Die Rehkeule entbeinen, Mittelknochen ausstoßen und enthäuten. Den entstandenen Hohlraum mit etwas Farce füllen.

Öffnung mittels Holzspieß zustecken. Rehkeule würzen und in der Bratröhre in heißem Fett unter öfterem Begießen halbgar braten. Nach dem Abkühlen Keule völlig mit Farce bestreichen, mit Speckscheiben umwickeln und in Blätterteig so einhüllen, daß die ursprüngliche Form der Keule erhalten bleibt. Die Oberfläche mit einem gefälligen Dekor aus den Teigabschnitten versehen und mit in Wasser zerquirltem Ei bestreichen, in der sehr heißen Bratröhre anbacken und bei etwa 180 °C fertigbacken.
Wenn die Oberfläche zu schnell Farbe bekommt, Keule mit Alufolie abdecken. Die Backzeit beträgt etwa 30 min. Die Keule soll innen saftig und rosa sein. Zur Garnitur eignen sich aus den Teigabschnitten blindgebackene Tarteletts mit feiner Gemüse- und Pilzfüllung sowie mit Selleriemus oder Maronenpüree. Rehkeule in Blätterteig wird meist warm serviert, kann aber auch auf Kalten Büfetts eingesetzt werden. Cumberlandsoße und marinierte Ebereschen gesondert reichen.

Rehkeule in Salzkruste

1 Rehkeule, ausgelöst, pariert
Salz, Pfeffer, Wacholderbeeren (zerdrückt)
500 g mageres Schweinefleisch
je 100 g Lauch, Sellerie und Möhren
3 Eier, Sahne
Salz, Pastetengewürz
1 Schweinsnetz
Die Rehkeule gut würzen, in heißem Fett rundherum anbraten und kaltstellen. Die Knochen hacken, mit Parüren und Mirepoix anbraten, mit Rotwein ablöschen und eine kräftige Wildsoße kochen. Das Schweinefleisch und das Gemüse fein wolfen, pikant würzen und mit Eiern und Sahne zu einer festen Masse verkneten. Die Rehkeule mit dieser Masse umhüllen und in einem Schweinsnetz einrollen. Etwa 2,5 kg Salz mit 12 Eiklar für die Salzkruste verrühren. Dann ein Backblech mit Pergamentpapier auslegen, eine etwa 1 cm dicke Salzschicht in der Größe der Rehkeule auftragen, die Rehkeule darauflegen und mit der restlichen Salzmasse umhüllen. Die Rehkeule in der Backröhre bei etwa 220 °C mindestens 90 min garen. Beginnt die Salzkruste zu bräunen, sollte man sie mit Alufolie abdecken. Rehkeule am Tisch tranchieren.
Beilagen: Mandelhörnchen und Apfelspalten in Calvadosrahm oder Berny-Kartoffeln und Trüffelmadeira oder Malteser Soße.

Rehkoteletts, in Rotwein

8 Rehkoteletts, je 75 g
Butter oder Margarine
Salz, Pfeffer, Mehl
Rotwein
Wildrotweinsoße
4 Zitronenscheiben, gezackt
Preiselbeeren

Die Koteletts plattieren, würzen, mehlieren und in heißem Fett saftig braten. Sofort mit Rotwein ablöschen. Die Koteletts herausnehmen, jeweils zwei Koteletts etwas übereinander gelegt anrichten und heißstellen. Den Fond mit Wildrotweinsoße reduzieren, abschmecken und über die Koteletts geben. Zitronenscheibe mit Preiselbeeren behäufeln, Koteletts damit garnieren.

Beilagen: Butterspätzle oder Kartoffelkroketten und Kremchampignons oder Speckmorcheln.

Rehkoteletts mit gebackenen Bananen und Mandelbutter

8 Rehkoteletts je 75 g, pariert, plattiert
Salz, Pfeffer, Mehl
Butter
8 halbe Bananen, in Bierteig gebacken
100 g Mandelsplitter

Rehkoteletts würzen, mehlieren und in heißer Butter saftig braten. Inzwischen Bananen goldgelb fritieren. Koteletts anrichten und jeweils mit einer halben Banane belegen. Die Mandelsplitter in der Butter kurz rösten, über den Bananen verteilen. Rehkoteletts sehr heiß mit Kartoffelkroketten und warmer Cumberlandsoße servieren.

Folgende Früchte eignen sich weiterhin als *Beilage* für Rehkoteletts: gebutterte Ananas, flambierte Orangen und Mandarinen, gebutterte Apfelscheiben mit Cocktailkirschen, halbe gefüllte Dunstbirnen mit Preiselbeeren, Stachelbeeren usw. Des weiteren sind Pfifferlinge, Steinpilze, Champignons, Maronen und Morcheln, mit Speck und Zwiebelwürfelchen angeschwitzt, beliebte Beilagen für Rehkoteletts. Aber auch gebackener Blumenkohl oder Rosenkohl, Selleriegemüse oder geschmorte Gurkenkugeln können gereicht werden.

Zu Rehkoteletts ungarischer Art paßt in Butter sautierter und gut paprizierter Gemüsepaprika. Geeignete Beigaben sind weiterhin Spätzle, Butternocken, Schinkenknödel, Spiralkartoffeln oder Kartoffeln Bauernart.

Rehkoteletts mit Kiwisoße

8 Koteletts, je 100 g
Salz, Pfeffer
2 Kiwi
80 g geklärte Butter
1 EL Fleischglace, 2 cl Weinbrand

Die Koteletts würzen, mehlieren, in heißer Butter leicht rosa braten und heißstellen. Die Kiwi schälen, zerteilen, acht Scheiben aus der Mitte zum Garnieren zurücklegen, die übrigen Kiwi im Mixer fein pürieren. Das Kiwipüree, Fleischglace und Weinbrand in den Bratsatz geben, gut verrühren und etwa 3 min köcheln. Die Soße pikant abschmecken, über die Koteletts geben, jedes Kotelett mit einer Kiwischeibe und Cocktailkirsche belegen. Sofort mit Schloßkartoffeln und gebackenen Champignonköpfen servieren.

Hinweis: Der würzige Wildgeschmack und der typische Kiwigeschmack ergeben eine lukullische Allianz. Das Fleisch wird besonders mürbe und zart, wenn es vor dem Braten mit Kiwisaft eingerieben wird. Kiwifrüchte enthalten das Enzym Actinidin. Das ist bei der Verarbeitung in der Kalten Küche zu beachten. Gelatine wird deshalb nicht fest. Mit Aspik nappierte Speisen nicht mit Kiwi garnieren. Die attraktive Garnierung hält nicht. Die einzige Alternative ist, Agar-Agar zu verwenden. Ebenso macht das eiweißspaltende Enzym Quarkspeisen rasch bitter. Kiwischeiben für Quarkspeisen deshalb besser separat reichen.

Rehmignons

Mignons aus dem Rückenfilet schneiden. Im allgemeinen werden Mignons wie Medaillons zubereitet. Mignons (französisch allerliebst) sollen sehr klein und zart sein und mit größter Sorgfalt zubereitet werden.

Rehmedaillons

Rehmedaillons aus den gut parierten Rückenfilets schneiden. Für eine Portion rechnet man meist 2 Medaillons je 75 g. Schneidet man die Medaillons aus dem Filet, sollten 3 Stück je 50 g vorgesehen werden. Die Medaillons nur leicht plattieren, mit Speck und Bindfaden umwickeln oder spicken. Medaillons immer, egal mit welchen Zutaten, rosa braten. Das zarte hochwertige Fleisch verdient diese sorgfältige Zubereitung. Rehmedaillon in heißer, geklärter

Butter braten, würzen und anrichten. Nach-folgend einige Varianten:

- flambiert, mit gebratenen Bananen und gebutterten Schattenmorellen
- mit Pfifferlingen und Johannisbeerrahmsoße
- mit gerösteten Mandeln und gebutterten Pfirsichen
- mit Steinpilzen und halber Birne mit Preiselbeeren
- mit Wacholderrahm und gebackenen Champignons
- mit grünem Pfeffer und Sherryrahm
- in Gin oder Geneversahne mit Butterspätzle und Speckmaronen
- mit Pfefferkirschen und Grapefruitfilets
- mit Gurkenrahmsoße und Speckknödeln
- in Trüffelmadeira mit Brokkoli in Haselnußbutter
- in Kognakrahm mit Schinkenkartoffeln
- mit Wildpfeffersoße und Spinatstrudel
- mit Pfeffersoße, Senffrüchten und gerösteten Pistazien
- mit Madeirasoße, Artischockenböden mit Blattspinat und gebackenen Herzkirschen
- mit Fleischglace nappieren, mit Ananasscheiben und Weichselkirschen belegen
- mit Pilz-Kräuter-Duxelles behäufen und mit Wachtelspiegeleiern belegen
- mit Pilzragout und Käse überbacken
- mit gedünsteten Zucchini und Tomaten-Senf-Hollandaise

Rehnüßchen im Kräuteromelett

8 Rehnüßchen
Salz, Pfeffer
Butter oder Margarine
4 Kräuteromeletts
Die Rehnüßchen würzen, saftig braten, in Kräu-teromeletts einschlagen und mit Butterspätzle, gebackenem Brokkoli und einigen glacierten Kastanien anrichten.

Rehnüßchen mit Mandelkruste

12 Rehnüßchen, je 50 g
4 cl Weinbrand, Zitronensaft
Salz, Mehl
2 Eier, verquirlt
150 g Mandeln, feingemahlen
geklärte Butter
Rehnüßchen aus dem ausgelösten und gut parierten Rückenfilet schneiden, sorgfältig plat-

tieren und 24 h mit Weinbrand und Zitronensaft marinieren. Bei Abruf würzen, in Mehl wenden, durch Eimasse ziehen, mit Mandeln panieren und richtig andrücken. Nüßchen in heißer Butter goldgelb braten. Rehnüßchen anrichten, mit Butter übergießen und mit Schloßkartoffeln oder Pariser Kartoffeln sowie gedünstetem Chicorée oder Lauch im Speckmantel servieren.
Anmerkung: Anstelle Mandeln geriebene Hasel-nüsse, Walnüsse oder Pistazien verwenden. Diese pikante Spezialität mit Yorkshiresoße optimieren.

Rehnüßchen in Rotweinbutter

8 Nüßchen
Die Nüßchen aus Rückenfilet oder Keule schnei-den, leicht plattieren und mit Öl, Weinbrand, Pfeffer und etwas Thymian marinieren. Bei Ab-ruf trockentupfen, salzen, in heißer Butter braten, sofort anrichten und mit Rotweinbutter überziehen. Mit Kartoffelkroketten oder Williams-kartoffeln anrichten.
Garnitur: geröstete Waldpilze, gebratene Bauch-speckscheiben, glacierte Maronen und in Rot-wein gedünstete Birnenachtel.
Rotweinbutter: 0,2 l Rotweinbutter mit fein-gehackten Schalotten zur Hälfte reduzieren, pikant mit Salz, weißem Pfeffer und etwas Rot-weinessig abschmecken und mit frischer Butter zur Soße montieren.
Hinweis: Kleine gebratene Fleischstücke, wie Nüßchen und Medaillons, auf gebackenen Weiß-brotcroutons anrichten. Die angerichtete Speise gewinnt an Attraktivität.

Rehpaprikasch

600 g Wildbret von Schulter oder Hals, in etwa 30 g wiegende Würfel schneiden
Schweineschmalz
100 g Zwiebeln, in feine Würfel geschnitten
30 g Gewürzpaprika, edelsüß
Salz
150 g Gemüsepaprika, in Würfel geschnitten
100 g Tomatenfleischwürfel
30 g Mehl, in Sahne angerührt
Sahne
Die Zwiebelwürfel in heißem Fett blondieren, mit Gewürzpaprika bestreuen, umrühren, die Fleischwürfel dazugeben, gut umrühren, etwas Weißwein angießen, salzen und zugedeckt bei mittlerer Hitze unter mehrmaligem Rühren schmoren. Wenn das Fleisch fast gar ist, Ge-

müsepaprika und Tomaten sowie Sahne dazugeben und alles weitere 5...8 min garen. Zuletzt mit dem in Sahne eingerührtem Mehl andicken und noch einige Minuten köcheln lassen. Sofort sehr heiß mit Nocken, böhmischen Knödeln oder Risotto reichen. Rehpaprikasch zuletzt mit Sahne überziehen.

Hinweis: Auf gleiche Weise Kaninchenpaprikasch zubereiten. Als Paprikasch werden alle mit reichlich Paprika gewürzten und mit Sahne zubereiteten Speisen bezeichnet.

Rehpfeffer

600 g Rehfleisch von Blatt, Hals
oder Rippenstücke, in Würfel geschnitten
100 g Bauchspeck, feinwürfelig geschnitten
2 Zwiebeln, feingehackt
1 EL Mehl
0,2 l Rotwein
Salz, Pfeffer, Wacholder, Thymian
Knoblauch
Blut

Speckwürfel auslassen, Zwiebeln dazugeben, zusammen leicht hellbraun rösten, mit Mehl bestäuben und goldgelb anschwitzen. Das Fleisch dazugeben, gut rühren, jeder Fleischwürfel soll von der Mehlschwitze eingehüllt sein. Alles unter öfterem Umrühren rösten, ohne daß Bitterstoffe entstehen. Sofort mit Rotwein auffüllen, kräftig würzen, abdecken und langsam garen lassen. Zuletzt mit Blut binden, pikant abschmecken.

Rehpfeffer mit Kartoffelpüree und Pilzen oder Kartoffelklößen und Rotkohl anrichten. Zur Verfeinerung etwas Preiselbeer- oder Holundersahne dazugeben.

Anmerkung: Wird die Bezeichnung »Pfeffer« verwendet, ist die Verwendung von Blut erforderlich. Ansonsten das Gericht nur als Ragout bzw. Gulasch bezeichnen. Letzeres muß aus schierem Fleisch zubereitet werden. Da Blut von Wildbret nicht zur Verfügung steht, ist der Einsatz von Schweineblut durchaus möglich. Die Bindung mit Blut unterstreicht den typischen Geschmack. Bei Verwendung von Schweineblut muß auf die beliebte Wild-Pfeffer-Speise nicht verzichtet werden. Kenner werden die Verwendung dieses Surrogates verzeihen. Auf gleicher Art wird »Pfeffer« von Hirsch, Wildschwein usw. zubereitet. Die Zubereitung von »Pfeffer« oder Ragouts mit Knochen wird nur noch selten praktiziert.

Reh-Pilaw mit Steinpilzen

600 g Fleisch vom Blatt oder Hals, in kleine Würfel geschnitten
2 Zwiebeln, in feine Würfel geschnitten
Öl
200 g Reis, gewaschen
1/2 l Fleischbrühe
Salz, Pfeffer, Gewürzpaprika, edelsüß
250 g frische Steinpilze, feinblättrig geschnitten
Butterflocken
gehackte Petersilie

Öl in einer gut schließenden Kasserolle erhitzen, die Zwiebelwürfel darin blondieren, Wildbret dazugeben und zusammen kräftig anbraten. Dann Reis hinzugeben, unter öfterem Rühren kurz rösten, mit Fleischbrühe auffüllen und mit Pilzen und Gewürzen etwa 10 min kochen lassen. Dabei mehrmals umrühren.

Pilaw abdecken, im Wasserbad in der Bratröhre bei mittlerer Hitze garziehen lassen. Das fertige Pilaw mit einer Fleischgabel auflockern. Dabei einige Butterflocken untermengen. Mit gehackter Petersilie bestreuen und in Kasserolle oder Assiette servieren.

Anmerkung: Neben Butterflocken nach Belieben geriebenen Parmesankäse unterziehen. Der Käse gibt der Speise den besonderen »Pfiff«. Anstelle von Steinpilzen Champignons, Pfifferlinge, Maronen oder Morcheln verwenden. Pilaw läßt sich ebenso von anderem Wildbret zubereiten. Jedoch sollte nur zartes Fleisch verwendet werden.

Rehragout – einmal anders

600 g schieres Rehfleisch
1/2 Flasche roter Sekt
1 Zwiebel, feingehackt
Butter, Mehl
200 g Champignons oder Steinpilze
gehackte Kräuter
Perlzwiebeln, Kapern
Salz, Zucker, Zitronensaft, Pfeffer
2 bis 3 Eigelb
Sahne

Das Rehfleisch in Würfel schneiden und mit Zwiebelwürfelchen und Kräutersträußchen in rotem Sekt etwa 15 min kochen. Dann das Fleisch abtropfen lassen, mit Mehl bestäuben, in heißer Butter anbraten und mit dem Sektfond auffüllen. Die Pilze, Zwiebelchen, Kapern und gehackten Kräuter dazugeben, mit Salz, Zucker, Zitronensaft und Pfeffer würzen und langsam garziehen lassen. Zuletzt mit Eigelb und Sahne legieren. Sofort mit handgeschabten Spätzle servieren.

Rehragout mit Rosinen

600 g Rehblatt, ausgelöst
Schmalz
Mirepoix, Salz, Pfeffer, 1 Knoblauchzehe, Wacholderbeeren
Kräutersträußchen
Mehl, Rotwein
geweichte Rosinen
Mandelsplitter, Preiselbeergelee

Das Fleisch in Würfel von etwa 40 g schneiden, in heißem Fett mit Mirepoix kräftig anbraten, mit Mehl bestäuben, alles rösten und mit Rotwein auffüllen. Unter öfterem Rühren zum Kochen bringen, die Gewürze, Salz und Kräutersträußchen dazugeben, Kasserolle abdecken und bei mäßiger Hitze in der Bratröhre garen. Das Fleisch in eine andere Kasserolle ausstechen. Dann Rosinen, Mandelsplitter und Preiselbeergelee zur Soße geben, alles gut vermischen, pikant abschmecken, nochmals kurz aufkochen und über das Fleisch geben. Sofort mit Kartoffelschnee, Schinken-Pilz-Spätzle, Butternocken oder Zitronenreis und frischen Salaten servieren.

Hinweis: Diese Zubereitungsart ist für alle Wildbretarten und Wildgeflügel geeignet.

Rehragout mit Rum

Wie »Hasenragout in Anisrahm« zubereiten. Anstelle von Anis Rum zum Aromatisieren verwenden. Zur Verfeinerung zusätzliche Apfelwürfel dazugeben. Das besondere Aroma mit etwas Himbeeressig unterstreichen.

Hinweis: Als schmackhafte Ergänzung für Rehragout empfehlen sich weiterhin z. B.

● Apfelspältchen in Zimtbutter
● angeschwenkte Senffrüchte
● Pfefferkirschen
● geschmorte Gurkenkugeln
● grüne Bohnen in Curry-Hollandaise

Rehrolle in Ingwersoße

1 Blatt von einem größeren Reh
Kalbfleisch, Schweinefleisch und frischer Speck zu gleichen Teilen
Eier, Salz, Pfeffer, Ingwerpulver
gehackte Pistazien, Würfel von rotem Gemüsepaprika, Whisky

Butter oder Margarine
Mirepoix, Wildjus, Ingwer, Sahne

Das Blatt auslösen, egalisieren und plattieren, damit es eine gleichmäßige Fläche ergibt. Das Fleisch zusammen mit frischem Speck fein wolfen, mit Eiern, Gewürzen, Pistazien, Gemüsepaprikastreifen und Whisky zu geschmeidiger Farce verarbeiten und auf dem ausgelösten Blatt verteilen. Alles zusammenrollen, binden, gut würzen und in heißem Fett mit Mirepoix sowie Parüren und feingehackten Wildknochen anbraten. Dann mit Rotwein ablöschen, reduzieren, mit Wildjus auffüllen, mit Ingwerpulver würzen und in der Bratröhre fertigschmoren. Die Rolle herausnehmen, den Fond mit etwas Mehlbutter binden, Sahne dazugeben, abschmecken und passieren. Die etwas abgekühlte Rolle vom Küchengarn befreien, tranchieren und auf einem Spiegel von Ingwersoße anrichten. Nicht nappieren. Die bunte Farce soll nicht verdeckt werden. Die restliche Soße sowie Kartoffelkroketten und gebackene Hopfensprossen gesondert reichen.

Passende *Beilagen* sind weiterhin Kartoffelpüree oder Schmelzkartoffeln und Rotkohl in Tokajer, aber auch überbackener Zucchini oder gebackene Zucchiniblüten.

Anmerkung: Diese Zubereitungsart ist auch für Hirsch, Wildschwein, Gemse, Steinbock usw. zu empfehlen.

Rehrouladen mit Wachtelei

4 Rouladen, je 150 g
40 g Speck, in Streifen geschnitten
120 g Hackmasse vom Schwein
4 Wachteleier, gekocht, geschält
Salz, Pfeffer, Mehl
Butter oder Margarine
Wildparüren, Mirepoix, Mehl
Wildjus, Wacholderbeeren
saure Sahne

Aus enthäuteter Keule möglichst große Rouladen schneiden, plattieren, auf einer Arbeitsfläche auslegen und mit Salz und Pfeffer auf beiden Seiten würzen. Die Hackmasse in vier Teile portionieren. Jeweils ein Wachtelei damit umhüllen und zusammen mit einigen Speckstreifen auf die Rouladen legen. Fleisch zusammenrollen, binden. oder zusammenstecken, in Mehl wenden und in heißem Fett mit Wildparüren und Mirepoix schön braunbraten. Zuletzt mit etwas Mehl bestäuben, Mehl kurz rösten, mit Wildjus auffüllen und kurz aufkochen. Wacholderbeeren sowie Salz und Pfeffer dazugeben. Rouladen langsam köcheln lassen. Soße passieren, Rouladen damit soßieren, mit etwas Sahne überziehen und mit Kartoffelpüree oder Kartoffelklößen und Rotkohl mit glacierten Morcheln servieren.

Rehrouladen mit Pilzfüllung
Rouladen wie »Rehrouladen mit Wachtelei« zubereiten. Anstelle der Wachteleier frische gehackte Pilze unter die Hackmasse mengen oder mit Duxelles von frischen Pilzen füllen. Besonders eignen sich dazu Morchelhaschee oder Duxelles von blanchiertem Hallimasch.
Beilagen: Kartoffelkroketten, gefüllter Sellerie mit Blattspinat oder tournierte Karotten.

Rehschnitzel mit Kräutersoße
800 g Rehrücken, enthäutet
Butter oder Margarine
Salz, Pfeffer, Mehl
gehackte Kräuter, wie Petersilie, Kerbel, Estragon und Schnittlauch
Fleischglace, Sahne
Die Rückenfilets auslösen, in vier gleichdicke Stücke schneiden und gut plattieren. Schnitzel würzen, mehlieren und in heißem Fett saftig braten. Schnitzel anrichten, die Kräuter in Bratfett kurz anschwitzen und mit Fleischglace und Sahne einen Moment köcheln lassen. Schnitzel mit der Kräutermischung überziehen und mit Kartoffelpüree und pochierten halben Äpfeln mit Preiselbeeren servieren.

Rehschnitzel in Rahmsoße
4 Rehschnitzel, je 150 g, gespickt
Salz, Pfeffer, Mehl
60 g Öl
Wildjus
Johannisbeergelee
Sahne
Die Schnitzel würzen, in Mehl wenden, gut andrücken und in heißem Öl braten. Das Fleisch soll innen rosa bleiben. Schnitzel anrichten und heißstellen. Den Bratsatz mit Wildjus abkochen und mit Johannisbeergelee und Sahne kurz verkochen und pikant abschmecken. Die Schnitzel damit soßieren.
Beilagen: Butterspätzle, Schinkennudeln oder Kartoffelpüree und Apfelspalten in Calvadosrahm.

Hinweis: Die Rahmsoße zusätzlich mit Wildfrüchten, gehackten frischen Pilzen, Apfelmus oder auch mit gehackten Ingwerpflaumen aromatisieren.

Rehsteak Cordon-Rouge mit Burgunder-Butter und Herzkirschen in Portwein
4 Steaks, je 150 g
150 g Kochschinkenwürfelchen
Die Steaks gut plattieren, würzen, mehlieren, durch verquirltes Ei ziehen und in sehr feingeschnittenen Schinkenwürfelchen wälzen. Den Schinken fest andrücken. Steaks in geklärter Butter leicht rosa braten. Sofort mit Burgunder-Butter, entsteinten Herzkirschen in Portwein und Williamskartoffeln anrichten.

Rehsteaks en papillote
4 Steaks, sehr zart, plattiert, gespickt
Kräuterbutter
4 Scheiben Kochschinken
200 g Champignons, in Scheiben geschnitten, halbgar gedünstet
Salz, Pfeffer, gehackte Petersilie
Zuerst Pergamentpapierquadrate von etwa 30 cm schneiden, auf einer Arbeitsfläche ausbreiten und mit Öl bepinseln. Die Steaks von beiden Seiten dick mit Kräuterbutter bestreichen und auf die vordere Hälfte des Pergamentquadrates auflegen. Steaks mit Schinkenscheiben belegen, mit Champignons behäufen und mit Petersilie überstreuen. Zum Abschluß einige Kräuterbutterflöckchen darübergeben, Papierhälften als Dreieck zusammenlegen und sehr exakt nach innen falten. Päckchen im Grill etwa 8 min bei Ober- und Unterhitze garen. Dabei blähen sich die Päckchen kissenartig auf. Geschieht das nicht, sind die Seiten nicht exakt gefaltet. Rehsteaks in Papierhülle sofort servieren. Öffnen und Vorlegen erfolgt am Tisch.
Beilagen: Kartoffelkroketten, pommes chips, frische Speck- oder Weinkartoffeln und würziger Rosenkohlsalat.

Rehsteak im Haselnußmantel
4 Rehsteaks, je 150 g
Salz, weißer Pfeffer
Mehl
2 Eier, verquirlt
120 g gemahlene Haselnüsse
geklärte Butter

Die Steaks gut plattieren, salzen, pfeffern, in Mehl wenden, durch Ei ziehen und mit gemahlenen Haselnüssen sorgfältig panieren. Steaks in heißer Butter anbraten und bei schwacher Hitze fertigbraten, auf jeder Seite etwa 5 min. Die Steaks auf einer vorgewärmten Platte anrichten, mit der Bratbutter extra, Kartoffelkroketten oder Champignonkroketten und Chicorée-Mandarinen-Kiwi-Salat servieren.

Rehsteak mit gebratenen Bananen und Kirschsoße

4 Rehsteaks je 150 g
Butter oder Margarine
4 Bananen, halbiert
100 g roter Gemüsepaprika,
in Streifen geschnitten
Rehsteaks von ausgelösten und enthäuteten Rückenfilets schneiden, plattieren, in Mehl wenden und in heißem Fett außen knusprig und innen rosa braten. Steaks würzen, auf einer geeigneten Servierplatte anrichten und heißstellen. Im Bratfett Bananen und Gemüsepaprikastreifen kurz anbraten und auf den Steaks verteilen. Rehsteaks sofort mit Strohkartoffeln und Kirschsoße oder heißer Cumberlandsoße servieren.

Rehsteak mit Pistazienkrem

Rehsteaks wie vorstehend zubereiten, anrichten, mit dem Bratfett übergießen und mit Pistazienkrem behäufeln. Mit Kartoffelbirnen und in Butter angeschwenkten Trauben reichen.
Pistazienkrem: Pistazien im Mixer fein mahlen, in Butter anrösten, würzen und mit Crème fraiche zu einer kremigen Masse verrühren.

Rehsteak, mit Roquefort überbacken

4 zarte Rehsteaks je 150 g
Salz, Pfeffer, Mehl
geklärte Butter
160 g Roquefort
holländische Soße
Sehr zarte, gut plattierte Rehsteaks würzen, mehlieren und in heißer Butter saftig braten. Dann mit Roquefort belegen, mit holländischer Soße überziehen und überbacken.
Beilagen: Mandelkroketten, Brokkoli und Weinbeeren in Portweinsoße.
Hinweis: Bei kurzgebratenen Fleischspeisen, die mehliert werden, Salz und Pfeffer zur Geschmacksverbesserung in das Fleisch einmassieren.

Rehsteak Strindberg

4 Rehsteaks, je 125 g
Salz, Pfeffer, Senf
feingehackte Zwiebeln
verquirlte Eier
geklärte Butter
Rehsteaks aus Rückenfilet oder Keule schneiden, gut plattieren, würzen, auf beiden Seiten mit Senf bestreichen, in sehr fein geschnittenen Zwiebelwürfelchen wälzen, mehlieren, durch Eimasse ziehen und in geklärter Butter braten. Mit Wildpfeffersoße, Rapunzelsalat und Kartoffelkroketten oder Salzkartoffeln reichen.

Rehtournedos Lukullus

8 oder 12 Tournedos, je 50 g
Salz, Pfeffer, Mehl
geklärte Butter
100 g gewürfelte Gänseleber
100 g kleine Champignonköpfe
100 g Würfel von rotem Gemüsepaprika
Die kleinen Tournedos würzen, mehlieren, in heißer Butter saftig braten, anrichten und heißstellen. Inzwischen die anderen Zutaten mit feinen Zwiebelwürfelchen in Butter sautieren. Den Bratsatz mit Portwein und Fleischglace verkochen, das Ragout darin einschwenken. Die Tournedos mit dem feinen Ragout pyramidenförmig behäufen und mit dünnen, gegrillten Ananasscheiben belegen. Als Hauptgericht mit Mandelhörnchen servieren. Als Vorspeise ein Tournedo auf Crouton anrichten.

3.8. Kulinarisches von Wildschwein

Das Wildschwein, allgemein auch als Schwarzwild bezeichnet, gehört zur Familie der Borstentiere. Wir unterscheiden Keiler, Bachen, Überläufer und Frischlinge. Die Keiler erreichen die stattliche Masse von über 200 kg und eine Länge von etwa 1,5 m. Bachen sind die weiblichen, Überläufer die männlichen über zwei Jahre alten Tiere, die ebenso wie die Frischlinge in den Küchen gern verarbeitet werden.
Frischlinge, so werden die Jungen beiderlei Geschlechts bezeichnet, sind durch ihre gelben Streifen auf grauem Grund allgemein bekannt. Mit einer Masse von 20 ... 30 kg sind sie für viele Gerichte geeignet. Von älteren Tieren ist der Kopf für die Küche von besonderer Bedeutung. Nach einer aufwendigen Zubereitung in Ver-

bindung mit einer delikaten Füllung wird er gern als Prunkstück und Mittelpunkt Kalter Büfetts verwendet. Das Fleisch älterer Tiere stets marinieren.

Frischlingskeule in Rotwein

800 g Keule, ohne Knochen, pariert
Schweineschmalz
Salz, Pfeffer, 1 Knoblauchzehe,
1 Prise Pilzpulver, Majoran
Zitronensaft
200 g Mirepoix, Zucker, Mehl
Rotwein, Fleischglace, Wildjus

Das Fleisch mit Salz, Pfeffer und Majoran gut einreiben und in heißem Fett in einem Schmortopf schön braunbraten. Dann das feingeschnittene Mirepoix und etwas Zucker dazugeben, alles kräftig bräunen, mit Mehl bestäuben, nochmals leicht bräunen und alles mit Rotwein, Fleischglace und Wildjus gerade bedecken. Knoblauch, etwas Pilzpulver und Zitronensaft dazugeben, alles gut verrühren, kurz aufkochen und zugedeckt fertigschmoren. Fleisch tranchieren, Soße passieren, wenn erforderlich nachwürzen und über dem Fleisch anrichten. Sehr heiß mit Kartoffelkroketten und Speckpilzen servieren.

Hinweis: Zucker wird als der süße Zauberer in der Küche bezeichnet. Die Zauberprise sollte gerade beim Rösten von Mirepoix oder bei allen größeren Bratenstücken nicht vergessen werden. Zucker karamelisiert schnell und verleiht der Speise eine angenehme Farbe. Bratenstücken gibt die Zuckerprise den besonderen Glanz. Die Zubereitung in Rotwein erfordert einen guten Markenwein. Es ist falsche Sparsamkeit, nur sogenannte Küchenweine einzusetzen. Das Bukett des Weines gibt der Speise den besonderen Geschmack.

Frischlingskeule mit Backpflaumen

800 g Keule, pariert
100 g Speck, in Würfel geschnitten
200 g Backpflaumen, in Rotwein geweicht, entsteint
0,2 l Rotweinsoße
1 Orange, Saft ausgepreßt
Salz, Pfeffer, Rosmarin

Fleisch mit Speckwürfel in der Bratröhre scharf anbraten, dann kräftig würzen, mit Rotwein (zum Einweichen der Backpflaumen) ablöschen und öfters mit dem Bratfond überziehen. Fleisch saftig braten. Bratsatz mit Rotweinsoße, Backpflaumen und Orangensaft aufkochen. Braten tranchieren und soßieren. Mit Pariser oder Schloßkartoffeln und gedünstetem Chicorée komplettieren.

Frischlingskoteletts mit Zimtapfel

8 Koteletts je 75 g, mit Knochen
Öl, Wacholderbeeren, zerstoßen
Zitronensaft, Rosmarin
Butter oder Margarine
Salz, Pfeffer, Mehl
Fleischglace
Eigelb
4 Äpfel, geschält, Kerngehäuse ausgestochen, in heißem Wasser mit Zucker, Weißwein und Zimt blanchiert
100 g Preiselbeeren (Konserve)

Koteletts von gut pariertem Frischlingsrücken schneiden, plattieren und mindestens 2 h mit Öl, etwas Zitronensaft, Wacholder und Rosmarin marinieren. Koteletts abtupfen, würzen, in Mehl wenden und in heißem Fett saftig braten. Bratsatz mit der Marinade, etwas Fleischglace und Eigelb glattrühren. Koteletts anrichten, mit dem Bratsatz überziehen, Äpfel mit Preiselbeeren füllen und Koteletts damit umlegen.

Hinweis: Statt Äpfel passen sehr gut gedünstete halbe Birnen zu dieser Spezialität. Zum Füllen können ebenso Brombeeren, Himbeeren, Johannisbeeren verwendet werden, aber auch Schlehenkonfitüre oder Ebereschen. Koteletts mit einem Teelöffel grünem Pfeffer belegen, so werden sie besonders superb. Frischlingskoteletts so zubereitet, mit gedünsteten Oliven, in Butter sautierten Perlzwiebeln, Mixed Pickles, jungen Maiskölbchen, Sellerie- oder Linsenmus sowie Pilzen aller Art komplettieren.

Frischlingskoteletts mit flambierten Pfirsichen

Koteletts wie »Frischlingskoteletts mit Zimtapfel« zubereiten.
8 gleichgroße Pfirsichhälften
40 g Butter
40 g Mandelstifte
4 cl Weinbrand, angewärmt

Butter in einer Stielpfanne zerlassen, Pfirsiche darin anschwitzen und flambieren. Frischlingskoteletts anrichten, jeweils mit einem Pfirsich belegen. Mandelsplitter im Flambierfond anschwitzen und über den Pfirsichen verteilen. Koteletts mit Kartoffelkroketten und etwas warmer Cumberlandsoße servieren. Ebenso wie Pfirsiche eignen sich u. a. Apfelscheiben, Weinbeeren, Ananasscheiben, Orangenfilets, entsteinte Sauerkirschen zum Flambieren für Frischlingskoteletts.

Frischlingskoteletts mit Mangochutney

Koteletts wie »Frischlingskoteletts mit Zimtapfel« vorbereiten, braten und anrichten.
200 g Mangochutney, feingehackt
Tabascosoße
Bratsatz mit der Marinade, Chutney und einigen Tropfen Tabascosoße einige Minuten köcheln lassen. Koteletts anrichten und mit Chutney überziehen. Dazu schmecken Mandel- und Reiskroketten. Die Zugabe von sehr feinen Streifen von Orangenschalen oder etwas Grapefruitsaft ergibt eine besondere Geschmacksnote, die gut zum zarten Wildgeschmack paßt.

Frischlingsragout mit Kapern und Cornichons

800 g Fleisch von Schulter oder Keule,
in 2 cm große Würfel geschnitten
100 g Zwiebelwürfel
60 g Schweineschmalz
1 Kräutersträußchen
Salz, Pfeffer aus der Mühle
40 g Mehl
1/8 l Rotwein, Wildjus
2 EL Kapern
150 g Cornichons
2 Eigelb, mit etwas Sahne verquirlt
Das Schweineschmalz in einem Bräter erhitzen. Die Fleischwürfel pfeffern und im heißen Fett scharf anbraten. Die Zwiebelwürfel dazugeben und schön rösten. Dann mit Mehl bestäuben, das Mehl ebenfalls leicht bräunen. Sofort mit Rotwein und Wildjus ablöschen und kurz aufkochen. Das Kräutersträußchen, bestehend aus frischem Thymian, Petersilie, Salbei, Sellerie, sowie Lorbeerblatt und Salz dazugeben, den Bräter abdecken und etwa 45 min schmoren. Inzwischen die Kapern abbrausen und Cornichons oder Gewürzgurken in feine Würfel schneiden und dazugeben. Das fertige Ragout mit Eigelb verfeinern, nochmals abschmecken und sofort servieren. Dazu schmecken Speckknödel oder Kartoffelnocken mit frischen Panaché.

Frischlingsrücken mit Basilikum-Tomaten-Soße

1 Frischlingsrücken (je Portion 150 g)
Salz, Pfeffer, Knoblauch

Öl, Weißwein
je Portion 50 g Tomatenfleischwürfel,
Madeirasoße
Basilikum, frisch, feingehackt
Den Rücken gut parieren, einen Metallstab in das Rückgrat stecken, gut mit Salz-Pfeffer-Knoblauch-Gemisch einreiben, in eine entsprechend große Bratpfanne legen, mit heißem Öl begießen und in die vorgeheizte Bratröhre schieben. Unter öfterem Begießen mit Öl und Weißwein saftig rosa braten. Dann herausnehmen, tranchieren, wieder auf die Karkasse legen und warmstellen. Im Bratsatz Tomatenfleischwürfel anschwitzen, würzen, reichlich Basilikum dazugeben und alles kurz mit Madeirasoße verkochen. Die würzige Soße passieren und gesondert servieren.
Beilagen: Kartoffelkroketten oder frische Weinkartoffeln, gebutterte Orangenfilets und Rosenkohl in Nußbutter.
Hinweis: Die Soße ebenso mit Rosmarin, Salbei, Zitronenmelisse oder etwas Liebstöckel aromatisieren.
Als Besonderheit in Bierteig gebackene Holunderbeeren dazugeben.

Frischlingssteak mit Roquefortbutter

4 Rückensteaks je 150 g
60 g Öl
Salz, Pfeffer
80 g Roquefortbutter
Die Steaks gut plattieren, würzen, in heißem Fett saftig braten, anrichten, mit frischer Roquefortbutter belegen und mit Mandelkartoffeln oder Mignonkartoffeln, gebackenem Brokkoli und frischen Weinbeeren in Portwein, Artischockenböden mit gefüllten Champignonköpfen und Trüffelstiften oder Porreesalat servieren.

» Wildschweine, Hirsche, Hasen, Rehe sie gehen mir so ziemlich ein.«

Goethe

Gebackene Wildschweinschulter mit Hagebuttensoße

800 g Wildschweinschulter, ausgelöst, gut pariert
0,1 l Rotwein, Wildjus
Salz, Pfeffer, 1 Knoblauchzehe,
Wacholderbeeren, Thymian, Rosmarin
Mirepoix
Zitronensaft, Senf, Salz, Pfeffer
Wiener Panade

Öl zum Ausbacken
Hagebuttenmark

Fleisch in Wildjus mit Rotwein, Gewürzen und Mirepoix langsam noch bißfest kochen. Fleisch herausnehmen, erkalten lassen und in 4 oder 8 gleichgroße Tranchen schneiden. Fond inzwischen reduzieren. Tranchen mit Senf bestreichen, gut würzen, sorgfältig panieren und in heißem Öl goldgelb ausbacken. Fond passieren, mit Hagebuttenmark kurz verkochen, pikant abschmecken und gesondert reichen.

Gebackene Wildschweinschulter auf Manschetten anrichten, mit Zitronenecken garnieren und mit frischen Salzkartoffeln sowie gedünstetem Chicorée oder in Backteig gebackenen Holunderblüten servieren.

Anmerkung: Es ist ein sehr kleines Gargefäß zu wählen. Das Fleischstück soll gerade hineinpassen. Der Fond darf das Fleisch nur bedecken, damit die Soße den kräftigen Wildgeschmack erhält, dessen besondere Note durch die Hagebutten unterstrichen wird.

Gebratener Frischlingssattel
mit Sauerampferpüree

1 Sattelstück, etwa 800 g, gut pariert
Butter
Salz, Pfeffer
200 g Mirepoix
0,1 l Rotwein, Wildjus
saure Sahne
200 g Sauerampfer, blanchiert, feingehackt
2 Eigelb, Salz, Pfeffer
4 halbe pochierte Äpfel, Kerngehäuse
ausgebohrt,
oder 4 blanchierte Sellerieböden

Damit der Sattel besser aufliegt, den Wirbelknochen auf der Innenseite glatthacken. Die Knochenstücke sowie die Parüren hacken. Sattelstück gut würzen und mit Knochen sowie Mirepoix in einen passenden Bräter geben, mit heißer Butter übergießen und in die vorgeheizte Bratröhre geben. Bei mittlerer Hitze unter öfterem Begießen etwa 30 min braten. Das Fleisch soll innen rosa bleiben. Rücken warmstellen. Bratsatz mit etwas Mehl bestäuben, Mehl hellbraun rösten, mit Rotwein ablöschen und mit etwas Wildjus und Sahne verkochen. Soße passieren, kräftig abschmecken und gesondert reichen. Sauerampfer mit Eigelb binden, mit Salz würzen, in halben Äpfeln oder auf Sellerieböden verteilen. Sattel damit garnieren und mit

Kartoffelbällchen servieren. Frischlingssattel vor dem Servieren mit etwas flüssiger Fleischglace überglänzen. Am Tisch tranchieren. Da Sauerampfer nur in begrenztem Maße zur Verfügung steht, ist ebenso Morchel-, Stachelbeer-, Champignon- oder auch Brokkolipüree einzusetzen. Zu dieser zarten Wildbretspeise schmecken auch glacierte Maronen, gebackene Auberginen, gebratene Bananen, Tomatenscheiben oder grüne Bohnen mit Knoblauchkrem.

Gefüllte Frischlingsbrust

Frischlingsbrust, ausgelöst, pariert, gewürzt mit Salz und Pfeffer

Füllung:
Weißbrot ohne Rinde, in Milch geweicht, ausgedrückt
Äpfel, feinblättrig geschnitten
Rosinen, gewaschen, abgetupft
Bauchspeckwürfel
Eier, Salz, Pfeffer, Rum

Die Zutaten zu einer geschmeidigen Masse verarbeiten und gleichmäßig auf der vorbereiteten Brust verteilen. Fleisch zusammenrollen, mit Küchengarn festbinden, würzen und in heißem Fett unter öfterem Begießen braten. Steht keine Wildsoße zur Verfügung, die ausgelösten Knochen fein hacken und mit dem Fleisch anbraten. Bratsatz mit Weißwein ablöschen, pikant abschmecken, mit Mehl binden, mit Sahne vollenden. Küchengarn von der Frischlingsrolle entfernen, Fleisch in etwa 1 cm dicke Tranchen schneiden, anrichten. Die Soße gesondert reichen.

Beilagen: Salzkartoffeln und Pilze.

Geschnetzeltes Frischlingsfilet in Rotwein

600 g Frischlingsfilet, pariert
Öl
2 Zwiebeln, in feine Würfel geschnitten
Salz, Pfeffer, Rosmarin,
geriebene Zitronenschale
Rotwein zum Ablöschen
0,2 l Rotweinsoße
saure Sahne

Filet in feine Streifen schneiden, mit Pfeffer und Rosmarin würzen und leicht mit Mehl bestäuben. Inzwischen in einer großen Stielpfanne Öl stark erhitzen. Zuerst Zwiebelwürfelchen leicht bräunen, dann das Fleisch dazugeben und alles bei starker Hitze schnell auf allen Seiten anbraten. Die Fleischstreifen dürfen nicht aneinander liegen, damit sich kein Fond bildet. Ebenso muß die Flüssigkeit der Zwiebeln völlig verdampft sein. Das Fleisch darf nicht kochen, es wird sonst zäh und trocken. Filetstreifen mit Rotwein ablöschen, mit Salz und Zitronenschale würzen und mit Rotweinsoße durchschwenken. Das Geschnetzelte keinesfalls kochen lassen. In Assiette mit saurer Sahne anrichten. Mit Kartoffelkroketten und Pilzen servieren. Desweiteren mit feinen Streifen von Gewürzgurken und roten Beten variieren. Geschnetzeltes Frischlingsfilet ebenso mit Oliven, Perlzwiebeln und tournierten Möhren oder unter anderem mit in Butter sautierten Weinbeeren, geweichten Backpflaumen oder Rosinen komplettieren.

Hinweis: Frischlingsfiletstreifen weiterhin mit etwas Ebereschen-, Quitten- oder Apfelgelee verfeinern.

Gespicktes Wildschweinsteak mit Portweinpflaumen

4 Steaks je 150 g, gespickt
Butter oder Margarine
Salz, Pfeffer, Mehl
300 g Pflaumen, entsteint
Zucker, Portwein

Die Steaks gut würzen, mehlieren und in heißem Fett saftig braten. Im Bratfett die Pflaumen anschwenken, mit etwas Zucker würzen und mit Portwein etwa 5 min verkochen. Die Steaks anrichten, die Pflaumen darüber verteilen und mit Kartoffelklößen, Speckklößen oder grünen Klößen servieren. ·

Glacierte Wildschweinschulter, süßsauer mit Feigen

800 g Schulterfleisch, ohne Knochen, pariert
80 g Butter oder Margarine
250 g Mirepoix
Salz, Pfeffer, Zucker, Puderzucker
Kräutersträußchen
Weinessig, Wildjus, Fleischglace
Feigen, in Weinbrand geweicht

Das Fleisch gut würzen und mit Mirepoix in heißem Fett anrösten. Das Fett in eine Kasserolle abgießen. Braten mit Wildjus und etwas Fleischglace gerade bedecken, Kräutersträußchen dazugeben, abdecken und in der Bratröhre bei mittlerer Hitze schmoren. Im abgegossenen Bratfett inzwischen Zucker hell karamelisieren, mit Weinessig ablöschen und zum Braten geben.

Den fertigen Braten in einen Bräter legen, mit etwas Fleischglace überziehen, mit Puderzucker bestäuben und in der heißen Backröhre glacieren. Den Schmorfond inzwischen zu einer dicklichen Konsistenz reduzieren, abschmecken, passieren und mit in Weinbrand geweichten Feigenstückchen verfeinern. Glacierte Wildschweinschulter am Tisch tranchieren.

Hinweis: Die süßsaure Soße mit eingeweichten Früchten, wie Backpflaumen, Rosinen, Korinthen, Aprikosen usw., geschmacklich nuancieren. Der Mut zum Würzen ist ebenfalls mit einer Prise Zimt oder etwas gemahlenem Ingwer zu beweisen.

Beilagen: Kartoffelkroketten.

Pikante Frischlingsnüßchen

8 Nüßchen je 75 g
Öl, Pfeffer, Zwiebelwürfel, Majoran
Petersilienstengel, 1 Zweig Estragon
Butter oder Margarine
Salz, Pfeffer, Mehl
0,1 l Weißwein, Fleischglace
150 g Gewürzgurkenstreifen
0,1 l saure Sahne, Weinessig, Zucker

Gleichmäßige Nüßchen aus den exakt enthäuteten Rückenfilets schneiden, gut plattieren und mit Öl, Zwiebelwürfen und Kräutern mindestens 2 h marinieren. Dann abtupfen, salzen, pfeffern, in Mehl wenden, Mehl gut andrücken und in heißem Fett saftig braten.

Nüßchen anrichten und heißstellen. Gurkenstreifen im Bratsatz anschwenken, mit Weißwein, saurer Sahne, Weinessig, etwas Zucker und Fleischglace kurz verkochen. Wenn erforderlich pikant nachwürzen und über dem Fleisch verteilen.

Beilagen: Kartoffelpüree, Salzkartoffeln und Sellerie- oder Rote-Bete-Salat. Besonders schmecken dazu frisch gebackene Kartoffelpuffer.

Tokajer Wildschweinpfeffer

600 g Fleisch aus Schulter oder Keule
60 g Schweineschmalz
300 g Zwiebeln, in Würfel geschnitten
Salz, weißer Pfeffer, Knoblauch
reichlich Gewürzpaprika, edelsüß
30 g Tomatenmark
1/2 l Fleischbrühe
geriebenes Schwarzbrot, Schweineblut
Tokajer Szamorodni
1 Bund Petersilie

Das Fleisch in etwa 2 cm große Würfel schneiden und in heißem Fett stark anbraten. Die Zwiebeln dazugeben und ebenfalls braunbraten. Mit Salz, Pfeffer, Paprika und Knoblauchpulver würzen, Fleischbrühe angießen, Tomatenmark einrühren und zugedeckt etwa 50 min köcheln lassen. Dann geriebenes Schwarzbrot und etwas Schweineblut dazugeben und weitere 10 min köcheln. Zuletzt Tokajer dazugeben, abschmecken, anrichten, mit trockengetupfter Petersilie garnieren.

Beilagen: Butterspätzle oder hausgemachte Nudeln und Paprikasalat.

Wildschweinpfeffer oder auch Wildschweingulasch ist in vielen Varianten herzustellen. Wichtig ist, das Fleisch muß nach allen Regeln der Kochkunst mariniert werden. Gerade für Wildschweinfleisch eignet sich Buttermilch mit Wacholderbeeren. Sehr exzellent wirkt Marinade aus Weißwein und Saft von Blutorangen. Das Marinieren mit Malzbier und Schlehengelee oder mit Birnensaft und Preiselbeeren entzückt jede Feinschmeckerzunge.

Hinweis: Eine besondere Ergänzung für Wildpfeffer oder Gulasch sind Apfelkroketten. Sehr dick gehaltenes Apfelmus in dünne Eierküchlein einhüllen, panieren und fritieren.

Wildschweincurry

600 g schieres Fleisch, in kleine Würfel geschnitten (von Blatt, Brust oder Kamm)
Salz, Pfeffer
1 große Zwiebel, feingehackt
1 Knoblauchzehe, Mehl
Butter oder Margarine
25 g Curry
0,2 l Weißwein
0,2 l saure Sahne
1 Kräutersträußchen
150 g säuerliche Äpfel, in Würfel geschnitten
100 g Mangochutney, feingehackt

Fleischwürfel würzen, mit Mehl bestäuben und in heißem Fett mit Zwiebelwürfelchen unter öfterem Rühren leicht bräunen. Dann Curry dazugeben, kurz anschwitzen, sofort Weißwein und etwas Wasser angießen. Kräutersträußchen dazugeben, Gefäß abdecken, Curry etwa 40 min garziehen lassen. Dabei öfters umrühren. Kurz vor Ende der Garzeit Apfelstücke, Mangochutney und saure Sahne dazugeben. Kräutersträußchen entfernen, alles gut vermengen und fertig-

garen. Curry in Assiette anrichten, mit Risotto oder Safranreiskroketten servieren.

Hinweis: Wildschweincurry bekommt eine besondere Geschmacksnote mit etwas feingehacktem Zitronat oder ein wenig geriebener Pomeranzenschale.

Wildschweinfilet, asiatisch

600 g Filet, pariert
100 g Öl
2 Eier, verquirlt
Salz, Pfeffer, Knoblauchpulver, Zucker
Sojasoße, Mirin
100 g Bambußsprößlinge, in Streifen geschnitten
100 g Wasserkastanien, kleingeschnitten
50 g Mandelstifte, in Butter angebraten

Filet in sehr dünne Scheiben schneiden (etwa 3 mm), durch Ei ziehen, in heißem Öl rosa braten, aus der Pfanne nehmen und kräftig würzen. Im Bratsatz Bambussprößlinge und Wasserkastanien anschwenken und mit Sojasoße sowie Mirin kurz köcheln lassen. Filetscheiben anrichten, die pikante Mischung darüber verteilen und mit Mandelstiften bestreuen. Diese pikanten Filets mit Curryreis und frischen Salaten servieren.

Hinweis: Das Fleisch läßt sich leicht in Scheiben schneiden, wenn es etwas gefroren ist. Voraussetzung zum guten Gelingen ist jedoch ein sehr scharfes Fleischmesser.

Wildschweinfilet in Lebkuchenteig

600 g Filet, gleichmäßig pariert

Das Filet mit Salz und Pfeffer würzen, rundherum in heißem Fett anbraten und kaltstellen. Inzwischen Lebkuchenteig dünn ausrollen. Das erkaltete Filet mit dünnen Speckscheiben belegen und mit dem Teig umhüllen. Filet im Lebkuchenteig auf ein mit Wasser benetztes Backblech geben, mit Wasser einstreichen, damit die Oberfläche elastisch bleibt, und in die vorgeheizte Bratröhre schieben. Etwa 30 min bei 180 °C backen. Dann mit Dextrin überglänzen und nochmals etwa 5 min in die Bratröhre schieben.

Am Tisch tranchieren. Mit dem Teigmantel, Gin-Rahm-Soße und Orangen-Bananen-Papaya-Salat reichen.

Hinweis: Wildgerichte schmecken sehr gut mit einem »Hauch von Lebkuchen«, der mit folgenden Gewürzen mühelos erreicht wird: Gewürznelken, Piment, Anis, Koriander, Zimt und Muskat.

Wildschweinfilet vom Grill

8 Filet je 75 g von größeren Tieren, aus dem Filet geschnitten
8 1/2 cm dicke Bauchspeckscheiben
in Größe der Filets
Öl, Salz, Pfeffer, zerdrückte Wacholderbeeren
Gleichmäßige Filets schneiden, leicht plattieren, mit Öl bestreichen, mit Pfeffer und Wacholder würzen, mit je einer Speckscheibe belegen und in den Grill-Salamander legen. Nach einigen Minuten wenden, dabei den Speck auf die Oberseite legen. Das Fleisch muß innen rosa bleiben. Filets salzen, mit der Speckscheibe anrichten, mit Rotweinbutter, Strohkartoffeln, Grilltomate und gebackenen halben Birnen umlegen.
Anmerkung: Filets von sehr alten Tieren mehrere Stunden mit Weinessig und Weinbrand marinieren.

Wildschweinkeule in Honigkruste

800 g Wildschweinkeule
100 g Honig, Bier
4 cl Weinbrand
Salz, Pfeffer, Zitronensaft
80 g Butter
100 g Fleischglace
Für die Marinade Honig im Wasserbad erhitzen und mit etwas Bier und Weinbrand glattrühren. Fleischstücke damit von allen Seiten bestreichen, in ein gerade so großes Gefäß einlegen, mit der restlichen Marinade bedecken und 2 bis 3 Tage kaltstellen. Dabei Fleisch mehrmals wenden. Fleisch würzen, in heißer Butter langsam anbraten, mit der Marinade, Zitronensaft und etwas Fleischglace überziehen und bei schwacher Hitze in der Bratröhre braten. Dabei öfters mit dem Bratsatz übergießen, bis sich eine geschlossene Kruste bildet. Fleisch warmstellen. Bratsatz mit etwas Wasser ablöschen, mit einem Holzlöffel vom Boden rühren und gesondert anrichten. Der Fond muß eine zähflüssige Konsistenz haben. Keule am Tisch tranchieren.
Beilagen: Mandel- oder Reiskroketten, Curryreis und in Butter sautierte Edelfrüchte.
Anmerkung: Diese Zubereitung ist sehr zeitaufwendig. Zum Gelingen trägt die richtig dosierte Marinade bei.

Wildschweinkeule mit Linsenmus

800 g Wildschweinkeule, pariert
50 g Schweineschmalz
Salz, Pfeffer, Wacholderbeeren, Piment und Lorbeerblatt
100 g Mirepoix
Rotweinbeize, Wasser
Mehlbutter
Zucker, Zitronensaft, saure Sahne
Fleisch zwei bis drei Tage in Rotweinbeize einlegen. Dann gut abtropfen lassen, in Mehl wenden und in heißem Fett gut anbraten, Mirepoix und Gewürze dazugeben, alles zusammen rösten, mit Rotweinbeize und Wasser auffüllen und in der Bratröhre bei mittlerer Hitze garen. Fleisch herausnehmen und warmstellen. Bratfond mit Mehlbutter binden und mit Zitronensaft, Zucker und Sahne pikant würzen. Noch einige Minuten simmern lassen, passieren und über den Fleischtranchen anrichten. Fleischplatte mit Linsenmus, in Tarteletts oder auf pochierten Sellerieböden dressiert, umlegen und mit Kartoffelkroketten servieren.
Anmerkung: Linsenmus ist eine besonders attraktive Beilage zu Wildbretgerichten. Auch Wildsuppen erhalten ihren typischen Geschmack durch die Zugabe von Linsenmus.

Wildschweinkoteletts Gärtnerinart

4 Koteletts, je 150 g, pariert, plattiert
Pfeffer, Salz
60 g Öl
1 Zwiebel, feingehackt
junges Gemüse nach Belieben
4 Scheiben Grillspeck, fritiert
0,1 l Weißwein
Rotweinsoße
Koteletts gut würzen und mit Zwiebelwürfeln in heißem Öl rasch saftig braten. Bratsatz mit Weißwein ablöschen, mit etwas Rotweinsoße verkochen, passieren und gesondert servieren. Koteletts anrichten, mit Speck und Grilltomate belegen und mit jungem Gemüse umkränzen. Es eignen sich besonders Karotten, Spargelspitzen, grüne Bohnen im Speckkleid, zarte Erbsen in römischen Pastetchen, Blumenkohlröschen, Rosenkohl in Muskatbutter, Schwarzwurzel, Brokkoli, tournierter Sellerie, aber auch Pilze, gebackener Porree und gebackener Zucchini. Frisch fritierte pommes frites komplettieren diese Spezialität.

Wildschweinkoteletts Gourmet

4 Koteletts je 150 g, pariert
Öl
100 g Champignonfarce
Salz, Pfeffer
1 Zwiebel, feingehackt
50 g Bauchspeck, in feine Würfel geschnitten
0,1 l Weißwein, Ketchup, saure Sahne

Zum Füllen in die Koteletts eine Tasche einschneiden, leicht plattieren, mit Champignonfarce füllen, mit Holzspießchen zustecken und würzen. Speckwürfel in Öl auslassen, Zwiebelwürfel und Koteletts dazugeben und langsam braten, bis die Koteletts saftig und die Zwiebeln schön goldbraun sind. Holzspieße entfernen. Koteletts anrichten, Bratsatz mit Weißwein ablöschen, mit Ketchup verkochen und über den Koteletts anrichten. Sofort mit Kartoffelkroketten oder pommes frites und Bratapfel mit Schlehen reichen.

Anmerkung: Champignonfarce zur Hälfte aus Hackfleisch und Champignons zubereiten. Mit Ei binden.

Wildschweinkoteletts in Majorankruste

4 Koteletts je 150 g
Salz, Pfeffer
Wiener Panade
feingehackte Majoranblättchen
Öl

Die gut plattierten Koteletts würzen. Reibesemmel mit reichlich gehackten Majoranblättchen vermengen. Die Koteletts damit sorgfältig panieren und in heißem Öl knusprig braten. Mit Kartoffel-Lauch-Gratin und Kopfsalat mit Senfdressing reichen.

Wildschweinkoteletts, mit Holundermus überbacken

4 Koteletts je 150 ... 200 g
Koriander, zerdrückte Wacholderbeeren
Knoblauch, gemahlenes Lorbeerblatt
Salz, Pfeffer
Butter oder Margarine
100 g Holundermus
Reibesemmel und Butterflocken
oder holländische Soße

Die Koteletts einen Tag mit den Gewürzen marinieren. Bei Bestellung mit Salz und Pfeffer würzen und in heißer Butter saftig braten. Das Fleisch soll innen noch leicht rosa sein. Die Koteletts anrichten, mit Holundermus bestreichen und mit Reibesemmel und Butterflocken oder holländischer Soße überbacken. Mit Pariser Kartoffeln anrichten.

Wildschweinkoteletts mit Sauerkirschen

4 Koteletts je 150 g, pariert, plattiert
60 g Öl
4 Scheiben Bauchspeck
400 g Sauerkirschen, entsteint, mit etwas Fond
4 cl Weinbrand
Salz, Pfeffer, Wacholder
Sahne, Orangenschale, in sehr feine Streifen geschnitten

Koteletts würzen, mit dem Speck in heißem Fett saftig braten und warmstellen. Im Bratsatz die Sauerkirschen erhitzen und mit Weinbrand flambieren. Koteletts anrichten, mit Speck belegen, mit den Sauerkirschen überziehen, mit etwas Sahne garnieren und mit Orangenschalenstreifen bestreuen. Dazu schmecken Kartoffelkroketten.

Wildschweinpörkölt

600 g schieres Wildschweinfleisch von Blatt, Hals oder Brust, in grobe Stücke geschnitten, mit Mehl bestäubt
80 g Öl oder Schweineschmalz
3 große Zwiebeln, in feine Würfel geschnitten
30 g Gewürzpaprika, edelsüß
1 Knoblauchzehe, mit Salz zerrieben
gemahlener Kümmel, Salz, Pfeffer
0,1 l Weißwein
100 g Tomatenfleischwürfel
200 g Würfel von rotem Gemüsepaprika
saure Sahne

Das Fett in einem Schmortopf stark erhitzen, die Zwiebelwürfel dazugeben und blondieren, Fleischstücke, Paprika und Gewürze hinzugeben, alles gut verrühren und nur kurz rösten. Sofort Weißwein und etwas Wasser dazugießen, Topf abdecken und langsam köcheln lassen. Dabei öfters umrühren. Nach etwa 40 min Tomaten- und Paprikawürfel dazugeben, nachwürzen, gut vermengen, wenn erforderlich noch etwas Wasser nachgießen und abgedeckt langsam fertiggaren.

Pörkölt in Assiette mit sauer Sahne anrichten. Mit Nocken, Spätzle oder Salzkartoffeln servieren. Wird das Pörkölt auf Tellern angerichtet, zusätzlich mit Ringen von rotem und grünem Gemüsepaprika sowie Tomatenecken und Petersilie garnieren.

Wildschweinragout, exotisch

600 g Fleisch von Blatt oder Brust,
in größere Würfel geschnitten
80 g Butter oder Margarine
2 Zwiebeln, feingehackt
Salz, Ingwer, Koriander, Zucker,
Wacholderbeeren, Lorbeerblatt
Sambal Oelek (Pfefferschotenextrakt)
Knoblauchpulver (alle Gewürze fein gemahlen)
Mirin, Mehlbutter

Das Fleisch zusammen mit Zwiebelwürfeln und reichlich Gewürzen in heißem Fett unter ständigem Rühren hellbraun anbraten. Sofort mit Mirin und Fleischbrühe oder Wasser auffüllen, so daß die Fleischwürfel gerade bedeckt sind. Sambal Oelek dazugeben und langsam garziehen lassen. Ragout mit Mehlbutter binden, mit Zitronensaft pikant abschmecken. Dieses Gericht ist von der indonesischen Küche abgeleitet. Es darf also sehr scharf gewürzt werden.

Passende *Beilagen* sind Risotto, Curryreis oder Teigwaren. In Butter angeschwenkte Früchte, wie Mandarinenfilets, halbe Pfirsiche oder gebratene bzw. fritierte Bananen, sind eine vorzügliche Ergänzung.

Wildschweinragout mit Tomaten

600 g Wildschweinfleisch, in grobe Stücke geschnitten

Marinade:
0,1 l Rotwein
4 cl Weinbrand
Thymian, Rosmarin, Lorbeer
100 g Möhren
100 g Zwiebeln
1 Bund Petersilie

Salz, Pfeffer
40 g Mehl
60 g Öl
100 g Bauchspeck, in feine Würfel geschnitten
100 g Zwiebeln, feingehackt
400 g Tomatenfleischwürfel
Wildjus

Fleischwürfel zwei bis drei Tage in die Marinade legen, dann abtropfen lassen, würzen, in Mehl wenden und in heißem Öl bei öfterem Wenden schön braun braten. Inzwischen Speckwürfel in einer feuerfesten Servierkasserolle auslassen. Zwiebelwürfel dazugeben und alles leicht bräunen. Jetzt die Fleischstücke und die Tomatenwürfel dazugeben, alles gut vermengen und mit

Wildjus sowie der passierten Marinade gerade bedecken. Nochmals gut würzen, Gefäß gut verschließen und etwa 1 h langsam garen. Ragout im Gargefäß servieren.

Beilagen: Spätzle, Nudeln, Kartoffelpüree oder Kartoffelkroketten.

Wildschweinrouladen

4 Rouladen je 150 g, plattiert
60 g Bauchspeck, in Würfel geschnitten
120 g Wildfarce mit Pilzen
Salz, Pfeffer, Senf, Wacholder, gestoßen
80 g Margarine oder Schmalz
Mehl, Mirepoix
2 Zwiebeln, in grobe Würfel geschnitten
Knochen, kleingehackt, und Parüren
vom Wildschwein

Wildschweinkeule gut parieren, gleichmäßige Fleischscheiben schneiden, plattieren und auf einer Arbeitsfläche breitlegen. Dann mit etwas Senf bestreichen, würzen, gleichmäßig mit Speckwürfeln und der Fleischfarce belegen. Rouladen zusammenrollen, binden oder zusammenstecken, in Mehl wenden und in heißem Fett mit Zwiebelwürfeln, Mirepoix, Knochen und Parüren scharf anbraten. Dabei öfters umrühren, damit sich keine Bitterstoffe bilden. Bratsatz mit Fleischbrühe oder Wildjus mehrmals ablöschen, bis sich eine schöne braune Farbe gebildet hat. Dann mit Brühe oder Wasser auffüllen, nochmals würzen und Rouladen zugedeckt garen. Fond mit Mehl binden, passieren, nachwürzen und über den Rouladen anrichten. Mit Kartoffelpüree oder Spätzle sowie frischen Salaten oder Auberginenauflauf servieren.

Wildschwein-Tokany

600 g schieres Fleisch
100 g Bauchspeck, in feine Würfel geschnitten
150 g Zwiebeln, in feine Würfel geschnitten
Salz, Pfeffer, Gewürzpaprika, edelsüß
1 Knoblauchzehe, zerrieben
0,2 l Weißwein
100 g saure Sahne

Das Fleisch in Streifen schneiden und einen Tag mit Weißwein marinieren. Bauchspeckwürfel in einem Schmortopf auslassen. Zwiebelwürfel dazugeben und zusammen blondieren. Dann Fleischstreifen und Gewürze dazugeben. Schmortopf abdecken, Fleisch unter öfterem Rühren im eigenen Saft schmoren. Wenn erforderlich etwas Weißwein nachgießen. Zuletzt

Sahne dazugeben und aufgedeckt noch einige Minuten köcheln lassen. Der Fond soll leicht dicklich sein. Tokany nachwürzen und sehr heiß mit Risotto, Tomaten- oder Pilzreis oder Speckklößchen anrichten.

Nach gleichem Rezept Tokany von anderem Wildbret oder Kaninchen zubereiten. Charakteristisch für Tokany ist, es soll im eigenen Saft geschmort werden. Statt Gewürzpaprika ist Tomatenmark oder Pritamin zu verwenden. Gerade Pritamin gibt dem Tokany einen würzigen Geschmack und eine schöne Farbe. Soll auf Sahne verzichtet werden, ist entsprechend mehr Weißwein zu verwenden.

Wildschweinrücken in Brotkruste

Einen Wildschweinrücken entsprechend parieren, gut würzen und rosa braten. Inzwischen feine Roggenbrotkrumen mit gehackter Petersilie, mit Salz zerdrückter Knoblauchzehe, in Butter angeschwitzten Zwiebelwürfelchen und zerlassener Butter zu einem dicklichen Brei verrühren. Den Rücken mit dem Brei etwa 1 cm dick bestreichen und im Grill gratinieren. Wildschweinrücken mit der Kruste tranchieren. Mit Wildpfeffersoße und Speckpilzen sowie Kartoffelkroketten reichen.

Wildschweinrücken in Kruste mit Apfelsoße

300 g Wildschweinrücken je Person
Butter oder Margarine
2 Zwiebeln, in Scheiben geschnitten
Bauchspeck und Apfelstreifen
Salz, Pfeffer, Wacholderbeeren, Gewürzkörner, Thymian, Rosmarin
0,1 l Weißwein
saure Sahne
Reibesemmel
Reibekäse
Butterflocken

Wildschweinrücken vom Fett befreien und enthäuten. Dann jedes Rückenfilet im Wechsel mit Bauchspeck- und Apfelstreifen spicken, gut würzen und in heißem Fett mit Zwiebeln scharf anbraten, mit saurer Sahne begießen und unter öfterem Überziehen mit dem Bratfond saftig braten. Inzwischen Reibesemmel mit Reibekäse vermengen (am besten eignet sich Parmesankäse), dick auf dem Rücken verteilen, etwas salzen, mit reichlich Butterflocken bestreuen und im Grill-Salamander oder in der heißen Backröhre kroß überbacken. Rücken vorsichtig

in dickere Scheiben tranchieren. Die Kruste soll haften bleiben. Den Bratsatz mit Rotwein und Sahne verkochen, pikant abschmecken, passieren, in wenig Butter sautierte Apfelwürfelchen dazugeben und gesondert reichen.

Passende *Beilagen* sind frische Speck- oder Weinkartoffeln und Kastanien- oder Maronenpüree, im pochierten Apfel bzw. auf Orangenscheiben dressiert.

Hinweis: Wildschweinrücken ebenso mit Sauerampfersoße zubereiten.

Wildschweinrücken in Sanddornsaft

600 g Rückenfilet, ohne Fett, pariert
Sanddornsaft
Rotweinsoße
Öl zum Bestreichen

Rückenfilet etwa einen Tag in Sanddornsaft marinieren, gut abtropfen lassen, würzen mit Öl bestreichen und im Grill bei starker Hitze saftig braten. Dabei öfters mit dem Öl und der Marinade bestreichen. Den entstehenden Bratfond auf einem Randblech auffangen und mit Sanddornsaft in etwas Rotweinsoße kurz verkochen. Soße gesondert reichen.

Beilagen: Spätzle, Kartoffelpüree oder Macaire-Kartoffeln.

Wildschweinrücken in Wacholderrahm

300 g Rücken je Person
80 g Speck, in dünne Scheiben geschnitten
40 g Butter
2 Zwiebeln, zerstoßene Wacholderbeeren
4 cl Wacholderbranntwein oder Gin
Sahne
1 Zitrone, Saft ausgepreßt

Rücken entfetten, gut parieren, mit Salz, Pfeffer und reichlich Wacholder einreiben, mit Speckscheiben belegen und in Butter mit Zwiebelscheiben in der Bratröhre braten. Die Rückenfilets sollen schön saftig und innen leicht rosa bleiben. Speckscheiben dann entfernen, Rücken mit Wacholderbranntwein übergießen und bräunen lassen. Bratsatz mit Wildsoße oder Rotweinsoße sowie Sahne und Zitronensaft verkochen, passieren und gesondert reichen. Zur Verfeinerung der Soße etwas Apfelmus beifügen.

Passende *Beilagen* sind Kartoffelklöße und Rotkohl oder Kartoffelkroketten und Rosenkohl mit Speck und Zwiebeln angeschwenkt.

Anmerkung: Damit sich der Rücken beim Braten nicht deformiert, immer einen Metallstab in das

Rückgrat schieben. Zum Braten im ganzen ist besonders das sogenannte Sattelstück geeignet.
Gebratener Wildschweinrücken schmeckt weiterhin mit Quitten-, Sauerkirsch-, Estragon-, Pfeffer-, Rosmarin-, Pomeranzen-, Zitronen-, Stachelbeer-, Oliven- oder Granatapfelrahm.

Wildschweinschulter in Malzbiersoße
800 g Schulterfleisch
Malzbier
Salz, Pfeffer, Mirepoix
Schmalz
Wildjus
Das Fleisch 2 Tage in Malzbier einlegen. Danach herausnehmen, würzen, in Mehl wälzen und in heißem Schmalz mit Mirepoix auf allen Seiten stark anbraten. Mit Malzbier und Wildjus auffüllen, abdecken und fertigschmoren. Das Fleisch tranchieren, die Soße passieren, abschmecken und gesondert reichen. Mit Knoblauchspaghetti, Spinatspätzle oder Anna-Kartoffeln servieren.

Wildschweinschulter, überkrustet mit Preiselbeersoße
800 g Wildschweinschulter, ohne Knochen
Salz, Wacholderbeeren, Pfefferkörner
2 Zwiebeln, feingehackt
100 g Möhren, geraspelt
0,1 l Rotwein, Rotweinessig, Wasser
60 g Schwarzbrot, gerieben
30 g Butter
1 Zitrone, Schale abgerieben,
Saft ausgepreßt
Mehlbutter
150 g Preiselbeeren (Konserve)
Schulterstück mit Gewürzen, Gemüse, Rotwein, Essig und etwas Wasser in einen gut schließenden Schmortopf geben und etwa 2 h simmern lassen, bis das Fleisch fast weich ist. Dann aus dem Topf nehmen und warmstellen. Aus dem Reibebrot, etwas Zucker, Butter und einer Prise Salz eine Paste bereiten. Das Fleisch damit bestreichen, in einen anderen Schmortopf geben und bei etwa 200 °C ohne Deckel in der vorgeheizten Bratröhre überbacken, bis sich eine schöne Kruste gebildet hat. Fleisch auf einer entsprechenden Platte anrichten. Garflüssigkeit inzwischen mit Preiselbeeren und Zitronensaft verkochen, mit Mehlbutter binden, im Mixer pürieren und getrennt servieren. Die Brotkruste muß knusprig bleiben.

Beilagen: frische Speckkartoffeln und Pilze sowie Dunstbirnen oder Schmoräpfel mit Ahornsirup.

Wildschweinsteak – einmal anders
4 Steaks je 150 g vom Rückenfilet, geschnitten, gut pariert und plattiert
Salz, Pfeffer, Gewürzmischung, Mehl
Öl, Fleischglace
4 große, frischgebackene Kartoffelpuffer
4 Apfelringe, pochiert, in Butter gebraten
100 g Preiselbeeren (Konserve)
Steaks gut würzen, in Mehl wenden, Mehl andrücken und in heißem Öl rasch saftig braten. Steaks auf Kartoffelpuffer anrichten, mit etwas Fleischglace überziehen, mit Apfelringen belegen, mit Preiselbeeren füllen und sofort servieren. Anstelle von Preiselbeeren schmeckt auch warme Cumberlandsoße.
Anmerkung: Wer die fruchtige Variante nicht bevorzugt, sollte dafür Pilzhaschee oder feingehackte, in Butter angeschwenkte Mixed Pickles vorziehen.

Wildschweinsteak, in Kasserolle gegart
4 zarte Wildschweinsteaks, pariert, plattiert
0,2 l Rotwein
1 Zwiebel, in Scheiben geschnitten
je 100 g Möhren und Sellerie, in Streifen geschnitten
Salz, Pfefferkörner, 1 Lorbeerblatt, Knoblauch, gehackte Kräuter
Steaks mit Rotwein, Gemüse und Gewürzen etwa 2 Tage marinieren. Die Steaks zusammen mit der Marinade in eine gut schließende Kasserolle geben und ebenfalls mit etwas Rotwein leicht bedecken. Kasserolle mit einer Teigrolle aus Mehl und Wasser hermetisch abdichten. Kasserolle etwa 20 min in die vorgeheizte Backröhre schieben. Wildschweinsteaks in Kasserolle servieren. Erst am Tisch öffnen. Kartoffelkroketten oder Kartoffelpüree sowie Pilze und ungesüßtes Apfelmus sind geeignete *Beilagen*.
Anmerkung: Die Teigrolle läßt sich leicht entfernen, wenn der Mischung einige Tropfen Öl zugefügt werden. Der Clou zum Clou: in Backteig gebackene Holunderblüten oder Herzkirschen mit Stiel, jeweils drei Stück im Bündel, ebenfalls im Backteig gebacken.

Wildschweinsteak in feinen Kräutern
(fines herbes)

4 Rückensteaks je 150 g, gut pariert
Öl
400 g Sellerie, Möhren, Petersilie, Porree,
Zwiebeln, Kräuter, alles fein gehackt
Salz, Pfeffer, zerdrückte Wacholderbeeren
1 Zitrone, Saft ausgepreßt
0,1 l saure Sahne
0,1 l Rotweinsoße
Rückensteaks kräftig würzen und in heißem Öl
zusammen mit den gehackten Gemüsen scharf
braten. Die fertigen Steaks entnehmen, das Gemüse ist inzwischen schön braungeröstet. Sahne
und Rotweinsoße sowie Zitronensaft dazugeben,
alles etwa 5 min simmern lassen und über den
Steaks anrichten.
Beilagen: Anna-Kartoffeln oder Kartoffeln
Bäckerinart.
Hinweis: Zuletzt etwas feingehackten Kerbel
dazugeben. Kerbel unterstreicht die Würzkraft
der Kräuter.
Wildschweinsteaks sind in vielen Varianten zu
bereiten. Gerade bei Wildschwein sollte der Mut
zum Würzen nicht fehlen. Das würzige Fleisch
läßt sich die Kombination mit scharfen und
exotischen Gewürzen gern gefallen. Einige Möglichkeiten:

- Soße mit Johannisbeergelee
  und englischem Senf
- mit Senffrüchten und Currykroketten
- mit Kürbisgemüse und Safranrahm
- mit Steinpilzschmand und Mohnkrusteln
- Sauerampferpüree mit grünem Pfeffer
- Apfelgemüse in Honig-Bier-Marinade
- gefüllte Ananasscheibe mit Zimt
  und Honig-Zitronen-Butter
- gebratene Auberginenscheiben
  und Pfeffersoße
- Gurkenrahmsoße, Spinatflan

Wildschweinsteak mit Apfelspalten
4 Steaks je 150 g
Butter oder Margarine
Salz, Pfeffer, Mehl
400 g Apfelspalten
60 g Speck, in feine Würfel geschnitten
1 große Zwiebel, feinwürfelig geschnitten
Wildschweinsteaks würzen, mehlieren, in heißem
Fett saftig braten und anrichten. Im Bratfett
Apfelspalten goldgelb braten und auf den Steaks
verteilen. Speck- und Zwiebelwürfel ebenfalls
goldgelb braten und auf die Apfelspalten geben.
Steaks sofort mit Strohkartoffeln und etwas Ros-
marinsoße servieren.
Wildschweinsteaks sind auf gleiche Weise mit geschmorten Gurkenkugeln, gedünsteten Auberginen, Zucchini oder Tomatenfleischwürfelchen
zu kombinieren.

Wildschweinsteak mit Lauchkruste
4 Steaks je 150 g
Salz, Pfeffer, Mehl
Schmalz
200 g Lauch
Den Lauch in feine Streifchen schneiden, salzen,
pfeffern und mit Butter und etwas Zitronenessig
bißfest dünsten.
Die Steaks braten, in eine feuerfeste Servierkokotte legen. Den Lauch auf den Steaks verteilen, Reibesemmel, vermengt mit geriebenem
Käse, darübergeben. Zuletzt mit Butterflocken
versehen und im Grill gratinieren. Sofort mit
Knoblauch- oder Gurkensoße und Salzkartoffeln
reichen.

3.9. Sonstige Wildspeisen

Bärenkeule in Burgunder
Bärenkeule gut parieren und mit Kräutern, Rosmarin, Thymian und Zwiebeln 4 bis 5 Tage in
Rotwein beizen. Abtropfen lassen, gut abtupfen,
salzen und kräftig anbraten. Dabei etwas Zucker
dazugeben. Die Rotweinbeize angießen, Keule
darin fertigschmoren. Mit Apfelrotkohl und
Kartoffelkroketten anrichten.

Elchsteak in Zwiebelrahm
4 zarte Steaks je 150 g (vom Rückenfilet)
Butter oder Margarine
200 g Zwiebeln, feingeschnitten
Sahne
Die Steaks gut plattieren, mit Salz und Pfeffer
würzen, mehlieren, in heißem Fett saftig braten,
anrichten und heißstellen. Die Zwiebeln in das
Bratfett geben, weichdünsten, mit Sahne kurz
köcheln lassen, pikant abschmecken, passieren
oder im Mixer pürieren und über die Steaks
geben. Mit Kartoffelpüree oder Salzkartoffeln
anrichten. Elchsteaks werden in den skandina-
vischen Ländern weiterhin mit Morchelsoße, mit
geriebenem Meerrettich, pikant mariniert, oder
auch mit gebratenen Zwiebelringen bevorzugt.

Hinweis: Obwohl der Elch die größte Hirschgattung ist, wird Elchfleisch allgemein wie Rindfleisch verarbeitet. Der Ziemer des Spießers ist besonders geschätzt. Elchpfeffer und Elchragout sind sehr schmackhafte Gerichte. Des weiteren wird Elchfilet für kurzgebratene Speisen verarbeitet. Aber auch Elchrouladen, Elchbraten oder Klopse aus Elchfleisch sind in Skandinavien populär. Typische Gewürze und Ingredienzien bei der Verarbeitung von Elch sind Wacholderbeeren, Meerrettich, Pfefferkörner, Thymian, geräucherter Speck, Wodka oder Aquavit und Bier. Ein weiteres Novum: Elchzungen werden als besondere Spezialität geräuchert.

Gebackene Bärentatzen

Die Tatzen oberhalb des Fußgelenkes absägen und sorgfältig säubern. Damit sich die Hornhaut von den fleischigen Sohlenpolstern besser ablöst, ist es zweckmäßig, die Tatzen kurz zu blanchieren. Die gesäuberten Tatzen in kräftigem Fond mit Wurzelwerk kochen, ausbeinen und pressen. Die kalten Tatzen in Scheiben schneiden, panieren und backen.
Beilagen: Kartoffelsalat oder Salzkartoffeln, pikante Soßen und frische Salate.
Hinweis: Bärentatzen schmecken auch gegrillt; die Scheiben mit Öl, Salz, Pfeffer und Zitronensaft marinieren und auf dem heißen Grill sehr schnell grillen. Mit Teufelssoße und Strohkartoffeln anrichten.

Gebratene Bärentatzen

Bärentatzen wie für »Gebackene Bärentatzen« fast gar kochen, in kaltes Wasser legen, die Knochen mit einem spitzen Messer auslösen, die Krallen nach innen durchstoßen. Die Höhlungen sofort mittels Lochtülle mit würziger Wildbretfarce füllen, damit die Haut nicht zusammenklebt. Es ist zu beachten, daß alle Hohlräume ausgefüllt werden. Die so präparierten Tatzen in Schweinsnetz hüllen und auf einem geölten Blech in der Bratröhre braten. Die Tatzen am Tisch tranchieren.
Beilagen: pommes frites oder Pariser Kartoffeln, Teufelssoße und feines Mixed Pickles.

Gebratener Bär

Das Fleisch auslösen, vom überschüssigen Fett befreien und 3 bis 4 Tage in Rotweinbeize einlegen. Dann gut abtropfen lassen, in heißem Fett mit reichlich Mirepoix anbraten, mit der Beize

und Wildjus auffüllen und fertiggaren. Zum Würzen Salz, Pfeffer, Wacholder und Rosmarin zugeben.
Beilagen: Kartoffelklöße und Rotkohl.
Hinweis: Das Fleisch des Bären ist zum Kurzbraten nicht geeignet, es wird geschmort oder für würzige Ragouts verarbeitet.

Mufflonkoteletts mit Äpfeln in saurer Sahne

4 Koteletts je 175 g, gut pariert
800 g säuerliche Äpfel
Butter
2 cl Calvados
0,2 l saure Sahne
50 g Fleischglace
Die Äpfel schälen, vierteln, vom Kerngehäuse befreien und in Spalten schneiden. Die Koteletts gut plattieren, würzen, in heißer Butter braten, anrichten und heißstellen. Dann die Apfelspalten im Bratfett anschwenken, Calvados, saure Sahne und Fleischglace dazugeben, alles einige Minuten dünsten lassen. Zuletzt mit Zitronensaft sowie Gewürzpaprika, edelsüß, abschmecken. Die Apfelspalten über den Koteletts verteilen. Mit Kartoffelpüree oder Kartoffelkroketten reichen.
Anmerkung: Das Fleisch von Mufflon (Wildschaf) allgemein wie Reh- oder Lammfleisch verarbeiten. Das Fleisch junger Tiere ist meist fett. Das Fleisch von älteren Tieren muß mariniert werden. Nachfolgende Kombinationen eignen sich besonders für Mufflonspeisen:
• dünsten mit weißen Bohnen und Mirepoix schmoren in Rotwein mit Tomaten, Zucchini, Auberginen und Bleichsellerie
• braten, mit gedünstetem Porree und Pfeffersoße anrichten
• braten, mit Selleriemus und Ananassoße reichen

Mufflonrückensteak mit gedünstetem Lauch und Ananas-Pfeffer-Soße

4 Rückensteaks je 150 g
600 g zarter Lauch
Butter, Salz, weißer Pfeffer
0,2 l Pfeffersoße
Die Steaks aus dem völlig parierten Rückenfilet schneiden, plattieren, würzen und saftig braten. Den Lauch sorgfältig waschen, in etwa 5 cm lange Stücke schneiden, mit Salz und weißem Pfeffer würzen und in Butter dünsten. Ananas in Würfelchen schneiden und kurz mit der Pfeffer-

soße verkochen. Die Steaks mit dem Lauch anrichten. Ananas-Pfeffer-Soße und Kartoffelbällchen gesondert reichen.
Hinweis: Lauch ist ein delikates Gemüse, besonders für Wildbret passend. Variationen: Lauchstücke blanchieren, panieren oder durch Backteig ziehen und fritieren. Aber auch in dünne Speckscheiben einhüllen und gratinieren. Dazu passen Weinkartoffeln.

Rentierbraten

800 g Keule, ausgelöst
50 g Öl
Mirepoix, Wildknochen
Sahne
Apfelmus, Preiselbeergelee
Das Fleisch etwa zwei Tage in Rotweinbeize legen. Bei Verarbeitung gut abtropfen lassen, in heißem Fett mit Mirepoix und Wildknochen kräftig anbraten, mit der Beize auffüllen und mit Salz und Wacholderbeeren würzen. In der Bratröhre unter öfterem Begießen braten. Den Fond passieren, mit Apfelmus binden, mit Sahne und Preiselbeergelee verfeinern und pikant abschmecken. Braten tranchieren, anrichten, mit der Soße überziehen.
Beilagen: Nußkartoffeln und frische Pilze.

Rentiernüßchen in Portweinsahne

8 Nüßchen je 75 g
Salz, Pfeffer, gemahlener Wacholder, Thymian, Öl
Butter oder Margarine
Portwein
Sahne
Fleischglace
Die Nüßchen aus dem parierten Rückenfilet schneiden, gut plattieren und mindestens 2 h mit Öl und Gewürzen marinieren. Dann salzen, mehlieren, in heißem Fett rasch braten und anrichten. Das Fett abgießen, den Bratsatz mit Portwein loskochen, Sahne und Fleischglace dazugeben, abschmecken und sofort über die Nüßchen geben. Mit Mandelkroketten und Champignons servieren.
Hinweis: Von tiefgefrorenem Rentierfleisch lassen sich maschinell sehr dünne Schnitzel schneiden. Dazu eignen sich vor allem Keule und Rückenfilet. Rentierfleisch ist wohlschmeckend und zart, besonders von jungen Tieren. Jüngere Tiere verarbeitet man wie Reh. Das Fleisch von älteren Tieren sollte mariniert werden. Be-

sondere Spezialitäten von Rentier sind die geräucherten Zungen sowie die Schinken. Als Delikatesse gilt das Knochenmark. Dazu werden die Markknochen in etwa 15 cm lange Stücke gesägt und 10 min in würzigem Fond gekocht. Die Knochen werden zum Beispiel zu gekochten Rentierzungen gereicht. Dazu gibt es dünne Holz- oder Metallstäbchen, um das Mark aus den Knochen zu drücken. Die beliebtesten Speisen von Rentier sind gebratener Rücken, Steaks, Schnitzel, Koteletts und gekochte Zunge.

Sautierte Elchspäne

800 g tiefgefrorenes Elchfleisch
100 g Bauchspeckstreifen
Fleischglace, Sahne, Preiselbeergelee
Von dem tiefgefrorenen Fleisch etwa 3 mm dicke Späne hobeln. Inzwischen den Speck auslassen, das Fleisch dazugeben und bei starker Hitze sautieren. Zuletzt würzen. Das Fleisch soll rundum braun und innen saftig sein. Die fertigen Fleischspäne anrichten. Im Bratsatz Fleischglace, Sahne und Johannisbeergelee kurz verkochen und über dem Fleisch verteilen. Mit Kartoffelschnee oder Kartoffelpüree sowie Pilzen servieren.
Hinweis: Da Elch- und Rentierfleisch tiefgefroren angeboten wird, empfiehlt sich diese Zubereitungsart.

3.10. Kulinarisches von Fasan

Fasanen zählen zu den Standvögeln. Sie sind über ganz Europa verbreitet und lieben dichte Gebüsche und Haine, die fruchtbar und wasserreich sind. Im Hochwald sind Fasane selten anzutreffen. Das Alter von Fasanen erkennt man am einfachsten an der Biegsamkeit des Brustbeines und an den ausgeprägten Sporen. Das Brustfleisch ist relativ fettarm. Zum Braten muß der Vogel bardiert werden. Das Brustfleisch von jungen Tieren oder Zuchtfasanen eignet sich vorzüglich zum Kurzbraten. Grundsätzlich ist das delikate Wildgeflügel saftig und innen leicht rosa zu braten. Die Keulen sind zweckmäßig für Salpikons oder Farcen zu verarbeiten. Zuchtfasanen sind im Geschmack meist nicht so pikant wie Wildfasanen.
Haut und Federkleid von Wildgeflügel sind oft mit Parasiten behaftet. Deshalb wird empfohlen, Wildgeflügel nicht zu rupfen, sondern zu häuten.

Der oftmals penetrante Geruch und Geschmack der Haut wird damit von vornherein beseitigt.

Fasanenbrust mit Spargelspitzen

4 Fasanenbrüste, ausgelöst, enthäutet
80 g Butter oder Margarine
Salz, weißer Pfeffer, Zitronensaft, Mehl
Spargelspitzen

Fasanenbrüste in drei Stücke schneiden, plattieren, würzen, mehlieren und in heißem Fett rosa braten. Mit Bratfett anrichten, mit Spargelspitzen belegen und sofort mit Béarner Soße und Kräutersträußchen servieren. Zum Garnieren frischen grünen Salat, Tomatenröschen und Zitronenecken verwenden. Die Spargelspitzen wirken mit einem Dillzweig und einem Streifen von rotem Gemüsepaprika besonders attraktiv.

Fasanenbrust mit Chicorée im Tontopf

2 Fasane
4 Chicoréestauden
Butter
Salz, Pfeffer, Wacholder, Lorbeerblatt

Die Fasanenbrüste auslösen und enthäuten. Von den Karkassen und den Keulen kräftige Fasanenjus zubereiten. Die Fasanenbrüste in Butter kurz anbraten und in einem ausgebutterten Tontopf auf blanchierte Chicoréestauden legen. Alles würzen, etwa $1/2$ l Fasanenjus angießen, den Deckelrand mit Eigelb einstreichen und mit einem 2 cm breiten Teigrand versiegeln. Fasanenbrust bei 200 °C etwa 15 min in der Bratröhre garen. Tontopf am Tisch öffnen. Mit grünen Spätzle oder Kartoffelkroketten servieren.

Fasanenbrust, rosa gebraten, mit Calvadosrahmsoße

4 Fasanenbrüste
Salz, weißer Pfeffer
geklärte Butter
8 cl Calvados
Crème fraiche

Die Brüste häuten, leicht plattieren, würzen, in heißer Butter rosa braten, sofort anrichten und heißstellen. Den Bratfond mit Calvados ablöschen, mit Crème fraiche vermengen, abschmecken und über das Fleisch geben. Sofort mit Haselnußkroketten und Spargel-Tomaten-Salat servieren.
Der Clou für diese Köstlichkeit: in Weinteig gebackene Akazienblüten.

Fasan mit Ananas

2 Fasane, zerteilt
80 g Butter oder Margarine
Salz, Pfeffer, Ananassaft, Sahne, Zitronensaft
Weinbrand

Fasanen halbieren, Brust und Keule trennen, Flügelknochen und Unterschenkel ablösen. Die Stücke in heißem Fett auf allen Seiten anbraten, mit Salz, Pfeffer und Zitronensaft würzen und zugedeckt in der Bratröhre braten. Die zarten Bruststücke ausstechen. Die festen Schenkel müssen etwas länger garen. Alle Stücke in eine Sauteuse geben und abdecken. Den Bratfond mit Weinbrand abbrennen, mit Ananassaft, Sahne und Zitronensaft verkochen, über die Fasanenstücke geben, gefällig mit Ananasringen belegen, alles etwa 5 min in der Sauteuse simmern lassen. Dann sofort mit Mandelkroketten servieren.
Eine weitere Variante: Fasan mit Kiwi- oder Honigmelonenscheiben, aber auch mit Weinbeeren, Mandarinen, Äpfeln, Maronen oder Pfirsichen zubereiten. Zum Garnieren eignet sich besonders ein Sträußchen frische Kresse.

Fasan mit Apfelsoße

2 junge Fasane
Butter oder Margarine
1 kleine Zwiebel, feingehackt
4 dicke Scheiben Bauchspeck
Salz, Pfeffer, etwas Knoblauch
4 Äpfel, entkernt, geschnitten
Sahne
Weißwein

Fasan von innen und außen würzen, in heißem Fett mit Zwiebelwürfelchen anbraten, mit Weißwein ablöschen, mit Bauchspeck belegen und in der Bratröhre bei mittlerer Hitze braten. Dabei öfters mit dem Bratfond begießen. Fasan zerteilen, mit den Speckscheiben belegen und warmstellen. Inzwischen im Bratfond die Apfelscheiben schmoren, alles pürieren, mit Sahne verfeinern, Soße mit Salz und Pfeffer abschmecken, nochmals erhitzen und gesondert reichen. Fasan mit Kartoffelbällchen und in Butter gedünsteten Champignons servieren. Anstelle der Äpfel diese Spezialität mit Zitronensaft, Granatapfelsaft, Stachelbeeren, Rosmarin, Pomeranzenschale, Schlehen- oder Hagebuttenmark aromatisieren. Einen exotisch-orientalischen Hauch erhält man mit Zitronat, Zucker, Kardamom und Malvasier.

Hinweis: Wildgeflügel zum Braten einige Salbeiblättchen in die Bauchhöhle geben. Der besondere Geschmack des Fleisches wird dadurch vorteilhaft beeinflußt.

Hinweis: Das »rosa« Braten von Wildgeflügel ist umstritten. Das wertvolle Fleisch muß jedoch saftig bleiben. Dazu folgende Alternative: Wildgeflügel in gewürztem Fond vorkochen und erkalten lassen. Bei Bedarf etwa 10 min in Butter braten. So bleibt das Fleisch saftig.

Fasan mit Feigen

2 junge Fasanen, bridiert und bardiert
Butter oder Margarine
Salz, weißer Pfeffer
8 kleine frische, abgezogene Feigen
Wildbrühe
Sahne

Hälse und Flügelknochen der Fasanen in einen Bräter geben, die gewürzten Fasanen darauflegen. Gefäß abdecken und bei schwacher Hitze in der Bratröhre etwa 45 min garen. Das Fleisch wird dabei weiß, und die Haut bleibt leicht rosa. Inzwischen die Feigen in zerlassener Butter etwa 10 min anschwitzen. Dann etwas Brühe und Sahne dazugeben. Feigen völlig garen und heißstellen. Fasanen halbieren, anrichten, mit den Feigen umlegen, warmstellen. Bratsatz der Fasanen mit etwas Brühe sowie der Soße der Feigen verkochen, bis sie dickflüssig ist. Mit etwas Zitronensaft pikant abschmecken und Fasan und Feigen damit überziehen. Sofort mit Mandelkroketten servieren.

Fasan mit Haselnüssen

2 Fasanen, längs halbiert
100 g gehackte Haselnüsse
Orangensaft, Traubensaft
Rotwein
grüner Tee
100 g Butter
Demiglace
Salz, weißer Pfeffer

Gehackte Haselnüsse mit zerlassener Butter und gleichen Teilen Orangen- und Traubensaft, Rotwein sowie grünem Tee verrühren und würzen. Halbe Fasanen in diesem Fond garziehen lassen, dann herausnehmen. Fond reduzieren, mit Demiglace verkochen und über die entbeinten Fasanen geben. Mit Kartoffelkroketten und Chicorée-Orangen-Salat servieren.

Fasanenleberspießchen

500 g Fasanenleber
dünne Schinkenspeckscheiben
Champignonköpfe
Salz, Pfeffer, Zwiebelwürfel
Öl

Die Leber sorgfältig putzen, mit Küchenkrepp trockentupfen, in Schinkenspeckscheiben einhüllen und mit Champignonköpfen auf geeignete Metallspieße stecken. Die Spießchen würzen und zusammen mit Zwiebelwürfelchen in heißem Öl rasch braten. Dabei öfters wenden und mit Öl begießen. Die Spießchen dürfen nicht direkt beieinander liegen. Sofort anrichten, die Zwiebelwürfelchen darübergeben.

Beilagen: Kartoffelpüree, Wildpfeffersoße und marinierte Artischockenherzen.

Gedünstete Fasanenbrust mit Gemüse

4 Fasanenbrüste
40 g Butter
0,2 l Weißwein, Fasanenbrühe
1 große Zwiebel, in feine Streifen geschnitten
je 100 g Möhren, Sellerie und Porree,
in sehr feine Streifen geschnitten
Salz, weißer Pfeffer
Mehlbutter
Sahne, Eigelb, Zitronenbutter

Fasenbrust sorgfältig auslösen und leicht plattieren. Von den Karkassen und der Haut kräftige Brühe bereiten. Fasanenbrüste in ein ausgebuttertes Gargefäß geben, mit den Gemüsestreifen umlegen, würzen, alles mit Weißwein und Brühe leicht bedecken, abdecken und in der Bratröhre bei mittlerer Hitze etwa 30 min dünsten. Fasanenbrüste anrichten, mit dem Gemüsestreifen belegen und warmstellen. Den Dünstfond sofort mit Mehlbutter verkochen, mit Sahne und Eigelb verfeinern, mit Zitronensaft pikant abschmecken, passieren und gesondert zur Fasanenbrust anrichten.

Beilagen: Risotto.

Diese Zubereitungsart eignet sich weiterhin für Hühnerbrüste, Enten und auch für Kaninchenrücken.

Anmerkung: Da die Fasanenkeulen, besonders von Wildfasanen, sehr sehnig sind, ist die Verarbeitung der Fasanenbrüste für viele Zubereitungsmöglichkeiten vorteilhafter.

Gefüllter Fasan

1 Fasan, etwa 1,2 kg

Farce:

150 g Pökelzungenwürfelchen
100 g Kochschinkenwürfelchen, 100 g frische Champignonwürfelchen
1 Zwiebel, in feine Würfel geschnitten, angeschwitzt, 2 Eier
Rosmarin, Petersilie, Salz, Pfeffer
1 Scheibe fetter Speck

Mehl, Sahne, Wasser
Den Fasan mit Salz und Pfeffer würzen und mit der pikanten Farce von Pökelzunge, Kochschinken, Champignons und Ei sowie den Ingredienzien füllen. Fasan zustecken oder zunähen und in der vorgeheizten Bratröhre mit der Speckscheibe ansetzen. Vorher würzen und mit zerlassener Butter übergießen. Den Bratsatz mit Wasser loskochen. Fasan herausnehmen, Soße mit in Sahne verrührtem Mehl binden und mit Sahne verkochen. Fasan tranchieren, mit der Soße sowie mit Zwiebelkartoffeln, Röstkartoffeln oder Karottenstiften und Rosenkohl, Kressetimbale oder Sauerampferpüree servieren.

Geschnetzelte Fasanenbrust mit Champignons

400 g Fasanenbrust, ausgelöst, enthäutet
geklärte Butter
Salz, Pfeffer, Zitronensaft
0,1 l Weißwein, Wildbrühe
400 g Champignons, blanchiert, geschnitten
Mehlbutter
gehackte Petersilie
Fasanenbrust feinblättrig schneiden und rasch in heißer Butter anbraten. Die weitere Zubereitung erfolgt wie bei »Geschnetzeltes Kaninchenfleisch mit Champignons«. Anstelle von Champignons schmeckt diese Spezialität ebenfalls mit Steinpilzen, Pfifferlingen, Maronen, Morcheln, aber auch mit Austernseitlingen.

Geschnetzelte Fasanenbrust in Tokajer

Wie vorstehend Fasanenbrust rasch in heißer Butter anbraten, mit Tokajer ablöschen und mit Sahne und Eigelb binden. Mit Speckpilzen und O'Brien-Kartoffeln reichen.

Gespickte Fasanenbrustschnitte in Wermutsahne

4 Fasanenbrüste, gespickt
geklärte Butter

Salz, weißer Pfeffer, Zitronensaft
0,1 l Wermut, weiß
0,1 l Sahne
Mehlbutter
Die gespickten Fasanenbrüste mit Salz, Pfeffer und Zitronensaft etwa 2 h marinieren. Dann mehlieren und in geklärter Butter bei mittlerer Hitze saftig braten. Fasanenbrüste auf einer vorgewärmten Platte heißstellen. Den Bratsatz mit Wermut ablöschen, mit Sahne verkochen, mit Mehlbutter unter ständigem Rühren binden, einige Minuten köcheln lassen, pikant abschmecken und passieren. Das Filet damit soßieren und mit gebutterten Orangenfilets garnieren.
Beilagen: Pistazienkroketten und Salat von frischen Champignons mit grünem Pfeffer.

Salpikon vom Fasan

400 g gebratenes Fleisch
100 g Champignons
100 g Pökelzunge
1/4 l Wildpfeffersoße
Die Zutaten in feine Würfel schneiden, mit der Soße anmachen und pikant abschmecken. Salpikon im Reisrand oder Kartoffelrand anrichten. Als Vorspeise in Blätterteigpastete füllen.

»Ach wie schön ist doch das Leben und wie schön läßt es sich plaudern, wenn man zu vieren ist und jeder sein Rebhuhn verzehrt.«

Sascha Guitry

3.11. Rebhuhnspeisen

Das Rebhuhn zählt zu dem am meisten verbreiteten Wildgeflügel. Sein Lebensraum umfaßt ganz Europa. Rebhühner lieben Landstriche mit bebuschten Hügeln und dichten Hecken. Junge Rebhühner erkennt man an gelblichen Beinen; ihr Schnabel ist dunkel gefärbt. Ältere Tiere haben graue Läufe. Rebhühner werden meist gebraten, aber auch zu Pasteten, feinen Ragouts und kalten Speisen verwendet. Alte Tiere eignen sich zum Schmoren, für Suppen und Farce, meist aber nur das Brustfleisch.

Junges Rebhuhn in Rotwein

4 junge Rebhühner bridieren, gut würzen, auf allen Seiten anbraten und in eine Sauteuse legen. Dazu glacierte Zwiebeln, Maronen und Champignonköpfe geben. Den vorher entstandenen Bratsatz mit Rotwein und Wildjus verkochen, über die Rebhühner passieren und alles zugedeckt etwa 15 min fertiggaren.

Beilagen: Kartoffelkroketten oder Kartoffel-Crêpes.

Rebhuhnbrust im Weinblatt

4 Rebhuhnbrüste, entbeint
4 große Speckscheiben
Weinblätter
Salz, Pfeffer
Butter
Weißwein, Geflügeljus
geriebene Muskatnuß, 1 Lorbeerblatt,
eine Prise Ingwer

Die Rebhuhnbrüste salzen, pfeffern, zuerst mit Speckscheiben, dann mit Weinblättern umhüllen, in einen ausgebutterten Bräter legen, mit zerlassener Butter übergießen und würzen. Den Bräter in die vorgeheizte Bratröhre bei etwa 160 °C schieben. Die Brüste unter öfterem Begießen langsam braten. Beginnen die Weinblätter Farbe zu nehmen, Weißwein und Geflügeljus angießen. Die fertigen Rebhuhnbrüstchen anrichten, den Fond pikant abschmecken, passieren, untersoßieren und mit Lorette-Kartoffeln oder pommes pont-neuf komplettieren. Zuletzt mit gerösteten Pistazienstiften überstreuen.

Hinweis: Rebhühner, auch im ganzen oder gefüllt, mit Weinblättern umhüllen. Das Fleisch erhält dann einen besonders typischen Geschmack.

Rebhuhnbrust im Wirsingblatt

4 Rebhühner
Mirepoix
Öl
Salz, Pfeffer, 1 Gewürznelke
8 bis 12 große, blanchierte Wirsingblätter
Salz, Pfeffer, Majoran
saure Sahne

Die Brüste sorgfältig auslösen. Die Karkassen fein hacken, mit Mirepoix in Öl kräftig rösten, würzen, mit Wildjus auffüllen und bis auf etwa 1/4 l kräftigem Fond reduzieren. Inzwischen die Brüste gut würzen, in heißer Butter braunbraten und in Wirsingblätter einhüllen. Die Wirsing-

pakete in eine gebutterte und mit Speckscheiben ausgelegte Servierkasserolle legen, den Fond darüberpassieren und abdecken. Die Rebhuhnbrüste in der Röhre fertiggaren. Zuletzt etwas saure Sahne darübergeben. Mit Olivenkartoffeln reichen.

Hinweis: Fleischspeisen im Wirsingblatt zusätzlich mit Pilzduxelles einstreichen, zuerst im Wirsingblatt einlegen und dann noch mit Blätterteig umhüllen. Dadurch erreichen besonders Wildspeisen einen erlesenen Geschmack und Duft.

Rebhuhnbrust mit Früchten

4 Rebhuhnbrüste
80 g Butter
Weinbrand, Curaçao
Fleischglace, Sahne
je 100 g Orangenfilets und entsteinte
Herzkirschen in Butter sautiert

Die Brüstchen in heißer Butter saftig braten, würzen und warmstellen. Den Bratsatz mit Weinbrand und Curaçao ablöschen, mit Fleischglace und Sahne verköcheln. Die Rebhuhnbrüstchen damit überziehen, mit den Früchten und Pistazien- oder Eierreis reichen. Auf gleiche Weise Rebhuhnbrüstchen zubereiten

● mit Apfelspältchen und Mandeln
● mit entkernten und geschälten Weinbeeren
● mit flambierten Sauerkirschen und grünem Pfeffer
● mit Avocadostreifen und frischen Erdbeeren
● mit Wildfrüchten, wie Schlehen, Hagebutten oder Ebereschen

Rebhuhn im Silberpäckchen

2 große junge Rebhühner
Butter oder Margarine
Salz, Pfeffer, gehackte Petersilie
abgeriebene Zitronenschale
4 große Scheiben Bauchspeck
40 g Nußbutter

Ausgenommene Rebhühner längs halbieren, Füße einstecken, würzen, etwa 10 min in gebräunter Butter anbraten und abkühlen lassen. Inzwischen vier große Bogen Alufolie ausbreiten und in der Mitte mit Öl bestreichen. Die Rebhuhnhälften nochmals würzen, auf die Alufolie legen und mit Speckscheiben und Nußbutter abdecken. Jetzt jeweils die Kanten der Alufolie über dem Rebhuhn zusammennehmen und mehrmals falten, bis luftdicht verschlossene Päckchen entstehen. Die Päckchen anschließend etwa 10 . . . 15 min auf den Rost legen. Bei etwa 200 °C garen. Bei dem Garprozeß müssen sich die Päckchen aufblähen. Geschieht das nicht, sind die Päckchen nicht richtig zusammen gefaltet.

Rebhuhn im Silberpäckchen sofort mit dem inzwischen mit Orangensaft und Sahne verkochten und passierten Bratsatz und Mandelkroketten servieren. Die Silberpäckchen am Tisch öffnen. Der aromatische Duft, der beim Öffnen der prallen Silberpäckchen entweicht, unterstreicht das Besondere dieser Spezialität.

Rebhuhn im Tonmantel
(für 2 Portionen)
1 großes Rebhuhn
Salbei, Rosmarin, Knoblauch
Salz, Pfeffer
Bauchspeckscheiben
Öl

Das Rebhuhn küchenfertig vorbereiten und bridieren. Innen und außen mit den Ingredienzien würzen, mit Bauchspeckscheiben umwickeln. Das Huhn zuerst sorgfältig in geölte Alufolie und in Packpapier einwickeln. Das Paket dann mit einer dicken Schicht von mit Wasser angerührtem Ton versehen, die kunstvoll geformt und verziert werden kann. Die Tonform auf ein Backblech schieben und bei mittlerer Hitze in der Bratröhre etwa 2 h backen. Dabei wird der Ton hell und erhält kleine Risse. Tonform auf einer Holzplatte servieren und am Tisch mit einem Hammer zerschlagen. Das Rebhuhn direkt aus dem Paket vorlegen. Das Öffnen der Alufolie bedarf größter Sorgfalt. Das Rebhuhn darf keinesfalls mit den Tonsplittern in Berührung kommen.

Beilagen: Mandelkroketten, Madeirasoße und Kremchampignons oder Mirabellen mit Gurkenschaumsoße.

Hinweis: Diese Zubereitungsart ist ebenfalls für Geflügel und Wild zu empfehlen. Das Gargut enthält seinen arteigenen individuellen Geschmack. Der köstliche Duft, der beim Öffnen am Tisch die Gäste auf den bevorstehenden kulinarischen Genuß einstimmt, rechtfertigt die aufwendige Zubereitung.

Rebhuhnmedaillons
mit gebutterten Weinrautenblättchen
in Pfeffersoße
Etwa 50 g wiegende Medaillons aus gehäuteter Rebhuhnbrust schneiden, leicht plattieren, würzen und rosa braten. Das Fett abgießen, feingehackte Weinrautenblättchen im Bratsatz anschwitzen und mit Pfeffersoße kurz verkochen. Medaillons untersoßieren und mit Steinpilznocken und gebackenem Chicorée anrichten.

Rebhuhn mit gebackenen Kohlröllchen
4 Rebhühner
4 große Speckscheiben, gebraten
50 g Butter oder Margarine
1 gehackte Zwiebel
Salz, weißer Pfeffer, etwas Knoblauch
8 blanchierte Weißkohl- oder Wirsingblätter
Mehl-Ei-Panade, Öl zum Fritieren

Rebhühner ausnehmen, würzen, bridieren, bardieren und in der Bratröhre bei mittlerer Hitze unter öfterem Begießen mit dem Bratsatz saftig braten. Inzwischen die Kohlblätter zu gleichgroßen Rollen formen, würzen, durch die Mehl-Ei-Panade ziehen und in heißem Öl goldgelb fritieren. Rebhühner zerteilen, mit Speckscheiben belegen, den Bratsatz rasch mit etwas Kalbsbrühe und Sahne verkochen und über die Rebhühner passieren. Zusammen mit den gebackenen Kohlröllchen und Kartoffelkroketten servieren.

Rebhuhn mit Steinpilzen und Oliven
2 Rebhühner (oder 4 sehr kleine)
Butter
Ketchup
1 kleine Zwiebel
60 g entsteinte Oliven
4 Portionen Steinpilze

Rebhühner in Butter anbraten. Bratsatz mit Madeirasoße auffüllen, mit Ketchup und glacierten Zwiebelwürfelchen verfeinern. Rebhühner darin schmoren und mit Steinpilzen, Oliven sowie Kartoffelkroketten anrichten.

Rebhuhn mit Orangensoße
2 bis 4 junge Rebhühner
Salz, Piment- und Pfefferkörner
Wacholderbeeren, Nelken
2 Orangen, Saft ausgepreßt
Weißwein
Butter oder Margarine

Rebhühner ausnehmen, vierteln, würzen, in gebräunter Butter von allen Seiten stark anbraten und mit Orangensaft sowie etwas Weißwein ablöschen. Dann Bräter abdecken, Rebhühner garen lassen und anrichten. Die Soße nochmals mit Orangensaft abschmecken, über die Rebhühner passieren. Sofort mit Kartoffelkroketten und Chicoréesalat servieren.

Rebhuhn, ungarische Art
4 kleine Rebhühner, geviertelt
150 g Bauchspeckwürfel
2 Zwiebeln feingehackt
Salz, Paprika, edelsüß, Kümmel, Knoblauch
200 g Gemüsepaprika, entkernt, in Ringe geschnitten
200 g Tomatenfleischwürfel
600 g Kartoffelwürfel
Fleischbrühe zum Auffüllen
Speckwürfel in einem Schmortopf auslassen, die Zwiebelwürfelchen dazugeben und glasig anschwitzen. Die Rebhuhnstücke dazugeben, kräftig würzen und etwa 20 min zugedeckt bei schwacher Hitze schmoren. Dann Kartoffelwürfel und Paprikaringe dazugeben, mit Fleischbrühe angießen, nochmals würzen und zugedeckt garziehen lassen. Kurz vor Ende der Garzeit Tomatenwürfel darunterheben. Rebhuhn anrichten und mit Sahne sowie Zitronensaft beträufeln.
Anmerkung: Anstatt Kartoffeln Rebhuhn, ungarische Art ebenso mit Reis zubereiten.

Rebhuhn vom Grill
4 junge Rebhühner
Salz, gemahlener Pfeffer, zerriebene Lorbeerblätter und gemahlener Thymian
gehackte Petersilie
Öl zum Marinieren
Die Rebhühner ausnehmen, längs der Rumpfseite so halbieren, daß die Hälften noch verbunden sind, und flach drücken. So vorbereitet etwa 2 h mit den Gewürzen und Öl marinieren. Zwischenzeitlich Rebhühner mehrmals wenden. Dann auf jeder Seite etwa 5 min bei starker Hitze grillen, weitere 10 ... 15 min bei heruntergeschalteter Temperatur garen, dabei mehrmals wenden. Gegrillte Rebhühner mit Nußbutter, Champignons und Kartoffelkroketten oder mit Remouladensoße und pommes chips servieren.

Rebhuhn Winzerinart
2 größere Rebhühner
60 g Butter
Rotwein
Salz, Pfeffer, Knoblauch
50 g Bauchspeck, in Würfel geschnitten
entkernte Weinbeeren
Mehlbutter
Rebhühner in Butter halbgar anbraten. Dann in Viertel zerteilen. Den Bratsatz mit Rotwein auffüllen, etwas zerdrückten Knoblauch und gebratene Bauchspeckwürfel sowie Rebhuhnviertel und Weinbeeren dazugeben und garschmoren. Fond mit Mehlbutter binden, das Fleisch damit soßieren. Mit Champignons, Rosenkohl oder pikanten frischen Salaten und Kartoffelkroketten servieren.

3.12. Wachtelköstlichkeiten

Die wildlebenden Wachteln sind in vielen Ländern Europas, in Mittelasien und im Fernen Osten verbreitet. Da sie unter Naturschutz stehen, werden sie gezüchtet und sind dadurch das gesamte Jahr über erhältlich. Die zarten Vögel werden meist gebraten, nachdem sie in ein Speckkleid eingehüllt werden. Sie werden aber auch zu pikanten Vorspeisen, Pasteten und Ragouts verwendet. Wachteleier werden als besondere Delikatesse gepriesen.

Gebratene Wachteln mit Weinbeeren
12 Wachteln, bridiert und bardiert
Butter
Salz, weißer Pfeffer, Zitronensaft
400 g Weinbeeren, ohne Kerne, enthäutet
4 cl Weinbrand
Fleischglace
Die Wachteln würzen und rasch in Butter braten. Nach etwa 15 min herausnehmen und heißstellen. Mittels Einstichs in die Schenkel wird der Garpunkt festgestellt. Tritt klarer Fleischsaft heraus, sind die Wachteln gerade richtig gebraten. Den Bratsatz mit Weinbrand ablöschen, die Weinbeeren und Fleischglace dazugeben und alles einige Minuten simmern lassen. Wachteln mit den Weinbeeren und dem Fond anrichten. Mit Kartoffelkroketten servieren.
Hinweis: Die Soße zusätzlich mit reinem Traubensaft verkochen und aromatisieren.
Gebratene Wachteln weiterhin mit

- frischen Steinpilzen
- frischen Artischocken
- Frühlingszwiebeln
- Kalbsbries
- Ananas und Rosinen

oder in Sherry, Portwein oder Kognak zubereiten.

Gefüllte Wachteln

8 Wachteln, zum Füllen vorbereitet
200 g Butter oder Margarine
400 g Geflügelleber
4 blanchierte Champignonköpfe
feingehackte Zwiebeln, Salz, Pfeffer, Weinbrand
8 große Speckscheiben
Wildbrühe
frischer Salat zum Garnieren

Geflügelleber und Zwiebel mit 50 g Butter anbraten, würzen, mit Weinbrand ablöschen, erkalten lassen und fein hacken. Die Wachteln mit der Leberfarce füllen, jeweils einen Champignonkopf in die Mitte geben, würzen, mit Speckscheiben bardieren und mit der restlichen Butter in der vorgeheizten Bratröhre etwa 12 min braten, dabei öfters mit der zerlassenen Butter begießen. Bratsatz mit etwas Wildjus ablöschen. Dann zuerst die Speckscheiben vorsichtig von den Wachteln trennen, die Wachteln auf Toast anrichten, wieder mit den Speckscheiben bedecken und mit etwas Bratfond überziehen. Wachteln mit frischem grünem Salat, Brunnenkresse oder Feldsalat umlegen und sofort mit gebackenen Kartoffeln servieren.

Diese Wachtelspeise eignet sich besonders als Vorspeise oder Zwischengericht. Zur Verfeinerung die Wachteln zusätzlich mit etwas Bratfond, Rotweinsoße oder Jägersoße überziehen.

Wachtelbrüstchen mit Blattspinat in Rieslingschaum

8 Wachtelbrüste
Butter, Salz, Zitronensaft, weißer Pfeffer
blanchierter Blattspinat
Weißwein
Eigelb
Sahne

Die Brüste einzeln auslösen, würzen, in Butter und Weißwein dünsten. Dann sofort in Blattspinat einhüllen, nebeneinander in eine feuerfeste Form legen, würzen, mit dem Bratfond, Weißwein und etwas Wachtelessenz übergießen und etwa 10 min in die vorgeheizte Bratröhre

schieben. Dann herausnehmen, anrichten und heißstellen. Den Fond mit Eigelb bis zur »Rose« erhitzen, geschlagene Sahne darunterheben, abschmecken und über die Wachtelbrüstchen geben. Sofort mit Kartoffelkroketten oder Schloßkartoffeln servieren.

Wachtel-Curry

8 bis 12 Wachteln, längs halbiert
Salz, Pfeffer, Mehl
80 g Butter oder Margarine
1 große Zwiebel, in feine Würfel geschnitten
30 g Mehl
gemahlener Kümmel, Curry, etwas Safran, Zitronensaft
Wildbrühe

Wachteln würzen, in Mehl wenden und in zerlassener Butter etwa 10 min schön braunbraten, bis sie fast gar sind. Dann herausnehmen und warmstellen. Im Bratsatz die Zwiebelwürfel goldgelb anschwitzen, mit Mehl bestäuben, alles nochmals anschwitzen, mit Wildbrühe auffüllen und mit den Gewürzen verkochen. Die Wachteln wieder dazugeben und alles etwa 5 . . . 10 min leicht köcheln lassen.

Wachtel-Curry mit Risotto oder als Vorspeise bzw. Zwischengericht mit Toast servieren.

Curry von Bekassinen oder Waldschnepfen ebenso zubereiten.

Wachteln in Blätterteig

8 Wachteln, küchenfertig
8 große, dünne Speckscheiben
250 g feine Gänseleberfarce
8 Blätterteigrechtecke
1 Eigelb, mit Wasser verquirlt

Die Wachteln auslösen, mit Gänseleberfarce füllen und so in dünne Bauchspeckscheiben einrollen, daß sie ihre ursprüngliche Form wieder erhalten. Dann in Butter braten und abkühlen lassen. Danach in Blätterteig einhüllen, mit Eigelb bestreichen und backen. Sofort mit pikantem Pilz- oder Chicoréesalat und warmer Cumberlandsoße servieren.

Wachteln, in Kohlblättern zubereitet

8 Wachteln
8 dünne Speckscheiben
Salz, Pfeffer
200 g gepökeltes Schweinefleisch, grob gewolft
8 große Weißkohlblätter, blanchiert, Strünke entfernt

Wachteln kräftig würzen, mit etwas Hackmasse füllen, mit Speckscheiben umhüllen und straff in Kohlblätter einwickeln. Zum besseren Halt gegebenenfalls mit Holzspießchen zusammenstecken. Die Wachteln dann dicht nebeneinander in einen ausgebutterten Bräter legen, etwa bis zu einer Höhe von 2 cm Bratensoße dazugießen, alle Wachteln mit Butterflöckchen bedecken, Bräter mit Alufolie abdecken und in vorgeheizter Bratröhre bei starker Hitze etwa 25 min garen. Dabei öfters mit Garfond überziehen, damit der Kohl saftig bleibt. Wachteln mit Garfond und Salzkartoffeln anrichten.

Wachteln in Mandelsoße

8 bis 12 Wachteln, bardiert
100 g Butter
Salz, weißer Pfeffer, etwas Knoblauch
und Weinessig
feingemahlene Mandeln
Sahne
Die Wachteln würzen, in zerlassener Butter bei schwacher Hitze etwa 20 min garen. Die Wachteln sollen dabei keine Farbe nehmen. Zwischenzeitlich mit Knoblauch und Weinessig würzen und, wenn erforderlich, etwas Geflügelfond angießen. Dann Sahne und gemahlene Mandeln dazugeben und alles weitere 10 min simmern lassen. Wachteln anrichten, mit der dicklichen Soße übergießen und mit Kartoffelbällchen und Chicorée-Orangen-Salat komplettieren.

Wachteln im roten Mäntelchen

8 bis 12 Wachteln
8 dünne Speckscheiben
8 blanchierte Rotkohlblätter
100 g Butter oder Margarine
Salz, Pfeffer, Bratensoße, Weinessig
Wachtel würzen, mit Speckscheiben einhüllen, straff in Rotkohlblätter einwickeln und in heißem Fett von allen Seiten anbraten. Dann Bratensoße und etwas Weinessig angießen, würzen und abgedeckt in der Bratröhre schmoren. Wachteln mit Bratfond und Salzkartoffeln oder Kartoffelkroketten servieren.

Wachteln in Weinblättern

12 kleine Wachteln
Salz, Pfeffer, Knoblauch
Weinblätter
12 dünne Scheiben fetter Speck
Butter oder Margarine

frische Champignons, in Scheiben geschnitten
Weißwein
Die Wachteln innen und außen würzen, mit Weinblättern umwickeln, bardieren und mit Küchengarn binden. So vorbereitet in heißes Fett geben und bei mittlerer Hitze etwa 10 min braunbraten und herausnehmen. Geschnittene Pilze in den Schmortopf geben, würzen und 10 min dünsten. Dann die Wachteln wieder dazugeben, mit Weißwein ablöschen und alles zugedeckt einige Minuten leicht köcheln lassen. Küchengarn entfernen, Wachteln mit den Pilzen und Kartoffelbällchen anrichten.

Wachteln in Wein mit Champignons

8 bis 12 Wachteln, bridiert und bardiert
100 g Butter
Salz, weißer Pfeffer, Zitronensaft
1 kleine Zwiebel, sehr fein gehackt
400 g frische Champignons, in Scheiben
geschnitten
0,2 l Weißwein
Hühnerbrühe
Mehlbutter
Die Wachteln mit Salz und Pfeffer würzen und in heißem Fett in einem Bräter von allen Seiten anbraten. Sind sie gleichmäßig angebraten, sofort mit Weißwein und etwas Hühnerbrühe ablöschen. Inzwischen die Zwiebelwürfel glasig anschwitzen und mit den Champignons zu den Wachteln geben. Mit Salz, Pfeffer und Zitronensaft würzen, alles mit dem Schmorfond vermischen, Gefäß abdecken und etwa 10 min in der Bratröhre dünsten lassen. Wachteln herausnehmen, Küchengarn entfernen, heißstellen, Schmorfond mit Mehlbutter binden, gut verkochen. Sollte der Fond stark reduziert sein, gegebenenfalls nochmals etwas Hühnerbrühe nachgießen. Wachteln mit der pikanten Wein-Champignon-Soße überziehen und mit Kartoffelkroketten servieren.
Anmerkung: Anstelle von Champignons eignen sich weiterhin frische Waldpilze oder für besondere Anlässe frische Trüffelscheiben.

Wachteln mit Gemüsestreifen

8 bis 12 Wachteln (je nach Größe), bridiert
und bardiert
Butter oder Margarine
Salz, Pfeffer, Thymian,
zerriebene Lorbeerblätter
Öl zum Marinieren

je 100 g feine Streifen von Sellerie, Möhren und Porree
1 Zwiebel, in sehr feine Streifen geschnitten
0,2 l Weißwein
Wildbrühe

Die vorbereiteten Wachteln würzen, mit Öl beträufeln und mindestens 30 min marinieren. Dann in heißem Fett braun anbraten, Bratsatz mit Weißwein und Wildbrühe ablöschen, Gemüsestreifen dazugeben, ebenso die Speck- und Zwiebelstreifen, die in einer Bratpfanne glasig geschwitzt wurden. Bräter abdecken und etwa 20 min in die Bratröhre stellen. Dabei mehrmals mit der Schmorflüssigkeit übergießen. Die Wachteln sollen saftig bleiben (es ist erforderlich, mittels Fingerprobe den richtigen Garpunkt festzustellen). Küchengarn entfernen, Wachteln anrichten und mit Gemüsestreifen sowie dem Schmorfond überziehen. Mit Salzkartoffeln servieren.

Wachteln mit Oliven und Salbei

8 bis 12 Wachteln, küchenfertig
100 g schwarze Oliven
2 Knoblauchzehen, geschält
1 Bund frischer Salbei
3 EL Olivenöl
Salz, schwarzer Pfeffer aus der Mühle
Rosmarin
8 bis 12 Speckscheiben

Die Oliven entsteinen. Die Knoblauchzehen in der Knoblauchpresse auspressen, den Knoblauchsaft zu den Oliven geben und im Mixer pürieren. Etwa 2/3 der Salbeiblätter hacken und zu dem Püree geben, den Rest mit Rosmarin hacken. Das Oliven-Kräuter-Püree mit Salz und Pfeffer würzen und in die Wachteln füllen. Die Wachteln mit der Brust nach oben in einen ausgebutterten Bräter legen, das restliche Püree über die Wachteln verteilen. Die so vorbereiteten Wachteln mindestens 6 h im Kühlraum durchziehen lassen. Bei Abruf pfeffern, salzen, mit Speckscheiben abdecken und etwa 15 min in der Bratröhre bei 225 °C garen. Wenn erforderlich im Grill nachbräunen.

Beilagen: Madeirasoße, Pfifferlinge in Dillrahm und Kräuterkroketten.

Hinweis: Diese würzigen Wachteln schmecken auch kalt mit Pilzsalat, Thymianschmalz und Baguette oder frischem Landbrot.

3.13. Speisen von sonstigem Wildgeflügel

Auerhahn in Sauerrahm

1 Auerhahn, etwa 2,5 kg
Rotweinbeize
Öl, Mehl
saure Sahne

Den bratfertigen Auerhahn in Stücke teilen und etwa 2 Tage in Rotwein mit Mirepoix, Pfefferkörnern, Lorbeerblatt und Zitronensaft einlegen. Dann abtropfen lassen, salzen und pfeffern, in Mehl wenden und in heißem Öl anbraten. Die Rotweinbeize passieren und angießen. Den Auerhahn zugedeckt garen. Die fertigen Stücke anrichten. Den Fond mit saurer Sahne binden und gesondert reichen.

Beilagen: Kartoffelpüree oder Teigwarenbeilagen, frische Pilze oder pikante Salate.

Auerhahn, gebraten

1 mittelgroßer Auerhahn, ausgenommen
50 g Butter
Salz, frisch gemahlener Pfeffer
Thymian, gehackte Petersilie
1 Zwiebel, feingeschnitten
Wildbrühe
Wacholderbeeren, Lorbeerblatt
Zitronensaft
Mehlbutter

Auerhahn bridieren, Brust und Keulen spicken oder mit Speck umbinden. Petersilie und Thymian mit Salz und Pfeffer vermischen, Auerhahn damit von innen und außen richtig einreiben. Inzwischen in einem Schmortopf die Zwiebelstücke in Butter anschwitzen, den Auerhahn dazugeben und schön braun anbraten. Nach etwa 10 min mit Wildbrühe auffüllen, Wacholderbeeren, Lorbeerblatt und Zitronensaft dazugeben und abgedeckt bei mittlerer Hitze in der Bratröhre garen. Kurz vor Ende der Garzeit Deckel abnehmen, Auerhahn mehrmals mit dem Bratfond begießen, bis er knusprig ist.

Hahn aus dem Schmortopf nehmen und heißstellen. Bratfond entfetten, mit Mehlbutter binden und einige Minuten kochen lassen. Soße pikant abschmecken, passieren und zum gebratenen Auerhahn servieren.

Champignons in Rahm, Eßkastanienpüree und Kartoffelkroketten sind besonders geeignete *Beilagen*.

Anmerkung: Zum Braten sollten nur junge Tiere verwendet werden. Man erkennt sie am blaßgelben Schnabel und am weichen Brustknorpel. Die Brust wird wie vom Fasan verarbeitet. Die Keulen ergeben schmackhafte Ragouts oder Kroketten.

Junges Birkhuhn, gebraten, mit Whiskyrahmsoße

2 Birkhühner, bardiert
Salz, Pfeffer
Butter oder Margarine
Zwiebelwürfel, zerdrückte Wacholderbeeren
Weißwein, Béchamelsoße
Sahne, Whisky

Die Birkhühner würzen, in heißem Fett mit Zwiebelwürfeln und Wacholderbeeren unter öfterem Begießen in der Bratröhre braten. Den Bardierspeck von den gebratenen Birkhühnern abnehmen und zur weiteren Verwendung in Streifen schneiden. Den Bratsatz mit Weißwein ablöschen und mittels Holzlöffels lösen. Den Fond mit Béchamelsoße und Sahne kurz verkochen, mit Whisky aromatisieren, abschmecken und separat servieren. Die Speckstreifen über die Birkhühner geben.

Beilagen: Fondantkartoffeln und gebackene Champignonköpfe.

Hinweis: Wildgeflügel, besonders Birkhühner, zur Geschmacksverbesserung einen Tag in Milch oder Buttermilch einlegen. Birkhuhn auf gleiche Weise mit Preiselbeer- oder Walnußsoße zubereiten. Die Keulen sind vorrangig für Farcen und Ragouts zu verwenden.

Gebratene Wildgans mit Quittensoße

1 junge Wildgans, bratfertig
Salz, Pfeffer, Majoran
100 g Speck, in Scheiben geschnitten
Quitten, in Spalten geschnitten
1 Zwiebel

Die Wildgans innen und außen gut würzen, mit Zwiebeln und Quitten füllen, mit Speckscheiben belegen und mit etwas Wasser zum Braten ansetzen. Unter häufigem Begießen saftig braten. Etwa 20 min vor Ende der Garzeit die Speckscheiben in den Bratsatz geben, damit die Gans Farbe nehmen kann. Ebenso Quittenspalten dazugeben. Die fertige Gans anrichten, den Fond mit Geflügeljus und etwas Quittengelee verkochen, abschmecken, passieren und gesondert reichen.

Beilagen: Kartoffelkroketten oder Salzkartoffeln und gedünstete Apfelspalten.

Wildgänse allgemein wie Wildenten oder Hausgänse zubereiten. Ältere Gänse in Rotwein oder Apfelmost schmoren. Als Beilage eignen sich Kürbisgemüse, Kastanienrotkohl und geschmorte Pilze. Junge Wildgänse erkennt man am biegsamen Schnabel und an der elastischen Luftröhre.

Haselhuhnbrust mit Pfifferlingen

2 Haselhühner
80 g Butter
200 g Mirepoix, Öl
400 g Pfifferlinge (Konserve)
Salz, Pfeffer
1 Zwiebel, feingehackt
0,2 l Rotwein
brauner Wildgeflügelfond

Die Brüste auslösen und leicht plattieren. Die Keulen ablösen, im Gelenk zerteilen. Die Karkasse hacken. Keulen und Karkassenknochen mit Mirepoix in heißem Öl braun anbraten, mit Rotwein ablöschen, mit Wildfond auffüllen, würzen und etwa 45 min reduzieren. Inzwischen die Pfifferlinge in Butter mit Zwiebelwürfelchen anschwitzen und gut würzen. Die Soße abschmecken und passieren. Das Fleisch der Keulen für Ragouts zurücklegen. Die Brüste gut würzen, in sehr heißer Butter bei starker Hitze rasch goldgelb braten, anrichten, untersoßieren und mit Pfifferlingen und Kartoffelkroketten servieren. Haselhuhnbrüste allgemein wie Fasanenbrüste zubereiten. Weitere Zubereitungsmöglichkeiten sind z. B.
- füllen mit Gänseleber, panieren und fritieren
- in zerlassener Butter und gemahlenen Mandeln wenden, goldgelb braten, mit gebutterten Weinbeeren reichen
- mit Wacholderfarce (Wildfarce mit Wacholder) füllen, andrücken und in Butter dünsten, mit Trüffelmadeira anrichten
- pochieren in Zitronenbutter und Weißwein, mit geeisten macerierten Kantalupmelonenkugeln sowie Tarteletts mit Steinpilzen anrichten

Hinweis: Das Fleisch von Haselhühnern schmeckt streng nach Tannensprossen, deshalb einen Tag in Milch einlegen.

Gebratener Krammetsvogel

8 Krammetsvögel
8 Scheiben Speck
Salz, Pfeffer, Wacholderbeeren
Butter

Die Vögel würzen, bardieren und etwa 10 min unter öfterem Begießen saftig braten. Nach 8 min Speck entfernen und Farbe nehmen lassen. Die Vögel anrichten, mit dem Speck belegen und mit Kartoffelkroketten, Jägersoße und Pilzen servieren. Krammetsvögel oder Wacholderdrosseln allgemein wie Wachteln verarbeiten. Am besten in Butter kurz anbraten oder für feine Ragouts verarbeiten. Weitere spezielle Kombinationen:

- in Butter braten, auf Croutons anrichten, mit Kresse garnieren (als Vorspeise)
- mit Geneverrahm anrichten
- in Rotwein pochieren, mit Fleischglace vollenden
- anbraten, mit Preiselbeersoße anrichten
- dünsten in Salbeirahm

Geschmortes Schneehuhn mit Wacholdersoße

2 größere Schneehühner
4 Speckscheiben
Mirepoix
40 g Öl
Salz, Pfeffer, Wacholderbeeren
Rotwein
Wildgeflügeljus
Mehlbutter

Die Schneehühner würzen, bardieren und mit Mirepoix in heißem Öl anbraten. Wildgeflügeljus und Rotwein sowie Wacholderbeeren dazugeben, Bräter abdecken und Schneehühner fertigschmoren. Ältere Tiere benötigen eine Garzeit von etwa 1 h. Den Fond mit Mehlbutter binden, abschmecken und passieren. Die Schneehühner halbieren, von innen sorgfältig auslösen, anrichten, gut soßieren und mit Preiselbeeräpfeln garnieren.

Beilagen: Kartoffelkroketten oder Salzkartoffeln und Kastanienrotkohl.

Hinweis: Junge Schneehühner allgemein wie Fasan zubereiten.

Schnepfenbrust in Blätterteig

6 Schnepfen
40 g Butter
2 cl Weinbrand
80 g Geflügelleber
250 g Blätterteig
Eistreiche

Die Schnepfen würzen, etwa 8 min in heißer Butter rosa braten und abkühlen lassen. Die Brusthälften sorgfältig herauslösen und ent-

häuten. Die Karkassen mit den Keulen und je nach Belieben mit den Innereien zerkleinern, wolfen und mit der in Butter sautierten Leber durch ein Sieb streichen. Die Masse mit Weinbrand, Salz, weißem Pfeffer sowie etwas Muskat würzen und gut durcharbeiten. Die Masse auf vier Brüste verteilen. Die anderen Brüste daraufgeben. Dann den Blätterteig etwa 4 mm dick ausrollen, etwa 10 cm rund ausstechen. Die Brüste auf eine Hälfte legen, den Rand mit Ei bestreichen, den Teig zusammenschlagen und richtig andrücken. Einen Dekor aus dünnem Blätterteig auflegen. Die Oberfläche mit Ei bestreichen. Die Brüste in Blätterteig auf ein mit Wasser benetztes Blech legen und bei starker Hitze goldgelb backen. Die Brüste mit Wildpfeffersoße oder Madeirasoße und frischen grünen Salaten anrichten.

Gebratene Schnepfe auf Toast

4 Schnepfen, bridiert und bardiert
80 g Butter oder Margarine
Salz, Pfeffer, Thymian, Rosmarin
2 cl Weinbrand
4 Scheiben Toast, frisch geröstet
Preiselbeeren oder Cumberlandsoße

Schnepfen würzen, in heißem Fett von allen Seiten scharf anbraten, mit Weinbrand ablöschen und zugedeckt etwa 15 min braten. Küchengarn entfernen, Schnepfen auf Toast mit etwas Bratfond anrichten und mit angeschwenkten Preiselbeeren oder warmer Cumberlandsoße servieren.

Anmerkung: Es ist heute noch üblich, daß die Innereien der Schnepfen, außer Magen, zu dem sogenannten »Schnepfendreck« verarbeitet werden. Die Innereien werden meist mit Leber und Fleischteilen in Butter angeschwitzt, pikant gewürzt, flambiert und fein püriert. Diese Masse kann zum Bestreichen von Croutons oder auch zur Zubereitung von Soßen für Schnepfengerichte verwendet werden. Ebenso wird diese typische Schnepfenmasse als Geschmacksträger für Mousselines, Terrinen und Pasteten sehr gern verwendet.

Auf Grund veränderter Umweltbedingungen für die Waldschnepfen wird aus ernährungsphysiologischer sowie aus hygienischer Sicht oft auf die Verwendung der Innereien verzichtet.

Waldschnepfen und Bekassine haben einen sehr langen, spitz auslaufenden Schnabel. Wird der Kopf am Geflügel belassen, ist es vorteilhaft, die

Schnepfen mit dem eigenen Schnabel zu dressieren. Zuerst die Oberschenkel zusammenschlagen, dann die Unterschenkel zu einem Knoten schlingen und unter die Oberschenkel stecken. Dann den Hals zu den Beinen hinabbiegen und die scharfe Spitze des Schnabels durch Beine und Rumpf stecken. Nach dem Braten Köpfe längs halbieren, dabei folgt das Messer der in der Mitte des Schnabels verlaufenden Rille. Die Köpfe werden mit der Schnittfläche nach oben an die gebratenen Schnepfen gelegt. Kenner schätzen das freigelegte Hirn als Delikatesse.

Gebratene Schnepfen ebenfalls mit Madeirasoße, Champignons und Kartoffelkroketten anrichten. Die Zubereitung von Schnepfen in Schaumwein, mit Orangensaft oder Kognak flambiert, ist am beliebtesten. Ebenso wie bei fast allen Wildgeflügelarten werden nur die Brüste angeboten.

Waldschnepfen mit Kräuterfüllung

4 Schnepfen
80 g Butter oder Margarine
Salz, Pfeffer
200 g Weißbrot ohne Rinde, in Milch geweicht, ausgedrückt
2 bis 3 Eier
reichlich gehackte Petersilie, etwas Kerbel, Estragon, Salbei
Salz, Pfeffer

Weißbrot mit den Eiern und gehackten Kräutern zu einer breiigen Masse vermischen, kräftig würzen und in die Schnepfen füllen. Schnepfen zubinden oder mit einem Holzspieß zustecken, mit dünnen Speckscheiben umwickeln, würzen, in heißem Fett anbraten, etwas Geflügelbrühe angießen und zugedeckt fertiggaren. Schnepfen anrichten, Fond mit Sahne verkochen und gesondert servieren.

Anmerkung: Von bardiertem Geflügel sind etwa 5 ... 10 min vor Ende des Bratprozesses die Speckscheiben zu entfernen, damit auch das Brustfleisch eine gleichmäßige Bräune erhält.

Flambierte Wildtaube

4 junge Wildtauben, ausgenommen
8 große Scheiben Bauchspeck
Salz, Pfeffer
Weinbrand

Wildtauben von innen und außen gut mit Salz und Pfeffer einreiben, mit Speckscheiben umhüllen und bridieren. So vorbereitet im Grill auf Alufolie legen und langsam unter öfterem Wenden bräunen, bis das Fleisch gar ist. Wildtauben dann in eine Flambierpfanne geben, den Bratsatz darübergeben und mit erwärmtem Weinbrand flambieren. Tauben sofort tranchieren, mit dem Flambierfond, Rahmsoße, Pilzen, Preiselbeerapfel und Mandelkroketten anrichten.

Anmerkung: Zum Flambieren eignen sich u. a. Fasanen, Rebhühner, Birkhuhn, Wachtel, Schneehuhn. Voraussetzung ist, es müssen junge Tiere sein. Neben Weinbrand kann zum Übergießen Wodka, Gin, Whisky, Kümmel oder Aquavit verwendet werden. Jede Alkoholsorte gibt dem Flambiergut ihren eigenen Geschmack. Bei Wildgerichten aller Art ist jedoch darauf zu achten, daß ihr typischer Geschmack, der sehr unterschiedlich ist, erhalten bleibt. Die Verwendung von reichlich Alkohol oder anderen Gewürzen außer Salz und möglichst frisch gemahlenem Pfeffer muß immer nuanciert werden. Junge Wildtauben werden im allgemeinen gebraten. Passende Ingredienzien sind z. B.

- Champignons, Kräuter, Knoblauchzehe
- Oliven, Orangenfilets, Sherry
- Pfifferlinge, Perlzwiebeln
- Selleriestreifen, Kräuter

Ältere Tauben für Suppen und Ragouts verwenden.

Gebratene Wildente in schwarzer Johannisbeersoße

2 Wildenten, bridiert, bardiert
60 g Butter
Salz, Pfeffer
Rotwein, Geflügeljus
Mehlbutter
Fruchtmark von schwarzen Johannisbeeren

Die Enten in einen geeigneten Bräter legen, mit zerlassener Butter übergießen, würzen und bei mittlerer Hitze in der Bratröhre etwa 30 min braten. Dabei öfters mit dem Bratsatz begießen. Den Bratsatz mit Rotwein und Geflügeljus verkochen, mit Mehlbutter binden, gut verkochen, passieren, mit Fruchtmark von schwarzen Johannisbeeren aromatisieren, nachschmecken und gesondert servieren. Die Enten am Tisch tranchieren.

Beilagen: Kartoffelcrêpes mit glacierten Maronen oder Pistazienkroketten und Zucchiniflan.

Gefüllte Wildente

1 Wildente, etwa 1 kg, bratfertig
Salz, Pfeffer, 250 g frische Champignons,
geschnitten
1 Zwiebel, in feine Würfel geschnitten
250 g Schweinegehacktes, Hackepeter oder Mett
1 Ei, gehackte Petersilie, Wildjus, Mehl
Sahne
60 g Butter oder Margarine
Die Zwiebelwürfel in 30 g Butter anschwitzen,
die Champignons dazugeben, mit Salz und Pfeffer würzen, etwa 5 min dünsten und kaltstellen.
Dann zusammen mit Petersilie und Ei unter das
Schweinegehackte mengen. Die Wildente mit
dieser pikanten Masse füllen, zustecken oder zunähen, würzen, in einen Bräter legen und mit der
restlichen zerlassenen Butter übergießen. Die gefüllte Ente unter häufigem Begießen etwa 60 min
in der vorgeheizten Bratröhre braten. Wildente
warmstellen. Den Bratsatz mit Mehl bestäuben.
Mehl rösten und mit kalter Wildjus und Sahne
verkochen. Soße passieren, pikant nachwürzen
und gesondert reichen. Wildente am Tisch tranchieren.
Beilagen: Mandelbällchen oder Haselnußkroketten und halbe Pfirsiche mit heißen Sauerkirschen.

Gefüllte Wildente in Portweinsoße

2 junge Wildenten, je 700 g, küchenfertig

Füllung:
300 g Apfelwürfel
80 g geriebenes Schwarzbrot
100 g geweichte Backpflaumen, halbiert
und entkernt
Salz, Pfeffer, Estragon, Rosmarin

Die Zutaten für die Füllung vermengen. Die
Wildenten innen und außen mit Salz und Pfeffer
einreiben und füllen, die Öffnung mit Rouladennadeln zustecken. Die Enten in heißem Fett anbraten, mit Portwein ablöschen und etwa 60 min
fertiggaren. Die Enten heißstellen. Den Fond mit
in Portwein geweichten Rosinen, gehackten
Mandeln, saurer Sahne und Preiselbeergelee verkochen, mit Salz und Pfeffer abschmecken und
gesondert reichen. Die Enten halbieren, anrichten und mit in Butter sautierten, gehäuteten und
entkernten Weinbeeren garnieren. Mit Duchesse-
Kartoffeln oder Kartoffelkroketten servieren.

Wildente in Apfelweinrahm mit Rumpflaumen

2 junge Wildenten, geviertelt
Salz, Pfeffer
Butter
Apfelwein
Sahne
Die Entenstücke würzen, in heißer Butter stark
anbraten, gerade mit Apfelwein bedecken, in der
Bratröhre fertiggaren, anrichten und heißstellen.
Den Fond reduzieren, mit Sahne und Fleisch-
glace verkochen, abschmecken und über die
Entenstücke passieren. Für eine Portion jeweils
ein Keulen- und Bruststück zusammenlegen. Mit
Kartoffelkroketten und erhitzten Rumpflaumen
reichen.

Wildente in Blätterteig

2 Wildenten je 800 g, küchenfertig
Blätterteig
Salz, weißer Pfeffer, abgeriebene Zitronenschale
Speckscheiben
Butter oder Margarine
Die Wildenten innen und außen gut würzen, mit
Speckscheiben belegen, in heißem Fett etwa
30 min braten und abkühlen lassen. Inzwischen
vier Blätterteigrechtecke ausrollen. Die Wildenten halbieren, von der Innenseite entbeinen,
auf die Blätterteigplatten legen und mit Teig
fest umhüllen. Die Teigkanten gut zusammendrücken. Von den Teigresten Dekor ausstechen
und obenauf legen. Die Enten in Blätterteig zuletzt mit Eigelb, das zuvor mit Wasser verquirlt
wurde, bestreichen und in der vorgeheizten Bratröhre etwa 30 min bei 220 °C backen. Nach
20 min mit Alufolie abdecken.
Beilagen: Madeirasoße mit Trüffelstiften und
Chicorée-Kresse-Salat.

Wildente mit Früchten im Römertopf

1 Wildente, küchenfertig
Bauchspeckscheiben
Wildjus, Rotwein
je 100 g getrocknete Aprikosen
und Dörrpflaumen
Salz, Nelken, Zimtstange
Weinessig
Die Wildente innen und außen gut würzen, in
einem gewässerten Römertopf geben, mit Speckscheiben belegen, Wildjus und Rotwein angießen. Die Früchte und Gewürze dazugeben,
den Römertopf gut verschließen und in die vorgeheizte Bratröhre schieben. Bei mittlerer Hitze

etwa 45 min garen. Römertopf erst am Tisch öffnen.

Beilagen: Nußkroketten, Oliven- oder Schmelzkartoffeln.

Ebenso Fasanen, Rebhühner, Schneehühner oder Haselhühner zubereiten.

Wildente mit Ingwersoße und Grapefruitfilets

2 junge Wildenten
Salz, Pfeffer, Öl
20 g geriebener Ingwer oder Ingwerpulver
Mirepoix, 2 Gewürznelken, Rosmarin,
1 Prise Thymian
200 g Grapefruitfilets
Die Wildente innen und außen gut würzen und in der vorgeheizten Bratröhre mit Mirepoix und Öl bei etwa 200 °C 15 ... 20 min außen knusprig und innen saftig braten. Den Bratsatz mit Geflügeljus ablöschen, würzen, etwa 5 min simmern lassen und passieren. Inzwischen Grapefruitfilets in wenig Butter anschwenken und zuletzt mit geriebenem Ingwer in den Fond geben und nochmals einige Minuten simmern lassen. Wildenten am Tisch tranchieren. Soße gesondert reichen.

Beilagen: Lorette-Kartoffeln und Bratäpfel mit Preiselbeeren.

Wildente mit Orangen

2 junge Wildenten je 800 g
Salz, weißer Pfeffer
30 g Rosinen, in Rum geweicht
100 g Äpfel, in Würfel geschnitten
60 g Butter oder Margarine
2 cl Sherry
Orangensaft
1/8 l Wasser
Speisestärke
Orangengelee
8 Orangenscheiben, in Butter sautiert
Die Wildenten innen und außen gut würzen. Die Rosinen mit den Apfelwürfelchen vermengen und in die Wildenten füllen. Die so vorbereiteten Wildenten in einen Bräter legen, mit heißem Fett übergießen und in die vorgeheizte Bratröhre geben. Unter öfterem Begießen saftig und knusprig braten. Den Bratsatz mit Sherry, Orangensaft und Wasser loskochen, mit Speisestärke binden, passieren, mit Orangengelee, Salz und Pfeffer pikant abschmecken und in einer Soßiere anrichten. Die Enten halbieren, anrichten, mit Orangenscheiben belegen, mit Kresse garnieren und mit Dauphine-Kartoffeln

oder Mandelkroketten servieren. Dazu schmeckt ausgezeichnet Chicorée-Kiwi-Salat.

Auf gleiche Weise Wildenten mit Dunstpflaumen, Pfirsichen, Sauerkirschen oder Preiselbeeren zubereiten.

Ebenso sind frische Pilze, Gurken, Perlzwiebeln und Oliven passende Ergänzungen für Wildenten.

Hinweis: Es gibt mehrere Wildentenarten. Zum Beispiel Stockenten, Schnatterenten, Krickenten, Moorenten und Löffelenten. Am wohlschmeckendsten sind Krickenten. Wildenten bekommen einen besonders würzigen Geschmack, wenn sie mit einer Zitronenscheibe sowie Petersilie, Salbei oder Beifuß zubereitet werden.

Sautierte Wildentenbrust mit Madeirasoße

2 Wildenten
Butter oder Margarine
50 g Öl
200 g Wurzelgemüse, grobgehackt
(Zwiebeln, Sellerie, Möhren, Porree,
Wurzelpetersilie)
Salz, Pfefferkörner, Knoblauch, Thymian
2 Nelken, 1 Lorbeerblatt
Madeira
Mehl, Hühnerbrühe
Das Brustfleisch von den Enten lösen, die Haut abtrennen, Rümpfe, Haut und Karkassen grob hacken. Brustfleisch zur weiteren Verarbeitung wegstellen. Nicht kühlen. Zum Sautieren sollen die Rohstoffe Zimmertemperatur haben. Die gehackten Rümpfe und Gemüse in heißem Öl in einem Schmortopf anbraten, die Gewürze dazugeben und alles unter häufigem Rühren bei mittlerer Hitze kräftig braunbraten. Dann mit Madeira und soviel Hühnerbrühe auffüllen, daß alle Zutaten gerade bedeckt sind. Schmortopf abdecken und etwa 2 h simmern lassen. Den erhaltenen Fond durch ein Sieb gießen und zum Entfetten kaltstellen. Inzwischen Butter in einer Kasserolle zerlassen, Mehl dazugeben, anschwitzen und den Fond angießen. Unter Rühren alles zum Kochen bringen, langsam köcheln lassen, pikant abschmecken. Die Soße soll leicht dicklich sein; sie muß an einem Löffel haften bleiben. Etwa 15 min vor dem Service etwas Butter in einem Bräter erhitzen, ohne daß sie Farbe nimmt. Das Brustfleisch mit Salz und Pfeffer würzen, in den Bräter geben und in heißer Butter wenden. Die Fleischstücke sollen nicht aneinanderstoßen oder aufeinanderliegen. Bräter

sofort mit Alufolie abdecken und in der auf 200 °C vorgeheizten Bratröhre etwa 15 min garen. Nach 12 min ist eine Garprobe mittels Fingerdrucks erforderlich. Das Fleisch darf nicht zu lange garen. Es soll innen noch leicht rosa sein. Die sautierte Wildentenbrust mit Madeirasoße überziehen und mit Rotkohl oder Rosenkohl und Kartoffelkroketten anrichten.

Wildtaubenbrust auf Biersabyon
4 Tauben
Salz, Pfeffer aus der Mühle
Butter
2 Eigelb
0,1 l Pilsner Bier
Die Brust auslösen und enthäuten. Die Karkassen kleinhacken und mit Mirepoix anrösten, würzen, mit Wasser auffüllen und stark reduzieren lassen. Die Taubenbrüste gut würzen und in heißer Butter rosa braten. Die Eigelbe mit etwas Jus und Bier im Wasserbad aufschlagen, kräftig würzen. Biersabyon auf vorgewärmtem Teller verteilen, die Brüste anlegen, mit Kresse garnieren und sofort mit Kartoffel-Lauch-Gratin und pikanten Gemüsen servieren.

Filet von Flugente in Himbeeressig
Filets von 2 Flugenten
Himbeeressig, Öl
Salz, Pfeffer
geklärte Butter
Rotwein, Fleischglace
Die Filets mindestens 2 Tage mit Himbeeressig und Öl marinieren. Dabei die Filets mehrmals wenden. Bei Abruf Filets mit Küchenkrepp trockentupfen, würzen und in heißer Butter etwa 12 min rosa braten. Filets anrichten, am Tisch tranchieren. Den Bratsatz mit Rotwein, Fleischglace und der Marinade zur Hälfte reduzieren und gesondert reichen.
Beilagen: Kartoffelcrêpes und Blattspinat.

3.14. Kalte Speisen von Wild und Wildgeflügel

Arrangement von Wildschinken (Bild 12)
Schinken vom Hirsch, Wildschwein oder Rentier in dünne Tranchen schneiden und auf Holzplatten anrichten. Besonders eignen sich dazu Birkenplatten. Wildschinken beliebig mit Butterrosen, Früchten oder Gemüsen garnieren, z. B. Scheiben von Honigmelone, eingelegte Beeren,

marinierte Pilze, Maiskölbchen, Oliven, Orangen-, Apfel-, Mandel- oder Quarkmeerrettich, Tomatenecken und frische Salate. Frisches Landbrot und Apfel-Zwiebel-Schmalz oder Gemüsebutter gesondert reichen. Für die Gemüsebutter Möhren, Petersilienwurzel, Sellerie und frische Kräuter fein pürieren, mit Zitronensaft und Salz würzen und unter weiche Butter mengen.

Fasanenkrem
200 g Fasan, gebraten, entbeint
40 g Butter
50 g Gänseleber
4 Eigelb
1 Ei
100 g Sahne
Salz, weißer Pfeffer, Pastetengewürz
Fasanenfleisch, Butter und Gänseleber fein wolfen oder im Mörser zerstoßen und durch ein Haarsieb streichen. Die feine Masse dann mit Eigelb, ganzem Ei und Sahne gut verrühren, würzen und in gebutterte Timbaleförmchen füllen. Zwischenzeitlich einen Topf mit etwas Wasser zum Kochen bringen. Temperatur dann soweit herunterschalten, daß das Wasser nur noch simmert. Die Förmchen dann hineinstellen. Sie dürfen nur bis zur Hälfte im Wasser stehen. Topf abdecken und Krem garziehen lassen. Ist die Krem gerade fest, Förmchen herausheben, erkalten lassen, stürzen und mit frischem Toast servieren.
Fasanenkrem eignet sich besonders als Vorspeise oder Zwischengericht, kann aber auch als Ergänzung zu Wild- und Geflügelgerichten eingesetzt werden. Zur geschmacklichen Aufwertung etwas Cumberlandsoße einsetzen. Auf gleiche Weise Krem von Wachtel, Rebhuhn, Hase oder sonstigem Wildfleisch zubereiten.

Fasan mit Gänseleberschaumbrot
1 Fasan, bridiert, bardiert
600 g Gänseleberschaumbrot

Garnierungselemente:
Orangen- oder Mandarinenfilets,
Ananassegmente, Weinbeeren, Kiwi, Pfirsiche,
Erdbeeren, Johannisbeeren mit Rispe usw.

Fasan rosa braten, erkalten lassen, Brust mit Knochen herauslösen, entbeinen und jede Hälfte sorgfältig in gleichdicke Tranchen schneiden. Je nach Größe des Fasans werden die Brusthälften in 4 bis 5 Tranchen geschnitten. Die Tranchen

sind, wie man sie abschneidet, reihenmäßig auf ein Ablaufgitter zu legen. Bei einer zweiten Variante wird die Brust nicht ausgelöst, sondern mittels Schnitts längs der Brust werden die Tranchen sorgfältig abgeschnitten und reihenfolgemäßig abgelegt. Die Brustscheiben entweder mit Aspik nappieren oder mit brauner Chaudfroid überziehen. Fasan mit Gänseleberschaumbrot so füllen, daß er seine ursprüngliche Form erhält. Die Fleischtranchen dann in Reihenfolge exakt auflegen. Zuletzt attraktiv garnieren. Fasan auf einer repräsentativen Platte mit Aspikspiegel anrichten. Zur Umlage eignen sich gefüllte Früchte, wie Orangenkörbchen, Bananen, Ananas, Honigmelonen usw.
Fasanen ohne Füße Papilloten aufstecken.
Anmerkung: Farbige Aspikspiegel unterstreichen die Attraktivität von Wildgeflügel. Fasan mit Gänseleberschaumbrot wirkt besonders auf einem Spiegel aus Rotweinaspik. Cumberlandsoße ergänzt dieses kalte Ensemble.

Fasanenpaste

Fasanen völlig entbeinen, die Brüste in 3 bis 4 Streifen schneiden, mit Salz und Pastetengewürz einreiben und ziehen lassen. Das Fasanenfleisch in Butter anbraten, mit Fleischbrühe auffüllen, dünsten, erkalten lassen und in feine Würfel schneiden. Inzwischen Kalbfleisch fein wolfen und mit Salz, Pastetengewürz, Zitronengelb, Eigelb und etwas Sahne zu geschmeidiger Farce verarbeiten. Die Fleischwürfel daruntermengen, die Farce dann im Wechsel mit den Bruststreifen in eine mit Teig und Speckscheiben ausgelegte Kastenform füllen, entsprechend abdecken, bei mittlerer Hitze backen, kaltstellen, Rotweingelee einfüllen und erstarren lassen. Fasanenpaste mit Cumberlandsoße oder Preiselbeersahne anrichten.
Hinweis: Fasanenpaste mit Trüffeln als »Getrüffelte Fasanenpastete« zubereiten. Entweder Trüffelstreifen in die Füllung einlegen oder feine Trüffelwürfel daruntermengen.

Fasanensalat

300 g Fasanenfleisch, gebraten
3 bis 4 säuerliche Äpfel
1 bis 2 Bananen
Zitronensaft
Weinbrand

Alle Zutaten feinwürfelig schneiden, mit Zitronensaft und Weinbrand marinieren und kaltstellen. Nach etwa 30 min mit
75 g Mayonnaise
75 g Schlagsahne
50 g Johannisbeergelee
anmachen und pikant mit Salz und etwas Cayennepfeffer abschmecken. Salat auf gekühlten Glastellern verteilen, mit Cocktailkirschen, Melonenfleischscheiben oder Kiwiwendel garnieren und mit frisch geröstetem Roggenbrot servieren.
Hinweis: Diesen pikanten fruchtigen Salat ebenfalls aus Geflügelfleisch oder Wildbraten zubereiten. Als Vorspeise auf Weinblättern anrichten, die aus Schmalzteig ausgestochen und gebacken werden.

Fasanenschaumbrot

Blindgebackene Mürbeteigtarteletts ohne Zucker kuppelförmig mit Fasanenschaumbrot füllen, leicht mit Madeiraaspik überglänzen und mit Trüffelstiften sowie halbem gekochtem Wachtelei garnieren. Mit Preiselbeer-Apfel-Orangen-Soße servieren.

Frischlingspastete

Mageres Frischlingsfleisch, geweichtes Weißbrot, Zwiebelwürfel, Petersilie sowie mit Salz zerriebenen Knoblauch fein wolfen und mit etwas Milch, Eiern, gemahlenem Wacholder, Senf und etwas Ketchup zu glatter Masse verarbeiten. Dann eine Kastenform gut ausfetten, die Masse einfüllen, in der Backröhre bei etwa 180 °C im Wasserbad garen und in der Form erkalten lassen. Die Garprobe wird mit einer Metallnadel vorgenommen. Ist die Nadel nach dem Einstechen völlig glatt, ist die Garzeit beendet.
Im Gegensatz zu den in Teighülle gebackenen Krustenpasteten können feine Pastetenfarcen direkt in gefettete Formen gefüllt und im Wasserbad in der Backröhre gegart werden. Ebenso werden geeignete Gargefäße, wie Steingut-, Porzellan- und Keramikterrinen, Kokotten oder Tarteletförmchen, für Pastetchen verwendet. Letztere werden besonders in Frankreich in großer Vielfalt hergestellt. Die Füllmengen für Terrinen können sehr unterschiedlich sein. Obwohl die Einlagen in größeren Stücken verwendet werden können, sind sie in jedem Falle in eine Farce oder einen Fleischteig einzuhüllen. Terrinen sind besonders saftig, da die Feuchtig-

keit nicht von einer Teigkruste aufgesogen werden kann. Alle Terrinen sind nach dem Entnehmen aus der Bratröhre sofort plan abzudecken, leicht zu beschweren und zum Erkalten abzustellen. Das Zusammendrücken bewirkt eine bessere Konsistenz und damit ein leichteres Schneiden. Ebenso werden die Schnittflächen glatt und optisch gefälliger. Über der Farce abgesetztes Fett ist noch in heißem Zustand abzugießen. Terrinen vor dem Service mit feinem Gemüse und Kopfsalatblättern garnieren oder mit feiner Chaudfroidsoße überziehen.

Anmerkung: Während der Garzeit in der Bratröhre sind Terrinen mit passendem Deckel zu verschließen. Um die Pastete zu überkrusten, ist der Deckel etwa 15 min vor Ende der Garzeit abzunehmen.

Bärenschinken mit Pilzsalat

500 g Bärenschinken

Bärenschinken in sehr dünne Tranchen schneiden und auf Holzplatten oder Keramikgeschirr anrichten. Mit Maiskölbchen, gefüllten Oliven und Sahnemeerrettich garnieren. Mit Rotweinbutter, pikantem Pilzsalat und frischem Landbrot zu Tisch geben.

Fasanenmedaillons

saftig gebratene kalte Fasanenbrust

Gänseleberkrem

Madeiragelee

Aus der Fasanenbrust gleichmäßige Medaillons schneiden, mit Madeiragelee nappieren und kaltstellen. Bei Abruf mittels Sterntülle Gänseleberkremrosetten auf die Medaillons dressieren und mit Cocktailkirsche, Mandarinenfilet, Kiwischeiben, glacierter Marone, Walnußkern usw. garnieren.

Hinweis: Anstelle Gänseleberkrem ebenso Wildmus verwenden. Dann mit marinierten Pilzen und Wachtelei garnieren.

Werden Medaillons für Kalte Büfetts zubereitet, die Garniturelemente ebenfalls mit Aspik nappieren.

Galantine von Taube mit gefüllten Tomaten

Eine große Taube völlig entbeinen, mit feiner Geflügelfarce, garniert mit zarten Erbsen, Würfelchen von Pökelzunge und gekochtem Eiklar, füllen. So vorbereitet in ein Tuch einbinden, in gut gewürzter Geflügelbrühe garziehen und erkalten lassen. Beim Erkalten leicht pressen. Gut

gekühlt und abgetropft mit heller Sulzsoße überziehen, einen gefälligen Dekor auflegen und überglänzen. Tomaten mit Füllung von jungem Gemüse und Champignonköpfe als Umlage verwenden.

Garnierter Frischlingsrücken

Einen gutgewachsenen Rücken parieren, enthäuten, rosa braten und erkalten lassen. Die Rückenfilets auslösen, in etwa 8 mm dicke Tranchen gerade aufschneiden. Die Karkasse und den Rückgratknochen gefällig behauen, beide Seiten mit einer Schicht Waldorfsalat glatt ausfüttern. Die Rückentranchen in Reihenfolge auflegen. In der Mitte eine Reihe kleine, mit Maronenmus gefüllte Tomaten auflegen. Diese rationelle Methode ist im à-la-carte-Geschäft praktikabel. Das Nappieren mit Madeiragelee ist dann nicht erforderlich. Die frisch geschnittenen Rückenfilets sind als Einzelportion auf Waldorfsalat ebenfalls sehr schnell anzurichten. Weitere Garniturelemente: gefüllte Artischockenböden, ausgestochene pochierte Apfelringe mit Preiselbeergelee, Gänselebermedaillons mit Walnußkern, große gefüllte Champignonköpfe, Kiwi- oder Orangenscheiben usw.

Beilagen: Wacholderbutter und frisches Landbrot.

Garnierter Hirschrücken (Bild 13)

Einen mittelgroßen Hirschrücken sauber aushacken, enthäuten, saftig rosa braten und auskühlen lassen. Die Rückenfilets auslösen, schräg in dünne, gleichmäßige Tranchen schneiden und in der Reihenfolge auf ein Randblech legen. Den Rückgratknochen auf der Karkasseninnenseite glattsägen oder behauen, damit eine gute Auflage gewährleistet ist. Waldorfsalat mit festgehaltenem Weißweinaspik binden, die Karkassen damit ausfüttern. Der Rücken soll seine ursprüngliche Form wieder erhalten. Die Rückenfilettranchen durch Weißweinaspik ziehen, in gleichen Abständen auf den Rücken, am hinteren Ende beginnend, rundherum auflegen. Diese Methode wird oft praktiziert, obwohl sie von der klassischen abweicht. Es ist auch nicht zeitaufwendiger, jeweils am hinteren Ende beginnend die Tranchen so aufzulegen, daß sie vorn zusammenfließen. Die klassische Methode ist zum Vorlegen optimal. Den Rücken längs in der Mitte mit Wildfrüchten, eingelegten Beeren mit Rispen, Kiwisegmenten, marinierten Pilzen usw. garnieren. Die Umlage ist beliebig zu variieren.

Auf dem Bild 13 wurden eine mit Beeren gefüllte Ananas, garnierte, gebratene Wachteln, ein gebratener, mit Früchten garnierter Fasan und gefüllte pochierte Äpfel verwendet.

Der Kreativität sind bei der Gestaltung von kalten Platten keine Grenzen gesetzt. Zu beachten ist jedoch, daß der hohe Schauwert nicht durch zuviel Aspik oder faden Geschmack gemindert wird.

Garnierte Rehkeule mit Früchten und Pilzen (Bild 14)

Rehkeule im ganzen leicht rosa braten und erkalten lassen. Dann die Fleischteile auslösen, in dünne Tranchen schneiden und in der Reihenfolge ablegen. Mit Waldorfsalat die ursprüngliche Keulenform auffüllen. Die Tranchen mit Aspik nappieren und in der Reihenfolge auflegen. Die Keule zuletzt mit Wildfrüchten und Beeren sowie marinierten Pilzen, Maiskölbchen sowie tourniertem, mariniertem Kürbis garnieren und auf entsprechender Holzplatte anrichten. Zur Umlage Teigkörbchen und in Weißwein pochierte Äpfel verwenden. Mit Cumberlandsoße, Rotweinbutter oder Thymianschmalz sowie frischem Brot anbieten.

Gefüllter Fasan mit Wildfrüchten (Bild 15)

Fasan von der Rückseite bis auf die unteren Keulenknochen sorgfältig auslösen. Die Füße kurz in kochendem Wasser brühen und abziehen. Fasan mit feiner Geflügelfarce aus Würfelchen von Pökelzunge, Pistazien und Trüffeln füllen, zunähen und mit Binden so umwickeln, daß er seine ursprüngliche Form wieder erhält. Fasan in gut gewürztem Fond aus Karkassen und den Knochen bei etwa 75 °C garziehen und abkühlen lassen. Fasan aus dem handwarmen Fond nehmen, nachbinden und im Fond völlig erkalten lassen. Dann herausnehmen, Umhüllung entfernen, Fasan zum Abtropfen auf Ablaufgitter geben. Ist die Haut völlig abgetrocknet, Fasan mit Fleischglace einstreichen, die Brust keilförmig anschneiden und tranchieren. Fasan mit eingelegten Wildfrüchten, wie Hagebutten, Holunder und Schlehen, sowie Wachteleiern garnieren und auf Aspikspiegel auf einer repräsentativen Platte anrichten. Die Tranchen davorlegen. Als Umlage Teigkörbchen oder gefüllte Früchte verwenden. Die Körbchen ebenfalls mit Früchten füllen. Diese Zubereitung täuscht einen gebratenen Fasan vor, muß aber zur eleganten Formgebung praktiziert werden.

Gefülltes Hirschfrikandeau (Bild 16)

Hirschfrikandeau enthäuten, längs aufschneiden, das Fleisch egalisieren und mit feiner Wildfarce bestreichen. Auf die eine Hälfte ein gepökeltes, in dünne Scheiben von frischem Speck eingehülltes Hirschfilet legen, die andere Hälfte darüberschlagen und zusammennähen. Das so vorbereitete Frikandeau salzen und pfeffern, in heißem Fett in der Bratröhre unter öfterem Begießen langsam braten, herausnehmen, leicht beschweren und erkalten lassen. Dann in gleichmäßige Tranchen schneiden, auf einer entsprechenden Platte anrichten und mit Früchten oder Pilzen garnieren.

Auf dem Bild 16 wurde als Umlage eine garnierte Netzmelone und pochierte Birnen mit tournierten Honigmelonenkugeln verwendet.

Mit Cumberlandsoße oder kalter Senfkrem mit Preiselbeeren sowie Brotauswahl komplettieren.

Gefüllter Wildschweinkopf

Der zum Füllen ausgesuchte Wildschweinkopf ist sehr lang vom Rumpf abzuschneiden. Generell sollen nur junge Tiere ausgesucht werden. Als nächstes sind die Borsten abzusengen oder zu rupfen, bei letzterem Verfahren muß der Kopf kurz in kochendes Wasser getaucht werden. Sengen oder Rupfen, beides sind aufwendige Arbeiten. Beim Sengen ist darauf zu achten, daß der Geschmack nicht beeinträchtigt wird. Den Wildschweinkopf dann bürsten, wässern, zum Abtropfen aufhängen und ohne Aufschneiden von der Halsseite bis zum Gebißansatz auslösen. Die ausgelöste Hautfleischhülle nach innen stülpen, die Schnauze am Gebißansatz absägen und an der Hülle lassen. Beim Auslösen sind die Gehörgänge am Schädelknochen durchzuschneiden und die Augen auszustechen. Die Kopfhülle wird dann nochmals gewaschen und zur besseren Farbgebung 2 bis 3 Tage in Pökellake eingelegt. Vor dem Füllen gut abtupfen, innen mit Gewürzsalz einreiben, mit feiner Farce aus gleichen Teilen schierem Schweinefleisch und frischem Speck, mit Garnitur von Trüffeln, Pistazien, Schinken und Pökelzunge füllen. Diese Farce mit Eiern und Sahne binden und mit Kognak verfeinern.

Zum Würzen für 1 kg Farce sind etwa 30 g Salz und Pastetengewürz erforderlich. Die Augenöffnungen sind zuzunähen. Am Kopfende wird als Abschlußplatte eine Speckschwarte in Größe der Öffnung angenäht. Beim Füllen ist darauf zu achten, daß der Kopf seine ursprüngliche Form wiedererhält. Den zugenähten Kopf sodann mit breiten Binden fest umhüllen. Bei der Formgebung beachten, daß die Ohren ihre richtige Lage und der Kopf seine charakteristische Gestalt erhalten. Zum Garen Kopf in ein passendes Gefäß legen. Die Ohren müssen in ihrer natürlichen Lage nach oben stehen. Jetzt gehackte Kalbsfüße und Rinderknochen sowie Mirepoix, Salz, Lorbeerblatt, Pfefferkörner, Thymian, Gewürznelken sowie Wacholderbeeren dazugeben und mit kalter Brühe auffüllen. Die Ohren müssen völlig bedeckt sein. Den Wildschweinkopf bei etwa 80 °C je nach Größe 3 ... 4 h garziehen lassen. Währenddessen öfters abschäumen. Mittels einer langen dünnen Nadel Garpunkt feststellen. Den fertigen Wildschweinkopf im Fond fast erkalten lassen, aus dem noch handwarmen Fond herausnehmen, zur besseren Formgebung nachbinden, wieder in den Fond legen, leicht beschweren und völlig erkalten lassen. Den Wildschweinkopf von den Binden und Bindfäden befreien, abtropfen lassen, mit Fleischglace gleichmäßig überziehen und garnieren. Am Halsende einige Tranchen abschneiden. Kopf und Tranchen auf Aspikspiegel anrichten und mit gefüllten Teigkörbchen, pochierten Äpfeln, halben Dunstbirnen mit Preiselbeeren oder mit marinierten Pilzen in Kartoffelnestern umlegen.

Beilagen: frisches Brot oder Weißgebäck und würzige Soßen, wie Oxford-, Hatzfield-, Englische, Gloucester oder Kaukasische Soße.

Gepökelte Frischlingskeule

Frischlingskeule parieren, enthäuten, die Knochen auslösen bzw. ausstoßen und mindestens 6 Tage pökeln. Der Pökellake etwas Zucker, Wacholderbeeren, Pfefferkörner, Gewürznelken und Lorbeerblätter beifügen. Die Keule in Rotwein-Wasser-Gemisch garziehen und erkalten lassen. Aus dem Fond Gelee bereiten. Die Keule in Tranchen schneiden oder nur angeschnitten als repräsentative Platte anrichten. Zuvor mit Gelee überglänzen. Zur Umlage zum Beispiel Preiselbeeräpfel, halbe Birnen mit Johannisbeergelee, mit Senffrüchten gefüllte Tomaten

und Teigkörbchen mit marinierten Pilzen verwenden.

Beilagen: Rotweinbutter oder Thymianschmalz, Teufelssoße, Mandelmeerrettich, Gewürzhörnchen und Roggenbrot.

Hasenpastete

Entbeintes Hasenfleisch (Vorderteil) und Rauchspeck grob würfeln, mit Sahne, Eiern, Salz, Pfeffer, Pastetengewürz und geweichtem, rindenlosem Weißbrot vermengen und gut kühlen. Dann fein wolfen und mit blanchierten Speckwürfelchen und feingeschnittenen Champignonköpfen vermengen. Die Pastetenmasse in gut gefettete Kastenform füllen, mit Alufolie abdecken und im Wasserbad in der Bratröhre garen. Die erkaltete Pastete in Scheiben schneiden, anrichten und mit Brot, Butter sowie Preiselbeersahne servieren.

Hasenpastete in Kruste

Hasen vollständig auslösen, die Rückenfilets mit fettem Speck spicken und mit Salz, Pastetengewürz sowie Weinbrand würzen. Das Hasenfleisch mit zwei Teilen rohem Speck und je einem Teil magerem Schweine- und Kalbfleisch sowie Salz und Pastetengewürz fein wolfen und mit Eiern sowie der Filetbeize zu feiner Farce verarbeiten. Dann eine mit Teig ausgelegte Kastenform mit dünnen Räucherspeckscheiben ausfüttern, schichtweise Farce und Filets einfüllen, entsprechend mit Speck- und Teigplatte abdecken und bei mittlerer Hitze etwa 60 ... 80 min in der Bratröhre backen. Hasenpastete mit Chantillysoße servieren.

Hasenrücken in Rotweingelee

2 Hasenrücken
Salz, Pfefferkörner
Mirepoix
Kalbsfüße, ausgelöst
Rotwein

Die Hasenrücken mit der gleichen Menge Kalbsfüße in Rotwein zum Dünsten ansetzen. Das erfolgt am zweckmäßigsten in einem geeigneten Bräter mit einem gut schließenden Deckel. Den fertigen Hasenrücken herausnehmen, auslösen, das Fleisch portionieren, in geeignete Förmchen einlegen, mit dem pikant abgeschmeckten und passierten Garfond übergießen und kaltstellen. Hasenrücken in Gelee bei Abruf wie üblich stürzen, anrichten und mit Cumberlandsoße oder Vincentsoße sowie Röstkartoffeln oder frischem Toast reichen.

Hasenschaumbrötchen

Sautiertes, enthäutetes Hasenfleisch und Hasenleber mit Salz, Weinbrand, Pfeffer, Wacholder und Thymian fein wolfen, durch ein Haarsieb streichen und gerade flüssigen Madeiraaspik darunterrühren. Kurz vor dem Erstarren geschlagene Sahne darunterheben. Dann das Schaummus in mit Madeiraaspik chemisierte Timbaleförmchen füllen und kaltstellen. Erst bei Abruf stürzen und mit frischem Toast und Cumberlandsoße oder Oxfordsoße komplettieren.

Hasen-Terrine

1 Hasenrücken
2 Hasenkeulen
250 g schieres Schweinefleisch
100 g Geflügelleber
500 g frischer Speck
Speck zum Auslegen
2 Eier
Weinbrand
Pastetengewürz

Hasenrückenfilet auslösen und enthäuten, ebenso die Hasenkeulen. Die Rückenfilets sowie die gleiche Menge Speck in gleichmäßige Streifen schneiden und mit Wacholder, Pfeffer, Thymian, Lorbeer und Zwiebelscheiben marinieren. Keulenfleisch, Schweinefleisch und Geflügelleber fein wolfen und mit Weinbrand, Salz, weißem Pfeffer und Thymian zu feiner Farce verarbeiten. Eine mit Speckscheiben ausgelegte Terrine mit der Farce ausstreichen und im Wechsel ein Drittel der Rückenfilet- und Speckstreifen darauflegen. Farce darübergeben und noch zweimal so verfahren, bis die Form gefüllt ist. Die letzte Farceschicht mit Speckscheiben abdecken. Form richtig verschließen und im Wasserbad in der Bratröhre bei etwa 200 °C 2 h garen. Danach etwas abkühlen lassen, den sich gebildeten Fond abgießen. Terrine leicht beschweren. Den Fond entfetten, unter flüssiges Madeiragelee mengen und über die Terrine gießen.
Anmerkung: Die Rückenfilets im ganzen anbraten und in die Terrine einlegen. Diese Variante ist rationell und optisch attraktiver.

Hirschmedaillons

kaltes, rosa gebratenes Hirschfilet
Madeiragelee
Gänseleberkrem
Trüffelstifte, Kiwischeiben

Aus dem Hirschfilet gleichmäßige Medaillons schneiden, nappieren und kaltstellen. Bei Bedarf mit Gänseleberkremrosette, Kiwiwendel und Trüffelstiften attraktiv garnieren.
Hinweis: Diese Zubereitungsweise für Medaillons hat sich in der Praxis als rationell bewährt. Medaillons ebenso von Rückenfilets bereiten. Zur Garnierung eignen sich weiterhin marinierte Pilze, Nüsse, Wachteleier und Wildfrüchte.

Hirschschinken mit buntem Maissalat

400 g Hirschschinken, in dünne Tranchen geschnitten
400 g Maiskörner (Konserve)
100 g Gemüsepaprika, grün
100 g Gemüsepaprika, rot
50 g schwarze Oliven
Salz, Pfeffer, Estragonessig, Öl

Gemüsepaprika und Oliven in Würfel schneiden, mit den Maiskörnern vermengen und alles pikant abschmecken. Den bunten Salat anrichten, Hirschschinken anlegen, mit Butterlocken und Roggenbrot servieren. Dieser attraktive Salat eignet sich als Vorspeise mit zwei Tranchen Wildschinken oder mit einem Wildmedaillon.

Hirschkoteletts mit Pfefferminzgelee

4 Koteletts je 150 g
200 g Pfefferminzgelee

Die Koteletts rasch rosa braten. Damit sie eine gleichmäßige Form erhalten, leicht beschweren und erkalten lassen. Aus Wild- und Kalbsknochen mit Mirepoix würzigen Fond kochen und mit Gelatine Gelee bereiten. Mit frischen, gehackten Pfefferminzblättern aromatisieren. Die Koteletts entweder mit dem Gelee überziehen oder mit gehacktem Gelee anrichten.
Beigaben: Rotweinbutter oder Yorkshire-Soße, frische Salate und Brotauswahl.

Hirschpastete

Zwei Teile schieres Hirschfleisch, zwei Teile fettes Schweinefleisch und einen Teil Schweineleber mit einer Zwiebel sowie Petersilie und etwas geweichtem Weißbrot fein wolfen. Mit Ei, Salz, Pastetengewürz und etwas Weinbrand zu

Farce verarbeiten. Feine Champignonwürfel (Konserve) und feingewürfelten Räucherspeck daruntermischen und in eine mit dünnen Speckscheiben ausgefütterte Kastenform füllen. Entsprechend abdecken und in der Backröhre bei mittlerer Hitze garen. Hirschpastete wird noch attraktiver, wenn in der Mitte der Füllung ein gut pariertes, mit Gewürzpaprika, edelsüß, und Salz gewürztes, kurz von allen Seiten angebratenes und erkaltetes Hirsch- oder Schweinsfilet eingelegt wird.

Hinweis: Auf gleiche Weise Reh- und Wildschweinpasteten zubereiten. Schweinsfilet zur Farbverbesserung vorher pökeln.

Kalter Rehrücken mit Ananas

(für 4 bis 6 Personen)
1 Rehrücken
Waldorfsalat
Gänseleberkrem
Ananasringe (Konserve)
Rehrücken sorgfältig häuten, parieren, kräftig würzen, rosa braten und erkalten lassen. Damit sich der Rücken beim Braten nicht wölbt, einen Metallstab in das Rückgrat einschieben. Die Rückenfilets auslösen, schräg im Winkel von etwa 45 °C in dünne gleichmäßige Tranchen schneiden und in der Schnittfolge auf ein Randblech legen. Die Karkasse behauen, damit sie fest aufliegt. Mit Waldorfsalat zur ursprünglichen Rückenform ausfüttern. Die Tranchen durch Weißweinaspik ziehen und exakt, jeweils am hinteren Ende beginnend, auflegen. Längs auf der Rückenmitte einen Streifen Gänseleberkrem aufspritzen. Darauf in exakter geradliniger Reihenfolge halbe Ananasringe auflegen, jede Ananasscheibe mit einer Cocktailkirsche garnieren und mit Weißweinaspik nappieren. Den Rehrücken auf repräsentative Platte auf Madeiraaspikspiegel anrichten. Platte mit gefüllter Ananas, gefüllten Orangenkörbchen, Ananasringen mit Preiselbeertimbale, halben Birnen mit Johannisbeergelee oder Weinapfel mit marinierten Brombeeren vervollständigen. Rücken ebenso mit Mandarinen, Melonenkugeln, Kiwi, Weinbeeren, frischen Erdbeeren und Walnußkernen garnieren. Zum Garnieren eignen sich weiterhin marinierte Pilze, Maiskölbchen und Wildfrüchte. Dann gebackene Teigkörbchen oder blindgebackene Tarteletts mit Pilzen oder Wildfrüchten als Umlage verwenden.

Hinweis: Für kalte Wildspeisen eignen sich zur Umlage besonders aus Schmalzteig oder Brioteteig ausgestochene und gebackene Weinblätter, die mit Früchten oder Pilzen belegt werden.

Krammetsvogelpastete

10 Krammetsvögel
300 g feine Kalbfleischfarce
100 g Gänseleber
Trüffel
Salz, Pfeffer
Weinbrand
Pastetenteig zum Auslegen
Ei zum Bestreichen
Die Vögel völlig entbeinen, mit Salz sowie Pfeffer würzen und mit etwas Weinbrand marinieren, mit je einem Stück Gänseleber und Trüffel füllen und zusammenrollen. Dann eine Form mit Pastetenteig auslegen, mit Farce ausstreichen, die zusammengerollten Vögel darauflegen und mit der restlichen Farce sowie Pastetenteig wie üblich abdecken, mit Ei einstreichen und backen. Ebenso Lerchen- oder Wachtelpasteten zubereiten.

Marinierter Hasenrücken

600 g gebratener Hasenrücken
Die Rückenfilets auslösen, in schräge Tranchen schneiden und mit Olivenöl, Rotwein, Zitronensaft, Salz, Pfeffer und gemahlenen Gewürznelken etwa 4 h marinieren. Mit Waldorfsalat und Preiselbeeräpfeln anrichten. Mit Wachteleiern, Cocktailkirschen oder ziselierten Champignonköpfen garnieren. Dazu grüne oder russische Soße und frisches Roggenbrot reichen.

Hinweis: Der pikante Hasenrücken schmeckt auch mit Rhabarberpüree.

Marinierte Rehkeule mit Cumberlandsoße

600 g gebratene Rehkeule
Die Rehkeule in gleichmäßige, dünne Tranchen schneiden und mit Rotwein, Zitronensaft, Öl, Salz, Pfeffer und Himbeeressig marinieren. Auf pochierten Apfelspalten anrichten und mit Cumberlandsoße und Toast servieren.

Mufflonpastete

(für 6 Personen)
2 parierte Mufflonfilets
300 g schieres Schweinefleisch
300 g Mufflonfleisch

3 Eiklar
1/8 l Sahne, 2 cl Madeira
je 50 g gewürfelte Pökelzunge und Champignons
30 g grobgehackte Pistazien
Pastetengewürz
Speckplatten

Die Filets exakt parieren, gut würzen, in heißem Öl saftig anbraten und kaltstellen. Das Fleisch zweimal fein wolfen, Eiklar und Sahne darunterrühren und alles durch ein Haarsieb streichen. Dann mit Salz, Pastetengewürz und Madeira abschmecken. Zungen- und Champignonwürfel sowie Pistazien dazugeben und gut vermengen. Eine geeignete Pasteten- oder Parfaitform mit Speckplatten auslegen und zur Hälfte mit Farce bestreichen. Die Filets einlegen, die restliche Farce mit Druck darüberstreichen. Die Form mit Speckplatte abschließen und im Wasserbad in der Bratröhre bei 200 °C etwa 45 min pochieren. Die Filets sollen innen rosa bleiben. Kontrolle mittels Nadelprobe wird empfohlen: Eine Stricknadel etwa 2 Sekunden einstechen; wenn die Nadel gleichmäßig warm ist, Pastete herausnehmen. Die Pastete unter leichtem Druck erkalten lassen, aufschneiden, mit Weißweingelee überglänzen und mit Cumberlandsoße, Obstsalat oder Waldorfsalat sowie ofenwarmem Weißgebäck servieren.

Mufflonschinken mit Wodkabutter
500 g Mufflonschinken

Den Schinken in dünne Tranchen schneiden, auf Holzplatte anrichten, mit Champignons in Weißweinmarinade, Wodkabutter und Vollkornbrot, Speckbrot oder Sesambrötchen vervollständigen.

Rebhuhnpastete
Rebhuhn völlig entbeinen, die Brüste salzen, kurz anbraten und kaltstellen. Das Rebhuhnfleisch mit je einem Teil schierem Schweinefleisch und frischem Speck sehr fein wolfen. Mit Pastetengewürz, Salz, etwas abgeriebener Zitronenschale und feingemahlenem Wacholder würzen, mit etwas tiefgekühlter Sahne aufmontieren und mit Trüffelwürfeln sowie Würfeln von gesteifter Gänseleber vermengen. Eine vorbereitete Kastenform zur Hälfte mit der Farce füllen, die Rebhuhnbrüste in der Mitte darauf legen, Form mit Farce füllen, mehrmals auf ein nasses Tuch aufstoßen und wie üblich mit Teig abdecken. Die erkaltete

Pastete mit Rotwein-oder Portweingelee ausgießen.

Rebhuhnsalat
400 g gebratenes Rebhuhn
200 g Chicorée
200 g Sellerie
120 g Mayonnaise

Das Fleich in Streifen, die Gemüse in feine Streifen schneiden und mit Zitronensaft, Salz, Pfeffer und Zucker 2 h marinieren. Dann mit Mayonnaise anmachen und pikant abschmecken. Auf Kopfsalatblättern anrichten. Mit Trüffelstiften und feinen Streifen von rotem Gemüsepaprika überstreuen.

Hinweis: Von Wildgeflügel wird meist nur das Brustfleisch verarbeitet. Das Keulenfleisch ist oft sehnig und hart. Es ergibt ausgezeichnete kräftige Soßen und Suppen.

Rebhuhn-Terrine
1 bis 2 Rebhühner, gebraten, Fleisch ausgelöst
50 g Pistazien, fein gehackt
10 cl Wildbrühe oder Kalbsbrühe,
stark reduziert
(gallertartige Konsistenz)
3 bis 4 Eigelb

Das ausgelöste Rebhuhnfleisch fein pürieren, mit Eigelb, Pistazien und Brühe zu einer glatten Masse verrühren und in eine geeignete Terrine oder Form einfüllen. Terrine bis zur Hälfte in einen Topf mit heißem Wasser stellen, abdecken und etwa 1 h bei schwacher Hitze stocken und im Gargefäß erkalten lassen. Kurz vor dem Service auf eine repräsentative Platte stürzen, mit gekühlter Butter und Toast vervollständigen.

Rehkeule im Blätterteig
1 Rehkeule
600 g feine Farce aus schierem Schweinefleisch
und frischem Speck, mit Würfelchen
von Pökelzunge und Trüffeln
dünne Scheiben von rohem Schinken
800 g Halbblätterteig

Die Rehkeule enthäuten, die Knochen ausstoßen, dabei nicht das Fleisch aufschneiden. Die entstandenen Hohlräume mit etwas Farce füllen, die Öffnungen zustecken. Dann würzen und in der Bratröhre zu etwa 3/4 garbraten. Keule herausnehmen, abkühlen lassen, rundherum mit Farce bestreichen, mit Schinkenscheiben umwickeln, in etwa 5 mm dick ausgerollten Blätterteig hüllen, mit einem Dekor versehen, mit verquirltem Ei bestreichen und in der vorgeheizten Bratröhre bei etwa 200 °C backen. Von den Teigresten Tarteletts backen, mit mariniertem Edelgemüse füllen, die angerichtete Rehkeule damit umlegen. Rehkeule am Tisch tranchieren. Weitere Umlagen: pochierte Äpfel mit Preiselbeeren, Dunstbirnen mit Wildfruchtgeleetimbale, gefüllte Bananenschiffchen, Orangenkörbchen, römische Pastetchen mit marinierten Pilzen usw. Mit Sauerkirsch- oder Johannisbeersoße komplettieren.

Rehkoteletts mit Gänseleberkrem
8 Rehkoteletts je 75 g, plattiert
Öl
150 g Gänseleberkrem
Koteletts leicht rosa braten, erkalten lassen, Gänseleberrosette aufspritzen und gefällig mit Mandarinenfilets, Cocktailkirsche und Mandelstiften garnieren. Weiterhin eignen sich Ananassegmente, Pfirsichfächer, Weinbeeren und Kiwi. Rehkotelett mit halben, mit Waldorfsalat gefüllten Orangen anrichten. Mit Hamiltonsoße servieren.

Rehmedaillons in Wildfruchtgelee
4 rosa gebratene Medaillons
Wildfruchtgelee
Madeiragelee mit Saft von Wildfrüchten, wie Schlehen, Waldhimbeeren, Brombeeren, Ebereschen oder Holunder, aromatisieren. Portionsförmchen chemisieren, Medaillons einlegen, zugießen und kaltstellen. Stürzen, auf Kopfsalatblatt oder pochierter Apfelscheibe anrichten. Mit Butter und Toast reichen.
Anmerkung: Zur Garnitur in Wodka eingelegte Wildfrüchte, wie Brombeeren oder Walderdbeeren, mit Stiel verwenden. Madeiragelee muß bei dieser Variante eine feste Konsistenz haben.

Rehpaste
Wie »Hirschpaste«, jedoch mit schierem Rehfleisch zubereiten. Als Einlage Rehfilets gut parieren, mit etwas Farce bestreichen, in dünne Speckplatten einrollen und in der Mitte einlegen.

Rehrücken mit Gänseleberkrem in Madeiragelee
500 g rosa gebratenes Rehrückenfilet
120 g Gänseleberkrem
Madeiragelee

Das Rückenfilet in 8 Tranchen schneiden. Jeweils 2 Tranchen mit Gänseleberkrem zusammenfügen. Entsprechende Förmchen mit Madeiragelee chemisieren, das Filet einlegen, mit Gelee übergießen und kaltstellen. Bei Abruf stürzen, mit Gänseleberkremraute, Ananassegment und Cocktailkirsche garnieren. Mit Preiselbeersoße und Toast anrichten.
Hinweis: Auf gleiche Weise Wildbret jeder Art einlegen. Zum Garnieren eignen sich weiterhin Wachteleier, Pilze, Maiskölbchen, frische Kräuter und Tomatenfleischecken bzw. -streifen. Ist Wild für festliche Vorspeisen bestimmt, Trüffeldekor einlegen. Das zum Einlegen in Madeiragelee vorgesehene Wildbret stets rosa braten.

Rentier-Galantine
Rücken eines jungen Rentieres von innen auslösen, auf einer Arbeitsfläche ausbreiten, gleichmäßig parieren, das Fleisch auf der Innenseite egalisieren, mit Salz und Pastetengewürz bestreuen und kaltstellen. Inzwischen aus gleichen Teilen Rentierfleisch, schierem Schweinefleisch und frischem Speck, Salz, Pastetengewürz, Sahne und Eiklar feine Farce bereiten und mit Trüffelwürfeln, Pistazienstreifen sowie Würfeln von Pökelzunge garnieren. Die Farce als Rolle auf dem vorbereiteten Rücken verteilen. Das Fleisch darüber zusammenschlagen, sorgfältig zusammennähen und in ein Tuch einschlagen. Aus den Rückenknochen, Gewürzen und Mirepoix Fond bereiten. Darin die entstandene Rolle garziehen und erkalten lassen. Die Galantine aus dem noch handwarmen Fond nehmen, nachbinden, wieder zurücklegen, leicht beschweren und völlig erkalten lassen. Dann aus der Umhüllung nehmen, Küchengarn entfernen, mit Fleischglace überziehen. Ist die Galantine für ein Kaltes Büfett vorgesehen, attraktiven Dekor auflegen. Im á-la-carte-Geschäft in entsprechende Tranchen schneiden und mit Waldorfsalat und Cumberlandsoße servieren.

Pikanter Hasensalat
500 g gebratenes Hasenfleisch
200 g feine Selleriewürfel
200 g Mandarinenfilets
Das Hasenfleisch in Würfel schneiden, mit Sellerie vermengen, mit Weinessig, Salz, Pfeffer, Öl, Rotwein und geriebenen Schalotten marinieren und etwa 2 h zum Einziehen kaltstellen. Dann pikant abschmecken, auf Chicorée- oder

Kopfsalat anrichten. Mit Mandarinen und schwarzen Oliven garnieren. Mit Estragonbutter und Gewürzhörnchen reichen.

Pikanter Wildsalat

400 g gebratenes Wildfleisch
150 g Senfgurken
150 g marinierter roter Gemüsepaprika

Marinade:
75 g Mayonnaise.
75 g saure Sahne

Senf, Salz, Chilliesoße, Pfeffer, Zucker
Die Zutaten für die Marinade verrühren. Fleisch, Senfgurken und Paprika in Würfel schneiden, mit der Marinade anmachen und 60 min durchziehen lassen. Den pikanten Salat auf marinierten Salatblättern anrichten, mit halben, paprikagefüllten Oliven garnieren und mit Thymianstrunk und Roggenbrot servieren.

Pikanter Wildsalat in Zitronenmarinade

400 g Wildbraten
100 g Pökelzunge
100 g Kochschinken
100 g Äpfel
4 Artischockenböden
Trüffelstifte

Zitronenmarinade:
frisch ausgepreßter Zitronensaft
Salz, Zucker, Pfeffer, Öl
Rotweinessig

Die Zutaten in Streifchen schneiden, vorsichtig vermengen, mit der Marinade anmachen und etwa 2 h zum Durchziehen kaltstellen. Vor dem Anrichten nachschmecken. Mit Kresse garnieren. Mit Speckbrot und Apfel-Zwiebel-Schmalz reichen.

Schaumbrot von Wild

Enthäutetes und entsehntes, gebratenes oder sautiertes zartes Wildfleisch verwenden und wie Schaumbrot von Geflügel zubereiten. Zum Binden des Schaumbrotes sowie zum Chemisieren der Form Madeiraaspik verwenden. Zum Dekorieren eignen sich besonders Wachteleier und Champignonscheiben. Mit Chicorée-Orangen-Salat und Toast oder Salzhörnchen servieren.

Schaumbrot von Wildschinken

(für 15 Portionen)
1 kg Wildschinken, gekocht
1/4 l Sahne
300 g Mayonnaise
1/2 l Rotweinaspik
Den Wildschinken zweimal sehr fein wolfen und kaltstellen. Die Mayonnaise mit dem dickflüssigen Aspik verrühren, die Schinkenmasse dazugeben, mit Salz, weißem Pfeffer, Zitronensaft und Worcestershiresoße würzen, die geschlagene Sahne darunterheben und in chemisierte und dekorierte Form oder Portionsförmchen füllen. Wildschinkenschaumbrot als Einzelportion auf Kopfsalatblatt anrichten und mit Cumberlandsoße und Toast servieren.

Schaumbrot von Wildgeflügel

Wie »Schaumbrot von Geflügel« zubereiten. Mit Madeiraaspik chemisieren. Neben Pilzscheiben und Wachteleiern eignen sich Cocktailkirschen, Mandarinenfilets und Ananassegmente zum Garnieren. Mit ofenfrischem Haselnußbrot reichen.

Schnepfenpastete

Schnepfen entbeinen, das Brustfleisch mit Farce füllen. Ansonsten wie bei »Taubenpastete« verfahren. Es ist üblich, feine Kräuter und die sautierten Schnepfeneingeweide mit zu verarbeiten. Nach dem Erkalten mit hellem Gelee, das aus den Schnepfenkarkassen bereitet wurde, ausfüllen.

Taubenpastete

Tauben entbeinen, die Brüste enthäuten und in Butter braten. Die Keulen dünsten, in feine Würfel schneiden. Das restliche Taubenfleisch mit gesteifter Geflügelleber, frischem Speck und geweichtem Weißbrot fein wolfen, mit Eigelb, Sahne sowie Salz und Pastetengewürz verarbeiten und mit den Keulenfleischwürfelchen vermengen. Die Farce dann im Wechsel mit den Brüsten und gebratener Gänseleber in eine vorbereitete Kastenform füllen, mit dünner Speckscheibe und Teigplatte abdecken und in der Bratröhre bei etwa 180 °C backen.

Variationen von Schaumbrot (Bild 17)

Mit verschiedenen Schaumbroten lassen sich attraktive Platten gestalten. Die Schaumbrote, in unterschiedlichen Formen eingesetzt, portioniert und attraktiv garniert, können so auf Kalten Büfetts angeboten oder als Vorspeise gereicht werden, z. B. Schaumbrot von Wildschinken, Perlhuhn, Fasan, Ente und Kaninchen.

Wachteleier mit Remoulade
(für eine Portion 6 bis 8 Wachteleier)
Wachteleier in kaltes Salzwasser legen, kurz aufkochen lassen, mit kaltem Wasser abschrecken und schälen. Die Wachteleier halbieren und auf Salatblättern oder Kresse anrichten.
Remoulade darübergeben oder gesondert reichen. Mit Stangenweißbrot, Salzhörnchen oder Toast servieren.

Wachteln mit Gänseleberkrem
8 Wachteln
400 g Gänseleberkrem
Die Wachteln innen und außen gut würzen, dressieren, bardieren, saftig braten und erkalten lassen. Die Brüste mit Brustbein auslösen. Die Brusthälften entbeinen. Die Wachteln mit Gänseleberkrem füllen, die Brusthälften seitenverkehrt andrücken. Die Wachteln mit Madeiragelee überglänzen und mit halbem Wachtelei, Tomatenfleischkeil und Trüffelstiftchen garnieren. Auf pochierten Apfelringen anrichten. Mit Rotweinbutter und Gewürzhörnchen reichen.
Hinweis: Wachteln ebenso mit Früchten oder Pilzen garnieren. Dann auf Ananasring oder kleinem Sockel von Gemüsesalat anrichten.

Wachtelpastete
Wachteln entbeinen, das Brustfleisch herauslösen, würzen, in heißem Öl anbraten und kaltstellen. Das Wachtelfleisch mit Haut sowie die gleiche Menge schieres Schweinefleisch und frischen tiefgekühlten Speck würzen, fein wolfen und mit Eiklar und Sahne verrühren. Die Farce dann durch ein Haarsieb streichen, mit gehackten Pistazien und Trüffelwürfelchen verfeinern und kaltstellen. Eine mit Teig- und Speckplatten ausgelegte Form zur Hälfte mit der Farce füllen, dann die Wachtelbrüstchen gleichmäßig auflegen, mit der restlichen Farce abdecken, mit Speck- und Teigplatten verschließen und gefällig dekorieren. Pastete bei 220 °C anbacken und bei 180 °C fertigbacken. Die erkaltete Pastete mit Madeira- oder Sherrygelee ausgießen.
Anmerkung: Besonders geschmackvoll werden Pasteten, wenn sie mit einer Reduktion aus den Karkassen mit Zwiebelwürfelchen und den entsprechenden Gewürzen sowie etwas Rot- oder Weißwein verfeinert werden.

Wildbraten in Rotweinaspik
400 g Wildbraten
250 g Rotweinaspik
Bananenscheiben, Ananasstücke
und Mandarinenspalten zum Garnieren
Wildbraten in gleichgroße Scheiben schneiden und in eine mit etwa 6 mm Rotweinaspik ausgegossene Form legen. Zwischen die Scheiben dekorativ Obststückchen legen und die Form mit Rotweinaspik füllen. Portionsschälchen oder Formen für mehrere Portionen nach dem völligen Erstarren kurz in warmes Wasser stellen, stürzen, anrichten und mit Butter oder Gloucestersoße und Toast servieren.
Zum Einlegen in Rotweinaspik eignen sich weiterhin Hasenrücken, Rehrücken und Wildmedaillons. Die Rückenfilets auslösen, schräg tranchieren und in der ursprünglichen Form mit Obst oder Pilzgarnitur in entsprechende Schalen legen.

Wildbraten mit Zitronenmayonnaise
Saftig gebratenen Wildbraten, wie Hirschkeule, Rehkeule oder Rehrücken, in dünne Tranchen schneiden, auf Holzplatte anrichten, mit Estragongeleewürfeln, Waldorfsalat und Kresse umlegen. Mit Zitronenmayonnaise und frischem Speck- oder Landbrot servieren.
Hinweis: Zitronenmayonnaise zur Hälfte mit saurer Sahne oder Joghurt bereiten.

Wildenten-Galantine
Wildenten entbeinen, das Brustfleisch auf der gesamten Innenseite mit Salz, Pastetengewürz sowie feingemahlenem, getrocknetem Basilikum, Salbei und Beifuß bestreuen und kaltstellen. Dann zu gleichen Teilen Wildenten- oder Entenfleisch, schieres Schweinefleisch und frischen Speck mit Pastetengewürz, zerdrückten Wacholderbeeren, etwas abgeriebener Orangenschale, Sahne und Eiklar gut kühlen und zu feiner Farce verarbeiten. Würfel von Schinken und Pökelzunge sowie Pistazien und Trüffeln darunterheben. Die Wildente mit der Farce füllen, zusammenrollen, in Folie oder Tuch einbinden und in dem aus der Karkasse mit Salz und Gewürzen gekochten Fond garziehen und erkalten lassen. Galantine aus der Umhüllung nehmen,

abtropfen lassen, in einer Gewürzmischung aus Beifuß, Rosmarin, Gewürzpaprika, edelsüß, sowie gemahlenem Wacholder rollen und in Tranchen schneiden. Galantine mit Cumberlandsoße servieren.

Wildenten-Terrine (Bild 18)

Wildenten vollständig auslösen, die Brüste enthäuten, mit Salz und Pfeffer einreiben, in Butter anbraten, mit etwas Weinbrand flambieren und kaltstellen. Das Wildentenfleisch mit rohem Speck und einigen Geflügellebern fein wolfen, mit Eigelben, Salz, Pastetengewürz und etwas Weinbrand zu feiner Farce verarbeiten. Eine mit Speckplatten ausgelegte Terrine zu $1/3$ mit Farce ausfüllen, die Rebhuhnbrüste sowie Trüffel- und Gänseleberscheiben drauflegen, alles mit Farce auffüllen, mit Speckscheiben abdecken und im Wasserbad garen.

Die auf dem Bild 18 vorgestellte Enten-Terrine wurde aus einer feinen Farce mit Trüffelwürfeln und Pistazien zubereitet. Die eingangs beschriebene Zubereitung ist weitaus eleganter, aber auch aufwendiger.

Wildfilet für Kenner

Hirschfilet oder Rehrückenfilets sorgfältig parieren und mit frischgemahlenem Pfeffer, Zitronensaft, Rosmarin, etwas Thymian, Salz und Öl marinieren und mindestens 48 h im Kühlraum durchziehen lassen. Bei Abruf hauchdünne Tranchen schneiden und mit Cumberlandsoße, Tatarensoße oder Currysoße reichen.

Weitere Varianten zum Marinieren:
- Salz, Pfeffer, Zitronensaft, Weinbrand
- Salz, Pfeffer, Zitronensaft, Gin, Wacholderbeeren
- Pökelsalz, Pfeffer, Öl, Zitronensaft, Rosmarin und etwas Thymian

Voraussetzung für diese Zubereitung ist zartes, frisches Fleisch von jungen Tieren.

Hinweis: Das Fleisch läßt sich besser aufschneiden, wenn es etwa 30 min tiefgekühlt wird. Die Soße soll den würzigen Wildgeschmack nicht übertönen. Kenner bevorzugen nur gut gekühlte Butter und frisches Schwarzbrot. Vincentsoße, Hamiltonsoße oder Cumberlandsoße und frisches Weißgebäck oder Salzhörnchen eignen sich ebenfalls als Zugaben.

Wildgourmandises

Als Gourmandises werden Delikatessen in sehr kleinen Portionen und raffiniert kombiniert bezeichnet. Nachfolgend einige Beispiele für die Zusammenstellung von exquisiten Wildgourmandises:
- rosa gebratene Hasenfilets auf pochierten Apfelscheiben mit Steinpilzduxelles, mit Walnußkern und Cocktailkirschen garnieren
- Wachtelbrüstchen in Portweingelee auf kleinen halben Dunstbirnen, mit macerierten Brombeeren und Mandarinenspalten garnieren
- Artischockenböden mit feinem Salat von Pfifferlingen und Tomatenfleischwürfelchen füllen, Rehmignon darauf anrichten, garnieren mit halbem Wachtelei auf Gänseleberkremrosette
- Croutons mit Wildschaumbrot bestreichen, mit Fasanenmedaillons und ziseliertem Champignonkopf mit Trüffelpunkt belegen
- ausgestochenen Sellerieboden mit pikantem Wildsalat behäufeln und mit kleinen Wildschinkentütchen oder -röllchen attraktiv gestalten
- geschälte, entkernte Orangenscheiben mit Hirschmedaillons belegen, mit Wildschaumbrotraute und Cocktailkirsche mit Stiel garnieren
- Rebhuhnschaumbrötchen auf rund ausgestochenen Croutons anrichten, mit Rebhuhnbrüstchen belegen und mit Trüffelstiften überstreuen
- Frischlingsnüßchen auf Ananasring anrichten, mit Senffrüchten behäufeln
- rosa gebratene Hasenrückenschnitten auf Steinpilz-Apfel-Salat in Tarteletts anrichten, mit Kiwischeiben und Pinienkernen garnieren

Wildsalat Gaumenknüller

400 g Wildbratenschnitte
75 g gekochter Schinken
75 g Champignonscheiben
(Konserve)
50 g Perlzwiebeln
75 g Porree, in Scheiben geschnitten,
in Salzwasser blanchiert
scharfer Senf
Öl, Weinessig
Preiselbeeren
Salz, Pfeffer, Tabascosoße, Zwiebelpulver

Wildbraten und Schinken in Streifen schneiden und mit Champignonscheiben, Perlzwiebeln und Porree vermengen. Die angegebenen Ingredienzien vermengen und behutsam unter den Salat heben. Salat etwa 2 h durchziehen lassen, pikant nachschmecken, anrichten, mit gekochten halben Wachteleiern sowie Wildschinkentütchen, Kresse und Tomatenecken garnieren und mit frischem Roggenbrot servieren.

Wildsalat Hubertus

400 g gekochtes oder gebratenes Wildbret
2 Äpfel, gewaschen, Kerngehäuse ausgestochen, in Streifen geschnitten
Öl
Preiselbeeren, Meerrettich
Salz, Zucker, Essig, Rotwein
Pfeffer, gemahlene Wacholderbeeren
Wildbret in feine Streifen schneiden, mit den Apfelstreifen behutsam vermengen und mit Preiselbeeren, Meerrettich, Öl und den Ingredienzien pikant abschmecken, Salat 2 h durchziehen lassen, wenn erforderlich nachwürzen, anrichten, mit halben gekochten Wachteleiern und Wildschinkentütchen garnieren. Mit frischem Toast oder Schwarzbrot und Thymianschmalz servieren. Diesen pikanten Wildsalat weiterhin als Cocktail auf Rotweingeleespiegel in Sektschalen oder als dekorative Vorspeise auf Apfelscheiben, halben Dunstbirnen oder Pfirsichhälften anrichten.

Wildsalat mit Paprika

400 g Wildbraten (Abschnitte)
200 g Tomatenpaprika, mariniert
150 g Senfgurke

Marinade:
75 g Mayonnaise
75 g saure Sahne
Gewürzpaprika, edelsüß
Tabascosoße
Salz, Zucker, Senf

Wildbraten, Senfgurke und Tomatenpaprika in Streifen schneiden. Die Marinade aus Mayonnaise, Sahne und den Ingredienzien zubereiten, sehr scharf abschmecken und unter die geschnittenen Zutaten mischen. Alles etwa 20 min zum Durchziehen kaltstellen. Vor dem Anrichten nachschmecken. Salat auf geeignetem Keramikgeschirr anrichten und mit paprikagefüllten Oliven, Salatblättern oder Kresse garnieren. Mit frischem Toast oder Vollkornbrot servieren.

Wildpastete (Bild 19)

Gekochtes oder angebratenes Wildfleisch mit der gleichen Menge fettem Schweinebauch, einigen Eiern, angeschwitzten Zwiebelwürfelchen, Salz, Pastetengewürz, Wacholder, abgeriebener Zitronenschale sowie in Sahne geweichtem Weißbrot vermengen und kühlen. Dann fein wolfen, mit blanchierten Speckwürfeln und Schinkenwürfeln vermischen, alles in eine gut gefettete Pastetenform füllen, mit Alufolie abdecken und im Wasserbad in der Bratröhre garziehen lassen. Die erkaltete Pastete portionieren und mit Cumberlandsoße sowie Brotauswahl und Butter servieren.
Anmerkung: Auf gleiche Weise Pasteten von Schlachtfleisch, Geflügel und Wildgeflügel bereiten. Neben dem Ausfetten der Form und dem Auslegen mit Speckplatten hat sich das Auslegen mit Alufolie bewährt. Nach dem Stürzen läßt sich diese leicht abziehen. Damit entfällt der leichte Fettrand.

Wildschaumbrötchen

Darioleförmchen mit Madeiraaspik chemisieren, ausgestochenes Eiklar, Trüffel- und Tomatenfleisch-Dekor einlegen, mit Wildschaumbrot füllen, mit Madeiraaspik zugießen und kaltstellen. Kurz vor dem Service stürzen und mit Waldorfsalat und Preiselbeersoße anrichten.

Wildschinkensalat mit Melone

400 g Wildschinken, pariert
200 g Melonenfleischkugeln, mit Pariser Löffel ausgebohrt
100 g rote Weinbeeren, halbiert, entkernt

Marinade:
75 g Mayonnaise
75 g saure Sahne
Zitronensaft
Salz, weißer Pfeffer
Meerrettich

Sehr zarten Wildschinken in feine Würfel schneiden, mit kleinen Melonenfleischkugeln und halben, entkernten Weinbeeren vorsichtig vermengen und auf Salatblättern verteilen. Mayonnaise und Sahne mit Zitronensaft, Salz, weißem Pfeffer und Meerrettich pikant abschmecken und über den Salat geben. Dieser Salat eignet sich besonders als Vorspeise in entsprechenden Portionen, muß aber eisgekühlt sein.

Wildschweinbraten mit Peperonisoße

500 g Wildschweinbraten
Den Braten in dünne Tranchen schneiden und dachziegelartig in eine flache Form legen.

Soße:
60 g Öl
80 g feine Zwiebelwürfel
1 Knoblauchzehe
50 g Peperoni (Konserve)
0,3 l Weißwein
50 g grüner Porree

Die Zwiebeln in Öl glasig anschwitzen. Die Gemüse in feine Streifen schneiden, die Knoblauchzehe mit Salz verreiben. Alle Zutaten zu den Zwiebeln geben, kurz verkochen und pikant mit Essig und Zucker abschmecken. Gegebenenfalls mit Peppersoße nachwürzen. Heiß über das Fleisch geben. Mindestens 4 h durchziehen lassen. Mit Roggenbrot oder Weißgebäck und frischer Butter reichen.

Wildschweinbraten mit Knoblauchmayonnaise

500 g Wildschweinbraten
Mayonnaise
4 bis 5 Knoblauchzehen
Den Braten in dünne Tranchen schneiden und auf Holzplatte anrichten. Die Knoblauchzehen in der Knoblauchpresse auspressen, den Saft unter die Mayonnaise mengen. Die Mayonnaise gut abschmecken und gesondert reichen.
Beilagen: Schwarzbrot, frisches Baguette oder Majorankartoffeln und frischer Salat.
Hinweis: Hier können durchaus Restanten verwendet werden. Der würzige Knoblauch gibt dem Braten einen besonderen deliziösen Geschmack.

Wildschweinpastete

Drei Teile Wildschweinfleisch, einen Teil Schweineleber, einen Teil fetten Speck, zerdrückte Wacholderbeeren, eine Zwiebel und in Milch eingeweichtes Weißbrot fein wolfen. Mit Salz, Pfeffer und etwas Thymian verarbeiten, in eine mit Speckplatten ausgelegte Terrine füllen, mit Speckplatten und Alufolie abdecken und im Wasserbad in der Bratröhre garziehen lassen.
Beilagen: Weißgebäck und Cumberlandsoße.

Wildschweinsülze

(für 10 Personen)
1 kg mageres Wildschweinfleisch von Haxen, Blatt, Kopf, Hals
1 kg ausgelöstes Spitzbein
2 Zwiebeln
1 Gewürzbeutelchen mit Pfefferkörnern, Wacholderbeeren, Lorbeerblatt, Gewürznelken und Piment
$1/2$ l Rotwein

Das Fleisch und die Spitzbeine gründlich waschen, mit Wasser gerade bedecken und zum Kochen bringen. Nach dem Aufkochen abschäumen, salzen, Rotwein, Zwiebeln und Gewürzbeutelchen dazugeben und fertiggaren. Damit der Fond nicht trübe wird, darf das Fleisch keinesfalls kochen. Das Fleisch in mittelgroße Würfel schneiden und in Portionsschälchen verteilen. Den Fond pikant abschmecken, über das Fleisch gießen und kaltstellen. Bei Abruf stürzen.
Beilagen: Röstkartoffeln und Remouladensoße.
Hinweis: Die Sülze ebenfalls in Kastenform füllen. So oder als Einzelportion ist gefälliger Dekor einzulegen. Dazu eignen sich Wachteleier, Delikateßgürkchen, kleine Maiskölbchen, Ringe von rotem Gemüsepaprika, Estragonzweige, Petersilie usw.

4.

Ausgewählte Soßen für Geflügel- und Wildgerichte

Soßen geben vielen Speisen und Gerichten erst die geschmackliche Vollendung und sind allgemein mit größter Sorgfalt und Fachkenntnis herzustellen. Jede Soße ist mit dem entsprechenden Fond, niemals mit Fond oder Brühe von anderen Fleischarten herzustellen. Die Soße wird oft als Gütezeichen der Küche, aber auch als »heißes Gold« bezeichnet. Feinschmecker sollen auf Fleisch verzichtet haben, wenn ihnen exquisite Soßen serviert wurden.

»In England gibt es drei Saucen und dreihundertsechzig Religionen, in Frankreich jedoch drei Religionen, aber dreihundertsechzig Saucen.«
Talleyrand

Grüne Soße (kalt)
Blanchierten Spinat mit der doppelten Menge frischer Petersilie fein pürieren. Gleiche Teile Mayonnaise und Püree vermengen, pikant abschmecken und nach Belieben mit Sahne verdünnen.

Hagebuttensoße
2/3 Hagebuttenmark
1/3 Johannisbeergelee
Rotwein, 2 cl Grand-Marnier
Cayennepfeffer, Salz
feingeriebener Meerrettich
Alle Zutaten im Mixer verrühren. Gutgekühlt oder mit etwas Butter aufmontiert als warme Soße servieren.

Pfeffersoße
Zerdrückte Pfefferkörner in Weißwein mit etwas Essig, feingeschnittenen Schalotten, Speckwürfelchen und Lorbeerblatt etwa 30 min köcheln lassen. Den Pfeffersud je nach Verwendungszweck mit Wild- oder Geflügeljus auffüllen, mit Roux binden und kurz verkochen. Zuletzt pikant

mit Salz, Zitronensaft, Cayennepfeffer abschmecken, passieren und mit etwas Butter aufmontieren.

Quittensoße
Quitten schälen, in Stückchen schneiden und mit Butter und Rotwein dünsten. Dann mit Mehl bestäuben, mit Geflügel- oder Wildbrühe (je nach Verwendungszweck) verkochen, saure Sahne und Zitronensaft dazugeben und pikant abschmecken. Zuletzt im Mixer fein pürieren oder passieren.

Rouener Soße
Entenleber mit Schalotten kurz anbraten, mit Kognak abbrennen und durch ein Sieb streichen. Die Leber muß innen noch roh sein. Das feine Leberpüree mit Rotweinsoße und Geflügelglace erhitzen und pikant abschmecken. Die Soße darf aber nicht kochen.

Sauerampfersoße
Sauerampfer blanchieren, pürieren und mit Butter dünsten. Dann mit Mehl bestäuben, mit Fleischbrühe verkochen, mit Sahne verfeinern und pikant abschmecken.

Sauerkirschsoße
Entkernte Sauerkirschen mit Butter und Fleischbrühe dünsten, mit Mehl binden und mit Sahne aufkochen. Pikant abschmecken und im Mixer pürieren oder durch ein Haarsieb streichen.
Hinweis: Auf gleiche Weise Johannisbeer-, Preiselbeer- und Stachelbeersoße zubereiten. Wird die Soße für kalte Speisen vorgesehen, die Früchte nur in Butter dünsten, fein pürieren, pikant abschmecken und erkalten lassen. Je nach Belieben mit Zitronensaft oder Weißwein abschmecken. Kalte Fruchtsoßen werden besonders samtig, wenn die heißen Früchte mit Eigelb legiert werden.

Schnittlauchsoße (kalt)
Hartgekochtes Eigelb mit Öl, etwas Senf und Essig fein pürieren und pikant mit Salz und Zucker abschmecken. Zuletzt reichlich sehr fein geschnittenen Schnittlauch darunterheben.

Senfsoße (kalt)
Hartgekochtes Eigelb mit reichlich Senf und Öl im Mixer pürieren und mit Salz, Zucker, Essig und weißem Pfeffer pikant abschmecken. Je

nach Verwendungszweck feingehackte Kräuter daruntermengen.

Teufelssoße (kalt)
Eigelb und scharfen Senf zu gleichen Teilen mit weißem Pfeffer, etwas Öl, Gewürzpaprika, edelsüß, Zitronensaft, Weinbrand sowie Chilliesoße verrühren und scharf würzig abschmecken.

Trüffelsoße
Je nach Verwendungszweck kräftige Geflügel-, Wild- oder Madeirasoße mit feinen Trüffelstreifen verkochen. Zuletzt mit Butter aufmontieren und pikant mit etwas Zitronensaft und Rum abschmecken.

Yorkshire-Soße
Kraftsoße mit Portwein und Johannisbeergelee aromatisieren. Mit Cayennepfeffer und Orangensaft sowie mit feinen, blanchierten Orangenschalenstreifchen verkochen.

Wacholdersoße
Bauchspeckwürfel auslassen, Zwiebelwürfel und feingehackte Wildbretparüren dazugeben und alles kräftig anbraten. Dann geraspelte Möhren und Sellerie sowie reichlich zerdrückte Wacholderbeeren beifügen, alles leicht bräunen, mit Wildjus auffüllen, 30 min köcheln lassen und mit brauner Roux binden. Nochmals 10 min verkochen. Dann durch ein Haarsieb passieren, pikant abschmecken und je nach Verwendungszweck mit Zitronensaft, Tomatenmark oder Weißwein variieren.

Würzsoße (kalt)
Ingwer, Zimt, Gewürznelken und Muskat fein mahlen. Feingeriebene Roggenbrotkrume mit Essig und Öl vermengen, mit dem Gewürzgemisch sowie Salz und Zucker kräftig abschmecken.

Ablöschen	Bratsatz von Fleisch oder Geflügel mit Wein, Wasser, Brühe oder Sahne ablöschen, damit der Bratsatz sich vom Boden löst und mit der Soße vermischt wird.
à la minute	Zubereitung auf Bestellung oder Abruf (frisch in der Minute).
al dente	Italienische Bezeichnung für bißfest. Begriff für die richtige Konsistenz bei Teigwaren oder Gemüse: außen nicht zu weich und innen gerade gar.
à point	Auf den Punkt, zur richtigen Zeit gebraten, vollendet, gewürzt usw.
Aromatisieren (auch als Parfümieren bezeichnet)	Durch Aromen, Würzmittel, wohlriechende Essenzen oder Liköre Speisen aromatisieren oder ihnen einen besonderen Geruch und Geschmack verleihen.
Aufmontieren, Montieren	Soßen mit Butter aufschlagen, die dadurch sämig und voluminöser werden. Weiterhin Eiklar zu Eischnee schlagen.
Ausstechen	Mit Hilfe der Bratengabel verschiedene Garpunkte von Fleischstücken ermitteln. Die garen Stücke ausstechen. Speisenkomponenten und Dekorelemente mit Ausstechform ausstechen.
Baguette	Stangenweißbrot (auch als Kaviar- oder Herrenbrot bezeichnet).
Bardieren	Fleisch von Wild, Geflügel und Wildgeflügel mit dünnen Speckscheiben belegen oder umhüllen. Das Fett schmilzt bei Hitzeeinwirkung und hält das Fleisch saftig. Zur Farbgebung ist der Speck etwa 10 min vor dem Garpunkt zu entfernen.
Beizen	1. *Rot- oder Weißweinbeize*: Wasser und Essig zu gleichen Teilen mit Wurzelgemüse, Pfefferkörnern, Wacholderbeeren, Nelken und etwas Thymian aufkochen. Zusätzlich etwas Ingwer und Koriander sowie bei Schwarzwild Rosmarin und Koriander beifügen. Nach dem Erkalten die gleiche Menge Rot- oder Weißwein dazugeben. 2. *Essigbeize*: Essig und Wasser zu gleichen Teilen mischen und mit Wurzelgemüse und Gewürzen aufkochen. Da Essig den Geschmack leicht beeinträchtigt, Weinessig verwenden. 3. *Butter- oder Sauermilchbeize*: Butter oder Sauermilch, Wurzelgemüse und Gewürze beifügen.
Blanchieren	Rohstoffe in kochendes Wasser geben und einige Minuten simmern lassen. Folgende Anwendung: 1. Um eine starke Geschmacksnote zu beseitigen (Salz bei Pökelfleisch usw.). 2. Um Schalen oder Häute zu entfernen (z. B. Mandeln). 3. Um Gemüse zu garen.
Blanquette	Weißes Ragout von gekochtem Geflügel oder Schlachtfleisch (die Soße wird über das Fleisch gegeben).
Blind backen	Tartletteförmchen, Törtchenformen oder Tortenringe mit Teig ausfüttern, mit Papier auslegen, mit Reis oder Trockenerbsen füllen und backen. Dadurch behält der Teig die gewünschte Form.
Bouquet garni	Kräutersträußchen; ein Bündel gemischter Kräuter, wie Petersilie, Thymian und Lorbeerblatt (klassische Mischung), zum Aromatisieren von Suppen, Soßen, Brühen und Schmorgerichten.
Bräter	Bratgefäß mit dickem Boden, Stiel oder Henkel; oval oder rund.
Bridieren	Geflügel binden, damit es seine Form behält. Spezieller Ausdruck bei Geflügel für das allgemeine Dressieren.
Brioche	Weißgebäck aus Hefeteig; spezielle Speisen in Hefeteig (Briocheteig) backen.
Calvados	Apfelschnaps, benannt nach der französischen Stadt in der Normandie.

212

Chaudfroid	Kalte weiße Sülzsoße zum Chaudfroidieren (Überziehen) von Galantinen, Hühnerbrüsten usw.
Chemisieren	Eine Form mit einer etwa 2 mm dicken Geleeschicht ausgießen.
Chiffonade	In feine Streifen geschnittene Blätter von frischen Gemüsen und Kräutern. Zum Beispiel: Spinat, Mangold, Kopfsalat und Sauerampfer. Wird meist zum Auslegen von Cocktailgläsern, aber auch als Suppeneinlage verwendet.
Chilliepulver	Sehr scharfes Gewürz aus verschiedenen getrockneten Chilliesorten. Wird fein gemahlen.
Cocotte (Kokotte)	Rundes oder ovales Gargefäß aus Ton, Porzellan oder Metall, das zum Garen, aber auch als Serviergeschirr verwendet wird.
Crème fraiche	Zähflüssige, leicht säuerliche Sahne.
Crêpes	Sehr dünne Eierpfannkuchen (etwa Untertassengröße).
Crépinettes	Hackfleischmasse mit Würfelchen von Hühnerfleisch und weiteren Zutaten verfeinern. Aus der Masse dünne ovale Fladen formen, einbröseln und knusprig braten.
Croûtes	Croûtes oder Krusten werden aus Toastbrot geschnitten. Scheiben von etwa 1 1/2 cm Dicke, 5 mm vom Rand, 5 mm tief quadratisch eingeschnitten. Die innere Fläche wird von der Mitte zum Rand herausgeschnitten. Der somit geschaffene Hohlraum mit dem Rand dient zur Aufnahme von kremig gehaltenen Füllungen und zerfließenden Massen. Die vorbereiteten Croûtes in Butter goldbraun rösten.
Croutons	Röstbrötwürfel, auch ausgestochenes Röstbrot mit Käse, Kräutern, Rindermark usw.
Deglacieren	Bratsatz mit Fond, Jus, Wein, Essig, Wasser usw. ablöschen.
Demiglace	Braune Kraftsoße.
Dressieren	Binden oder Formgeben von Geflügel, Wildgeflügel und Fleischteilen, damit diese sich nicht verformen oder auseinanderfallen. Mit Hilfe von Dressiernadeln und Küchengarn. Auch Bezeichnung für Aufspritzen und gefällig anrichten.
Duxelles	Meist Pilzduxelles oder Pilzfüllsel; feingehackte Pilze mit Rauchspeck- und Zwiebelwürfelchen, mit Demiglace gebunden und pikantwürzig abgeschmeckt.
Enddressieren	Von Geflügel oder Braten Küchengarn entfernen.
en papillote	In Pergamentpapierhülle zubereiten. Dazu eignet sich nur sehr zartes Fleisch.
Farce	Feine, gewolfte oder durch ein Sieb gestrichene Mischung von Fleisch und entsprechenden Zutaten zum Füllen von Geflügel, Pasteten usw.
Ficelieren	Fleischrolle oder Fleischstücke mit Bindfaden umschnüren.
fines herbes	Mischung aus feingehackten Kräutern, wie Petersilie, Estragon, Schnittlauch und Kerbel. Petersilie gehört immer dazu.
Flambieren	1. Absengen oder Abbrennen von Geflügel. 2. Speisen mit hochprozentigen Spirituosen übergießen und abbrennen.
Flan	Feines Püree, meist von Gemüsen, mit Eigelb und Sahne versetzt. Wird in Förmchen gefüllt, im Wasserbad gegart, gestürzt und zu vielerlei Speisen gereicht.
Foie-gras	Französische Bezeichnung für die Leber von gemästeten Gänsen oder Enten.
Gabelknochen	Beim Huhn V-förmiger, bei Enten hufeisenförmiger Knochen, der die Brustspitze mit dem Schultergelenk verbindet.
geklärte Butter	Von Milchrückständen, Wasser und Salz befreite Butter. Die Butter wird langsam erhitzt, bis sie schmilzt und zu schäumen beginnt. Der

	Schaum wird abgeschöpft und die goldig klare Butter abgegossen; der milchige Satz bleibt zurück. Die so behandelte Butter kann höher erhitzt werden und bleibt länger haltbar.
gerieft	Champignonköpfe oder andere Pilzköpfe mit gleichmäßigen Einschnitten verzieren. Ebenso Äpfel, Südfrüchte, Gurken usw.
Gewürzmischung	Mischung von Gewürzen und Kräutern. Die klassische Mischung enthält zu gleichen Teilen Muskatblüte, Muskatnuß, Cayennepfeffer, Zimt, weißen Pfeffer, Gewürznelken, gemahlenes Lorbeerblatt, Thymian, Bohnenkraut und Majoran.
Glacieren, Überglänzen	1. Überziehen von kalten Speisen mit Glace (Fleischauszug), der kurz vor dem Erstarren ist.
	2. Übergießen von Braten oder Geflügel mit dem eigenen Saft unter Einwirkung von Hitze, um der Oberfläche Farbe und Glanz zu geben. Die Fleischsäfte verdunsten, zurück bleibt eine schöne Glasur.
	Hinweis: Glacieren und glasieren – beide Schreibweisen haben eigentlich die gleiche Bedeutung. Die Speisen werden überzogen und erhalten den entsprechenden Glanz. Die Schreibweise mit c ist allgemein für das Überziehen mit Fleischsaft, die mit s für das Überziehen mit Zuckerguß gebräuchlich.
Glasieren	Speisen (Gemüse) in der letzten Phase des Garprozesses mit Zucker (Puderzucker) überstreuen und unter öfterem Schwenken Glanz geben. Konditoreiwaren mit Zuckerguß überziehen.
Grand-Manier	Französischer Orangenlikör.
Grenadin	Sehr kleines, besonders zartes Filet, meist gespickt und gebunden.
Himbeeressig	Frische Himbeeren in Rotweinessig einlegen, bei Raumtemperatur einen Monat ziehen lassen, passieren.
Hollandaise	Holländische Soße, aufgeschlagene Buttersoße.
Julienne	Bezeichnung für etwa streichholzlange, in dünne Streifen geschnittene Zutaten, meist von Gemüse.
Kassolettes	Kleine Porzellanförmchen (Ragout-fin-Näpfchen), die mit delikaten Füllungen gratiniert werden.
Köcheln	Garen kurz unter dem Siedepunkt. Das Gargut darf nicht kochen.
Madeira	Süßer Dessertwein aus Trauben, die auf der Insel Madeira wachsen.
Marinade	1. Trockene Marinade: getrocknete Kräuter, wie Thymian, Bohnenkraut, Majoran, und frische, gehackte Kräuter, Öl und Olivenöl, Zitronensaft, etwas Weißwein oder Weinbrand.
	2. Zum Marinieren werden allgemein Zitronensaft, Essig und gehackte Kräuter verwendet. Da die Rohstoffe nicht mit Marinade bedeckt werden, ist das mehrmalige Wenden erforderlich.
Mehlbutter, Beurre manie	Dicke Paste aus Mehl und Butter zum Binden von Soßen und Suppen. Im Gegensatz zu Roux wird Mehlbutter ungegart dazugegeben.
Mirepoix	Mischung gewürfelter Gemüse, meistens Möhren, Sellerie und Zwiebeln. Für besondere Soßen und Suppen zusätzlich Schinkenabschnitte und Speckschwarten sowie Kräuter dazugeben.
Mirin	Süßer japanischer Reiswein.
Modellierteig	620 g Mehl, 210 g Schweineschmalz, 1/4 l kochendes Wasser, Salz. Alle Zutaten zu einem glatten Teig verarbeiten. Vor der weiteren Verwendung Teig mindestens eine Stunde ruhen lassen.
Nappieren	Überziehen, Überstreichen, meist mit Aspik. Kalte Speisen erhalten dadurch ein besseres Aussehen und einen Schutz vor schnellem Abtrocknen.
Nouvelle Cuisine	Neue französische Küche.

214

Panaché	Gebräunte Speck- und Zwiebelwürfel.
Parieren	Beschneiden und Zurichten von Schlachtfleischstücken, Wild oder Geflügel. Die überflüssigen Teile werden abgeschnitten.
Persillade	Mischung aus gehackter Petersilie und zerdrücktem Knoblauch mit Salz.
Pipette zum Begießen	Mit einer Pipette die Schmorflüssigkeit aufsaugen; erleichtert das Begießen von Geflügel oder Bratenstücken. Um ein Verstopfen zu verhindern, nur Flüssigkeit ohne feste Bestandteile verwenden.
Plattieren	Mechanische Bearbeitung des Fleisches zur Veränderung der Struktur. Unter dem Druck des Plattiereisens werden die Fleischfasern zusammengedrückt. Das Bindegewebe reißt bei diesem Druck und kann die Fleischfasern nicht mehr zusammenhalten. Dadurch wird bei Hitzeeinwirkung der Fleischsaft nicht nach außen gedrückt. Das Fleisch bleibt saftig und wird mürbe durch richtiges Plattieren.
Poêlieren	Eine Zubereitungsart, die zwischen Dünsten und Schmoren liegt. Der Begriff wurde vom französischen Wort poêle (Pfanne) abgeleitet. Das Fleisch erhält beim Poêlieren eine leichte Braunfärbung, die auf zwei Arten erfolgen kann: 1. Gargut zugedeckt im sich bildenden Eigensaft dünsten und kurz vor Ende der Garzeit im offenen Geschirr leicht Farbe nehmen lassen. 2. Bratgut beim Anschwitzen blondieren und anschließend zugedeckt im eigenen Saft dünsten.
Profiteroles	Backerbsen; Eierkuchenteig oder Brandteigkügelchen, in der Friture gebacken.
Roux	Mehlschwitze; gegarte Mischung aus Butter und Mehl. Wird zum Andicken von Soßen, Ragouts und Suppen verwendet.
Salpikon	Feinwürfelig geschnittenes Ragout aus Fleisch, Geflügel, Wild, Schinken, Zunge, Fisch, Gemüse oder Früchten. Wird mit pikanten Soßen angemacht.
Schalotte	Zwiebelart mit mildem, weniger süßlichem Geschmack.
Schweinsnetz	Bindehaut des Schweinebauchfelles, die die Eingeweide einhüllt.
Schwitzen, Anschwitzen	Garen in wenig Fett bei schwacher Hitze in geschlossenem Topf oder Bräter. Schwitzen ist eine Vorstufe des Schmorens.
Senffrüchte	Mit Senf, Zucker, Weinessig und Gewürzen eingelegte Früchte.
Simmern	Garen in leicht wellender Flüssigkeit kurz unter dem Siedepunkt. Die Flüssigkeit darf nicht kochen, sondern nur schwach bewegt sein. Es dürfen keine Blasen entstehen.
Spicken	Einziehen von Speckstreifen in Wild, Geflügel oder Fleischstücke. Das Fett schmilzt während des Garprozesses, macht oder hält das Fleisch saftig und verbessert den Geschmack.
Tournieren	Formen, ausstechen, einriefen oder abdrehen.
Velouté	Weiße Mehlschwitze, mit Kalbs-, Fisch- oder Geflügelbrühe aufgefüllt.
Vinaigrette	Essig-Kräuter-Soße, hergestellt aus Essig, Öl, Kräutern, Gurke, Kapern und gehacktem Ei.
Weinkartoffeln	Salzkartoffeln etwa 5 min vor Ende der Garzeit abgießen und mit der erforderlichen Menge Weißwein fertiggaren.
Williamskartoffeln	Kartoffelkrokettenmasse birnenförmig formen, panieren und fritieren; auch als Kartoffelbirnen bezeichnet.
Ziselieren	Einschneiden, einkerben bei Gurken, Äpfeln usw., damit ein attraktives Aussehen geben.

Literaturverzeichnis

Autorenkollektiv: Gaststätten- und Hotelküche. Leipzig: VEB Fachbuchverlag 1986
Autorenkollektiv: Heimerans Küchenlexikon. München: Heimeran Verlag 1973
Autorenkollektiv: Kalte Küche. Leipzig: VEB Fachbuchverlag 1985
Autorenkollektiv: Küchen-Lexikon, 2. Aufl. Leipzig: VEB Fachbuchverlag 1986

Rezept-verzeichnis

Hasenrücken mit Orangen 150
Hasenschnitzel mit
 Kräuterrahm 150

Spezialitäten von Hirsch

Gespickte Hirschkeule in
 Sahnepilzsoße 151
Gespickte Hirschkeule mit
 Backpflaumen 151
Gespickte Hirschkoteletts mit
 frischen Pilzen 151
Gespicktes Hirschfrikandeau in
 Gurkensahne 150
Gespicktes Hirschfrikandeau in
 Zitronenrahmsoße 151
Hirschbraten, russisch 152
Hirschfilet im Heu 152
Hirschfilet im
 Waldpilzmantel 152
Hirschgeschnetzeltes 152
Hirsch-Grendin in
 Steinpilzschmand 152
Hirschkeule in
 Hagebuttensoße 153
Hirschbratklopse in
 Enzianrahmsoße 153
Hirschkoteletts
 en papillote 153
Hirschkoteletts Jägerart 153
Hirschkoteletts Lukullus 154
Hirschkoteletts mit Selleriepüree
 und Pfeffersoße 154
Hirschkoteletts vom Rost mit
 Kognakrahm 154
Hirschmedaillons mit
 Pfefferketchup 154
Hirschnüßchen mit geschmortem
 Kürbis 154
Hirschnüßchen mit Orangen 155
Hirschragout mit Whisky 155
Hirschrollbraten in
 Sauerrahm 156
Hirschrouladen Weidmannsart 156
Hirschrücken im Tonmantel 155
Hirschrückenmedaillons mit grüner
 Pfeffersoße 156
Hirschrückenmedaillons mit
 Pfefferkirschen 156
Hirschrücken mit
 Wacholderrahm 155
Hirschsteak Försterinart 157
Hirschsteak mit Feigen 156
Hirschsteak mit gebratener
 Gänseleber 157
Hirschsteak mit Geneverrahm 156
Paniertes Hirschkotelett 157

Rehspezialitäten

Dreierlei vom Reh mit bunten
 Nudeln 157
Gefülltes Rehnüßchen, mit
 Slibowitz flambiert 158
Gefüllter Rehrücken Eigene
 Art 158
Gefüllter Rehrücken, in Strudelteig
 gebacken mit
 Schlehenrahmsoße 158
Gegrilltes Rehsteak 160
Geschmorte Rehhaxe in
 Quittensoße 159
Geschmorte Rehhaxe in
 Rahmsoße 158
Geschmorter Rehschlegel in
 Morchelrahmsoße 159
Gespickte Rehhaxe in
 Rosmarienschmand 159
Gespickter Rehrücken
 (Grundzubereitung) 159
Gespickter Rehrücken mit
 Mornaysoße, überbacken 160
In Rotwein gedämpfte
 Rehschulter 160
Reh-Crépine 161
Rehfiletgulasch, flambiert 161
Rehfilet im Blätterteig mit
 Morchelrahm 161
Rehfilet, in Bierteig gebacken 161
Rehfilet in Eihülle mit Pilzen 161
Rehgeschnetzeltes mit
 Pfifferlingen 162
Rehgrenadins mit Pilzomelett 162
Rehkeule in Blätterteigkruste 162
Rehkeule in Salzkruste 162
Rehkoteletts in Rotwein 163
Rehkoteletts mit gebackenen
 Bananen und Mandelbutter 163
Rehkoteletts mit Kiwisoße 163
Rehmedaillons 163
Rehmignons 163
Rehnüßchen im
 Kräuteromelett 164
Rehnüßchen in Rotweinbutter 164
Rehnüßchen mit Mandelkruste 164
Rehpaprikasch 164
Rehpfeffer 165
Reh-Pilaw mit Steinpilzen 165
Rehragout – einmal anders 165
Rehragout mit Rosinen 166
Rehragout mit Rum 166
Rehrolle mit Ingwersoße 166
Rehrouladen mit Pilzfüllung 167
Rehrouladen mit Wachtelei 166
Rehschnitzel in Rahmsoße 167
Rehschnitzel mit Kräutersoße 167

Rehsteak Cordon-Rouge mit
 Burgunder Butter und
 Herzkirschen in Portwein 167
Rehsteak en papillote 167
Rehsteak im Haselnußmantel 167
Rehsteak mit gebratenen Bananen
 und Kirschsoße 168
Rehsteak mit Pistazienkrem 168
Rehsteak, mit Roquefort
 überbacken 168
Rehsteak Strindberg 168
Rehtournedos Lukullus 168

Wildschweinspeisen

Frischlingskeule in Rotwein 169
Frischlingskeule mit
 Backpflaumen 169
Frischlingskoteletts mit flambierten
 Pfirsichen 169
Frischlingskoteletts mit
 Mangochutney 170
Frischlingskoteletts mit
 Zimtapfel 169
Frischlingsragout mit Kapern und
 Cornichons 170
Frischlingsrücken mit
 Basilikum-Tomaten-Soße 170
Frischlingssteak mit
 Roquefortbutter 170
Gebackene Wildschweinschulter
 mit Hagebuttensoße 170
Gebratener Frischlingssattel mit
 Sauerampferpüree 171
Gefüllte Frischlingsbrust 171
Geschnetzeltes Frischlingsfilet in
 Rotwein 171
Gespicktes Wildschweinsteak mit
 Portweinpflaumen 172
Glacierte Wildschweinschulter
 süßsauer mit Feigen 172
Pikante Frischlingsnüßchen 172
Tokajer Wildschweinpfeffer 172
Wildschweincurry 173
Wildschweinfilet, asiatisch 173
Wildschweinfilet in
 Lebkuchenteig 173
Wildschweinfilet vom Grill 174
Wildschweinkeule in
 Honigkruste 174
Wildschweinkeule mit
 Linsenmus 174
Wildschweinkoteletts
 Gärtnerinart 174
Wildschweinkoteletts Gourmet 175
Wildschweinkoteletts in
 Majorankruste 175

223

Soßen
für Geflügel- und Wildgerichte